ŒUVRES
DE
MOLIÈRE

TOME QUATRIÈME

LIBRAIRIE GÉNÉRALE DE L'OUEST
RUE D'ABOUKIR 3 — PARIS

ŒUVRES

DE MOLIÈRE

Yf 10299

164. — Poitiers, typ. J. Ressayre. — Paris, 3, rue d'Aboukir.

BIBLIOTHÈQUE BON MARCHÉ

ŒUVRES COMPLÈTES

DE

MOLIÈRE

PRÉCÉDÉES

DE LA VIE DE MOLIÈRE PAR VOLTAIRE

PARIS

LIBRAIRIE GÉNÉRALE DE L'OUEST

JUSTIN RESSAYRE, ÉDITEUR

3, rue d'Aboukir, 3

LES AMANTS MAGNIFIQUES

PERSONNAGES DE LA COMÉDIE

ARISTIONE, princesse, mère d'Ériphile ; ÉRIPHILE, fille de la princesse; IPHICRATE, prince, amant d'Ériphile ; TIMOCLÈS, prince, amant d'Ériphile ; SOSTRATE, général d'armée, amant d'Ériphile ; CLÉONICE, confidente d'Ériphile ; ANAXARQUE, astrologue ; CLÉON ; fils d'Anaxarque ; CHORÈBE, de la suite d'Aristione ; CLITIDAS, plaisant de cour, de la suite d'Ériphile, UNE FAUSSE VÉNUS, d'intelligence avec Anaxarque.

ACTE PREMIER
SCÈNE I
SOSTRATE, CLITIDAS.

CLITIDAS, à part.

Il est attaché à ses pensées.

SOSTRATE, se croyant seul.

Non, Sostrate, je ne vois rien où tu puisses avoir recours ; et tes maux sont d'une nature à ne te laisser nulle espérance d'en sortir.

CLITIDAS, à part.

Il raisonne tout seul.

SOSTRATE, se croyant seul.

Hélas !

CLITIDAS, se croyant seul.

Voilà des soupirs qui veulent dire quelque chose ; et ma conjecture se trouvera véritable.

SOSTRATE, à part.

Sur quelles chimères, dis-moi, pourrois-tu bâtir quelque espoir ? et que peux-tu envisager, que l'affreuse longueur d'une vie malheureuse, et des ennuis à ne finir que par la mort !

CLIDITAS, se croyant seul.

Cette tête-là est plus embarrassée que la mienne.

SOSTRATE.

Ah ! mon cœur ! ah ! mon cœur ! où m'avez-vous jeté ?

CLITIDAS.

Serviteur, seigneur Sostrate.

SOSTRATE.

Où vas-tu, Clitidas ?

CLIDITAS.

Mais vous, plutôt, que faites-vous ici ? et quelle secrète mélancolie, quelle humeur sombre, s'il vous plaît, vous peut retenir dans ces bois, tandis que tout le monde a couru en foule à la magnificence de la fête dont l'amour du prince Iphicrate vient de régaler sur la mer la promenade des princesses; tandis qu'elles y ont reçu des cadeaux merveilleux de musique et de danse, et qu'on a vu les rochers et les ondes se parer de divinités pour faire honneur à leurs attraits ?

SOSTRATE.

Je me figure assez, sans la voir, cette magnificence; et tant de gens, d'ordinaire, s'empressent à porter de la confusion dans ces sortes de fêtes, que j'ai cru à propos de ne pas augmenter le nombre des importuns.

CLITIDAS.

Vous savez que votre présence ne gâte jamais rien, et que vous n'êtes point de trop en quelque lieu que vous soyez. Votre visage est bien venu partout, et il n'a garde d'être de ces visages disgrâciés qui ne sont jamais bien auprès des deux princesses ; et la mère et la fille vous font assez connaître l'estime qu'elles font de vous, pour n'appréhender pas de fatiguer leurs yeux; et ce n'est pas cette crainte, enfin, qui vous a retenu.

SOSTRATE.

J'avoue que je n'ai pas naturellement grande curiosité pour ces sortes de choses.

CLITIDAS.

Mon Dieu! quand on n'auroit nulle curiosité pour les choses, on en a toujours pour aller où l'on trouve tout le monde; et, quoi que vous puissiez dire, on ne demeure point tout seul, pendant une fête, à rêver parmi les arbres, comme vous faites, à moins d'avoir en tête quelque chose qui embarrasse.

SOSTRATE.

Que voudrois-tu que j'y pusse avoir?

CLITIDAS.

Ouais, je ne sais d'où cela vient ; mais il sent ici l'amour. Ce n'est pas moi. Ah! par ma foi c'est vous.

SOSTRATE.

Que tu es fou, Clitidas!

CLITIDAS.

Je ne suis point fou. Vous êtes amoureux ; j'ai le nez délicat, et j'ai senti cela d'abord.

SOSTRATE.

Sur quoi prends-tu cette pensée ?

CLITIDAS.

Sur quoi ? Vous seriez bien étonné si je vous disois encore de qui vous êtes amoureux.

SOSTRATE.

Moi ?

CLITIDAS.

Oui. Je gage que je vais deviner tout à l'heure celle que vous aimez. J'ai mes secrets, aussi bien que notre astrologue, dont la princesse Aristione est entêtée ; et, s'il a la science de lire dans les astres la fortune des hommes, j'ai celle de lire dans les yeux le nom des personnes qu'on aime. Tenez-vous un peu, et ouvrez les yeux. E, par soi, é ; r, i, éri ; p, h, i, phi, ériphi ; l, e, le : Ériphile. Vous êtes amoureux, de la princesse Ériphile.

SOSTRATE.

Ah ! Clitidas, j'avoue que je ne puis cacher mon trouble, et tu me frappes d'un coup de foudre.

CLITIDAS.

Vous voyez que je suis savant !

SOSTRATE.

Hélas ! si, par quelque aventure, tu as pu découvrir le secret de mon cœur, je te conjure au moins de ne le révéler à qui que ce soit, et surtout de le tenir caché à la belle princesse dont tu viens de dire le nom.

CLITIDAS.

Et, sérieusement parlant, si dans vos actions j'ai bien pu connoître depuis un temps la passion que vous voulez tenir secrète, pensez-vous que la princesse Ériphile puisse avoir manqué de lumières pour s'en apercevoir ? Les belles, croyez-moi, sont toujours les plus clairvoyantes à découvrir les ardeurs qu'elles causent ; et le langage des yeux et des soupirs se fait entendre, mieux qu'à tout autre, à celle à qui il s'adresse.

SOSTRATE.

Laissons-la, Clitidas, laissons-la voir, si elle peut, dans mes soupirs et mes regards, l'amour que ses charmes m'inspirent ; mais gardons bien que, par nulle autre voie, elle en apprenne jamais rien.

CLITIDAS.

Et qu'appréhendez-vous ? Est-il possible que ce même Sostrate qui n'a pas craint ni Brennus, ni tous les Gaulois, et dont le bras a si glorieusement contribué à nous défaire de ce déluge de barbares qui ravageoient la Grèce; est-il possible, dis-je, qu'un homme si assuré dans la guerre soit si timide en amour, et que je le voie trembler à dire seulement qu'il aime ?

SOSTRATE.

Ah ! Clitidas, je tremble avec raison; et tous les Gaulois du monde ensemble sont bien moins redoutables que deux beaux yeux pleins de charmes.

CLITIDAS.

Je ne suis pas de cet avis; et je sais bien, pour moi, qu'un seul Gaulois, l'épée à la main, me feroit beaucoup plus trembler que cinquante beaux yeux ensemble, les plus charmants du monde. Mais, dites-moi, un peu, qu'espérez-vous faire?

SOSTRATE.

Mourir sans déclarer ma passion.

CLITIDAS.

L'espérance est belle ! Allez, allez, vous voùs moquez ; un peu de hardiesse réussit toujours aux amants : il n'y a en amour que les honteux qui perdent; et je dirois ma passion à une déesse, si j'en devenois amoureux.

SOSTRATE.

Trop de choses, hélas ! condamnent mes feux à un éternel silence.

CLITIDAS.

Et quoi?

SOSTRATE.

La bassesse de ma fortune, dont il plaît au ciel de rabattre l'ambition de mon amour; le rang de la princesse, qui met entre elle et mes désirs une distance si fâcheuse ; la concurrence de deux princes appuyés de tous les grands titres qui peuvent soutenir les prétentions de leurs flammes; de deux princes qui, par mille et mille magnificences, se disputent à tous moments la gloire de sa conquête, et sur l'amour de qui on attend tous les jours de voir son choix se déclarer ; mais plus que tout, Clitidas, le respect in-

violable où ses beaux yeux assujettissent toute la violence de mon ardeur.
CLITIDAS.
Le respect bien souvent n'oblige pas tant que l'amour; et je me trompe fort, ou la jeune princesse a connu votre flamme et n'y est pas insensible.
SOSTRATE.
Ah? ne t'avise point de vouloir flatter par pitié le cœur d'un misérable.
CLITIDAS.
Ma conjecture est fondée. Je lui vois reculer beaucoup le choix de son époux, et je veux éclaircir un peu cette petite affaire-là. Vous savez que je suis auprès d'elle en quelque espèce de faveur, que j'y ai les accès ouverts, et qu'à force de me tourmenter je me suis acquis le privilége de me mêler à la conversation, et de parler à tort et à travers de toutes choses. Quelquefois cela ne me réussit pas, mais quelquefois aussi cela me réussit. Laissez-moi faire, je suis de vos amis; les gens de mérite me touchent, et je veux prendre mon temps pour entretenir la princesse de...
SOSTRATE.
Ah! de grâce, quelque bonté que mon malheur t'inspire, garde-toi bien de lui rien dire de ma flamme. J'aimerois mieux mourir que de pouvoir être accusé par elle de la moindre témérité; et ce profond respect où ses charmes divins...
CLITIDAS.
Taisons-nous, voici tout le monde.

SCÈNE II
ARISTIONE, IPHICRATE, TIMOCLÈS, SOSTRATE, ANAXARQUE, CLÉON, CLITIDAS.
ARISTIONE, à Iphicrate.
Prince, je ne puis me lasser de le dire, il n'est point de spectacle au monde qui puisse le disputer en magnificence à celui que vous venez de nous donner. Cette fête a eu des ornements qui l'emportent sans doute sur tout ce que l'on sauroit voir; et elle vient de produire à nos yeux quelque chose de si noble, de si grand et de si majestueux, que le ciel même ne sauroit aller au delà; et je puis dire assurément qu'il n'y a rien dans l'univers qui s'y puisse égaler.
TIMOCLÈS.
Ce sont des ornements dont on ne peut pas espérer

que toutes les fêtes soient embellies; et je dois fort trembler, madame, pour la simplicité du petit divertissement que je m'apprête à vous donner dans le bois de Diane.

ARISTIONE.

Je crois que nous n'y verrons rien que de fort agréable; et certes, il faut avouer que la campagne a lieu de nous paroître belle, et que nous n'avons pas le temps de nous ennuyer dans cet agréable séjour qu'ont célébré tous les poëtes sous le nom de Tempé. Car enfin, sans parler des plaisirs de la chasse que nous y prenons à toute heure, et de la solennité des jeux pythiens que l'on y célèbre tantôt, vous prenez soin l'un et l'autre de nous y combler de tous les divertissements qui peuvent charmer les chagrins des plus mélancoliques. D'où vient, Sostrate, qu'on ne vous a point vu dans notre promenade?

SOSTRATE.

Une petite indisposition, madame, m'a empêché de m'y trouver.

IPHICRATE.

Sostrate est de ces gens, madame, qui croient qu'il ne sied pas bien d'être curieux comme les autres; et il est beau d'affecter de ne pas courir où tout le monde court.

SOSTRATE.

Seigneur, l'affectation n'a guère de part à tout ce que je fais; et, sans vous faire compliment, il y avoit des choses à voir dans cette fête qui pouvoient m'attirer, si quelque autre motif ne m'avoit retenu.

ARISTIONE.

Et Clitidas a-t-il vu cela?

CLITIDAS.

Oui, madame; mais du rivage.

ARISTIONE.

Et pourquoi du rivage?

CLILIDAS.

Ma foi, madame, j'ai craint quelqu'un des accidents qui arrivent d'ordinaire dans ces confusions. Cette nuit, j'ai songé de poisson mort et d'œufs cassés; et j'ai appris du seigneur Anaxarque que les œufs cassés et le poisson mort signifient malencontre.

ANAXARQUE.

Je remarque une chose: que Clitidas n'auroit rien à dire, s'il ne parloit de moi.

CLITIDAS.

C'est qu'il y a tant de choses à dire de vous, qu'on n'en sauroit parler assez.

ANAXARQUE.

Vous pourriez prendre d'autres matières, puisque je vous en ai prié.

CLITIDAS.

Le moyen! ne dites-vous pas que l'ascendant est plus fort que tout! et, s'il est écrit dans les astres que je sois enclin à parler de vous, comment voulez-vous que je résiste à ma destinée?

ANAXARQUE

Avec tout le respect, madame, que je vous dois, il y a une chose qui est fâcheuse dans votre cour, que tout le monde y prenne liberté de parler, et que le plus honnête homme y soit exposé aux railleries du premier méchant plaisant.

CLITIDAS.

Je vous rends grâce de l'honneur.

ARISTIONE, à Anaxarque.

Que vous êtes fou de vous chagriner de ce qu'il dit!

CLITIDAS.

Avec tout le respect que je dois à madame, il y a une chose qui m'étonne dans l'astrologie : comment des gens qui savent tous les secrets des dieux, et qui possèdent des connoissances à se mettre au-dessus de tous les hommes, aient besoin de faire leur cour et de demander quelque chose.

ANAXARQUE.

Vous devriez gagner un peu mieux votre argent, et donner à madame de meilleures plaisanteries.

CLITIDAS.

Ma foi, on les donne telles qu'on peut. Vous en parlez fort à votre aise; et le métier de plaisant n'est pas comme celui d'astrologue : bien mentir et bien plaisanter sont deux choses fort différentes; et il est bien plus facile de tromper les gens que de les faire rire.

ARISTIONE.

Eh! qu'est-ce donc que cela veut dire?

CLITIDAS, se parlant à lui-même.

Paix, impertinent que vous êtes! ne savez-vous pas bien que l'astrologie est une affaire d'État, et qu'il ne faut poinr toucher à cette corde-là? je vous l'ai dit plusieurs fois, vous vous émancipez trop, et vous prenez de certaines libertés qui vous joueront un mauvais tour, je vous en avertis. Vous verrez qu'un de ces jours on vous donnera du pied au cul, et qu'on vous chassera comme un faquin. Taisez-vous, si vous êtes sage.

ARISTIONE.

Où est ma fille?

TIMOCLÈS.

Madame, elle s'est écartée; et je lui ai présenté une main qu'elle a refusé d'accepter.

ARISTIONE.

Princes, puisque l'amour que vous avez pour Eriphile a bien voulu se soumettre aux lois que j'ai voulu vous imposer, puisque j'ai su obtenir de vous que vous fussiez rivaux sans devenir ennemis, et qu'avec pleine soumission aux sentiments de ma fille vous attendez un choix dont je l'ai faite seule maîtresse, ouvrez-moi tous deux le fond de votre âme, et me dites sincèrement quel progrès vous croyez l'un et l'autre avoir fait sur son cœur.

TIMOCLÈS.

Madame, je ne suis point pour me flatter; j'ai fait ce que j'ai pu pour toucher le cœur de la princesse Ériphile, et je m'y suis pris, que je crois, de toutes les tendres manières dont un amant se peut servir; je lui ai fait des hommages soumis de tous mes vœux; j'ai montré des assiduités, j'ai rendu des soins chaque jour; j'ai fait chanter ma passion aux voix les plus touchantes, et l'ai fait exprimer en vers aux plumes les plus délicates; je me suis plaint de mon martyre en des termes passionnés; j'ai fait dire à mes vœux, aussi bien qu'à ma bouche, le désespoir de mon amour; j'ai poussé à ses pieds des soupirs languissants; j'ai même répandu des larmes; mais tout cela inutilement et je n'ai point connu qu'elle ait dans l'âme aucun ressentiment de mon ardeur.

ARISTIONE.

Et vous, prince?

IPHICRATE.

Pour moi, madame, connoissant son indifférence et le peu de cas qu'elle fait des devoirs qu'on lui rend, je n'ai voulu perdre auprès d'elle ni plaintes ni soupirs, ni larmes. Je sais qu'elle est toute soumise à vos volontés, et que ce n'est que de votre main seule qu'elle voudra prendre un époux ; aussi n'est-ce qu'à vous que je m'adresse pour l'obtenir, à vous plutôt qu'à elle que je rends tous mes soins et tous mes hommages. Et plût au ciel, madame, que vous eussiez pu vous résoudre à tenir sa place ; que vous eussiez voulu jouir des conquêtes que vous lui faites, et recevoir pour vous les vœux que vous lui renvoyez !

ARISTIONE.

Prince, le compliment est d'un amant adroit, et vous avez entendu dire qu'il falloit cajoler les mères pour obtenir les filles ; mais ici, par malheur, tout cela devient inutile ; et je me suis engagée à laisser le choix tout entier à l'inclination de ma fille.

IPHICRATE.

Quelque pouvoir que vous lui donniez pour ce choix, ce n'est point compliment, madame, que ce que je vous dis. Je ne recherche la princesse Ériphile que parce qu'elle est votre sang : je la trouve charmante par tout ce qu'elle tient de vous, et c'est vous que j'adore en elle.

ARISTIONE.

Voilà qui est fort bien.

IPHICRATE.

Oui, madame, toute la terre voit en vous des attraits et des charmes que je...

ARISTIONE.

De grâce, prince ôtons ces charmes et ces attraits : vous savez que ce sont ces mots que je retranche des compliments qu'on me veut faire. Je souffre qu'on me loue de ma sincérité, qu'on dise que je suis une bonne princesse, que j'ai de la parole pour tout le monde, de la chaleur pour mes amis, et de l'estime pour le mérite et la vertu : je puis tâter de tout cela ; mais, pour les douceurs de charmes et d'attraits, je suis bien aise qu'on ne m'en serve point ; et, quelque vérité qui s'y pût rencontrer, on doit faire quelque scrupule d'en goûter la louange, quand on est mère d'une fille comme la mienne.

IPHICRATE.

Ah ! madame, c'est vous qui voulez être mère malgré tout le monde ; il n'est point d'yeux qui ne s'y opposent ; et, si vous le vouliez, la princesse Ériphile ne seroit que votre sœur.

ARISTIONE.

Mon Dieu ! prince, je ne donne point dans tous ces

galimatias où donnent la plupart des femmes : je veux être mère parce que je la suis, et ce seroit en vain que je ne la voudrois pas être. Ce titre n'a rien qui me choque, puisque, de mon consentement, je me suis exposée à le recevoir. C'est un foible de notre sexe, dont, grâce au ciel, je suis exempte ; et je ne m'embarrasse point de ces grandes disputes d'âge sur quoi nous voyons tant de folles. Revenons à notre discours. Est-il possible que jusqu'ici vous n'ayez pu connoître où penche l'inclination d'Ériphile ?

IPHICRATE.

Ce sont obscurités pour moi.

TIMOCLÈS.

C'est pour moi un mystère impénétrable.

ARISTIONE.

La pudeur peut-être l'empêche de s'expliquer à vous et à moi. Servons-nous de quelque autre pour découvrir le secret de son cœur. Sostrate, prenez de ma part cette commission, et rendez cet office à ces princes, de savoir adroitement de ma fille vers qui des deux ses sentiments peuvent tourner.

SOSTRATE.

Madame, vous avez cent personnes dans votre cour sur qui vous pourriez mieux verser l'honneur d'un tel emploi ; et je me sens mal propre à bien exécuter ce que vous souhaitez de moi.

ARISTIONE.

Votre mérite, Sostrate, n'est point borné aux seuls emplois de la guerre. Vous avez de l'esprit, de la conduite, de l'adresse ; et ma fille fait cas de vous.

SOSTRATE.

Quelque autre mieux que moi, madame...

ARISTIONE.

Non, non ; en vain vous vous en défendez.

SOSTRATE.

Puisque vous le voulez, madame, il faut vous obéir ; mais je vous jure que, dans toute votre cour, vous ne pouviez choisir personne qui ne fût en état de s'acquitter beaucoup mieux que moi d'une telle commission.

ARISTIONE.

C'est trop de modestie ; et vous vous acquitterez toujours bien de toutes les choses dont on vous chargera. Découvrez doucement les sentiments d'Ériphile, et faites-la ressouvenir qu'il faut se rendre de bonne heure dans le bois de Diane

SCÈNE III

IPHICRATE, TIMOCLÈS, SOSTRATE, CLITIDAS.

IPHICRATE, à Sostrate.

Vous pouvez croire que je prends part à l'estime que la princesse vous témoigne.

TIMOCLÈS, à Sostrate.

Vous pouvez croire que je suis ravi du choix que l'on a fait de vous.

IPHICRATE.

Vous voilà en état de servir vos amis.

TIMOCLÈS.

Vous avez de quoi rendre de bons offices aux gens qu'il vous plaira.

IPHICRATE.

Je ne vous recommande point mes intérêts.

TIMOCLÈS.

Je ne vous dis point de parler pour moi.

SOSTRATE.

Seigneurs, il seroit inutile. J'aurois tort de passer les ordres de ma commission; et vous trouverez bon que je ne parle ni pour l'un ni pour l'autre.

IPHICRATE.

Je vous laisse agir comme il vous plaira.

TIMOCLÈS.

Vous en userez comme vous voudrez.

SCÈNE IV

IPHICRATE, TIMOCLÈS, CLITIDAS.

IPHICRATE, bas à Clitidas.

Clitidas se ressouvient bien qu'il est de mes amis; je lui recommande toujours de prendre mes intérêts auprès de sa maîtresse contre ceux de mon rival.

CLITIDAS, bas à Iphicrate.

Laissez-moi faire. Il y a bien de la comparaison de lui à vous! et c'est un prince bien bâti pour vous le disputer!

IPHICRATE, bas à Clitidas.

Je reconnoîtrai ce service.

SCÈNE V

TIMOCLÈS, CLITIDAS.

TIMOCLÈS.

Mon rival fait sa cour à Clitidas; mais Clitidas sait bien qu'il m'a promis d'appuyer contre lui les prétentions de mon amour.

CLITIDAS.

Assurément; et il se moque, de croire l'emporter sur vous. Voilà, auprès de vous, un beau petit morveux de prince !

TIMOCLÈS.

Il n'y a rien que je ne fasse pour Clitidas.

CLITIDAS, seul.

Belles paroles de tous côtés ! Voici la princesse; prenons mon temps pour l'aborder.

SCÈNE VI
ÉRIPHILE, CLÉONICE.

CLÉONICE.

On trouvera étrange, madame, que vous vous soyez ainsi écartée de tout le monde.

ÉRIPHILE.

Ah! qu'aux personnes comme nous, qui sommes toujours accablées de tant de gens, un peu de solitude est parfois agréable! et qu'après mille impertinents entretiens il est doux de s'entretenir avec ses pensées! Qu'on me laisse ici promener toute seule.

CLÉONICE.

Ne voudriez vous pas, madame, voir un petit essai de la disposition de ces gens admirables qui veulent se donner à vous ? Ce sont des personnes qui, par leurs pas, leurs gestes et leurs mouvements, expriment aux yeux toutes choses; et on appelle cela pantomime. J'ai tremblé à vous dire ce mot, et il y a des gens dans votre cour qui ne me le pardonneroient pas.

ÉRIPHILE.

Vous avez bien la mine, Cléonice, de me venir ici régaler d'un mauvais divertissement; car, grâce au ciel, vous ne manquez pas de vouloir produire indifféremment tout ce qui se présente à vous, et vous avez une affabilité qui ne rejette rien; aussi est-ce à vous seule qu'on voit avoir recours toutes les muses nécessitantes; vous êtes la grande protectrice du mérite incommodé, et tout ce qu'il y a de vertueux indigents au monde va débarquer chez vous.

CLÉONICE.

Si vous n'avez pas envie de les voir, madame, il ne faut que les laisser là.

ÉRIPHILE.

Non, non; voyons-les : faites-les venir.

CLÉONICE.
Mait peut-être, madame, que leur danse sera méchante.
ÉRIPHILE.
Méchante ou non, il la faut voir. Ce ne seroit, avec vous, que reculer la chose, et il vaut mieux en être quitte.
CLÉONICE.
Ce ne sera ici, madame, qu'une danse ordinaire ; une autre fois...
ÉRIPHILE.
Point de préambule, Cléonice ; qu'ils dansent.

ACTE SECOND
SCÈNE I
ÉRIPHILE, CLÉONICE.
ÉRIPHILE.
Voilà qui est admirable. Je ne crois pas qu'on puisse mieux danser qu'ils dansent, et je suis bien aise de les avoir à moi.
CLÉONICE.
Et moi, madame, je suis bien aise que vous ayez vu que je n'ai pas si méchant goût que vous avez pensé.
ÉRIPHILE.
Ne triomphez point tant ; vous ne tarderez guère à me faire avoir ma revanche. Qu'on me laisse ici.

SCÈNE II
ÉRIPHILE, CLÉONICE, CLITIDAS.
CLÉONICE, allant au-devant de Clitidas.
Je vous avertis, Clitidas, que la princesse veut être seule.
CLITIDAS.
Laissez-moi faire : je suis homme qui sais ma cour.

SCÈNE III
ÉRIPHILE, CLITIDAS.
CLITIDAS, en chantant.
La, la, la, la. (Faisant l'étonné en voyant Ériphile.) Ah !
ÉRIPHILE, à Clitidas, qui feint de vouloir s'éloigner.
Clitidas.
CLITIDAS.
Je ne vous avois pas vue là, madame.
ÉRIPHILE.
Approche. D'où viens-tu ?

CLITIDAS.

De laisser la princesse votre mère, qui s'en alloit vers le temple d'Apollon, accompagnée de beauceaup de gens.

ÉRIPHILE.

Ne trouves-tu pas ces lieux les plus charmants du monde ?

CLITIDAS.

Assurément. Les princes vos amants y étoient.

ÉRIPHILE.

Le fleuve Pénée fait ici d'agréables détours.

CLITIDAS.

Fort agréables. Sostrate y étoit aussi.

ÉRIPHILE.

D'où vient qu'il n'est pas venu à la promenade?

GLITIDAS.

Il a quelque chose dans la tête qui l'empêche de prendre plaisir à tous ces beaux régales. Il m'a voulu entretenir; mais vous m'avez défendu si expressément de me charger d'aucune affaire auprès de vous, que je n'ai point voulu lui prêter l'oreille, et je lui ai dit nettement que je n'avois pas le loisir de l'entendre.

ÉRIPHILE.

Tu as eu tort de lui dire cela, et tu devois l'écouter.

CLITIDAS.

Je lui ai dit d'abord que je n'avois pas le loisir de l'entendre, mais après je lui ai donné audience.

ÉRIPHILE.

Tu as bien fait.

CLITIDAS.

En vérité, c'est un homme qui me revient, un homme fait comme je veux que les hommes soient faits, ne prenant point des manières bruyantes et des tons de voix assommants; sage et posé en toutes choses, ne parlant jamais que bien à propos, point prompt à décider, point du tout exagérateur incommode; et, quelque beaux vers que nos poëtes lui aient récités, je ne lui ai jamais ouï dire : Voilà qui est plus beau que tout ce qu'a jamais fait Homère. Enfin, c'est un homme pour qui je me sens de l'inclination; et, si j'étois princesse, il ne seroit pas malheureux.

ÉRIPHILE.

C'est un homme d'un grand mérite, assurément. Mais de quoi t'a-t-il parlé ?

CLITIDAS.

Il m'a demandé si vous aviez témoigné grande joie au magnifique régale que l'on vous a donné, m'a parlé de votre personne avec des transports les plus grands du monde, vous a mise au-dessus du ciel, et vous a donné toutes les louanges qu'on peut donner à la princesse la plus accomplie de la terre, entremêlant tout cela de plusieurs soupirs qui disoient plus qu'il ne vouloit. Enfin, à force de le tourner de tous côtés et de le presser sur la cause de cette profonde mélancolie dont toute la cour s'aperçoit, il a été contraint de m'avouer qu'il étoit amoureux.

ÉRIPHILE..

Comment, amoureux! qu'elle témérité est la sienne! c'est un extravagant que je ne verrai de ma vie!

CLITIDAS.

De quoi vous plaignez-vous, madame?

ÉRIPHILE.

Avoir l'audace de m'aimer! et, de plus, avoir l'audace de le dire!

CLITIDAS.

Ce n'est pas vous madame, dont il est amoureux.

ÉRIPHILE.

Ce n'est pas moi?

CLITIDAS.

Non, madame, il vous respecte trop pour cela, et est trop sage pour y penser.

ÉRIPHILE.

Et de qui donc, Clitidas?

CLITIDAS.

D'une de vos filles, la jeune Arsinoé.

ÉRIPHILE.

A-t-elle tant d'appas, qu'il n'ait trouvé qu'elle digne de son amour?

CLITIDAS.

Il l'aime éperdument, et vous conjure d'honorer sa flamme de votre protection.

ÉRIPHILE.

Moi?

CLITIDAS.

Non, non, madame. Je vois que la chose ne vous plaît pas. Votre colère m'a obligé à prendre ce détour; et, pour vous dire la vérité, c'est vous qu'il aime éperdument.

ÉRIPHILE.

Vous êtes un insolent de venir ainsi surprendre mes sentiments. Allons, sortez d'ici ; vous vous mêlez de vouloir lire dans les âmes, de vouloir pénétrer dans les secrets du cœur d'une princesse! Otez-vous de mes yeux, et que je ne vous voie jamais, Clitidas!

CLITIDAS.

Madame...

ÉRIPHILE.

Venez ici. Je vous pardonne cette affaire-là.

CLITIDAS.

Trop de bonté, madame!

ÉRIPHILE.

Mais à condition, prenez bien garde à ce que je vous dis, que vous n'en ouvrirez la bouche à personne du monde, sur peine de la vie.

CLITIDAS.

Il suffit.

ÉRIPHILE.

Sostrate t'a donc dit qu'il m'aimoit?

CLITIDAS.

Non, madame. Il faut vous dire la vérité. J'ai tiré de son cœur, par surprise, un secret qu'il veut cacher à tout le monde, et avec lequel il est, dit-il, résolu de mourir. Il a été au désespoir du vol subtil que je lui en ai fait ; et, bien loin de me charger de vous le découvrir, il m'a conjuré, avec toutes les instantes prières qu'on sauroit faire, de ne vous en rien révéler ; et c'est trahison contre lui que ce que je viens de vous dire.

ÉRIPHILE.

Tant mieux! c'est par son seul respect qu'il peut me plaire ; et, s'il étoit si hardi que de me déclarer son amour, il perdroit pour jamais et ma présence et mon estime.

CLITIDAS.

Ne craignez point, madame...

ÉRIPHILE.

Le voici. Souvenez-vous, au moins, si vous êtes sage, de la défense que je vous ai faite.

CLITIDAS.

Cela est fait, madame. Il ne faut pas être courtisan indiscret.

SCÈNE IV
ÉRIPHILE, SOSTRATE.

SOSTRATE.

J'ai une excuse, madame, pour oser interrompre votre solitude; et j'ai reçu de la princesse votre mère une commission qui autorise la hardiesse que je prends maintenant.

ÉRIPHILE.

Quelle commission, Sostrate?

SOSTRATE.

Celle, madame, de tâcher d'apprendre de vous vers lequel des deux princes peut incliner votre cœur.

ÉRIPHILE.

La princesse ma mère montre un esprit judicieux dans le choix qu'elle a fait de vous pour un pareil emploi. Cette commission, Sostrate, vous a été agréable sans doute, et vous l'avez acceptée avec beaucoup de joie?

SOSTRATE.

Je l'ai acceptée, madame, par la nécessité que mon devoir m'impose d'obéir; et, si la princesse avoit voulu recevoir mes excuses, elle auroit honoré quelque autre de cet emploi.

ÉRIPHILE.

Quelle cause, Sostrate, vous obligeoit à le refuser?

SOSTRATE.

La crainte, madame, de m'en acquitter mal.

ÉRIPHILE.

Croyez-vous que je ne vous estime pas assez pour vous ouvrir mon cœur et vous donner toutes les lumières que vous pourrez désirer de moi sur le sujet de ces deux princes?

SOSTRATE.

Je ne désire rien pour moi là-dessus, madame; et je ne vous demande que ce que vous croirez devoir donner aux ordres qui m'amènent.

ÉRIPHILE.

Jusques ici je me suis défendue de m'expliquer, et la princesse ma mère a eu la bonté de souffrir que j'aie reculé toujours ce choix qui me doit engager; mais je serai bien aise de témoigner à tout le monde que je veux faire quelque chose pour l'amour de vous; et, si vous m'en pressez, je rendrai cet arrêt qu'on attend depuis si longtemps.

SOSTRATE.

C'est une chose, madame, dont vous ne serez point importunée par moi ; et je ne saurois me résoudre à presser une princesse qui sait trop ce qu'elle a à faire.

ÉRIPHILE.

Mais c'est ce que la princesse ma mère attend de vous.

SOSTRATE.

Ne lui ai-je pas dit aussi que je m'acquitterois mal de cette commission ?

ÉRIPHILE.

Oh çà, Sostraste, les gens comme vous ont toujours les yeux pénétrants ; et je pense qu'il ne doit y avoir guère de choses qui échappent aux vôtres. N'ont-ils pu découvrir, vos yeux, ce dont tout le monde est en peine ? et ne vous ont-ils point donné quelques petites lumières du penchant de mon cœur ? Vous voyez les soins qu'on me rend, l'empressement qu'on me témoigne. Quel est celui de ces deux princes que vous croyez que je regarde d'un œil plus doux ?

SOSTRATE.

Les doutes que l'on forme sur ces sortes de choses ne sont réglés d'ordinaire que par les intérêts qu'on prend.

ÉRIPHILE.

Pour qui, Sostrate, pencheriez-vous des deux ? Quel est celui, dites-moi, que vous souhaiteriez que j'épousasse ?

SOSTRATE.

Ah ! madame, ce ne sont pas mes souhaits, mais votre inclination qui décidera de la chose.

ÉRIPHILE.

Mais si je me conseillois à vous pour ce choix ?

SOSTRATE.

Si vous vous conseilliez à moi, je serois fort embarrassé.

ÉRIPHILE.

Vous ne pourriez pas dire qui des deux vous semble plus digne de cette préférence ?

SOSTRATE.

Si l'on s'en rapporte à mes yeux, il n'y aura personne qui soit digne de cet honneur. Tous les princes du monde seront trop peu de chose pour aspirer à vous ; les dieux seuls y pourront prétendre, et vous ne souffrirez des hommes que l'encens et les sacrifices.

ÉRIPHILE.

Cela est obligeant, et vous êtes de mes amis. Mais je veux que vous me disiez pour qui des deux vous vous sentez plus d'inclination, quel est celui que vous mettez le plus au rang de vos amis.

SCÈNE V.
ÉRIPHILE, SOSTRATE, CHORÈBE.

CHORÈBE.

Madame, voilà la princesse qui vient vous prendre ici pour aller au bois de Diane.

SOSTRATE, à part.

Hélas! petit garçon, que tu es venu à propos!

SCÈNE VI.
ARISTIONE, ÉRIPHILE, IPHICRATE, TIMOCLÈS, SOSTRATE, ANAXARQUE, CLITIDAS.

ARISTIONE.

On vous a demandée, ma fille; et il y a des gens que votre absence chagrine fort.

ÉRIPHILE.

Je pense, madame, qu'on m'a demandée par compliment; et on ne s'inquiète pas tant qu'on vous dit.

ARISTIONE.

On enchaîne pour nous ici tant de divertissements les uns aux autres, que toutes nos heures sont retenues; et nous n'avons aucun moment à perdre, si nous voulons les goûter tous. Entrons vite dans le bois, et voyons ce qui nous y attend. Ce lieu est le plus beau du monde : prenons vite nos places.

ACTE TROISIÈME

SCÈNE I
ARISTIONE, IPHICRATE, TIMOCLÈS, ÉRIPHILE, ANAXARQUE, SOSTRATE, CLITIDAS.

ARISTIONE.

Les mêmes paroles toujours se présentent à dire; il faut toujours s'écrier : Voilà qui est admirable! il ne se peut rien de plus beau! cela passe tout ce qu'on a jamais vu!

TIMOCLÈS.

C'est donner de trop grandes paroles, madame, à de petites bagatelles.

ARISTIONE.

Des bagatelles commes celles-là peuvent occuper agréablement les plus sérieuses personnes. En vérité, ma fille, vous êtes bien obligée à ces princes, et vous ne sauriez assez reconnoître tous les soins qu'ils prennent pour vous.

ÉRIPHILE.

J'en ai, madame, tout le ressentiment qu'il est possible.

ARISTIONE.

Cependant vous les faites longtemps languir sur ce qu'ils attendent de vous. J'ai promis de ne vous point contraindre; mais leur amour vous presse de vous déclarer et de ne plus traîner en longueur la récompense de leurs services. J'ai chargé Sostrate d'apprendre doucement de vous les sentiments de votre cœur, et je ne sais pas s'il a commencé à s'acquitter de cette commission.

ÉRIPHILE.

Oui, madame; mais il me semble que je ne puis assez reculer ce choix dont on me presse, et que je ne saurois le faire sans mériter quelque blâme. Je me sens également obligée à l'amour, aux empressements, aux services de ces deux princes; et je trouve une espèce d'injustice bien grande à me montrer ingrate, ou vers l'un ou vers l'autre, par le refus qu'il m'en faudra faire dans la préférence de son rival.

IPHICRATE.

Cela s'appelle, madame, un fort honnête compliment pour nous refuser tous deux.

ARISTIONE.

Ce scrupule, ma fille, ne doit point vous inquiéter; et ces princes tous deux se sont soumis, il y a longtemps, à la préférence que pourra faire votre inclination.

ÉRIPHILE.

L'inclination, madame, est fort sujette à se tromper; et des yeux désintéressés sont beaucoup plus capables de faire un juste choix.

ARISTIONE.

Vous savez que je suis engagée de parole à ne rien prononcer là-dessus; et, parmi ces deux princes, votre inclination ne peut point se tromper et faire un choix qui soit mauvais.

ÉRIPHILE.

Pour ne point violenter votre parole ni mon scrupule, agréez, madame, un moyen que j'ose proposer.

ARISTIONE.

Quoi, ma fille ?

ÉRIPHILE.

Que Sostrate décide de cette préférence. Vous l'avez pris pour découvrir le secret de mon cœur; souffrez que je le prenne pour me tirer de l'embarras où je me trouve.

ARISTIONE.

J'estime tant Sostrate, que, soit que vous vouliez vous servir de lui pour expliquer vos sentiments, ou soit que vous vous en remettiez absolument à sa conduite; je fais, dis-je, tant d'estime de sa vertu et de son jugement, que je consens de tout mon cœur à la proposition que vous me faites.

IPHICRATE.

C'est-à-dire, madame, qu'il nous faut faire notre cour à Sostrate ?

SOSTRATE.

Non, seigneur vous n'aurez point de cour à me faire; et avec tout le respect que je dois aux princesses, je renonce à la gloire où elles veulent m'élever.

ARISTIONE.

D'où vient cela, Sostrate ?

SOSTRATE.

J'ai des raisons, madame, qui ne permettent pas que je reçoive l'honneur que vous me présentez.

IPHICRATE.

Craignez-vous, Sostrate, de vous faire un ennemi?

SOSTRATE.

Je craindrois peu, seigneur, les ennemis que je pourrois me faire en obéissant à mes souveraines.

TIMOCLÈS.

Par quelle raison donc refusez-vous d'accepter le pouvoir qu'on vous donne et de vous acquérir l'amitié d'un prince qui vous devroit son bonheur ?

SOSTRATE.

Par la raison que je ne suis pas en état d'accorder à ce prince ce qu'il souhaiteroit de moi.

IPHICRATE.

Quelle pourroit être cette raison ?

SOSTRATE.

Pourquoi me tant presser là-dessus ? Peut-être ai-je, seigneur, quelque intérêt secret qui s'oppose aux prétentions de votre amour. Peut-être ai-je un ami qui brûle, sans oser le dire, d'une flamme respectueuse pour les charmes divins dont vous êtes épris. Peut-être cet ami me fait-il tous les jours confidence de son martyre, qu'il se plaint à moi tous les jours des rigueurs de sa destinée, et regarde l'hymen de la princesse ainsi que l'arrêt redoutable qui le doit pousser au tombeau; et si cela étoit, seigneur, seroit-il raisonnable que ce fût de ma main qu'il reçut le coup de sa mort ?

IPHICRATE.

Vous auriez bien la mine, Sostrate, d'être vous-même cet ami dont vous prenez les intérêts.

SOSTRATE.

Ne cherchez point, de grâce, à me rendre odieux aux personnes qui vous écoutent. Je sais me connoître, seigneur; et les malheureux comme moi n'ignorent pas jusqu'où leur fortune leur permet d'aspirer.

ARISTIONE.

Laissons cela; nous trouverons moyen de terminer l'irrésolution de ma fille.

ANAXARQUE.

En est-il un meilleur, madame, pour terminer les choses au contentement de tout le monde, que les lumières que le ciel peut donner sur ce mariage ? J'ai commencé, comme je vous ai dit, à jeter pour cela les figures mystérieuses que notre art nous enseigne; et j'espère vous faire voir tantôt ce que l'avenir garde à cette union souhaitée. Après cela, pourra-t-on balancer encore ? La gloire et les prospérités que le ciel permettra ou à l'un ou à l'autre choix ne seront-elles pas suffisantes pour le déterminer; et celui qui sera exclu pourra-t-il s'offenser, quand ce sera le ciel qui décidera cette préférence ?

IPHICRATE.

Pour moi, je m'y soumets entièrement; et je déclare que cette voie me semble la plus raisonnable.

TIMOCLÈS.

Je suis de même avis, et le ciel ne sauroit rien faire où je ne souscrive sans répugnance.

ÉRIPHILE.

Mais, seigneur Anaxarque, voyez-vous si clair dans les destinées, que vous ne vous trompiez jamais ? et ces prospérités et cette gloire que vous dites que le ciel nous promet, qui en sera caution, je vous prie ?

ARISTIONE.

Ma fille, vous avez une petite incrédulité qui ne vous quitte point.

ANAXARQUE.

Les épreuves, madame, que tout le monde a vues de l'infaillibilité de mes prédictions sont les cautions suffisantes des promesses que je puis faire. Mais enfin, quand je vous aurai fait voir ce que le ciel vous marque, vous réglerez là-dessus à votre fantaisie ; et ce sera à vous à prendre la fortune de l'un ou de l'autre choix.

ÉRIPHILE.

Le ciel, Anaxarque, me marquera les deux fortunes qui m'attendent ?

ANAXARQUE.

Oui, madame : les félicités qui vous suivront, si vous épousez l'un ; et les disgrâces qui vous accompagneront, si vous épousez l'autre.

ÉRIPHILE.

Mais comme il est impossible que je les épouse tous deux, il faut donc qu'on trouve écrit dans le ciel non seulement ce qui doit arriver, mais aussi ce qui ne doit pas arriver.

CLITIDAS, à part.

Voilà mon astrologue embarrassé.

ANAXARQUE.

Il faudrait vous faire, madame, une longue discussion des principes de l'astrologie pour vous faire comprendre cela.

CLITIDAS.

Bien répondu. Madame, je ne dis point de mal de l'astrologie : l'astrologie est une belle chose, et le seigneur Anaxarque est un grand homme.

IPHICRATE.

La vérité de l'astrologie est une chose incontestable, et il n'y a personne qui puisse disputer contre la certitude de ses prédictions.

CLITIDAS.

Assurément.

TIMOCLÈS.

Je suis assez incrédule pour quantité de choses ; mais pour ce qui est de l'astrologie, il n'y a rien de plus sûr et de plus constant que le succès des horoscopes qu'elle tire.

CLITIDAS

Ce sont des choses les plus claires du monde.

IPHICRATE.

Cent aventures prédites arrivent tous les jours, qui convainquent les plus opiniâtres.

CLITIDAS.

Il est vrai.

TIMOCLÈS.

Peut-on contester, sur cette matière, les incidents célèbres dont les histoires nous font foi ?

CLITIDAS.

Il faut n'avoir pas le sens commun. Le moyen de contester ce qui est moulé ?

ARISTIONE.

Sostrate n'en dit mot. Quel est son sentiment la-dessus ?

SOSTRATE.

Madame, tous les esprits ne sont pas nés avec les qualités qu'il faut pour la délicatesse de ces belles sciences, qu'on nomme curieuses : et il y en a de si matériels, qu'ils ne peuvent aucunement comprendre ce que d'autres conçoivent le plus facilement du monde. Il n'est rien de plus agréable, madame, que toutes les grandes promesses de ces connoissances sublimes. Transformer tout en or; faire vivre éternellement; guérir par des paroles ; se faire aimer de qui l'on veut; savoir tous les secrets de l'avenir; faire descendre comme on veut du ciel, sur des métaux, des impressions de bonheur; commander aux démons; se faire des armées invisibles et des soldats invulnérables : tout cela est charmant, sans doute, et il y a des gens qui n'ont aucune peine à en comprendre la possibilité, cela leur est le plus aisé du monde à concevoir. Mais, pour moi, je vous avoue que mon esprit grossier a quelque peine à le comprendre et à le croire, et j'ai toujours trouvé cela trop beau pour être véritable. Toutes ces belles raisons de sympathie, de force magnétique et de vertu occulte, sont si subtiles et délicates, qu'elles échappent à mon sens matériel; et, sans parler du reste, jamais il n'a été en ma puissance de concevoir comme on trouve écrit dans le ciel jusqu'aux plus petites particularités de la fortune du moindre homme. Quel rapport, quelle commerce, quelle correspondance peut-il y avoir entre nous et des globes éloignés de notre terre d'une distance si effroyable? et d'où cette belle science, enfin, peut-elle être venue aux hommes? Quel dieu l'a révélée? ou quelle expérience l'a pu former de l'observation de ce grand nombre d'astres qu'on n'a pu voir encore deux fois dans la même disposition?

ANAXARQUE.

Il ne sera pas difficile de vous le faire concevoir.

SOSTRATE.

Vous ne serez plus habile que tous les autres.

GLITIDAS, à Sostrate.

Il vous fera une discussion de tout cela, quand vous voudrez.

IPHICRATE, à Sostrate.

Si vous ne comprenez pas les choses, au moins les pouvez-vous croire sur ce que l'on voit tous les jours.

SOSTRATE.

Comme mon sens est si grossier, qu'il n'a pu rien comprendre, mes yeux aussi sont si malheureux, qu'ils n'ont jamais rien vu.

IPHICRATE.

Pour moi, j'ai vu, et des choses tout à fait convaincantes.

TIMOCLÈS.

Et moi aussi.

SOSTRATE.

Comme vous avez vu, vous faites bien de croire; et il faut que vos yeux soient faits autrement que les miens.

IPHICRATE.

Mais enfin la princesse croit à l'astrologie; et il me semble qu'on y peut bien croire après elle. Est-ce que madame, Sostrate, n'a pas de l'esprit et du sens?

SOSTRATE.

Seigneur, la question est un peu violente. L'esprit de la princesse n'est pas une règle pour le mien; et son intelligence peut l'élever à des lumières où mon sens ne peut pas atteindre.

ARISTIONE.

Non, Sostrate, je ne vous dirai rien sur quantité de choses auxquelles je ne donne guère plus de créance que vous; mais, pour l'astrologie, on m'a dit et fait voir des choses si positives, que je ne la puis mettre en doute.

SOSTRATE.

Madame, je n'ai rien à répondre à cela.

ARISTIONE.

Quittons ce discours, et qu'on nous laisse un moment. Dressons notre promenade, ma fille, vers cette belle grotte où j'ai promis d'aller. Des galanteries à chaque pas!

ACTE QUATRIÈME
SCÈNE I
ARISTIONE, ÉRIPHILE.

ARISTIONE.

De qui que cela soit, on ne peut rien de plus galant et de mieux entendu. Ma fille, j'ai voulu me séparer de tout le monde pour vous entretenir; et je veux que vous ne me cachiez rien de la vérité. N'auriez-vous point dans l'âme quelque inclination secrète que vous ne voulez pas nous dire?

ÉRIPHILE.

Moi, madame?

ARISTIONE.

Parlez à cœur ouvert, ma fille. Ce que j'ai fait pour vous mérite bien que vous usiez avec moi de franchise. Tourner vers vous toutes mes pensées, vous préférer à toutes choses, et fermer l'oreille, en l'état où je suis, à toutes les propositions que cent princesses, en ma place, écouteroient avec bienséance : tout cela vous doit assez persuader que je suis une bonne mère et que je ne suis pas pour recevoir avec sévérité les ouvertures que vous pourriez me faire de votre cœur.

ÉRIPHILE.

Si j'avois si mal suivi votre exemple, que de m'être laissé aller à quelques sentiments d'inclination que j'eusse raison de cacher, j'aurois, madame, assez de pouvoir sur moi-même pour imposer silence à cette passion et me mettre en état de ne rien faire voir qui fût indigne de votre sang.

ARISTIONE.

Non, non, ma fille; vous pouvez, sans scrupule, m'ouvrir vos sentiments. Je n'ai point renfermé votre inclination dans le choix de deux princes; vous pouvez l'étendre où vous voudrez; et le mérite, auprès de moi, tient un rang si considérable, que je l'égale à tout; et, si vous m'avouez franchement les choses, vous me verrez souscrire sans répugnance au choix qu'aura fait votre cœur.

ÉRIPHILE.

Vous avez des bontés pour moi, madame, dont je ne puis assez me louer; mais je ne les mettrai point à l'épreuve sur le sujet dont vous me parlez; et tout ce que je leur demande, c'est de ne point presser un mariage où je ne me sens pas encore bien résolue.

ARISTIONE.

Jusqu'ici je vous ai laissée assez maîtresse de tout; et l'impatience des princes nos amants... Mais quel bruit est-ce que j'entends? Ah! ma fille, quel spectacle s'offre à nos yeux! quelque divinité descend ici, et c'est la déesse Vénus qui semble nous vouloir parler.

SCÈNE II

VÉNUS, accompagnée de quatre petits Amours dans une machine; ARISTIONE, ÉRIPHILE.

VÉNUS, à Aristione.

Princesse, dans tes soins brille un zèle exemplaire
Qui par les immortels doit être couronné;
Et, pour te voir un gendre illustre et fortuné,
Leur main te veut marquer le choix que tu dois faire.
    Ils t'annoncent tous par ma voix
La gloire et les grandeurs que, par ce digne choix,
Ils feront pour jamais entrer dans ta famille.
De tes difficultés termine donc le cours,
    Et pense à donner ta fille
    A qui sauvera tes jours.

SCÈNE III

ARISTIONE, ÉRIPHILE.

ARISTIONE.

Ma fille, les dieux imposent silence à tous nos raisonnements. Après cela, nous n'avons plus rien à faire qu'à recevoir ce qu'il s'apprêtent à nous donner; et vous venez d'entendre distinctement leur volonté. Allons dans le premier temple les assurer de notre obéissance et leur rendre grâces de leurs bontés.

SCÈNE IV

ANAXARQUE, CLÉON.

CLÉON.

Voilà la princesse qui s'en va; ne voulez-vous pas lui parler!

ANAXARQUE.

Attendons que sa fille soit séparée d'elle. C'est un esprit que je redoute, et qui n'est pas de trempe à se laisser mener ainsi que celui de sa mère. Enfin, mon fils, comme nous venons de voir par cette ouverture, le stratagème a réussi. Notre Vénus a fait des merveilles, et l'admirable ingénieur qui s'est employé à cet artifice a si bien disposé tout, a coupé avec tant d'adresse le plancher de cette grotte, si bien caché ses fils de fer et tous ses ressorts, si bien ajusté ses lumières et habillé ses personnages, qu'il y a peu de gens qui n'y eussent été trompés ; et, comme la princesse Aristione est fort superstitieuse, il ne faut point douter qu'elle ne donne à pleine tête dans cette tromperie. Il y a longtemps, mon fils, que je prépare cette machine, et me voilà tantôt au but de mes prétentions.

CLÉON.

Mais pour lequel des deux princes, au moins, dressez-vous tout cet artifice?

ANAXARQUE.

Tous deux ont recherché mon assistance, et je leur promets à tous deux la faveur de mon art. Mais les présents du prince Iphicrate et les promesses qu'il m'a faites l'emportent de beaucoup sur tout ce qu'a pu faire l'autre. Ainsi ce sera lui qui recevra les effets favorables de tous les ressorts que je fais jouer ; et, comme son ambition me devra toute chose, voilà, mon fils, notre fortune faite. Je vais prendre mon temps pour affermir dans son erreur l'esprit de la princesse, pour la mieux prévenir encore par le rapport que je lui ferai voir adroitement des paroles de Vénus avec les prédictions des figures célestes que je lui dis que j'ai jetées. Va-t'en tenir la main au reste de l'ouvrage, préparer nos six hommes à se bien cacher dans leur barque derrière le rocher, à posément attendre le temps que la princesse Aristione vient tous les soirs se promener seule sur le rivage, à se jeter bien à propos sur elle ainsi que des corsaires, et donner lieu au prince Iphicrate de lui apporter ce secours qui, sur les paroles du ciel, doit mettre entre ses mains la princesse Ériphile. Ce prince est averti par moi ; et, sur la foi de ma prédiction, il doit se tenir dans ce petit bois qui borde le rivage. Mais sortons de cette grotte ; je te dirai, en marchant, toutes les choses qu'il faut bien observer. Voilà la princesse Ériphile : évitons sa rencontre.

SCÈNE V.

ÉRIPHILE, seule.

Hélas ! quelle est ma destinée ! et qu'ai-je fait aux

dieux pour mériter les soins qu'ils veulent prendre de moi ?

SCÈNE VI.
ÉRIPHILE, CLÉONICE.
CLÉONICE.

Le voici, madame, que j'ai trouvé; et, à vos premiers ordres, il n'a pas manqué de me suivre.

ÉRIPHILE.

Qu'il approche, Cléonice ; et qu'on nous laisse seuls un moment.

SCÈNE VII
ÉRIPHILE, SOSTRATE.
ÉRIPHILE.

Sostrate, vous m'aimez.

SOSTRATE.

Moi, madame ?

ÉRIPHILE.

Laissons cela, Sostrate ; je le sais, je l'approuve, et vous permets de me le dire. Votre passion a paru à mes yeux accompagnée de tout le mérite qui me la pouvoit rendre agréable. Si ce n'étoit le rang où le ciel m'a fait naître, je puis vous dire que cette passion n'auroit pas été malheureuse, et que cent fois je lui ai souhaité l'appui d'une fortune qui pût mettre pour elle en pleine liberté les secrets sentiments de mon âme. Ce n'est pas, Sostrate, que le mérite seul n'ait à mes yeux tout le prix qu'il doit avoir, et que, dans mon cœur, je ne préfère les vertus qui sont en vous à tous les titres magnifiques dont les autres sont revêtus. Ce n'est pas même que la princesse ma mère ne m'ait assez laissé la disposition de mes vœux ; et je ne doute point, je vous l'avoue, que mes prières n'eussent pu tourner son consentement du côté que j'aurois voulu. Mais il est des états, Sostrate, où il n'est pas honnête de vouloir tout ce qu'on peut faire. Il y a des chagrins à se mettre au-dessus de toutes choses ; et les bruits fâcheux de la renommée vous font trop acheter le plaisir que l'on trouve à contenter son inclination. C'est à quoi, Sostrate, je ne me serois jamais résolue ; et j'ai cru faire assez de fuir l'engagement dont j'étois sollicitée. Mais, enfin, les dieux veulent prendre eux-mêmes le soin de me donner un époux ; et tous ces longs délais avec lesquels j'ai reculé mon mariage, et que les bontés de la princesse ma mère ont accordés à mes désirs ; ces délais, dis-je, ne me sont plus permis, et il me faut résoudre à subir cet arrêt du ciel. Soyez sûr, Sostrate, que c'est avec toutes les répugnances du monde que je m'abandonne à cet hyménée ; et que, si j'avois pu être maîtresse de moi, ou j'aurois été a vous, ou je n'aurois été à personne. Voilà, Sostrate, ce que j'avois à vous dire ; voilà ce que j'ai cru devoir à votre mérite, et la consolation que toute ma tendresse peut donner à votre flamme.

SOSTRATE.

Ah! madame, c'en est trop pour un malheureux! Je ne m'étois pas préparé à mourir avec tant de gloire ; et je cesse, dans ce moment, de me plaindre des destinées. Si elles m'ont fait naître dans un rang beaucoup moins élevé que mes désirs, elles m'ont fait naître assez heureux pour attirer quelque pitié du cœur d'une grande princesse ; et cette pitié glorieuse vaut des sceptres et des couronnes, vaut la fortune des plus grands princes de la terre. Oui, madame, dès que j'ai osé vous aimer (c'est vous, madame, qui voulez bien que je me serve de ce mot téméraire), dès que j'ai, dis-je, osé vous aimer, j'ai condamné d'abord l'orgueil de mes désirs ; je me suis fait moi-même la destinée que je devois attendre. Le coup de mon trépas, madame, n'aura rien qui me surprenne, puisque je m'y étois préparé ; mais vos bontés le comblent d'un honneur que mon amour jamais n'eût osé espérer ; et je m'en vais mourir, après cela, le plus content et le plus glorieux de tous les hommes. Si je puis encore souhaiter quelque chose, ce sont deux grâces, madame, que je prends la hardiesse de vous demander à genoux : de vouloir souffrir ma présence jusqu'à cet heureux hyménée qui doit mettre fin à ma vie ; et, parmi cette grande gloire et ces longues prospérités que le ciel promet à votre union, de vous souvenir quelquefois de l'amoureux Sostrate. Puis-je, divine princesse, me promettre de vous cette précieuse faveur ?

ÉRIPHILE.

Allez, Sostrate, sortez d'ici. Ce n'est pas aimer mon repos que de me demander que je me souvienne de vous.

SOSTRATE.

Ah! madame, si votre repos...

ÉRIPHILE.

Otez-vous, vous dis-je, Sostrate; épargnez ma foiblesse, et ne m'exposez point à plus que je n'ai résolu.

SCÈNE VIII
ÉRIPHILE, CLÉONICE.

CLÉONICE.

Madame, je vous vois l'esprit tout chagrin: vous plaît-il que vos danseurs, qui expriment si bien toutes les passions, vous donnent maintenant quelque épreuve de leur adresse?

ÉRIPHILE.

Oui, Cléonice: qu'ils fassent tout ce qu'ils voudront; pourvu qu'ils me laissent à mes pensées.

ACTE CINQUIÈME
SCÈNE I
ÉRIPHILE, CLITIDAS.

CLITIDAS.

De quel côté porter mes pas? où m'aviserais-je d'aller? et en quel lieu puis-je croire que je trouverai maintenant la princesse Ériphile? Ce n'est pas un petit avantage que d'être le premier à porter une nouvelle. Ah! la voilà! Madame, je vous annonce que le ciel vient de vous donner l'époux qu'il vous destinoit.

ÉRIPHILE.

Eh! laisse-moi, Clitidas, dans ma sombre mélancolie.

CLITIDAS.

Madame, je vous demande pardon. Je pensois faire bien de vous venir dire que le ciel vient de vous donner Sostrate pour époux; mais, puisque cela vous incommode, je rangaîne ma nouvelle, et m'en retourne droit comme je suis venu.

ÉRIPHILE

Clitidas! holà, Clitidas!

CLITIDAS.

Je vous laisse, madame, dans votre sombre mélancolie.

ÉRIPHILE.

Arrête, te dis-je; approche. Que viens-tu me dire?

CLITIDAS.

Rien, madame. On a parfois des empressements

de venir dire aux grands de certaines choses dont ils ne se soucient pas, et je vous prie de m'excuser.
ÉRIPHILE.
Que tu es cruel !
CLITIDAS.
Une autre fois j'aurai la discrétion de ne vous pas venir interrompre.
ÉRIPHILE.
Ne me tiens point dans l'inquiétude. Qu'est-ce que tu viens m'annoncer?
CLITIDAS.
C'est une bagatelle de Sostrate, madame, que je vous dirai une autre fois, quand vous ne serez point embarrassée.
ÉRIPHILE.
Ne me fais point languir davantage, te dis-je, et m'apprends cette nouvelle.
CLITIDAS.
Vous la voulez savoir, madame?
ÉRIPHILE.
Oui ; dépêche. Qu'as-tu à me dire de Sostrate ?
CLITIDAS.
Une aventure merveilleuse, où personne ne s'attendoit.
ÉRIPHILE.
Dis-moi vite ce que c'est.
CLITIDAS.
Cela ne troublera-t-il point, madame, votre sombre mélancolie ?
ÉRIPHILE.
Ah ! parle promptement.
CLITIDAS.
J'ai donc à vous dire, madame, que la princesse votre mère passoit presque seule dans la forêt, par ces petites routes qui sont si agréables, lorsqu'un sanglier hideux (ces vilains sangliers-là font toujours du désordre, et l'on devroit les bannir des forêts bien policées), lors, dis-je, qu'un sanglier hideux, poussé, je crois, par des chasseurs, est venu traverser la route où nous étions. Je devrois vous faire peut-être, pour orner mon récit, une description étendue du sanglier dont je parle ; mais vous vous en passerez, s'il vous plaît, et je me contenterai de vous dire que c'étoit un fort vilain animal. Il passoit son chemin, et il étoit bon de ne lui rien dire, de ne point chercher de noise

avec lui; mais la princesse a voulu essayer sa dextérité, et de son dard, qu'elle lui a lancé un peu mal à propos, ne lui en déplaise, lui a fait au-dessus de l'oreille une assez petite blessure. Le sanglier, mal morigéné, s'est impertinemment détourné contre nous: nous étions là deux ou trois misérables qui avons pâli de frayeur; chacun gagnoit son arbre, et la princesse, sans défense, demeuroit exposée à la furie de la bête, lorsque Sostrate a paru comme si les dieux l'eussent envoyé.

ÉRIPHILE.

Eh bien, Clitidas?

CLITIDAS.

Si mon récit vous ennuie, madame, je remettrai le reste à une autre fois.

ÉRILHILE.

Achève promptement.

CLITIDAS.

Ma foi, c'est promptement de vrai que j'achèverai; car un peu de poltronnerie m'a empêché de voir tout le détail de ce combat; et tout ce que je puis vous dire, c'est que, retournant sur la place, nous avons vu le sanglier mort, tout vautré dans son sang; et la princesse, pleine de joie, nommant Sostrate son libérateur et l'époux digne et fortuné que les dieux lui marquoient pour vous. A ces paroles, j'ai cru que j'en avois assez entendu; et je me suis hâté de vous en venir, avant tous, apporter la nouvelle.

ÉRIPHILE.

Ah! Clitidas, pouvois-tu m'en donner une qui me pût être plus agréable?

CLITIDAS.

Voilà qu'on vient vous trouver.

SCÈNE II

ARISTIONE, SOSTRATE, ÉRIPHILE, CLITIDAS.

ARISTIONE.

Je vois, ma fille, que vous savez déjà tout ce que nous pourrions vous dire. Vous voyez que les dieux se sont expliqués bien plus tôt que nous n'eussions pensé: mon péril n'a guère tardé à nous marquer leurs volontés, et l'on connoît assez que ce sont eux qui se sont mêlés de ce choix, puisque le mérite tout seul brille dans cette préférence. Aurez-vous quelque répugnance à récompenser de votre cœur celui à qui je dois la vie? et refusez-vous Sostrate pour époux?

ÉRIPHILE.

Et de la main des dieux et de la vôtre, madame, je ne puis rien recevoir qui ne me soit fort agréable.

SOSTRATE.

Ciel ! n'est-ce point ici quelque songe tout plein de gloire dont les dieux me veuillent flatter? et quelque réveil malheureux ne me replongera-t-il point dans la bassesse de ma fortune ?

SCÈNE III
ARISTIONE, ÉRIPHILE, SOSTRATE, CLÉONICE, CLITIDAS.

CLÉONICE.

Madame, je viens vous dire qu'Anaxarque a jusqu'ici abusé l'un et l'autre prince par l'espérance de ce choix qu'ils poursuivent depuis longtemps ; et qu'au bruit qui s'est répandu de votre aventure ils ont fait éclater tous deux leur ressentiment contre lui, jusque-là que, de paroles en paroles, les choses se sont échauffées, et il en a reçu quelques blessures dont on ne sait pas bien ce qui arrivera. Mais les voici.

SCÈNE IV
ARISTIONE, ÉRIPHILE, IPHICRATE, TIMOCLÈS, SOSTRATE, CLÉONICE, CLITIDAS.

ARISTIONE.

Princes, vous agissez tous deux avec une violence bien grande ! et, si Anaxarque a pu vous offenser, j'étois pour vous en faire justice moi-même.

IPHICRATE.

Et quelle justice, madame, auriez-vous pu nous faire de lui, si vous la faites si peu à notre rang dans le choix que vous embrassez?

ARISTIONE.

Ne vous êtes-vous pas soumis l'un et l'autre à ce que pourroient décider, ou les ordres du ciel, ou l'inclination de ma fille ?

TIMOCLÈS.

Oui, madame, nous nous sommes soumis à ce qu'ils pourroient décider entre le prince Iphicrate et moi, mais non pas à nous voir rebutés tous deux.

ARISTIONE.

Et si chacun de vous a bien pu se résoudre à souffrir une préférence, que vous arrive-t-il à tous deux où vous ne soyez préparés? et que peuvent importer à l'un et à l'autre les intérêts de son rival?

IPHICRATE.

Oui, madame, il importe. C'est quelque consolation de se voir préférer un homme qui vous est égal ; et votre aveuglement est une chose épouvantable.

ARISTIONE.

Prince, je ne veux pas me brouiller avec une personne qui m'a fait tant de grâce que de me dire des douceurs ; et je vous prie, avec toute l'honnêteté qu'il m'est possible, de donner à votre chagrin un fondement plus raisonnable ; de vous souvenir, s'il vous plait, que Sostrate est revêtu d'un mérite qui s'est fait connoître à toute la Grèce, et que le rang où le ciel l'élève aujourd'hui va remplir toute la distance qui étoit entre lui et vous.

IPHICRATE.

Oui, oui, madame, nous nous en souviendrons. Mais peut-être aussi vous souviendrez-vous que deux princes outragés ne sont pas deux ennemis peu redoutables.

TIMOCLÈS.

Peut-être, madame, qu'on ne goûtera pas longtemps la joie du mépris que l'on fait de nous.

ARISTIONE.

Je pardonne toutes ces menaces aux chagrins d'un amour qui se croit offensé ; et nous n'en verrons pas avec moins de tranquillité la fête des jeux Pythiens. Allons-y de ce pas, et couronnons, par ce pompeux spectacle, cette merveilleuse journée.

LE
BOURGEOIS GENTILHOMME

COMÉDIE EN CINQ ACTES

1er OCTOBRE 1670, A CHAMBORD

PERSONNAGES DE LA COMÉDIE

MONSIEUR JOURDAIN, bourgeois; MADAME JOURDAIN, sa femme; LUCILE, fille de monsieur Jourdain; CLÉONTE, amoureux de Lucile; DORIMÈNE, marquise; DORANTE, comte, amant de Dorimène; NICOLE, servante de monsieur Jourdain; COVIELLE, valet de Cléonte, UN MAITRE DE MUSIQUE; UN ÉLÈVE du maître de musique; UN MAITRE A DANSER; UN MAITRE D'ARMES; UN MAITRE DE PHILOSOPHIE, UN MAITRE TAILLEUR; UN GARÇON TAILLEUR; DEUX LAQUAIS.

DANS LE PREMIER ACTE.
UNE MUSICIENNE ; DEUX MUSICIENS ; DANSEURS.

DANS LE SECOND ACTE.
GARÇONS TAILLEURS dansants.

DANS LE TROISIÈME ACTE.
CUISINIERS dansants.

DANS LE QUATRIÈME ACTE.
CÉRÉMOMIE TURQUE.

LE MUFTI ; TURCS assistants du mufti, chantants, DERVIS chantants ; TURCS dansants.

La scène se trouve à Paris, dans la maison de monsieur Jourdain.

ACTE PREMIER

SCÈNE I

UN MAITRE DE MUSIQUE, UN MAITRE A DANSER, TROIS MUSICIENS, DEUX VIOLONS, QUATRE DANSEURS.

LE MAITRE DE MUSIQUE, aux musiciens.

Venez, entrez dans cette salle, et vous reposez là, en attendant qu'il vienne.

LE MAITRE DE MUSIQUE, aux danseurs.
Et vous aussi, de ce côté.

LE MAITRE DE MUSIQUE, à son élève.

Est-ce fait?

L'ÉLÈVE.

Oui.

LE MAITRE DE MUSIQUE.

Voyons... Voilà qui est bien.

LE MAITRE A DANSER.

Est-ce quelque chose de nouveau?

LE MAITRE DE MUSIQUE.

Oui, c'est un air pour une sérénade, que je lui ai fait composer ici, en attendant que notre homme fût éveillé.

LE MAITRE A DANSER.

Peut-on voir ce que c'est?

LE MAITRE DE MUSIQUE.

Vous l'allez entendre avec le dialogue, quand il viendra. Il ne tardera guère.

LE MAITRE A DANSER.

Nos occupations, à vous et à moi, ne sont pas petites maintenant.

LE MAITRE DE MUSIQUE.

Il est vrai. Nous avons trouvé ici un homme comme il nous le faut à tous deux. Ce nous est une douce rente que ce monsieur Jourdain, avec les visions de noblesse et de galanterie qu'il est allé se mettre en tête, et votre danse et ma musique auroient à souhaiter que tout le monde lui ressemblât.

LE MAITRE A DANSER.

Non pas entièrement; et je voudrois, pour lui, qu'il se connût mieux qu'il ne fait aux choses que nous lui donnons.

LE MAITRE DE MUSIQUE.

Il est vrai qu'il les connoît mal, mais il les paye bien; et c'est de quoi maintenant nos arts ont plus besoin que de toute autre chose.

LE MAITRE A DANSER.

Pour moi, je vous l'avoue, je me repais un peu de gloire. Les applaudissements me touchent, et je tiens que, dans tous les beaux-arts, c'est un supplice assez fâcheux que de se produire à des sots, que d'essuyer, sur des compositions, la barbarie d'un stupide. Il y a plaisir, ne m'en parlez point, à travailler pour des personnes qui soient capables de sentir les délicatesses d'un art, qui sachent faire un doux accueil aux beautés d'un ouvrage, et par de chatouillantes approbations, vous régaler de votre travail. Oui, la récompense la plus agréable qu'on puisse recevoir des choses que l'on fait, c'est de les voir connues, de les voir caressés d'un applaudissement qui vous honore. Il n'y a rien, à mon avis, qui nous paye mieux que cela de toutes nos fatigues ; et ce sont des douceurs exquises que des louanges éclairées.

LE MAITRE DE MUSIQUE.

J'en demeure d'accord, et je les goûte comme vous. Il n'y a rien assurément qui chatouille davantage que les applaudissements que vous dites ; mais cet encens ne fait pas vivre. Des louanges toutes pures ne mettent point un homme à son aise : il faut mêler du solide et la meilleur façon de louer, c'est de louer avec les mains. C'est un homme, à la vérité, dont les lumières sont petites, qui parle à tort et à travers de toutes choses et n'applaudit qu'à contre-sens ; mais son argent redresse les jugements de son esprit ; il a du dicernement dans sa bource ; ses louanges sont monnoyées ; et ce bourgeois ignorant nous vaut mieux, comme vous voyez, que le grand seigneur éclairé qui nous a introduits ici.

LE MAITRE A DANSER.

Il y a quelque chose de vrai dans ce que vous dites ; mais je trouve que vous appuyez un peu trop sur l'argent ; et l'intérêt est quelque chose de si bas, qu'il ne faut jamais qu'un honnête homme montre pour lui de l'attachement.

LE MAITRE DE MUSIQUE.

Vous recevez fort bien pourtant l'argent que notre homme vous donne.

LE MAITRE A DANSER.

Assutément ; mais je n'en fais pas tout mon bonheur ; et je voudrois qu'avec son bien il eût encore quelque bon goût des choses.

LE MAITRE DE MUSIQUE.

Je le voudrois aussi ; et c'est à quoi nous travaillons tous deux autant que nous pouvons. Mais, en tout cas, il nous donne moyen de nous faire connoître dans le monde ; et il payera pour les autres ce que les autres loueront pour lui.

LE MAITRE A DANSER.

Le voilà qui vient.

SCÈNE II

MONSIEUR JOURDAIN, en robe de chambre et en bonnet de nuit ; LE MAITRE DE MUSIQUE, LE MAITRE A DANSER, L'ÉLÈVE du maître de musique, UNE MUSICIENNE, DEUX MUSICIENS, DANSEURS, DEUX LAQUAIS.

MONSIEUR JOURDAIN.

Eh bien, messieurs ? Qu'est-ce ? Me ferez-vous voir votre petite drôlerie ?

LE MAITRE A DANSER.

Comment ? Quelle petite drôlerie ?

MONSIEUR JOURDAIN.

Eh ! la… Comment appelez-vous cela ? Votre prologue ou dialogue de chansons et de danse ?

LE MAITRE A DANSER.

Ah ! ah !

LE MAITRE DE MUSIQUE.

Vous nous y voyez préparés.

MONSIEUR JOURDAIN.

Je vous ai fait un peu attendre ; mais c'est que je me fais habiller aujourd'hui comme les gens de qualité ; et mon tailleur m'a envoyé des bas de soie que j'ai pensé ne mettre jamais.

LE MAITRE DE MUSIQUE.

Nous ne sommes ici que pour attendre votre loisir.

MONSIEUR JOURDAIN.

Je vous prie tous deux de ne vous point en aller qu'on ne m'ait apporté mon habit, afin que vous me puissiez voir.

LE MAITRE A DANSER.

Tout ce qu'il vous plaira.

MONSIEUR JOURDAIN.

Vous me verrez équipé comme il faut, depuis les pieds jusqu'à la tête.

LE MAITRE DE MUSIQUE.

Nous n'en doutons point.

MONSIEUR JOURDAIN.

Je me suis fait faire cette indienne-ci.

LE MAITRE A DANSER.

Elle est fort belle.

MONSIEUR JOURDAIN.

Mon tailleur m'a dit que les gens de qualité étoient comme cela le matin.

LE MAITRE DE MUSIQUE.

Cela vous sied à merveille.

MONSIEUR JOURDAIN.
Laquais ! holà ! mes deux laquais !
PREMIER LAQUAIS.
Que voulez-vous, monsieur,
MONSIEUR JOURDAIN.
Rien. C'est pour voir si vous m'entendez bien. (Au maître de musique et au maître de danse.) Que dites-vous de mes livrées ?
LE MAITRE A DANSER.
Elles sont magnifiques.

MONSIEUR JOURDAIN, entr'ouvrant sa robe, et faisant voir son haut-de-chausses étroit de velours rouge, et sa camisole de velours vert.
Voici encore un petit déshabillé pour faire le matin mes exercices.
LE MAITRE DE MUSIQUE.
Il est galant.
MONSIEUR JOURDAIN.
Laquais !
PREMIER LAQUAIS.
Monsieur ?
MONSIEUR JOURDAIN.
L'autre laquais !
SECOND LAQUAIS.
Monsieur ?
MONSIEUR JOURDAIN, ôtant sa robe de chambre.
Tenez ma robe. (Au maître de musique et au maître à danser.) Me trouvez-vous bien comme cela ?
LE MAITRE A DANSER.
Fort bien ; on ne peut pas mieux.
MONSIEUR JOURDAIN.
Voyons un peu votre affaire.
LE MAITRE DE MUSIQUE.
Je voudrois bien auparavant vous faire entendre un air (Montrant son élève.) qu'il vient de composer pour la sérénade que vous m'avez demandée. C'est un de mes écoliers, qui a pour ces sortes de choses un talent admirable.
MONSIEUR JOURDAIN.
Oui, mais il ne falloit pas faire faire cela par un écolier ; et vous n'étiez pas trop bon vous-même pour cette besogne-là.
LE MAITRE DE MUSIQUE.
Il ne faut pas, monsieur, que le nom d'écolier vous abuse. Ces sortes d'écoliers en savent autant

que les plus grands maîtres; et l'air est aussi beau qu'il s'en puisse faire. Écoutez seulement.

MONSIEUR JOURDAIN, à ses laquais.

Donnez-moi ma robe, pour mieux entendre... Attendez, je crois que je serai mieux sans robe. Non, redonnez-la-moi; cela ira mieux.

LA MUSICIENNE.

Je languis nuit et jour et mon mal est extrême
Depuis qu'à vos rigueurs vos beaux yeux m'ont soumis.
Si vous traitez ainsi, belle Iris, qui vous aime,
Hélas ! que pourriez-vous faire à vos ennemis ?

MONSIEUR JOURDAIN.

Cette chanson me semble un peu lugubre; elle endort, et je voudrois que vous la pussiez un peu ragaillardir par-ci par-là.

LE MAITRE DE MUSIQUE.

Il faut, monsieur, que l'air soit accommodé aux paroles.

MONSIEUR JOURDAIN.

On m'en apprit un tout à fait joli, il y a quelque temps. Attendez... la... Comment est-ce qu'il dit ?

LE MAITRE A DANSER.

Par ma foi, je ne sais.

MONSIEUR JOURDAIN.

Il y a du mouton dedans.

LE MAITRE A DANSER.

Du mouton ?

MONSIEUR JOURDAIN.

Oui. Ah ! (Il chante.)
  Je croyois Jeanneton
  Aussi douce que belle;
  Je croyois Jeanneton
  Plus douce qu'un mouton.
   Hélas ! hélas !
Elle est cent fois, mille fois plus cruelle
 Que n'est le tigre aux bois.

N'est-il pas joli ?

LE MAITRE DE MUSIQUE.

Le plus joli du monde.

LE MAITRE A DANSER.

Et vous le chantez bien.

MONSIEUR JOURDAIN.

C'est sans avoir appris la musique.

LE MAITRE DE MUSIQUE.

Vous devriez l'apprendre, monsieur, comme vous faites la danse. Ce sont deux arts qui ont une étroite liaison ensemble.

LE MAITRE A DANSER.

Et qui ouvrent l'esprit d'un homme aux belles choses.

MONSIEUR JOURDAIN.

Est-ce que les gens de qualité apprennent aussi la musique ?

LE MAITRE DE MUSIQUE.

Oui, monsieur.

MONSIEUR JOURDAIN.

Je l'apprendrai donc. Mais je ne sais quel temps je pourrai prendre; car, outre le maître d'armes qui me montre, j'ai arrêté encore un maître de philosophie qui doit commencer ce matin.

LE MAITRE DE MUSIQUE.

La philosophie est quelque chose; mais la musique, monsieur, la musique...

LE MAITRE A DANSER.

La musique et la danse... La musique et la danse, c'est là tout ce qu'il faut.

LE MAITRE DE MUSIQUE.

Il n'y a rien qui soit si utile dans un État que la musique.

LE MAITRE A DANSER.

Il n'y a rien qui soit si nécessaire aux hommes que la danse.

LE MAITRE DE MUSIQUE.

Sans la musique, un État ne peut subsister.

LE MAITRE A DANSER.

Sans la danse, un homme ne sauroit rien faire.

LE MAITRE DE MUSIQUE.

Tous les désordres toutes les guerres qu'on voit dans le monde, n'arrivent que pour n'apprendre pas la musique.

LE MAITRE A DANSER.

Tous les malheurs des hommes, tous les revers funestes dont les histoires sont remplies, les bévues des politiques, et les manquements des grands capitaines, tout cela n'est venu que faute de savoir danser.

MONSIEUR JOURDAIN

Comment cela ?

LE MAITRE DE MUSIQUE.

La guerre ne vient-elle pas d'un manque d'union entre les hommes ?

MONSIEUR JOURDAIN.

Cela est vrai.

LE MAITRE DE MUSIQUE.

Et si tous les hommes apprenoient la musique, ne seroit-ce pas le moyen de s'accorder ensemble, et de voir dans le monde la paix universelle !

MONSIEUR JOURDAIN.

Vous avez raison.

LE MAITRE A DANSER.

Lorsqu'un homme a commis un manquemen dans sa conduite, soit aux affaires de sa famille, ou au gouvernement d'un État, ou au commandement d'une armée, ne dit-on pas toujours : Un tel a fait un mauvais pas dans telle affaire ?

MONSIEUR JOURDAIN.

Oui, on dit cela.

LE MAITRE A DANSER.

Et faire un mauvais pas peut-il procéder d'autre chose que de ne savoir pas danser ?

MONSIEUR JOURDAIN.

Cela est vrai, et vous avez raison tous deux.

LE MAITRE A DANSER.

C'est pour vous faire voir l'excellence et l'utilité de la danse et de la musique.

MONSIEUR JOURDAIN.

Je comprends cela à cette heure.

LE MAITRE DE MUSIQUE.

Voulez-vous voir nos deux affaires?

MONSIEUR JOURDAIN.

Oui.

LE MAITRE DE MUSIQUE.

Je vous l'ai déjà dit, c'est un petit essai que j'ai fait autrefois des diverses passions que peut exprimer la musique.

MONSIEUR JOURDAIN.

Fort bien.

LE MAITRE DE MUSIQUE, aux musiciens.

Allons, avancez (A monsieur Jourdain.) Il faut vous figurer qu'ils sont habillés en bergers.

MONSIEUR JOURDAIN.

Pourquoi toujours des bergers ? On ne voit que cela partout.

LE MAITRE A DANSER.

Lorsqu'on a des personnes à faire parler en musique, il faut bien que, pour la vraisemblance, on donne dans la bergerie. Le chant a été de tout temps affecté aux bergers; et il n'est guère naturel, en dialogue, que des princes ou des bourgeois chantent leurs passions.

MONSIEUR JOURDAIN.

Passe, passe. Voyons.

DIALOGUE EN MUSIQUE
UNE MUSICIENNE et DEUX MUSICIENS.

LA MUSICIENNE.
Un cœur, dans l'amoureux empire,
De mille soins est toujours agité.
On dit qu'avec plaisir on languit, on soupire ;
Mais, quoi qn'on puisse dire,
Il n'est rien de si doux que notre liberté.

PREMIER MUSICIEN.
Il n'est rien de si doux que les tendres ardeurs
Qui font vivre deux cœurs
Dans une même envie;
On ne peut être heureux sans amoureux désirs.
Ôtez l'amour de la vie,
Vous en ôtez les plaisirs.

SECOND MUSICIEN.
Il seroit doux d'entrer sous l'amoureuse loi,
Si l'on trouvoit en amour de la foi ;
Mais, hélas ! ô rigueur cruelle !
On ne voit point de bergère fidèle;
Et ce sexe inconstant, trop indigne du jour,
Doit faire pour jamais renoncer à l'amour.

PREMIER MUSICIEN.
Aimable ardeur !

LA MUSICIENNE.
Franchise heureuse!

SECOND MUSICIEN.
Sexe trompeur !

PREMIER MUSICIEN.
Que tu m'est précieuse !

LA MUSICIENNE.
Que tu plais à mon cœur !

SECOND MUSICIEN.
Que tu me fais d'horreur!
PREMIER MUSICIEN.
Ah! quitte, pour aimer, cette haine mortelle!
LA MUSICIENNE.
On peut, on peut te montrer
Une bergère fidèle.
SECOND MUSICIEN.
Hélas! où la rencontrer?
LA MUSICIENNE.
Pour défendre notre gloire,
Je te veux offrir mon cœur.
SECOND MUSICIEN.
Mais, bergère, puis-je croire
Qu'il ne sera point trompeur?
LA MUSICIENNE.
Voyons, par expérience,
Qui des deux aimera mieux.
SECOND MUSICIEN.
Qui manquera de constance,
Le puissent perdre les dieux!
TOUS TROIS ENSEMBLE.
A des ardeurs si belles
Laissons-nous enflammer;
Ah! qu'il est doux d'aimer
Quand deux cœurs sont fidèles!
MONSIEUR JOURDAIN.
Est-ce tout?
LE MAITRE DE MUSIQUE.
Oui.
MONSIEUR JOURDAIN.
Je trouve cela bien troussé, et il y a là dedans de petits dictons assez jolis.
LE MAITRE A DANSER.
Voici, pour mon affaire, un petit essai des plus beaux mouvements et des plus belles attitudes dont une danse puisse être variée.
MONSIEUR JOURDAIN.
Sont-ce encore des bergers?
LE MAITRE A DANSER.
C'est ce qu'il vous plaira. (Aux danseurs.) Allons.

ENTRÉE DE BALLET.

Quatre danseurs exécutent tous les mouvements différents et toutes les sortes de pas que le maître à danser leur commande.

ACTE SECOND
SCÈNE I
MONSIEUR JOURDAIN, LE MAITRE DE MUSIQUE, LE MAITRE A DANSER.

MONSIEUR JOURDAIN.

Voilà qui n'est point sot, et ces gens-là se tremoussent bien.

LE MAITRE DE MUSIQUE.

Lorsque la danse sera mêlée avec la musique, cela fera plus d'effet encore; et vous verrez quelque chose de galant dans le petit ballet que nous avons ajusté pour vous.

MONSIEUR JOURDAIN.

C'est pour tantôt, au moins; et la personne pour qui j'ai fait faire tout cela me doit faire l'honneur de venir dîner céans.

LE MAITRE A DANSER.

Tout est prêt.

LE MAITRE DE MUSIQUE.

Au reste, monsieur, ce n'est pas assez; il faut qu'une personne comme vous, qui êtes magnifique et qui avez de l'inclination pour les belles choses, ait un concert de musique chez soi tous les mercredis ou tous les jeudis.

MONSIEUR JOURDAIN.

Est-ce que les gens de qualité en ont?

LE MAITRE DE MUSIQUE.

Oui, monsieur.

MONSIEUR JOURDAIN.

J'en aurai donc. Cela sera-t-il beau?

LE MAITRE DE MUSIQUE.

Sans doute. Il vous faudra trois voix, un dessus, une haute-contre, et une basse, qui seront accompagnées d'une basse de viole, d'un téorbe, et d'un clavecin pour les basses continues, avec deux dessus de violon pour jouer les ritournelles.

MONSIEUR JOURDAIN.

Il y faudra mettre aussi une trompette marine. La trompette marine est un instrument qui me plaît, et qui est harmonieux.

LE MAITRE DE MUSIQUE.

Laissez-nous gouverner les choses.

MONSIEUR JOURDAIN.

Au moins, n'oubliez pas tantôt de m'envoy r des musiciens pour chanter à table.

LE MAITRE DE MUSIQUE.

Vous aurez tout ce qu'il vous faut.

MONSIEUR JOURDAIN.

Mais, surtout, que le ballet soit beau.

LE MAITRE DE MUSIQUE.

Vous en serez content, et, entre autres choses, de certains menuets que vous y verrez.

MONSIEUR JOURDAIN.

Ah! les menuets sont ma danse, et je veux que vous me les voyiez danser. Allons, mon maitre.

LE MAITRE A DANSER.

Un chapeau, monsieur, s'il vous plait. (Monsieur Jourdain va prendre le chapeau de son laquais, et le met par-dessus son bonnet de nuit. Son maître lui prend les mains, et le fait danser sur un air de menuet qu'il chante) La, la, la, la, la, la; la, la, la, la, la, la, la; la, la, la, la, la, la; la, la, la, la, la, la; la, la, la, la, la. En cadence, s'il vous plait. La, la, la, la, la. La jambe droite, la, la, la. Ne remuez point tant les épaules. La, la, la, la, la, la, la, la, la, la. Vos deux bras sont estropiés. La, la, la, la, la. Haussez la tête. Tournez la pointe du pied en dehors. La, la, la. Dressez votre corps.

MONSIEUR JOURDAIN.

Hé!

LE MAITRE DE MUSIQUE.

Voilà qui est le mieux du monde.

MONSIEUR JOURDAIN.

A propos! apprenez-moi comme il faut faire une révérence pour saluer une marquise; j'en aurai besoin tantôt.

LE MAITRE A DANSER.

Une révérence pour saluer une marquise?

MONSIEUR JOURDAIN.

Oui. Une marquise qui s'appelle Dorimène.

LE MAITRE A DANSER.

Donnez-moi la main.

MONSIEUR JOURDAIN.

Non. Vous n'avez qu'à faire; je le retiendrai bien.

LE MAITRE A DANSER.

Si vous voulez la saluer avec beaucoup de respect, il faut faire d'abord une révérence en arrière, pui marcher vers elle avec trois révérences en avant, et à la dernière vous baisser jusqu'à ses genoux.

MONSIEUR JOURDAIN.

Faites un peu. (Après que le maître à danser a fait trois révérences.) Bon.

SCÈNE II
MONSIEUR JOURDAIN, LE MAITRE DE MUSIQUE, LE MAITRE A DANSER, UN LAQUAIS.

LE LAQUAIS.

Monsieur, voilà votre maître d'armes qui est là.

MONSIEUR JOURDAIN.

Dis-lui qu'il entre ici pour me donner leçon. (Au maître de musique et au maître à danser.) Je veux que vous me voyiez faire.

SCÈNE III
MONSIEUR JOURDAIN, UN MAITRE D'ARMES, LE MAITRE DE MUSIQUE, LE MAITRE A DANSER; UN LAQUAIS, tenant deux fleurets.

LE MAITRE D'ARMES, après avoir pris les deux fleurets de la main du laquais, et en avoir présenté un à monsieur Jourdain.

Allons, monsieur, la révérence. Votre corps droit. Un peu penché sur la cuisse gauche. Les jambes point tant écartées. Vos pieds sur une même ligne. Votre poignet à l'opposite de votre hanche. La pointe de votre épée vis-à-vis de votre épaule. Le bras pas tout à fait si tendu. La main gauche à la hauteur de l'œil. L'épaule gauche plus quartée. La tête droite. Le regard assuré. Avancez. Le corps ferme. Touchez-moi l'épée de quarte, et achevez de même. Une, deux. Remettez-vous. Redoublez de pied ferme. Un saut en arrière. Quand vous portez la botte, monsieur, il faut que l'épée parte la première, et que le corps soit bien effacé. Une, deux. Allons, touchez-moi l'épée de tierce, et achevez de même. Avancez. Le corps ferme. Avancez. Partez de là. Une, deux. Remettez-vous. Redoublez. Une, deux. Un saut en arrière. En garde, monsieur, en garde. (Le maître d'armes lui pousse deux ou trois bottes, en lui disant:) En garde!

MONSIEUR JOURDAIN.

Hé!

LE MAITRE DE MUSIQUE.

Vous faites des merveilles.

LE MAITRE D'ARMES.

Je vous l'ai déjà dit, tout le secret des armes ne consiste qu'en deux choses, à donner et à ne point recevoir; et comme je vous fis voir l'autre jour par raison démonstrative, il est impossible que vous receviez si vous savez détourner l'épée de votre ennemi de la ligne de votre corps; ce qui ne dépend seulement que d'un petit mouvement du poignet, ou en dedans, ou en dehors.

MONSIEUR JOURDAIN.

De cette façon, donc, un homme, sans avoir du cœur, est sûr de tuer son homme et de n'être point tué?

LE MAITRE D'ARMES.

Sans doute : n'en vîtes-vous pas la démonstration ?

Oui.

MONSIEUR JOURDAIN.

LE MAITRE D'ARMES.

Et c'est en quoi l'on voit de quelle considération nous autres nous devons être dans un État, et combien la science des armes l'emporte hautement sur toutes les autres sciences, inutiles, comme la danse, la musique, la...

LE MAITRE A DANSER.

Tout beau, monsieur le tireur d'armes; ne parlez de la danse qu'avec respect.

LE MAITRE DE MUSIQUE.

Apprenez, je vous prie, à mieux traiter l'excellence de la musique.

LE MAITRE D'ARMES.

Vous êtes de plaisantes gens, de vouloir comparer vos sciences à la mienne!

LE MAITRE DE MUSIQUE.

Voyez un peu l'homme d'importance!

LE MAITRE A DANSER.

Voilà un plaisant animal, avec son plastron!

LE MAITRE D'ARMES.

Mon petit maître à danser, je vous ferois danser comme il faut. Et vous, mon petit musicien, je vous ferois chanter de la belle manière.

LE MAITRE A DANSER.

Monsieur le batteur de fer, je vous apprendrai votre métier.

MONSIEUR JOURDAIN, au maître à danser.

Êtes-vous fou de l'aller quereller, lui qui entend la tierce et la quarte, et qui sait tuer un homme par raison démonstrative?

LE MAITRE A DANSER.

Je me moque de sa raison démonstrative, et de sa tierce et de sa quarte.

MONSIEUR JOURDAIN, au maître à danser.
Tout doux, vous dis-je.
LE MAITRE D'ARMES, au maître à danser.
Comment! petit impertinent!...
MONSIEUR JOURDAIN.
Eh! mon maître d'armes!...
LE MAITRE A DANSER, au maître d'armes.
Comment! grand cheval de carrosse!...
MONSIEUR JOURDAIN.
Eh! mon maître à danser!
LE MAITRE D'ARMES.
Si je me jette sur vous...
MONSIEUR JOURDAIN, au maître d'armes.
Doucement.
LE MAITRE A DANSER.
Si je mets sur vous la main...
MONSIEUR JOURDAIN, au maître d'armes.
Tout beau!
LE MAITRE D'ARMES.
Je vous étrillerai d'un air...
MONSIEUR JOURDAIN, au maître d'armes.
De grâce!
LE MAITRE A DANSER.
Je vous rosserai d'une manière...
MONSIEUR JOURDAIN, au maître à danser.
Je vous prie...
LE MAITRE DE MUSIQUE.
Laissez-nous un peu lui apprendre a parler.
MONSIEUR JOURDAIN, au maître de musique.
Mon Dieu! arrêtez-vous!

SCÈNE IV.

UN MAITRE DE PHILOSOPHIE, MONSIEUR JOURDAIN, LE MAITRE DE MUSIQUE, LE MAITRE A DANSER, LE MAITRE D'ARMES, UN LAQUAIS.

MONSIEUR JOURDAIN.
Holà! monsieur le philosophe, vous arrivez tout à propos avec votre philosophie. Venez un peu mettre la paix entre ces personnes-ci.
LE MAITRE DE PHILOSOPHIE.
Qu'est-ce donc? qu'y a-t-il, messieurs?
MONSIEUR JOURDAIN.
Ils se sont mis en colère pour la préférence de leurs professions, jusqu'à se dire des injures et en vouloir venir aux mains.

LE MAITRE DE PHILOSOPHIE.

Eh quoi, messieurs! faut-il s'emporter de la sorte? et n'avez-vous point lu le docte traité que Sénèque a composé de la colère? Y a-t-il rien de plus bas et de plus honteux que cette passion, qui fait d'un homme une bête féroce? et la raison ne doit-elle pas être maîtresse de tous nos mouvements?

LE MAITRE A DANSER.

Comment, monsieur ! il vient nous dire des injures à tous deux, en méprisant la danse, que j'exerce, et la musique, dont il fait profession.

LE MAITRE DE PHILOSOPHIE.

Un homme sage est au-dessus de toutes les injures qu'on lui peut dire ; et la grande réponse qu'on doit faire aux outrages, c'est la modération et la patience.

LE MAITRE A DANSER.

Ils ont tous deux l'audace de vouloir comparer leurs professions à la mienne !

LE MAITRE DE PHILOSOPHIE.

Faut-il que cela vous émeuve ? Ce n'est pas de vaine gloire et de condition que les hommes doivent disputer entre eux ; et ce qui nous distingue parfaitement les uns des autres, c'est la sagesse et la vertu.

LE MAITRE A DANSER.

Je lui soutiens que la danse est une science à laquelle on ne peut faire assez d'honneur.

LE MAITRE DE MUSIQUE.

Et moi, que la musique en est une que tous les siècles ont révérée.

LE MAITRE D'ARMES.

Et moi, je leur soutiens à tous deux que la science de tirer des armes est la plus belle et la plus nécessaire de toutes les sciences.

LE MAITRE DE PHILOSOPHIE.

Et que sera donc la philosophie? Je vous trouve tous trois bien impertinents de parler devant moi avec cette arrogance, et de donner impudemment le nom de science à des choses que l'on ne doit pas même honorer du nom d'art, et qui ne peuvent être comprises que sous le nom de métier misérable de gladiateur, de chanteur, et de baladin !

LE MAITRE D'ARMES.

Allez, philosophe de chien !

LE MAITRE DE MUSIQUE.

Allez, bélître de pédant !

LE MAITRE A DANSER.

Allez, cuistre fieffé !

LE MAITRE DE PHILOSOPHIE.

Comment ! marauds que vous êtes... (Le philosophe se jette sur eux, et tous trois le chargent de coups.)

MONSIEUR JOURDAIN.

Monsieur le philosophe !

LE MAITRE DE PHILOSOPHIE.

Infâmes, coquins, insolents !

MONSIEUR JOURDAIN.

Monsieur le philosophe !

LE MAITRE D'ARMES.

La peste de l'animal !

MONSIEUR JOURDAIN.

Messieurs !

LE MAITRE DE PHILOSOPHIE.

Impudents !

MONSIEUR JOURDAIN.

Monsieur le philosophe !

LE MAITRE A DANSER.

Diantre soit de l'âne bâté !

MONSIEUR JOURDAIN.

Messieurs !

LE MAITRE DE PHILOSOPHIE.

Scélérats !

MONSIEUR JOURDAIN.

Monsieur le philosophe !

LE MAITRE DE MUSIQUE.

Au diable. l'impertinent !

MONSIEUR JOURDAIN.

Messieurs !

LE MAITRE DE PHILOSOPHIE.

Fripons, gueux, traîtres, imposteurs !

MONSIEUR JOURDAIN.

Monsieur le philosophe ! Messieurs ! Monsieur le philosophe ! Messieurs ! Monsieur le philosophe !
(Ils sortent en se battant.)

SCÈNE V

MONSIEUR JOURDAIN, UN LAQUAIS.

MONSIEUR JOURDAIN.

Oh ! battez-vous tant qu'il vous plaira : je n'y saurois que faire, et je n'irai pas gâter ma robe pour vous séparer. Je serois bien fou de m'aller fourrer parmi eux, pour recevoir quelque coup qui me feroit mal.

SCÈNE VI
LE MAITRE DE PHILOSOPHIE, MONSIEUR JOURDAIN,
UN LAQUAIS.

LE MAITRE DE PHILOSOPHIE, raccommodant son collet.

Venons à notre leçon.

MONSIEUR JOURDAIN.

Ah! monsieur, je suis fâché des coups qu'ils vous ont donnés.

LE MAITRE DE PHILOSOPHIE.

Cela n'est rien. Un philosophe sait recevoir comme il faut les choses; et je vais composer contre eux une satire du style de Juvénal, qui les déchirera de la belle façon. Laissons cela. Que voulez-vous apprendre?

MONSIEUR JOURDAIN.

Tout ce que je pourrai; car j'ai toutes les envies du monde d'être savant; et j'enrage que mon père et ma mère ne m'aient pas fait bien étudier dans toutes les sciences, quand j'étois jeune.

LE MAITRE DE PHILOSOPHIE.

Ce sentiment est raisonnable; *nam, sine doctrina, vita est quasi mortis imago.* Vous entendez cela, et vous savez le latin, sans doute?

MONSIEUR JOURDAIN.

Oui; mais faites comme si je ne le savois pas. Expliquez-moi ce que cela veut dire.

LE MAITRE DE PHILOSOPHIE.

Cela veut dire que, *sans la science, la vie est presque une image de la mort.*

MONSIEUR JOURDAIN.

Ce latin-là a raison.

LE MAITRE DE PHILOSOPHIE.

N'avez-vous point quelques principes, quelques commencements des sciences?

MONSIEUR JOURDAIN.

Oh! oui; je sais lire et écrire.

LE MAITRE DE PHILOSOPHIE.

Par où vous plaît-il que nous commencions? Voulez-vous que je vous apprenne la logique?

MONSIEUR JOURDAIN.

Qu'est-ce que c'est que cette logique?

LE MAITRE DE PHILOSOPHIE.

C'est elle qui enseigne les trois opérations de l'esprit.

MONSIEUR JOURDAIN.

Qui sont-elles, ces trois opérations de l'esprit?

LE MAITRE DE PHILOSOPHIE.

La première, la seconde, et la troisième. La première est de bien concevoir, par le moyen des unisaux ; la seconde, de bien juger, par le moyen des catégories ; et la troisième, de bien tirer une conséquence, par le moyen des figures : *Barbara, Celarent, Darii, Ferio. Baralipton.*

MONSIEUR JOURDAIN.

Voilà des mots qui sont trop rébarbatifs. Cette logique-là ne me revient point. Apprenons autre chose qui soit plus joli.

LE MAITRE DE PHILOSOPHIE.

Voulez-vous apprendre la morale ?

MONSIEUR JOURDAIN.

La morale ?

LE MAITRE DE PHILOSOPHIE.

Oui.

MONSIEUR JOURDAIN.

Qu'est-ce qu'elle dit, cette morale ?

LE MAITRE DE PHILOSOPHIE.

Elle traite de la félicité, enseigne aux hommes à modérer leurs passions, et...

MONSIEUR JOURDAIN.

Non ; laissons cela. Je suis bilieux comme tous les diables, et il n'y a morale qui tienne : je me veux mettre en colère tout mon soûl, quand il m'en prend envie.

LE MAITRE DE PHILOSOPHIE.

Est-ce la physique que vous voulez apprendre ?

MONSIEUR JOURDAIN.

Qu'est-ce qu'elle chante, cette physique ?

LE MAITRE DE PHILOSOPHIE.

La physique est celle qui explique les principes des choses naturelles et les propriétés des corps ; qui discourt de la nature des éléments, des métaux, des minéraux, des pierres, des plantes et des animaux, et nous enseigne les causes de tous les météores, l'arc-en-ciel, les feux volants, les comètes, les éclairs, le tonnerre, la foudre, la pluie, la neige, la grêle, les vents et les tourbillons.

MONSIEUR JOURDAIN.

Il y a trop de tintamarre là dedans, trop de brouillamini.

LE MAITRE DE PHILOSOPHIE.
Que voulez-vous donc que je vous apprenne?
MONSIEUR JOURDAIN.
Apprenez-moi l'orthographe.
LE MAITRE DE PHILOSOPHIE.
Très-volontiers.
MONSIEUR JOURDAIN.
Après, vous m'apprendrez l'almanach, pour savoir quand il y a de la lune et quand il n'y en a point.
LE MAITRE DE PHILOSOPHIE.
Soit. Pour bien suivre votre pensée, et traiter cette matière en philosophe, il faut commencer, selon l'ordre des choses, par une exacte connoissance de la nature des lettres et de la différente manière de les prononcer toutes. Et là-dessus j'ai à vous dire que les lettres sont divisées en voyelles, ainsi dites voyelles, parce qu'elles expriment les voix; et en consonnes, ainsi appelées consonnes, parce qu'elles sonnent avec les voyelles, et ne font que marquer les diverses articulations des voix. Il y a cinq voyelles, ou voix : A, E, I, O, U.
MONSIEUR JOURDAIN.
J'entends tout cela.
LE MAITRE DE PHILOSOPHIE.
La voix A se forme en ouvrant fort la bouche : A.
MONSIEUR JOURDAIN.
A, A. Oui.
LE MAITRE DE PHILOSOPHIE.
La voix E se forme en rapprochant la mâchoire d'en bas de celle d'en haut : A, E.
MONSIEUR JOURDAIN.
A, E ; A, E. Ma foi, oui. Ah! que cela est beau !
LE MAITRE DE PHILOSOPHIE.
Et la voix I, en rapprochant encore davantage les mâchoires l'une de l'autre, et écartant les deux coins de la bouche vers les oreilles : A, E, I.
MONSIEUR JOURDAIN.
A, E, I, I, I, I, Cela est vrai. Vive la science !
LE MAITRE DE PHILOSOPHIE.
La voix O se forme en rouvrant les mâchoires, et rapprochant les lèvres par les coins, le haut et le bas : O.
MONSIEUR JOURDAIN.
O, O. Il n'y a rien de plus juste : A. E, I, O, I, O. Cela est admirable ! I, O ; I, O.

LE MAITRE DE PHILOSOPHIE.

L'ouverture de la bouche fait justement comme un petit rond qui représente un O.

MONSIEUR JOURDAIN.

O, O, O. Vous avez raison : O. Ah ! la belle chose que de savoir quelque chose !

LE MAITRE DE PHILOSOPHIE.

La voix U se forme en rapprochant les dents sans les joindre entièrement, et allongeant les deux lèvres en dehors, les approchant aussi l'une de l'autre, sans les joindre tout à fait : U.

MONSIEUR JOURDAIN.

U, U. Il n'y a rien de plus véritable : U.

LE MAITRE DE PHILOSOPHIE.

Vos deux lèvres s'allongent comme si vous faisiez la moue : d'où vient que si vous la voulez faire à quelqu'un et vous moquer de lui, vous ne sauriez lui dire que U.

MONSIEUR JOURDAIN.

U, U. Cela est vrai. Ah ! que n'ai-je étudié plus tôt, pour savoir tout cela !

LE MAITRE DE PHILOSOPHIE.

Demain, nous verrons les autres lettres, qui sont les consonnes.

MONSIEUR JOURDAIN.

Est-ce qu'il y a des choses aussi curieuses qu'à celles-ci ?

LE MAITRE DE PHILOSOPHIE.

Sans doute. La consonne D, par exemple, se prononce en donnant du bout de la langue au-dessus des dents d'en haut : DA.

MONSIEUR JOURDAIN.

DA, DA. Oui ! Ah ! les belles choses ! les belles choses !

LE MAITRE DE PHILOSOPHIE.

L'F, en appuyant les dents d'en haut sur la lèvre de dessous : FA.

MONSIEUR JOURDAIN.

FA, FA. C'est la vérité. Ah ! mon père et ma mère, que je vous veux de mal !

LE MAITRE DE PHILOSOPHIE.

Et l'R, en portant le bout de la langue jusqu'au haut du palais ; de sorte qu'étant frôlée par l'air qui sort avec force, elle lui cède, et revient toujours au même endroit, faisant une manière de tremblement : R, RA.

MONSIEUR JOURDAIN.

R, R, RA; R, R, R, R, R, RA. Cela est vrai. Ah! l'habile homme que vous êtes, et que j'ai perdu de temps! R, R, R, RA.

LE MAITRE DE PHILOSOPHIE.

Je vous expliquerai à fond toutes ces curiosités.

MONSIEUR JOURDAIN.

Je vous en prie. Au reste, il faut que je vous fasse une confidence. Je suis amoureux d'une personne de grande qualité, et je souhaiterois que vous m'aidassiez à lui écrire quelque chose dans un petit billet que je veux laisser tomber à ses pieds.

LE MAITRE DE PHILOSOPHIE.

Fort bien!

MONSIEUR JOURDAIN.

Cela sera galant, oui.

LE MAITRE DE PHILOSOPHIE.

Sans doute. Sont-ce des vers que vous lui voulez écrire?

MONSIEUR JOURDAIN.

Non, non; point de vers.

LE MAITRE DE PHILOSOPHIE.

Vous ne voulez que de la prose?

MONSIEUR JOURDAIN.

Non, je ne veux ni prose ni vers.

LE MAITRE DE PHILOSOPHIE.

Il faut bien que ce soit l'un ou l'autre.

MONSIEUR JOURDAIN.

Pourquoi?

LE MAITRE DE PHILOSOPHIE.

Par la raison, monsieur, qu'il n'y a, pour s'exprimer, que la prose ou les vers.

MONSIEUR JOURDAIN.

Il n'y a que la prose ou les vers?

LA MAITRE DE PHILOSOPHIE.

Non, monsieur. Tout ce qui n'est point prose est vers, et tout ce qui n'est point vers est prose.

MONSIEUR JOURDAIN.

Et comme l'on parle, qu'est-ce que c'est donc que cela?

LE MAITRE DE PHILOSOPHIE.

De la prose.

MONSIEUR JOURDAIN.

Quoi! quand je dis: Nicole, apportez-moi mes pantoufles, et me donnez mon bonnet de nuit, c'est de la prose?

LE MAITRE DE PHILOSOPHIE.
Oui, monsieur.
MONSIEUR JOURDAIN.
Par ma foi, il y a plus de quarante ans que je dis de la prose, sans que j'en susse rien ; et je vous suis le plus obligé du monde de m'avoir appris cela. Je voudrois donc lui mettre dans un billet : *Belle marquise, vos beaux yeux me font mourir d'amour* ; mais je voudrois que cela fût mis d'une manière galante, que cela fût tourné gentiment.
LE MAITRE DE PHILOSOPHIE.
Mettre que les feux de ses yeux réduisent votre cœur en cendres ; que vous souffrez nuit et jour pour elle les violences d'un...
MONSIEUR JOURDAIN.
Non, non, non, je ne veux point tout cela. Je ne veux que ce que je vous ai dit : *Belle marquise, vos beaux yeux me font mourir d'amour.*
LE MAITRE DE PHILOSOPHIE.
Il faut bien étendre un peu la chose.
MONSIEUR JOURDAIN.
Non, vous dis-je. Je ne veux que ces seules paroles-là dans le billet, mais tournées à la mode, bien arrangées comme il faut. Je vous prie de me dire un peu, pour voir, les diverses manières dont on les peut mettre.
LE MAITRE DE PHILOSOPHIE.
On les peut mettre premièrement comme vous avez dit : *Belle marquise, vos beaux yeux me font mourir d'amour*. Ou bien : *D'amour mourir me font belle marquise, vos beaux yeux*. Ou bien : *Vos yeux beaux d'amour me font, belle marquise, mourir*. Ou bien : *Mourir vos beaux yeux, belle marquise, d'amour me font*. Ou bien : *Me font vos yeux beaux mourir, belle marquise, d'amour.*
MONSIEUR JOURDAIN.
Mais, de toutes ces façons-là, laquelle est la meilleure ?
LE MAITRE DE PHILOSOPHIE.
Celle que vous avez dite : *Belle marquise, vos beaux yeux me font mourir d'amour.*
MONSIEUR JOURDAIN.
Cependant je n'ai point étudié, et j'ai fait cela tout du premier coup. Je vous remercie de tout mon cœur, et je vous prie de venir demain de bonne heure.

LE MAITRE DE PHILOSOPHIE.
Je n'y manquerai pas.

SCÈNE VII
MONSIEUR JOURDAIN, UN LAQUAIS.

MONSIEUR JOURDAIN, à son laquais.
Comment! mon habit n'est point encore arrivé?
LE LAQUAIS.
Non, monsieur.
MONSIEUR JOURDAIN.
Ce maudit tailleur me fait bien attendre pour un jour où j'ai tant d'affaires! J'enrage! Que la fièvre quartaine puisse serrer bien fort le bourreau de tailleur! au diable le tailleur! la peste étouffe le tailleur! Si je le tenois maintenant, ce tailleur détestable, ce chien de tailleur-là, ce traître de tailleur, je...

SCÈNE VIII
MONSIEUR JOURDAIN, UN MAITRE TAILLEUR; UN GARÇON TAILLEUR, portant l'habit de monsieur Jourdain; UN LAQUAIS,

MONSIEUR JOURDAIN.
Ah! vous voilà! je m'allois mettre en colère contre vous.
LE MAITRE TAILLEUR
Je n'ai pas pu venir plutôt, et j'ai mis vingt garçons après votre habit.
MONSIEUR JOURDAIN.
Vous m'avez envoyé des bas de soie si étroits, que j'ai eu toutes les peines du monde à les mettre, et il y a déjà deux mailles de rompues.
LE MAITRE TAILLEUR.
Ils ne s'élargiront que trop.
MONSIEUR JOURDAIN.
Oui, si je romps toujours des mailles. Vous m'avez aussi fait faire des souliers qui me blessent furieusement.
LE MAITRE TAILLEUR.
Point du tout, monsieur.
MONSIEUR JOURDAIN.
Comment! point du tout?
LE MAITRE TAILLEUR.
Non, ils ne vous blessent point.
MONSIEUR JOURDAIN.
Je vous dis qu'ils me blessent, moi.
LE MAITRE TAILLEUR.
Vous vous imaginez cela.

MONSIEUR JOURDAIN.

Je me l'imagine parce que je le sens. Voyez la belle raison !

LE MAITRE TAILLEUR.

Tenez, voilà le plus bel habit de la cour, et le mieux assorti. C'est un chef-d'œuvre que d'avoir inventé un habit sérieux qui ne fût pas noir; et je le donne en six coups aux tailleurs les plus éclairés.

MONSIEUR JOURDAIN.

Qu'est-ce que c'est que ceci? vous avez mis les fleurs en en bas.

LE MAITRE TAILLEUR.

Vous ne m'avez pas dit que vous les vouliez en en haut.

MONSIEUR JOURDAIN.

Est-ce qu'il faut dire cela?

LE MAITRE TAILLEUR.

Oui, vraiment, toutes les personnes de qualité les portent de la sorte.

MONSIEUR JOURDAIN.

Les personnes de qualité portent les fleurs en en bas ?

LE MAITRE TAILLEUR.

Oui, monsieur.

MONSIEUR JOURDAIN.

Oh! voilà qui est donc bien.

LE MAITRE TAILLEUR.

Si vous voulez, je les mettrai en en haut.

MONSIEUR JOURDAIN.

Non, non.

LE MAITRE TAILLEUR.

Vous n'avez qu'à dire.

MONSIEUR JOURDAIN.

Non, dis-je ; vous avez bien fait. Croyez-vous que mon habit m'aille bien?

LE MAITRE TAILLEUR.

Belle demande! Je défie un peintre, avec son pinceau, de vous faire rien de plus juste. J'ai chez moi un garçon qui, pour monter une ringrave, est le plus grand génie du monde; et un autre qui, pour assembler un pourpoint, est le héros de notre temps.

MONSIEUR JOURDAIN.

La perruque et les plumes sont-elles comme il faut?

LE MAITRE TAILLEUR.

Tout est bien.

MONSIEUR JOURDAIN, regardant le maître tailleur.

Ah ! ah ! monsieur le tailleur, voilà de mon étoffe du dernier habit que vous m'avez fait. Je la reconnois bien.

LE MAITRE TAILLEUR.

C'est que l'étoffe me sembla si belle, que j'en ai voulu lever un habit pour moi.

MONSIEUR JOURDAIN.

Oui : mais il ne falloit pas le lever avec le mien.

LE MAITRE TAILLEUR.

Voulez-vous mettre votre habit?

MONSIEUR JOURDAIN.

Oui ; donnez-le-moi.

LE MAITRE TAILLEUR.

Attendez. Cela ne va pas comme cela. J'ai amené des gens pour vous habiller en cadence, et ces sortes d'habits se mettent avec cérémonie. Holà ! entrez, vous autres.

SCÈNE IX

MONSIEUR JOURDAIN, LE MAITRE TAILLEUR, LE GARÇON TAILLEUR, GARÇONS TAILLEURS dansants, UN LAQUAIS.

LE MAITRE TAILLEUR, à ses garçons.

Mettez cet habit à monsieur, de la manière que vous faites aux personnes de qualité.

PREMIÈRE ENTRÉE DE BALLET.

Les quatres garçons tailleurs dansants s'approchent de monsieur Jourdain. Deux lui arrachent le haut-de-chausses de ses exercices ; les deux autres lui ôtent la camisole ; après quoi, toujours en cadence, ils lui mettent son habit neuf. Monsieur Jourdain se promène au milieu d'eux, et leur montre son habit pour voir s'il est bien.

GARÇON TAILLEUR.

Mon gentilhomme, donnez s'il vous plaît, aux garçons quelque chose pour boire.

MONSIEUR JOURDAIN.

Comment m'appelez-vous?

GARÇON TAILLEUR.

Mon gentilhomme.

MONSIEUR JOURDAIN.

Mon gentilhomme ! Voilà ce que c'est que de se mettre en personne de qualité ! Allez-vous-en demeurer toujours habillé en bourgeois, on ne vous dira point : Mon gentilhomme. (Donnant de l'argent.) Tenez, voilà pour Mon gentilhomme.

GARÇON TAILLEUR.
Monseigneur, nous vous sommes bien obligés.
MONSIEUR JOURDAIN.
Monseigneur! oh! oh! Monseigneur! Attendez, mon ami; Monseigneur mérite quelque chose, et ce n'est pas une petite parole que Monseigneur! Tenez, voilà ce que Monseigneur vous donne.
GARÇON TAILLEUR.
Monseigneur, nous allons boire tous à la santé de Votre Grandeur.
MONSIEUR JOURDAIN.
Votre Grandeur! Oh! oh! oh! Attendez; ne vous en allez pas. A moi, Votre Grandeur! (Bas, à part). Ma foi, s'il va jusqu'à l'Altesse, il aura toute la bourse. (Haut). Tenez, voilà pour ma Grandeur.
GARÇON TAILLEUR.
Monseigneur, nous la remercions très-humblement de ses libéralités.
MONSIEUR JOURDAIN.
Il a bien fait, je lui allois tout donner.

SECONDE ENTRÉE DE BALLET.

Les quatre garçons tailleurs se réjouissent, en dansant, de la libéralité de monsieur Jourdain.

ACTE TROISIÈME

SCÈNE I
MONSIEUR JOURDAIN, DEUX LAQUAIS.
MONSIEUR JOURDAIN.
Suivez-moi, que j'aille un peu montrer mon habit par la ville; et surtout ayez soin tous deux de marcher immédiatement sur mes pas, afin qu'on voie bien que vous êtes à moi.
LAQUAIS.
Oui, monsieur.
MONSIEUR JOURDAIN.
Appelez-moi Nicole, que je lui donne quelques ordres. Ne bougez; la voilà.

SCÈNE II
MONSIEUR JOURDAIN, NICOLE, DEUX LAQUAIS.
MONSIEUR JOURDAIN.
Nicole!
NICOLE.
Plaît-il?

MONSIEUR JOURDAIN.
Écoutez.

NICOLE, riant.
Hi, hi, hi, hi, hi.

MONSIEUR JOURDAIN.
Qu'as-tu à rire ?

NICOLE.
Hi, hi, hi, hi, hi, hi.

MONSIEUR JOURDAIN.
Que veut dire cette coquine-là ?

NICOLE.
Hi, hi, hi, Comme vous voilà bâti ! Hi, hi, hi.

MONSIEUR JOURDAIN.
Comment donc ?

NICOLE.
Ah ! ah ! mon Dieu ! Hi, hi, hi, hi, hi.

MONSIEUR JOURDAIN.
Quelle friponne est-ce-là ? Te moques-tu de moi ?

NICOLE.
Nenni, monsieur ; j'en serois bien fâchée. Hi, hi, hi, hi, hi, hi.

MONSIEUR JOURDAIN.
Je te baillerai sur le nez, si tu ris davantage.

NICOLE.
Monsieur, je ne puis pas m'en empêcher. Hi, hi, hi, hi, hi, hi.

MONSIEUR JOURDAIN.
Tu ne t'arrêteras pas ?

NICOLE.
Monsieur, je vous demande pardon ; mais vous êtes si plaisant, que je ne saurois me tenir de rire. Hi, hi, hi.

MONSIEUR JOURDAIN.
Mais voyez quelle insolence !

NICOLE.
Vous êtes tout à fait drôle comme cela. Hi, hi, hi.

MONSIEUR JOURDAIN.
Je te...

NICOLE.
Je vous prie de m'excuser. Hi, hi, hi.

MONSIEUR JOURDAIN.
Tiens, si tu ris encore le moins du monde, je te jure que je t'appliquerai sur la joue le plus grand soufflet qui se soit jamais donné.

NICOLE.

Eh bien, monsieur, voilà qui est fait : je ne rirai plus.

MONSIEUR JOURDAIN.

Prends-y bien garde. Il faut que, pour tantôt, tu nettoies...

NICOLE.

Hi, hi.

MONSIEUR JOURDAIN.

Que tu nettoies comme il faut...

NICOLE.

Hi, hi.

MONSIEUR JOURDAIN.

Il faut, dis-je, que tu nettoies la salle, et...

NICOLE.

Hi, hi.

MONSIEUR JOURDAIN.

Encore ?

NICOLE, tombant à force de rire.

Tenez, monsieur, battez-moi plutôt, et me laissez rire tout mon soûl; cela me fera plus de bien. Hi, hi, hi, hi, hi.

MONSIEUR JOURDAIN.

J'enrage !

NICOLE.

De grâce, monsieur, je vous prie de me laisser rire. Hi, hi, hi.

MONSIEUR JOURDAIN.

Si je te prends...

NICOLE.

Monsieur, eur, je crèverai, ai, si je ne ris. Hi, hi, hi.

MONSIEUR JOURDAIN.

Mais a-t-on jamais vu une pendarde comme celle-là, qui me vient rire insolemment au nez, au lieu de recevoir mes ordres ?

NICOLE.

Que voulez-vous que je fasse, monsieur ?

MONSIEUR JOURDAIN.

Que tu songes, coquine, à préparer ma maison pour la compagnie qui doit venir tantôt.

NICOLE, se relevant.

Ah ! par ma foi, je n'ai plus envie de rire; et toutes vos compagnies font tant de désordre céans, que ce mot est assez pour me mettre en mauvaise humeur.

MONSIEUR JOURDAIN.

Ne dois-je point pour toi fermer ma porte à tout le monde ?

NICOLE.

Vous devriez au moins la fermer à certaines gens.

SCÈNE III
MADAME JOURDAIN, MONSIEUR JOURDAIN, NICOLE, DEUX LAQUAIS.

MADAME JOURDAIN.

Ah ! ah ! voici une nouvelle histoire ! Qu'est-ce que c'est donc, mon mari, que cet équipage-là ? Vous moquez-vous du monde, de vous être fait enharnacher de la sorte ? et avez-vous envie qu'on se raille partout de vous ?

MONSIEUR JOURDAIN.

Il n'y a que des sots et des sottes, ma femme, qui se railleront de moi.

MADAME JOURDAIN.

Vraiment, on n'a pas attendu jusqu'à cette heure, et il y a longtemps que vos façons de faire donnent à rire à tout le monde.

MONSIEUR JOURDAIN.

Qui est donc tout ce monde-là, s'il vous plaît ?

MADAME JOURDAIN.

Tout ce monde-là est un monde qui a raison, et qui est plus sage que vous. Pour moi, je suis scandalisée de la vie que vous menez. Je ne sais plus ce que c'est que notre maison. On diroit qu'il est céans carême-prenant tous les jours; et dès le matin, de peur d'y manquer, on y entend des vacarmes de violons et de chanteurs dont tout le voisinage se trouve incommodé.

NICOLE.

Madame parle bien. Je ne saurois plus voir mon ménage propre avec cet attirail de gens que vous faites venir chez vous. Ils ont des pieds qui vont chercher de la boue dans tous les quartiers de la ville, pour l'apporter ici; et la pauvre Françoise est presque sur les dents, à frotter les planchers que vos biaux maîtres viennent crotter régulièrement tous les jours.

MONSIEUR JOURDAIN.

Ouais ! notre servante Nicole, vous avez le caquet bien affilé pour une paysanne !

MADAME JOURDAIN.

Nicole a raison ; et son sens est meilleur que le vôtre. Je voudrois bien savoir ce que vous pensez faire d'un maître à danser, à l'âge que vous avez.

NICOLE.

Et d'un grand maître tireur d'armes, qui vient, avec ses battements de pied, ébranler toute la maison ; et nous déraciner tous les carriaux de notre salle.

MONSIEUR JOURDAIN.

Taisez-vous, ma servante et ma femme.

MADAME JOURDAIN.

Est-ce que vous voulez apprendre à danser pour quand vous n'aurez plus de jambes ?

NICOLE.

Est-ce que vous avez envie de tuer quelqu'un ?

MONSIEUR JOURDAIN.

Taisez-vous, vous dis-je : vous êtes des ignorantes, l'une et l'autre ; et vous ne savez pas les prérogatives de tout cela.

MADAME JOURDAIN.

Vous devriez bien plutôt songer à marier votre fille, qui est en âge d'être pourvue.

MONSIEUR JOURDAIN.

Je songerai à marier ma fille quand il se présentera un parti pour elle ; mais je veux songer aussi à apprendre les belles choses.

NICOLE.

J'ai encore ouï dire, madame, qu'il a pris aujourd'hui, pour renfort de potage, un maître de philosophie.

MONSIEUR JOURDAIN.

Fort bien. Je veux avoir de l'esprit, et savoir raisonner des choses parmi les honnêtes gens.

MADAME JOURDAIN.

N'irez-vous point, l'un de ces jours, au collége, vous faire donner le fouet, à votre âge ?

MONSIEUR JOURDAIN.

Pourquoi non ? plût à Dieu l'avoir tout à l'heure le fouet, devant tout le monde, et savoir ce qu'on apprend au collége.

NICOLE.

Oui, ma foi, cela vous rendroit la jambe bien mieux faite.

MONSIEUR JOURDAIN.

Sans doute.

MADAME JOURDAIN.

Tout cela est fort nécessaire pour conduire votre maison !

MONSIEUR JOURDAIN.

Assurément. Vous parlez toutes deux comme des bêtes, et j'ai honte de votre ignorance. (A madame Jourdain.) Par exemple, savez-vous, vous, ce que c'est que vous dites à cette heure ?

MADAME JOURDAIN.

Oui. Je sais que ce que je dis est fort bien dit, et que vous devriez songer à vivre d'autre sorte.

MONSIEUR JOURDAIN.

Je ne parle pas de cela. Je vous demande ce que c'est que les paroles que vous dites ici.

MADAME JOURDAIN.

Ce sont des paroles bien sensées, et votre conduite ne l'est guère.

MONSIEUR JOURDAIN.

Je ne parle pas de cela, vous dis-je. Je vous demande, ce que je parle avec vous, ce que je vous dis à cette heure, qu'est-ce que c'est ?

MADAME JOURDAIN.

Des chansons.

MONSIEUR JOURDAIN.

Eh ! non, ce n'est pas cela. Ce que nous disons tous deux, le langage que nous parlons à cette heure ?

MADAME JOURDAIN.

Eh bien ?

MONSIEUR JOURDAIN.

Comment est-ce que cela s'appelle ?

MADAME JOURDAIN.

Cela s'appelle comme on veut l'appeler.

MONSEUR JOURDAIN.

C'est de la prose, ignorante.

MADAME JOURDAIN.

De la prose ?

MONSIEUR JOURDAIN.

Oui, de la prose. Tout ce qui est prose n'est point vers; et tout ce qui n'est point vers est prose. Heu ! voilà ce que c'est que d'étudier. (A Nicole.) Et toi, sais-tu bien comme il faut faire pour dir un U ?

NICOLE.

Comment ?

MONSIEUR JOURDAIN.
Oui. Qu'est-ce que tu fais quand tu dis U ?
NICOLE.
Quoi ?
MONSIEUR JOURDAIN.
Dis un peu U, pour voir.
NICOLE.
Eh bien, U.
MONSIEUR JOURDAIN.
Qu'est-ce que tu fais ?
NICOLE.
Je dis U.
MONSIEUR JOURDAIN.
Oui ; mais, quand tu dis U, qu'est-ce que tu fais ?
NICOLE.
Je fais ce que vous me dites.
MONSIEUR JOURDAIN.
Oh! l'étrange chose que d'avoir affaire à des bêtes ! Tu allonges les lèvres en dehors, et approches la mâchoire d'en haut de celle d'en bas ; U, vois-tu ? Je fais la moue : U.
NICOLE.
Oui, cela est biau !
MADAME JOURDAIN.
Voilà qui est admirable!
MONSIEUR JOURDAIN.
C'est bien autre chose, si vous aviez vu O, et DA, et FA, FA!
MADAME JOURDAIN.
Qu'est-ce que c'est donc que tout ce galimatias-là ?
NICOLE.
De quoi est-ce que tout cela guérit ?
MONSIEUR JOURDAIN.
J'enrage quand je vois des femmes ignorantes.
MADAME JOURDAIN.
Allez, vous devriez envoyer promener tous ces gens-là, avec leurs fariboles
NICOLE.
Et surtout ce grand escogriffe de maître d'armes, qui remplit de poudre tout mon ménage.
MONSIEUR JOURDAIN.
Ouais! ce maître d'armes vous tient au cœur ! Je te veux faire voir ton impertinence tout à l'heure.

(Après avoir fait apporter des fleurets, et en avoir donné un à Nicole.) Tiens, raison démonstrative, la ligne du corps. Quand on pousse en quarte, on n'a qu'à faire cela, et, quand on pousse en tierce, on n'a qu'à faire cela. Voilà le moyen de n'être jamais tué ; et cela n'est-il pas beau, d'être assuré de son fait quand on se bat contre quelqu'un ? Là, pousse moi un peu, pour voir.

NICOLE.

Eh bien, quoi ! (Nicole pousse plusieurs bottes à monsieur Jourdain.)

MONSIEUR JOURDAIN.

Tout beau ! Holà ! ho ! Doucement. Diantre soit la coquine !

NICOLE.

Vous me dites de pousser.

MONSIEUR JOURDAIN.

Oui ; mais tu me pousses en tierce avant que de me pousser en quarte, et tu n'as pas la patience que je pare.

MADAME JOURDAIN.

Vous êtes fou, mon mari, avec toutes vos fantaisies ; et cela vous est venu depuis que vous vous mêlez de hanter la noblesse.

MONSIEUR JOURDAIN.

Lorsque je hante la noblesse, je fais paroitre mon jugement et cela est plus beau que de hanter votre bourgeoisie.

MADAME JOURDAIN.

Çamon vraiment ! il y a fort à gagner à fréquenter vos nobles, et vous avez bien opéré avec ce beau monsieur le comte, dont vous vous êtes embéguiné !

MONSIEUR JOURDAIN.

Paix ; songez à ce que vous dites. Savez-vous bien, ma femme, que vous ne savez pas de qui vous parlez, quand vous parlez de lui ? C'est une personne d'importance plus que vous ne pensez, un seigneur que l'on considère à la cour, et qui parle au roi tout comme je vous parle. N'est-ce pas une chose qui m'est tout à fait honorable, que l'on voie venir chez moi si souvent une personne de cette qualité, qui m'appelle son cher ami, et me traite comme si j'étois son égal ? Il a pour moi des bontés qu'on ne devineroit jamais ; et, devant tout le monde, il me fait des caresses dont je suis moi-même confus.

MADAME JOURDAIN.

Oui, il a des bontés pour vous, et vous fait des caresses ; mais il vous emprunte votre argent.

MONSIEUR JOURDAIN.
Eh bien, ne m'est-ce pas de l'honneur, de prêter de l'argent à un homme de cette condition-là? et puis-je faire moins pour un seigneur qui m'appelle son cher ami?

MADAME JOURDAIN.
Et ce seigneur, que fait-il pour vous?

MONSIEUR JOURDAIN.
Des choses dont on seroit étonné, si on les savoit.

MADAME JOURDAIN.
Et quoi?

MONSIEUR JOURDAIN.
Baste! je ne puis pas m'expliquer. Il suffit que si je lui ai prêté de l'argent, il me le rendra bien, et avant qu'il soit peu.

MADAME JOURDAIN.
Oui. Attendez-vous à cela.

MONSIEUR JOURDAIN.
Assurément. Ne me l'a-t-il pas dit?

MADAME JOURDAIN.
Oui, oui, il ne manquera pas d'y faillir.

MONSIEUR JOURDAIN.
Il m'a juré sa foi de gentilhomme.

MADAME JOURDAIN.
Chansons!

MONSIEUR JOURDAIN.
Ouais! Vous êtes bien obstinée, ma femme! Je vous dis qu'il me tiendra sa parole; j'en suis sûr.

MADAME JOURDAIN.
Et moi, je suis sûre que non, et que toutes les caresses qu'il vous fait ne sont que pour vous enjôler.

MONSIEUR JOURDAIN.
Taisez-vous. Le voici.

MADAME JOURDAIN.
Il ne nous faut plus que cela. Il vient peut-être encore vous faire quelque emprunt; et il me semble que j'ai dîné quand je le vois.

MONSIEUR JOURDAIN.
Taisez-vous, vous dis-je!

SCÈNE IV
DORANTE, MONSIEUR JOURDAIN, MADAME JOURDAIN, NICOLE.

DORANTE.
Mon cher ami, monsieur Jourdain, comment vous portez-vous?

MONSIEUR JOURDAIN.
Fort bien, monsieur, pour vous rendre mes petits services.
DORANTE.
Et madame Jourdain, que voilà, comment se porte-t-elle?
MADAME JOURDAIN.
Madame Jourdain se porte comme elle peut.
DORANTE.
Comment, monsieur Jourdain, vous voilà le plus propre du monde!
MONSIEUR JOURDAIN.
Vous voyez.
DORANTE.
Vous avez tout à fait bon air avec cet habit; et nous n'avons point de jeunes gens à la cour qui soient mieux faits que vous.
MONSIEUR JOURDAIN.
Hai, hai.
MADAME JOURDAIN, à part.
Il le gratte par où il se démange.
DORANTE.
Tournez-vous. Cela est tout à fait galant.
MADAME JOURDAIN, à part.
Oui, aussi sot par derrière que par devant.
DORANTE.
Ma foi, monsieur Jourdain, j'avois une impatience étrange de vous voir. Vous êtes l'homme du monde que j'estime le plus; et je parlois de vous encore, ce matin, dans la chambre du roi.
MONSIEUR JOURDAIN.
Vous me faites beaucoup d'honneur, monsieur. (A madame Jourdain.) Dans la chambre du roi!
DORANTE.
Allons, mettez.
MONSIEUR JOURDAIN.
Monsieur, je sais le respect que je vous dois.
DORANTE.
Mon Dieu! mettez. Point de cérémonie entre nous, je vous prie.
MONSIEUR JOURDAIN.
Monsieur...
DORANTE.
Mettez vous dis-je, monsieur Jourdain; vous êtes mon ami.

MONSIEUR JOURDAIN.
Monsieur, je suis votre serviteur.

DORANTE.
Je ne me couvrirai point, si vous ne vous couvrez.

MONSIEUR JOURDAIN, se couvrant.
J'aime mieux être incivil qu'importun.

DORANTE.
Je suis votre débiteur, comme vous le savez.

MADAME JOURDAIN, à part.
Oui : nous ne le savons que trop.

DORANTE.
Vous m'avez généreusement prêté de l'argent en plusieurs occasions, et m'avez obligé de la meilleure grâce du monde, assurément.

MONSIEUR JOURDAIN.
Monsieur, vous vous moquez.

DORANTE.
Mais je sais rendre ce qu'on me prête, et reconnoître les plaisirs qu'on me fait.

MONSIEUR JOURDAIN.
Je n'en doute point, monsieur.

DORANTE.
Je veux sortir d'affaire avec vous ; et je viens ici pour faire nos comptes ensemble.

MONSIEUR JOURDAIN, bas, à madame Jourdain.
Eh bien, vous voyez votre impertinence, ma femme.

DORANTE.
Je suis homme qui aime à m'acquitter le plus tôt que je puis.

MONSIEUR JOURDAIN, bas, à madame Jourdain.
Je vous le disois bien.

DORANTE.
Voyons un peu ce que je vous dois.

MONSIEUR JOURDAIN, bas, à madame Jourdain.
Vous voilà, avec vos soupçons ridicules.

DORANTE.
Vous souvenez-vous bien de tout l'argent que vous m'avez prêté?

MONSIEUR JOURDAIN.
Je crois que oui. J'en ai fait un petit mémoire. Le voici. Donné à vous une fois deux cents louis.

DORANTE.
Cela est vrai.

MONSIEUR JOURDAIN.
Une autre fois six vingts.

DORANTE.

Oui.
MONSIEUR JOURDAIN.

Et une autre fois cent quarante.
DORANTE.

Vous avez raison.
MONSIEUR JOURDAIN.

Ces trois articles font quatre cent soixante louis, qui valent cinq mille soixante livres.
DORANTE.

Le compte est fort bon. Cinq mille soixante livres.
MONSIEUR JOURDAIN.

Mille huit cent trente-deux livres à votre plumassier.
DORANTE.

Justement.
MONSIEUR JOURDAIN.

Deux mille sept cent quatre-vingts livres à votre tailleur.
DORANTE.

Il est vrai.
MONSIEUR JOURDAIN.

Quatre mille trois cent septante-neuf livres douze sous huit deniers à votre marchand.
DORANTE.

Fort bien. Douze sous huit deniers; le compte est juste.
MONSIEUR JOURDAIN.

Et mille sept cent quarante-huit livres sept sous quatre deniers à votre sellier.
DORANTE.

Tout cela est véritable. Qu'est-ce que cela fait?
MONSIEUR JOURDAIN.

Somme totale, quinze mille huit cents livres.
DORANTE.

Somme totale est juste. Quinze mille huit cents livres. Mettez encore deux cents pistoles que vous m'allez donner : cela fera justement dix-huit mille francs, que je vous payerai au premier jour.
MADAME JOURDAIN, bas, à monsieur Jourdain.

Eh bien, ne l'avois-je pas bien deviné?
MONSIEUR JOURDAIN, bas, à madame Jourdain.

Paix!
DORANTE.

Cela vous incommodera-t-il, de me donner ce que je vous dis?

MONSIEUR JOURDAIN.

Eh ! non.

MADAME JOURDAIN, bas, à monsieur Jourdain.

Cet homme-là fait de vous une vache à lait.

MONSIEUR JOURDAIN, bas, à madame Jourdain.

Taisez-vous !

DORANTE.

Si cela vous incommode, j'en irai chercher ailleurs.

MONSIEUR JOURDAIN.

Non, monsieur.

MADAME JOURDAIN, bas, à monsieur Jourdain.

Il ne sera pas content qu'il ne vous ait ruiné.

MONSIEUR JOURDAIN, bas, à madame Jourdain.

Taisez-vous, vous dis-je !

DORANTE.

Vous n'avez qu'à me dire si cela vous embarrasse.

MONSIEUR JOURDAIN.

Point, monsieur.

MADAME JOURDAIN, bas, à monsieur Jourdain.

C'est un vrai enjôleux.

MONSIEUR JOURDAIN, bas, à madame Jourdain.

Taisez-vous donc !

MADAME JOURDAIN, bas, à monsieur Jourdain.

Il vous sucera jusqu'au dernier sou.

MONSIEUR JOURDAIN, bas, à madame Jourdain.

Vous tairez-vous ?

DORANTE.

J'ai force gens qui m'en prêteroient avec joie; mais, comme vous êtes mon meilleur ami, j'ai cru que je vous ferois tort si j'en demandois à quelque autre.

MONSIEUR JOURDAIN.

C'est trop d'honneur, monsieur, que vous me faites. Je vais quérir votre affaire.

MADAME JOURDAIN, bas, à monsieur Jourdain.

Quoi ! vous allez encore lui donner cela ?

MONSIEUR JOURDAIN, bas, à madame Jourdain.

Que faire ? voulez-vous que je refuse un homme de cette condition-là, qui a parlé de moi ce matin dans la chambre du roi ?

MADAME JOURDAIN, bas, à monsieur Jourdain.

Allez, vous êtes une vraie dupe.

SCÈNE V
DORANTE, MADAME JOURDAIN, NICOLE.

DORANTE.

Vous me semblez toute mélancolique. Qu'avez-vous, madame Jourdain ?

MADAME JOURDAIN.

J'ai la tête plus grosse que le poing, et si elle n'est pas enflée.

DORANTE.

Mademoiselle votre fille, où est-elle, que je ne la vois point ?

MADAME JOURDAIN.

Mademoiselle ma fille est bien où elle est.

DORANTE.

Comment se porte-t-elle ?

MADAME JOURDAIN.

Elle se porte sur ses deux jambes.

DORANTE.

Ne voulez-vous point un de ces jours, venir voir avec elle le ballet et la comédie que l'on fait chez le roi ?

MADAME JOURDAIN.

Oui, vraiment! nous avons fort envie de rire, fort envie de rire nous avons.

DORANTE.

Je pense, madame Jourdain, que vous avez eu bien des amants dans votre jeune âge, belle et d'agréable humeur comme vous étiez.

MADAME JOURDAIN.

Tredame! monsieur, est-ce que madame Jourdain est décrépite, et la tête lui grouille-t-elle déjà ?

DORANTE.

Ah! ma foi, madame Jourdain, je vous demande pardon! je ne songeois pas que vous êtes jeune; et je rêve le plus souvent. Je vous prie d'excuser mon impertinence.

SCÈNE VI
MONSIEUR JOURDAIN, MADAME JOURDAIN, DORANTE, NICOLE.

MONSIEUR JOURDAIN, à Dorante.

Voilà deux cents louis bien comptés.

DORANTE.

Je vous assure, monsieur Jourdain, que je suis tout à vous, et que je brûle de vous rendre un service à la cour.

MONSIEUR JOURDAIN.
Je vous suis trop obligé.
DORANTE.
Si madame Jourdain veut voir le divertissement royal, je lui ferai donner les meilleures places de la salle.
MADAME JOURDAIN.
Madame Jourdain vous baise les mains.
DORANTE, bas, à monsieur Jourdain.
Notre belle marquise, comme je vous ai mandé par mon billet, viendra tantôt ici pour le ballet et le repas; et je l'ai fait consentir enfin au cadeau que vous lui voulez donner.
MONSIEUR JOURDAIN.
Tirons-nous un peu plus loin, pour cause.
DORANTE.
Il y a huit jours que je ne vous ai vu; et je ne vous ai point mandé de nouvelles du diamant que vous me mîtes entre les mains pour lui en faire présent de votre part; mais c'est que j'ai eu toutes les peines du monde à vaincre son scrupule; et ce n'est que d'aujourd'hui qu'elle s'est résolue à l'accepter.
MONSIEUR JOURDAIN.
Comment l'a-t-elle trouvé ?
DORANTE.
Merveilleux; et je me trompe fort, ou la beauté de ce dimant fera pour vous sur son esprit un effet admirable.
MONSIEUR JOURDAIN.
Plût au ciel!
MADAME JOURDAIN, à Nicole.
Quand il est une fois avec lui, il ne peut le quitter.
DORANTE.
Je lui ai fait valoir comme il faut la richesse de ce présent, et la grandeur de votre amour.
MONSIEUR JOURDAIN.
Ce sont, monsieur, des bontés qui m'accablent; et je suis dans une confusion la plus grande du monde, de voir une personne de votre qualité s'abaisser pour moi à ce que vous faites.
DORANTE.
Vous moquez-vous? est-ce qu'entre amis on s'arrête à ces sortes de scrupules? et ne feriez-vous pas pour moi la même chose, si l'occasion s'en offroit?

MONSIEUR JOURDAIN.
Oh! assurément, et de très-grand cœur!
MADAME JOURDAIN, à Nicole.
Que sa présence me pèse sur les épaules!
DORANTE.
Pour moi, je ne regarde rien quand il faut servir un ami; et lorsque vous me fîtes confidence de l'ardeur que vous aviez prise pour cette marquise agréable, chez qui j'avois commerce, vous vîtes que d'abord je m'offris de moi-même à servir votre amour.
MONSIEUR JOURDAIN.
Il est vrai. Ce sont des bontés qui me confondent.
MADAME JOURDAIN, à Nicole.
Est-ce qu'il ne s'en ira point?
NICOLE.
Ils se trouvent bien ensemble.
DORANTE.
Vous avez pris le bon biais pour toucher son cœur. Les femmes aiment surtout les dépenses qu'on fait pour elles; et vos fréquentes sérénades, et vos bouquets continuels, ce superbe feu d'artifice qu'elle trouva sur l'eau, le diamant qu'elle a reçu de votre part, et le cadeau que vous lui préparez, tout cela lui parle bien mieux en faveur de votre amour que toutes les paroles que vous auriez pu lui dire vous-même.
MONSIEUR JOURDAIN.
Il n'y a point de dépenses que je ne fisse, si par là je pouvois trouver le chemin de son cœur. Une femme de qualité a pour moi des charmes ravissants; et c'est un honneur que j'achèterois au prix de toutes choses.
MADAME JOURDAIN, bas, à Nicole.
Que peuvent-ils tant dire ensemble? Va-t'en un peu tout doucement prêter l'oreille.
DORANTE.
Ce sera tantôt que vous jouirez à votre aise du plaisir de sa vue; et vos yeux auront tout le temps de se satisfaire.
MONSIEUR JOURDAIN.
Pour être en pleine liberté, j'ai fait en sorte que ma femme ira dîner chez ma sœur, où elle passera toute l'après-dînée.
DORANTE.
Vous avez fait prudemment, et votre femme auroit

pu nous embarrasser. J'ai donné pour vous l'ordre qu'il faut au cuisinier, et à toutes les choses qui sont nécessaires pour le ballet. Il est de mon invention; et, pourvu que l'exécution puisse répondre à l'idée, je suis sûr qu'il sera trouvé...

MONSIEUR JOURDAIN, s'apercevant que Nicole écoute, et lui donnant un soufflet.

Ouais! vous êtes bien impertinente! (A Dorante.) Sortons, s'il vous plaît.

SCÈNE VII
MADAME JOURDAIN, NICOLE.

NICOLE.

Ma foi, madame, la curiosité m'a coûté quelque chose; mais je crois qu'il y a quelque anguille sous roche, et ils parlent de quelque affaire où ils ne veulent pas que vous soyez.

MADAME JOURDAIN.

Ce n'est pas d'aujourd'hui, Nicole, que j'ai conçu des soupçons de mon mari. Je suis la plus trompée du monde, ou il y a quelque amour en campagne; et je travaille à découvrir ce que ce peut être. Mais songeons à ma fille. Tu sais l'amour que Cléonte a pour elle: c'est un homme qui me revient; et je veux aider sa recherche, et lui donner Lucile si je puis.

NICOLE.

En vérité, madame, je suis la plus ravie du monde de vous voir dans ces sentiments; car, si le maître vous revient, le valet ne me revient pas moins, et je souhaiterois que notre mariage se pût faire à l'ombre du leur.

MADAME JOURDAIN.

Va-t'en lui parler de ma part, et lui dire que tout à l'heure il me vienne trouver, pour faire ensemble à mon mari la demande de ma fille.

NICOLE.

J'y cours, madame, avec joie, et je ne pouvois recevoir une commission plus agréable. (Seule.) Je vais, je pense, bien réjouir les gens.

SCÈNE VIII
CLÉONTE, COVIELLE, NICOLE.

NICOLE, à Cléonte.

Ah! vous voilà tout à propos! Je suis une ambassadrice de joie, et je viens...

CLÉONTE.

Retire-toi, perfide, et ne me viens amuser avec tes traîtresses paroles.

NICOLE.
Est-ce ainsi que vous recevez...
CLÉONTE.
Retire-toi, te dis-je, et va-t'en dire, de ce pas, à ton infidèle maîtresse qu'elle n'abusera de sa vie le trop simple Cléonte.
NICOLE.
Quel vertigo est-ce donc là? Mon pauvre Covielle, dis-moi un peu ce que cela veut dire.
COVIELLE.
Ton pauvre Covielle, petite scélérate! Allons, vite, ôte-toi de mes yeux, vilaine, et me laisse en repos.
NICOLE.
Quoi! tu me viens aussi...
COVIELLE.
Ote-toi de mes yeux, te dis-je, et ne me parle pas de ta vie.
NICOLE, à part.
Ouais! Quelle mouche les a piqués tous deux? Allons de cette belle histoire informer ma maîtresse.

SCÈNE IX
CLÉONTE, COVIELLE.
CLÉONTE.
Quoi! traiter un amant de la sorte, et un amant le plus fidèle et le plus passionné de tous les amants!
COVIELLE.
C'est une chose épouvantable que ce qu'on nous a fait à tous deux.
CLÉONTE.
Je fais voir pour une personne toute l'ardeur et toute la tendresse qu'on peut imaginer; je n'aime rien au monde qu'elle, et je n'ai qu'elle dans l'esprit; elle fait tous mes soins, tous mes désirs, toute ma joie; je ne parle que d'elle, je ne pense qu'à elle, je ne fais des songes que d'elle, je ne respire que par elle, mon cœur vit tout en elle; et voilà de tant d'amitié la digne récompense! Je suis deux jours sans la voir, qui sont pour moi deux siècles effroyables : je la rencontre par hasard; mon cœur, à cette vue, se sent tout transporté, ma joie éclate sur mon visage, je vole avec ravissement vers elle, et l'infidèle détourne de moi ses regards, et passe brusquement, comme si de sa vie elle ne m'avoit vu!
COVIELLE.
Je dis les mêmes choses que vous.

CLÉONTE.

Peut-on rien voir d'égal, Covielle, à cette perfidie de l'ingrate Lucile?

COVIELLE.

Et à celle, monsieur, de la pendarde de Nicole?

CLÉONTE.

Après tant de sacrifices ardents, de soupirs et de vœux que j'ai faits à ses charmes!

COVIELLE.

Après tant d'assidus hommages, de soins et de services que je lui ai rendus dans sa cuisine!

CLÉONTE.

Tant de larmes que j'ai versées à ses genoux!

COVIELLE.

Tant de seaux d'eau que j'ai tirés au puits pour elle!

CLÉONTE.

Tant d'ardeur que j'ai fait paroître à la chérir plus que moi-même!

COVIELLE.

Tant de chaleur que j'ai soufferte à tourner la broche à sa place!

CLÉONTE.

Elle me fuit avec mépris!

COVIELLE.

Elle me tourne le dos avec effronterie!

CLÉONTE.

C'est une perfidie digne des plus grands châtiments.

COVIELLE.

C'est une trahison à mériter mille soufflets.

CLÉONTE.

Ne t'avise point, je te prie, de me parler jamais pour elle.

COVIELLE.

Moi, monsieur? Dieu m'en garde!

CLÉONTE.

Ne viens point m'excuser l'action de cette infidèle.

COVIELLE.

N'ayez pas peur.

CLÉONTE.

Non, vois-tu, tous les discours pour la défendre ne serviront de rien.

COVIELLE.

Qui songe à cela?

CLÉONTE.

Je veux contre elle conserver mon ressentiment, et rompre ensemble tout commerce.

COVIELLE.

J'y consens.

CLÉONTE.

Ce monsieur le comte qui va chez elle lui donne peut-être dans la vue; et son esprit, je le vois bien, se laisse éblouir à la qualité. Mais il me faut, pour mon honneur prévenir l'éclat de son inconstance. Je veux faire autant de pas qu'elle au changement où je la vois courir, et ne lui laisser pas toute la gloire de me quitter.

COVIELLE.

C'est fort bien dit, et j'entre pour mon compte dans tous vos sentiments.

CLÉONTE.

Donne la main à mon dépit, et soutiens ma résolution contre tous les restes d'amour qui me pourroient parler pour elle. Dis-m'en, je t'en conjure, tout le mal que tu pourras. Fais-moi de sa personne une peinture qui me la rende méprisable, et marque-moi bien, pour m'en dégoûter, tous les défaut que tu peux voir en elle.

COVIELLE.

Elle, monsieur? voilà une belle mijaurée, une pimpesouée bien bâtie, pour vous donner tant d'amour! Je ne lui vois rien que de très-médiocre; et vous trouverez cent personnes qui seront plus dignes de vous. Premièrement, elle a les yeux petits.

CLÉONTE.

Cela est vrai, elle a les yeux petits; mais elle les a pleins de feu, les plus brillants, les plus perçants du monde, les plus touchants qu'on puisse voir.

COVIELLE.

Elle a la bouche grande.

CLÉONTE.

Oui; mais on y voit des grâces qu'on ne voit point aux autres bouches; et cette bouche, en la voyant, inspire des désirs, est la plus attrayante, la plus amoureuse du monde.

COVIELLE.

Pour sa taille, elle n'est pas grande.

CLÉONTE.

Non; mais elle est aisée et bien prise.

T. IV. 4*

COVIELLE.
Elle affecte une nonchalance dans son parler et dans ses actions...
CLÉONTE.
Il est vrai ; mais elle a grâce à tout cela ; et ses manières sont engageantes, ont je ne sais quel charme à s'insinuer dans les cœurs.
COVIELLE.
Pour de l'esprit...
CLÉONTE.
Ah! elle en a, Covielle, du plus fin, du plus délicat.
COVIELLE.
Sa conversation..
CLÉONTE.
Sa conversation est charmante.
COVIELLE.
Elle est toujours sérieuse.
CLÉONTE.
Veut-tu de ces enjouements épanouis, de ces joies toujours ouvertes ? et vois-tu rien de plus impertinent que les femmes qui rient à tout propos ?
COVIELLE.
Mais, enfin, elle est capricieuse autant que personne du monde.
CLÉONTE.
Oui, elle est capricieuse, j'en demeure d'accord ; mais tout sied bien aux belles, on souffre tout des belles.
COVIELLE.
Puisque cela va comme cela, je vois bien que vous avez envie de l'aimer toujours.
CLÉONTE.
Moi ! j'aimerois mieux mourir ; et je vais la haïr autant que je l'ai aimée.
COVIELLE.
Le moyen, si vous la trouvez si parfaite.
CLÉONTE.
C'est en quoi ma vengeance sera plus éclatante, en quoi je veux faire mieux voir la force de mon cœur à la haïr, à la quitter, toute belle, toute pleine d'attraits, tout aimable que je la trouve. La voici.

SCÈNE X
LUCILE, CLÉONTE, COVIELLE, NICOLE.
NICOLE, à Lucile.
Pour moi, j'en ai été toute scandalisée.

LUCILE.

Ce ne peut être, Nicole, que ce que je te dis. Mais le voilà.

CLÉONTE, à Covielle.

Je ne veux pas seulement lui parler.

COVIELLE.

Je veux vous imiter.

LUCILE.

Qu'est-donc, Cléonte? qu'avez-vous?

NICOLE.

Qu'as-tu donc, Covielle?

LUCILE.

Quel chagrin vous possède?

NICOLE.

Quelle mauvaise humeur te tient?

LUCILE.

Êtes-vous muet, Cléonte?

NICOLE.

As-tu perdu la parole, Covielle?

CLÉONTE.

Que voilà qui est scélérat!

COVIELLE.

Que cela est Judas!

LUCILE.

Je vois bien que la rencontre de tantôt a troublé votre esprit.

CLÉONTE, à Covielle.

Ah! ah! On voit ce qu'on a fait.

NICOLE.

Notre accueil de ce matin t'a fait prendre la chèvre.

COVIELLE, à Cléonte.

On a deviné l'enclouure.

LUCILE.

N'est-il pas vrai, Cléonte, que c'est là le sujet de votre dépit?

CLÉONTE.

Oui, perfide, ce l'est, puisqu'il faut parler; et j'ai à vous dire que vous ne triompherez pas, comme vous pensez, de votre infidélité; que je veux être le premier à rompre avec vous, et que vous n'aurez pas l'avantage de me chasser. J'aurai de la peine, sans doute, à vaincre l'amour que j'ai pour vous; cela me causera des chagrins, je souffrirai un temps; mais j'en viendrai à bout, et je me percerai plutôt le cœur que d'avoir la foiblesse de retourner à vous.

COVIELLE, à Nicole.

Queussi, queumi.

LUCILE.

Voilà bien du bruit pour un rien ! Je veux vous dire, Cléonte, le sujet qui m'a fait ce matin éviter votre abord.

CLÉONTE, voulant s'en aller pour éviter Lucile.

Non, je ne veux rien écouter.

NICOLE, à Covielle.

Je te veux apprendre la cause qui nous a fait passer si vite.

COVIELLE, voulant aussi s'en aller pour éviter Nicole.

Je ne veux rien entendre.

LUCILE, suivant Cléonte.

Sachez que ce matin...

CLÉONTE, marchant toujours sans regarder Lucile.

Non, vous dis-je.

NICOLE, suivant Covielle.

Apprends que...

COVIELLE, marchant aussi sans regarder Nicole.

Non, traîtresse !

LUCILE.

Écoutez.

CLÉONTE.

Point d'affaire.

NICOLE.

Laissez-moi dire.

COVIELLE.

Je suis sourd.

LUCILE.

Cléonte !

CLÉONTE.

Non.

NICOLE.

Covielle !

COVIELLE.

Point.

LUCILE.

Arrêtez.

CLÉONTE.

Chansons !

NICOLE.

Entends-moi.

COVIELLE.

Bagatelle !

LUCILE.

Un moment.

CLÉONTE.
Point du tout.
NICOLE.
Un peu de patience.
COVIELLE.
Tarare !
LUCILE.
Deux paroles.
CLÉONTE.
Non : c'en est fait.
NICOLE.
Un mot.
COVIELLE.
Plus de commerce.

LUCILE, s'arrêtant.
Eh bien, puisque vous ne voulez pas m'écouter, demeurez dans votre pensée, et faites ce qu'il vous plaira.

NICOLE, s'arrêtant aussi.
Puisque tu fais comme cela, prends-le tout comme tu voudras.

CLÉONTE, se tournant vers Lucile.
Sachons donc le sujet d'un si bel accueil.

LUCILE, s'en allant à son tour pour éviter Cléonte.
Il ne me plaît plus de le dire.

COVIELLE, se tournant vers Nicole.
Apprends-nous un peu cette histoire.

NICOLE, s'en allant aussi pour éviter Covielle.
Je ne veux plus moi te l'apprendre.

CLÉONTE, suivant Lucile.
Dites-moi...

LUCILE, marchant toujours sans regarder Cléonte.
Non, je ne veux rien dire.

COVIELLE, suivant Nicole.
Conte-moi...

NICOLE, marchant aussi sans regarder Covielle
Non, je ne conte rien.

CLÉONTE.
De grâce !

LUCILE.
Non, vous dis-je.

COVIELLE.
Par charité.

NICOLE.
Point d'affaire.

CLÉONTE.

Je vous en prie.

LUCILE.

Laissez-moi.

COVIELLE.

Je t'en conjure.

NICOLE.

Ote-toi de là.

CLÉONTE.

Lucile!

LUCILE.

Non.

COVIELLE.

Nicole!

NICOLE.

Point.

CLÉONTE.

Au nom des dieux!

LUCILE.

Je ne veux pas.

COVIELLE.

Parle-moi.

NICOLE.

Point du tout.

CLÉONTE.

Éclaircissez mes doutes.

LUCILE.

Non : je n'en ferai rien.

COVIELLE.

Guéris-moi l'esprit.

NICOLE.

Non : il ne me plaît pas.

CLÉONTE.

Eh bien, puisque vous vous souciez si peu de me tirer de peine et de vous justifier du traitement indigne que vous avez fait à ma flamme, vous me voyez, ingrate, pour la dernière fois ; et je vais, loin de vous, mourir de douleur et d'amour.

COVIELLE, à Nicole.

Et moi, je vais suivre ses pas.

LUCILE, à Cléonte qui veut sortir.

Cléonte!

NICOLE, à Covielle, qui suit son maître.

Covielle!

CLÉONTE, s'arrêtant.

Eh?

COVIELLE, s'arrêtant aussi.

Plaît-il?

LUCILE.

Où allez-vous?

CLÉONTE.

Où je vous ai dit.

COVIELLE.

Nous allons mourir.

LUCILE.

Vous allez mourir, Cléonte?

CLÉONTE.

Oui, cruelle, puisque vous le voulez.

LUCILE.

Moi! je veux que mouriez!

CLÉONTE.

Oui, vous le voulez.

LUCILE.

Qui vous le dit?

CLÉONTE, s'approchant de Lucile.

N'est-ce pas le vouloir, que de ne vouloir pas éclaircir mes soupçons?

LUCILE.

Est-ce ma faute? et, si vous aviez voulu m'écouter, ne vous aurois-je pas dit que l'aventure dont vous vous plaignez a été causée ce matin par la présence d'une vieille tante, qui veut à toute force que la seule approche d'un homme déshonore une fille, qui perpétuellement nous sermonne sur ce chapitre, et nous figure tous les hommes comme des diables qu'il faut fuir?

NICOLE, à Covielle.

Voilà le secret de l'affaire.

CLÉONTE.

Ne me trompez-vous point, Lucile?

COVIELLE, à Nicole.

Ne m'en donnes-tu point à garder?

LUCILE, à Cléonte.

Il n'est rien de plus vrai.

NICOLE, à Covielle.

C'est la chose comme elle est.

COVIELLE, à Cléonte.

Nous rendrons-nous à cela?

CLÉONTE.

Ah! Lucile, qu'avec un mot de votre bouche vous savez apaiser de choses dans mon cœur, et que facilement on se laisse persuader aux personnes qu'on aime!

COVIELLE.
Qu'on est aisément amadoué par ces diantres d'animaux-là!

SCÈNE XI.
MADAME JOURDAIN, CLÉONTE, LUCILE, COVIELLE, NICOLE.

MADAME JOURDAIN.
Je suis bien aise de vous voir, Cléonte, et vous voilà tout à propos. Mon mari vient; prenez vite votre temps pour lui demander Lucile en mariage.

CLÉONTE.
Ah! madame, que cette parole m'est douce et qu'elle flatte mes désirs! Pouvois-je recevoir un ordre plus charmant, une faveur plus précieuse?

SCÈNE XII
CLÉONTE, MONSIEUR JOURDAIN, MADAME JOURDAIN, LUCILE, COVIELLE, NICOLE.

CLÉONTE.
Monsieur, je n'ai voulu prendre personne pour vous faire une demande que je médite il y a longtemps. Elle me touche assez pour m'en charger moi-même, et, sans autre détour, je vous dirai que l'honneur d'être votre gendre est une faveur glorieuse que je vous prie de m'accorder.

MONSIEUR JOURDAIN.
Avant que de vous rendre réponse, monsieur, je vous prie de me dire si vous êtes gentilhomme.

CLÉONTE.
Monsieur, la plupart des gens, sur cette question, n'hésitent pas beaucoup; on tranche le mot aisément. Ce nom ne fait aucun scrupule à prendre, et l'usage aujourd'hui semble en autoriser le vol. Pour moi, je vous l'avoue, j'ai les sentiments, sur cette matière, un peu plus délicats. Je trouve que toute imposture est indigne d'un honnête homme, et qu'il y a de la lâcheté à déguiser ce que le ciel nous a fait naître, à se parer aux yeux du monde d'un titre dérobé, à se vouloir donner pour ce qu'on n'est pas. Je suis né de parents, sans doute, qui ont tenu des charges honorables; je me suis acquis dans les armes l'honneur de six ans de services, et je me trouve assez de bien pour tenir dans le monde un rang assez passable; mais, avec tout cela, je ne veux point me donner un nom où d'autres en ma place croiroient pouvoir prétendre, et je vous dirai franchement que je ne suis point gentilhomme.

MONSIEUR JOURDAIN.
Touchez là, monsieur; ma fille n'est pas pour vous.
CLÉONTE.
Comment?
MONSIEUR JOURDAIN.
Vous n'êtes point gentilhomme, vous n'aurez pas ma fille.
MADAME JOURDAIN.
Que voulez-vous donc dire avec votre gentilhomme? est-ce que nous sommes, nous autres, de la côte de saint Louis?
MONSIEUR JOURDAIN.
Taisez-vous, ma femme; je vous vois venir.
MADAME JOURDAIN.
Descendons-nous tous deux que de bonne bourgeoisie?
MONSIEUR JOURDAIN.
Voilà pas le coup de langue?
MADAME JOURDAIN.
Et votre père n'étoit-il pas marchand aussi bien que le mien?
MONSIEUR JOURDAIN.
Peste soit de la femme! elle n'y a jamais manqué. Si votre père a été marchand, tant pis pour lui; mais pour le mien, ce sont des malavisés qui disent cela. Tout ce que j'ai à vous dire, moi, c'est que je veux avoir un gendre gentilhomme.
MADAME JOURDAIN.
Il faut à votre fille un mari qui lui soit propre; et il vaut mieux, pour elle, un honnête homme riche et bien fait qu'un gentilhomme gueux et mal bâti.
NICOLE.
Cela est vrai: nous avons le fils du gentilhomme de notre village, qui est le plus grand malitorne et le plus sot dadais que j'aie jamais vu.
MONSIEUR JOURDAIN, à Nicole.
Taisez-vous, impertinente; vous vous fourrez toujours dans la conversation. J'ai du bien assez pour ma fille; je n'ai besoin que d'honneurs, et je la veux faire marquise.
MADAME JOURDAIN.
Marquise?
MONSIEUR JOURDAIN.
Oui, marquise.
MADAME JOURDAIN.
Hélas! Dieu m'en garde!

MONSIEUR JOURDAIN.
C'est une chose que j'ai résolue.
MADAME JOURDAIN.
C'est une chose, moi, où je ne consentirai point. Les alliance avec plus grand que soi sont sujettes toujours à de fâcheux inconvénients. Je ne veux point qu'un gendre puisse à ma fille reprocher ses parents et qu'elle ait des enfants qui aient honte de m'appeler leur grand'maman. S'il falloit qu'elle me vînt visiter en équipage de grande dame, et qu'elle manquât, par mégarde, à saluer quelqu'un du quartier on ne manqueroit pas aussitôt de dire cent sottises. Voyez-vous, diroit-on, cette madame la marquise qui fait tant la glorieuse ? c'est la fille de monsieur Jourdain, qui étoit trop heureuse, étant petite, de jouer à la madame avec nous. Elle n'a pas toujours été si relevée que la voilà, et ses deux grands-pères vendoient du drap auprès de la porte Saint-Innocent, Ils ont amassé du bien à leurs enfants, qu'ils payent maintenant, peut-être, bien cher en l'autre monde; et l'on ne devient guère si riches à être honnêtes gens. Je ne veux point tous ces caquets, et je veux un homme, en un mot, qui m'ait obligation de ma fille, et à qui je puisse dire : Mettez-vous là, mon gendre, et dinez avec moi.
MONSIEUR JOURDAIN.
Voilà bien les sentiments d'un petit esprit, de vouloir demeurer toujours dans la bassesse. Ne me répliquez pas davantage : ma fille sera marquise, en dépit de tout le monde ; et, si vous me mettez en colère, je la ferai duchesse.

SCÈNE XIII
MADAME JOURDAIN, LUCILE, CLÉONTE, NICOLE, COVIELLE.

MADAME JOURDAIN.
Cléonte, ne perdez point courage encore. (A Lucile.) Suivez-moi, ma fille; et venez dire résolûment à votre père que si vous ne l'avez, vous ne voulez épouser personne.

SCÈNE XIV
CLÉONTE, COVIELLE.
COVIELLE.
Vous avez fait de belles affaires, avec vos beaux sentiments!
CLÉONTE.
Que veux-tu ? j'ai un scrupule là-dessus que l'exemple ne sauroit vaincre.

COVIELLE.

Vous moquez-vous, de le prendre sérieusement avec un homme comme cela ? Ne voyez-vous pas qu'il est fou ? et vous coûtoit-il quelque chose de vous accommoder à ses chimères ?

CLÉONTE.

Tu as raison ; mais je ne croyois pas qu'il fallût faire ses preuves de noblesse pour être gendre de monsieur Jourdain.

COVIELLE, riant.

Ah ! ah ! ah !

CLÉONTE.

De quoi ris-tu ?

COVIELLE.

D'une pensée qui me vient pour jouer notre homme et vous faire obtenir ce que vous souhaitez.

CLÉONTE.

Comment ?

COVIELLE.

L'idée est tout à fait plaisante.

CLÉONTE.

Quoi donc ?

COVIELLE.

Il s'est fait depuis peu une certaine mascarade qui vient le mieux du monde ici, et que je prétends faire entrer dans une berle que je veux faire à notre ridicule. Tout cela sent un peu sa comédie ; mais, avec lui, ont peut hasarder toute chose ; il n'y faut point chercher tant de façons, et il est homme à y jouer son rôle à merveille et à donner aisément dans toutes les fariboles qu'on s'avisera de lui dire. J'ai les acteurs, j'ai les habits tout prêts ; laissez-moi faire seulement.

CLÉONTE.

Mais apprends-moi...

COVIELLE.

Je vais vous instruire de tout. Retirons-nous ; le voilà qui revient.

SCÈNE XV

MONSIEUR JOURDAIN, seul.

Que diable est-ce là ? ils n'ont rien que les grands seigneurs à me reprocher, et moi je ne vois rien de si beau que de hanter les grands seigneurs ; il n'y a qu'honneur et que civilité avec eux ; et je voudrois qu'il m'eût coûté deux doigts de la main, et être né comte ou marquis.

SCÈNE XVI
MONSIEUR JOURDAIN, UN LAQUAIS.
LE LAQUAIS.
Monsieur, voici monsieur le comte, et une dame qu'il mène par la main.
MONSIEUR JOURDAIN.
Eh ! mon Dieu j'ai quelques ordres à donner. Dis-leur que je vais venir ici tout à l'heure.

SCÈNE XVII
DORIMÈNE, DORANTE, UN LAQUAIS.
LE LAQUAIS.
Monsieur dit comme cela qu'il va venir ici tout à l'heure.
DORANTE.
Voilà qui est bien.

SCÈNE XVIII
DORIMÈNE, DORANTE.
DORIMÈNE.
Je ne sais pas, Dorante, je fais encore ici une étrange démarche, de me laisser amener par vous dans une maison où je ne connois personne.
DORANTE.
Quel lieu voulez-vous donc, madame, que mon amour choisisse pour vous régaler, puisque, pour fuir l'éclat, vous ne voulez ni votre maison ni la mienne?
DORIMÈNE.
Mais vous ne dites pas que je m'engage insensiblement chaque jour à recevoir de trop grands témoignages de votre passion. J'ai beau me défendre des choses, vous fatiguez ma résistance, et vous avez une civile opiniâtreté qui me fait venir doucement à tout ce qu'il vous plaît. Les visites fréquentes ont commencé, les déclarations sont venues ensuite, qui, après elles, ont traîné les sérénades et les cadeaux, que les présents ont suivis. Je me suis opposée à tout cela ; mais vous ne vous rebutez point, et, vous gagnez mes résolutions. Pour moi, je ne puis plus répondre de rien, et je crois qu'à la fin vous me ferez venir au mariage, dont je me suis tant éloignée.
DORANTE.
Ma foi, madame, vous y devriez déjà être : vous êtes veuve, et ne dépendez que de vous ; je suis maître de moi, et je vous aime plus que ma vie : à quoi tient-il que dès aujourd'hui vous ne fassiez tout mon bonheur ?

DORIMÈNE.

Mon Dieu? Dorante, il faut des deux parts bien des qualités pour vivre heureusement ensemble; et les deux plus raisonnables personnes du monde ont souvent peine à composer une union dont ils soient satisfaits.

DORANTE.

Vous vous moquez, madame, de vous y figurer tant de difficultés; et l'expérience que vous avez faite ne conclut rien pour tous les autres.

DORIMÈNE.

Enfin j'en reviens toujours là; les dépenses que je vous vois faire pour moi m'inquiètent par deux raisons: l'une, qu'elles m'engagent plus que je ne voudrois; et l'autre, que je suis sûre, sans vous déplaire, que vous ne les faites point que vous ne vous incommodiez; et je ne veux point cela.

DORANTE.

Ah? madame, ce sont des bagatelles; et ce n'est pas par là...

DORIMÈNE.

Je sais ce que je dis; et, entre autres, le diamant que vous m'avez forcée à prendre est d'un prix...

DORANTE.

Eh! madame, de grâce, ne faites point tant valoir une chose que mon amour trouve indigne de vous; et souffrez... Voici le maître du logis.

SCÈNE XIX
MONSIEUR JOURDAIN, DORIMÈNE, DORANTE.

MONSIEUR JOURDAIN, *après avoir fait deux révérences, se trouvant trop près de Dorimène.*

Un peu plus loin, madame.

DORIMÈNE.

Comment?

MONSIEUR JOURDAIN.

Un pas, s'il vous plaît.

DORIMÈNE.

Quoi donc?

MONSIEUR JOURDAIN.

Reculez un peu, pour la troisième.

DORANTE.

Madame, monsieur Jourdain sait son monde.

MONSIEUR JOURDAIN.

Madame, ce m'est une gloire bien grande de me voir assez fortuné, pour être si heureux, que d'avoir le bonheur que vous ayez eu la bonté de m'accorder la grâce, de me faire l'honneur de m'honorer de la faveur de votre présence ; et, si j'avois aussi le mérite. pour mériter un mérite comme le vôtre, et que le ciel... envieux de mon bien... m'eût accordé... l'avantage, de me voir digne... des...

DORANTE.

Monsieur Jourdain, en voilà assez. Madame n'aime pas les grands compliments, et elle sait que vous êtes homme d'esprit. (Bas, à Dorimène). C'est un bon bourgeois assez ridicule comme vous voyez, dans toutes ses manières.

DORIMÈNE, bas à Dorante.

Il n'est pas malaisé de s'en apercevoir.

DORANTE.

Madame, voilà le meilleur de mes amis.

MONSIEUR JOURDAIN.

C'est trop d'honneur que vous me faites.

DORANTE.

Galant homme tout à fait.

DORIMÈNE.

J'ai beaucoup d'estime pour lui.

MONSIEUR JOURDAIN.

Je n'ai rien fait encore, madame, pour mériter cette grâce.

DORANTE, bas, à monsieur Jourdain.

Prenez bien garde, au moins, à ne lui point parler du diamant que vous lui avez donné.

MONSIEUR JOURDAIN, bas, à Dorante.

Ne pourrois-je pas seulement lui demander comment elle le trouve ?

DORANTE, bas, à monsieur Jourdain.

Comment ! gardez-vous-en bien ! cela seroit vilain à vous ; et, pour agir en galant homme, il faut que vous fassiez comme si ce n'étoit pas vous qui lui eussiez fait ce présent. (Haut.) Monsieur Jourdain, madame, dit qu'il est ravi de vous voir chez lui.

DORIMÈNE.

Il m'honore beaucoup.

MONSIEUR JOURDAIN, bas, à Dorante.

Que je vous suis obligé, monsieur de lui parler ainsi pour moi !

DORANTE, bas, à monsieur Jourdain.

J'ai eu une peine effroyable à la faire venir ici.

MONSIEUR JOURDAIN, bas, à Dorante.
Je ne sais quelles grâces vous en rendre.
DORANTE.
Il dit, madame, qu'il vous trouve la plus belle personne du monde.
DORIMÈNE.
C'est bien de la grâce qn'il me fait.
MONSIEUR JOURDAIN.
Madame, c'est vous qui faites les grâces ; et...
DORANTE.
Songons à manger.

SCÈNE XX
MONSIEUR JOURDAIN, DORIMÈNE, DORANTE, UN LAQUAIS.

LE LAQUAIS, à monsieur Jourdain.
Tout est prêt, monsieur.
DORANTE.
Allons donc nous mettre à table, et qu'on asse venir les musiciens.

SCÈNE XXI
ENTRÉE DE BALLET.

Six cuisiniers, qui ont préparé le festin, dansent ensemble, et font le troisième intermède ; après quoi ils apportent une table couverte de plusieurs mets.

ACTE QUATRIÈME
SCÈNE I
DORIMÈNE, MONSIEUR JOURDAIN, DORANTE, TROIS MUSICIENS, UN LAQUAIS.

DORIMÈNE.
Comment ! Dorante, voilà un repas tout à fait magnifique !
MONSIEUR JOURDAIN.
Vous vous moquez, madame ; et je voudrois qu'il fût plus digne de vous être offert. (Dorimène, monsieur Jourdain, Dorante et les trois musiciens se mettent à table.)
DORANTE.
Monsieur Jourdain a raison, madame, de parler de la sorte ; et il m'oblige de vous faire si bien les honneurs de chez lui. Je demeure d'accord avec lui que le repas n'est pas digne de vous. Comme c'est moi qui l'ai ordonné et que je n'ai pas sur cette matière les lumières de nos amis, vous n'avez pas ici un repas fort savant, et vous y trouverez des incongruités de bonne chère et des barbarismes de bon goût. Si

Damis, notre ami, s'en étoit mêlé, tout seroit dans le règles; il y auroit partout de l'élégance et de l'érudition, et il ne manqueroit pas de vous exagérer lui-même toutes les pièces du repas qu'il vous donneroit et de vous faire tomber d'accord de sa haute capacité dans la science des bons morceaux, de vous parler d'un pain de rive à biseau doré relevé de croûte partout, croquant tendrement sous la dent; d'un vin à séve veloutée, armé d'un vert qui n'est point trop commandant; d'un carré de mouton gourmandé de persil; d'une longe de veau de rivière longue comme cela, blanche, délicate, et qui, sous les dents, est une vraie pâte d'amande; de perdrix relevées d'un fumet surprenant; et, pour son opéra, d'une soupe à bouillon perlé soutenue d'un jeune gros dindon cantonné de pigeonneaux, et couronnée d'oignons blancs mariés avec la chicorée. Mais, pour moi, je vous avoue mon ignorance; et, comme monsieur Jourdain a fort bien dit, je voudrois que le repas fût plus digne de vous être offert.

DORIMÈNE.

Je ne réponds à ce compliment qu'en mangeant comme je fais.

MONSIEUR JOURDAIN.

Ah! que voilà de belles mains!

DORIMÈNE.

Les mains sont médiocres, monsieur Jourdain; mais vous voulez parler du diamant, qui est fort beau.

MONSIEUR JOURDAIN.

Moi, madame? Dieu me garde d'en vouloir parler! ce ne seroit pas agir en galant homme; et le diamant est fort peu de chose.

DORIMÈNE.

Vous êtes bien dégoûté.

MONSIEUR JOURDAIN.

Vous avez trop de bonté...

DORANTE, après avoir fait un signe à monsieur Jourdain.

Allons, qu'on donne du vin à monsieur Jourdain et à ces messieurs, qui nous feront la grâce de nous chanter quelque air à boire.

DORIMÈNE.

C'est merveilleusement assaisonner la bonne chère, que d'y mêler la musique; et je me vois ici admirablement régalée.

MONSIEUR JOURDAIN.

Madame, ce n'est pas...

DORANTE.

Monsieur Jourdain, prêtons silence à ces messieurs; ce qu'ils nous feront entendre vaudra mieux que tout ce que nous pourrions dire.

PREMIER ET SECOND MUSICIEN, ensemble, un verre à la main.

Un petit doigt, Philis, pour commencer le tour :
Ah ! qu'un verre en vos mains a d'agréables charmes !
Vous et le vin vous vous prêtez des armes,
Et je sens pour tous deux redoubler mon amour:
Entre lui, vous et moi, jurons, jurons ma belle,
    Une ardeur éternelle,
Qu'en mouillant votre bouche il en reçoit d'attraits !
Et que l'on voit par lui votre bouche embellie !
   Ah ! l'un de l'autre ils me donnent envie,
Et de vous et de lui je m'enivre à longs traits.
Entre lui, vous et moi, jurons, jurons, ma belle,
    Une ardeur éternelle.

SECOND ET TROISIÈME MUSICIENS, ensemble.

   Buvons, chers amis, buvons !
  Le temps qui fuit nous y convie :
    Profitons de la vie
    Autant que nous pouvons.
  Quand on a passé l'onde noire,
  Adieu le bon vin, nos amours.
    Dépêchons-nous de boire;
    On ne boit pas toujours.
  Laissons raisonner les sots
  Sur le vrai bonheur de la vie ;
    Notre philosophie
    Le met parmi les pots.
  Les biens, le savoir et la gloire,
  N'ôtent point les soucis fâcheux ;
    Et ce n'est qu'à bien boire
    Que l'on peut être heureux.

TOUS TROIS, ensemble.

Sus, sus ; du vin partout : versez, garçon, versez.
Versez, versez toujours, tant qu'on vous dise : Assez.

DORIMÈNE.

Je ne crois pas qu'on puisse mieux chanter ; et cela est tout à fait beau.

MONSIEUR JOURDAIN.

Je vois encore ici, madame, quelque chose de plus beau.

DORIMÈNE.

Ouais! monsieur Jourdain est galant plus que je ne pensois.

DORANTE.

Comment, madame! pour qui prenez-vous monsieur Jourdain?

MONSIEUR JOURDAIN.

Je voudrois bien qu'elle me prît pour ce que je dirois.

DORIMÈNE.

Encore?

DORANTE, à Dorimène.

Vous ne le connoissez pas.

MONSIEUR JOURDAIN.

Elle me connaîtra quand il lui plaira.

DORIMÈNE.

Oh je le quitte.

DORANTE.

Il est homme qui a toujours la riposte en main. Mais vous ne voyez pas que monsieur Jourdain, madame, mange tous les morceaux que vous touchez.

DORIMÈNE.

Monsieur Jourdain est un homme qui me ravit.

MONSIEUR JOURDAIN.

Si je pouvois ravir votre cœur, je serois...

SCÈNE II
MADAME JOURDAIN, MONSIEUR JOURDAIN, DORIMÈNE, DORANTE, MUSICIENS, LAQUAIS.

MADAME JOURDAIN.

Ah! ah! je trouve ici bonne compagnie, et je vois bien qu'on ne m'y attendoit pas. C'est donc pour cette belle affaire-ci, monsieur mon mari, que vous avez eu tant d'empressement à m'envoyer dîner chez ma sœur? Je viens de voir un théâtre là-bas, et je vois ici un banquet à faire noces. Voilà comme vous dépensez votre bien, et c'est ainsi que vous festinez les dames en mon absence, et que vous leur donnez la musique et la comédie, tandis que vous m'envoyez promener!

DORANTE.

Que voulez-vous dire, madame Jourdain? et quelles fantaisies sont les vôtres de vous aller mettre en tête que votre mari dépense son bien, et que c'est lui qui donne ce régal à madame? Apprenez que c'est moi, je vous prie; qu'il ne fait seulement que me prêter sa maison, et que vous devriez un peu mieux regarder aux choses que vous dites.

MONSIEUR JOURDAIN.

Oui, impertinente, c'est monsieur le comte qui donne tout ceci à madame, qui est une personne de qualité. Il me fait l'honneur de prendre ma maison et de vouloir que je sois avec lui.

MADAME JOURDAIN.

Ce sont des chansons que cela; je sais ce que je sais.

DORANTE.

Prenez, madame Jourdain, prenez de meilleures lunettes.

MADAME JOURDAIN.

Je n'ai que faire de lunettes, monsieur, et je vois assez clair. Il y a longtemps que je sens les choses, et je ne suis pas une bête. Cela est fort vilain à vous, pour un grand seigneur, de prêter la main comme vous faites aux sottises de mon mari. Et vous, madame pour une grande dame, cela n'est ni beau ni honnête à vous, de mettre de la dissension dans un ménage, et de souffrir que mon mari soit amoureux de vous.

DORIMÈNE.

Que veut donc dire tout ceci? Allez, Dorante, vous vous moquez, de m'exposer aux sottes visions de cette extravagante.

DORANTE, suivant Dorimène, qui sort.

Madame, holà! madame, où courez-vous?

MONSIEUR JOURDAIN.

Madame... Monsieur le comte, faites-lui mes excuses, et tâchez de la ramener.

SCÈNE III

MADAME JOURDAIN, MONSIEUR JOURDAIN, LAQUAIS.

MONSIEUR JOURDAIN.

Ah! impertinente que vous êtes, voilà de beaux faits! Vous me venez faire des affronts devant tout le monde, et vous chassez de chez moi des personnes de qualité?

MADAME JOURDAIN.

Je me moque de leur qualité.

MONSIEUR JOURDAIN.

Je ne sais qui me tient, maudite, que je ne vous fende la tête avec les pièces du repas que vous êtes venue troubler. (Les laquais emportent la table.)

MADAME JOURDAIN, sortant

Je me moque de cela. Ce sont mes droits que je défends, et j'aurai pour moi toutes les femmes.

MONSIEUR JOURDAIN.

Vous faites bien d'éviter ma colère.

SCÈNE IV
MONSIEUR JOURDAIN, seul.

Elle est arrivée là bien malheureusement. J'étois en humeur de dire de jolies choses; et jamais je ne m'étois senti tant d'esprit. Qu'est-ce que c'est que cela?

SCÈNE V
MONSIEUR JOURDAIN, ; COVIELLE, déguisé.

COVIELLE.

Monsieur, je ne sais pas si j'ai l'honneur d'être connu de vous.

MONSIEUR JOURDAIN.

Non, monsieur.

COVIELLE, étendant la main à un pied de terre.

Je vous ai vu que vous n'étiez pas plus grand que cela.

MONSIEUR JOURDAIN.

Moi?

COVIELLE.

Oui. Vous étiez le plus bel enfant du monde, et toutes les dames vous prenoient dans leurs bras pour vous baiser.

MONSIEUR JOURDAIN.

Pour me baiser?

COVIELLE.

Oui. J'étois grand ami de feu monsieur votre père.

MONSIEUR JOURDAIN.

De feu monsieur mon père?

COVIELLE.

Oui. C'étoit un fort honnête gentilhomme.

MONSIEUR JOURDAIN.

Comment dites-vous?

COVIELLE.

Je dis que c'étoit un fort honnête gentilhomme.

MONSIEUR JOURDAIN.

Mon père?

COVIELLE.

Oui.

MONSIEUR JOURDAIN.

Vous l'avez fort connu?

COVIELLE.

Assurément.

MONSIEUR JOURDAIN.

Et vous l'avez connu pour gentilhomme?

COVIELLE.

Sans doute.

MONSIEUR JOURDAIN.

Je ne sais donc pas comment le monde est fait!

COVIELLE.

Comment?

MONSIEUR JOURDAIN.

Il y a de sottes gens qui me veulent dire qu'il a été marchand.

COVIELLE.

Lui, marchand! C'est pure médisance, il ne l'a jamais été. Tout ce qu'il faisoit, c'est qu'il étoit fort obligeant, fort officieux; et, comme il se connoissoit fort bien en étoffes, il en alloit choisir de tous les côtés, les faisoit apporter chez lui, et en donnoit à ses amis pour de l'argent.

MONSIEUR JOURDAIN.

Je suis ravi de vous connoître, afin que vous rendiez ce témoignage-là, que mon père étoit gentilhomme.

COVIELLE.

Je le soutiendrai devant tout le monde.

MONSIEUR JOURDAIN.

Vous m'obligerez. Quel sujet vous amène?

COVIELLE.

Depuis avoir connu feu monsieur votre père, honnête gentilhomme, comme je vous ai dit, j'ai voyagé par tout le monde.

MONSIEUR JOURDAIN.

Par tout le monde?

COVIELLE.

Oui.

MONSIEUR JOURDAIN.

Je pense qu'il y a bien loin en ce pays-là.

COVIELLE.

Assurément. Je ne suis revenu de tous mes longs voyages que depuis quatre jours; et, par l'intérêt que je prends à tout ce qui vous touche, je viens vous annoncer la meilleure nouvelle du monde.

MONSIEUR JOURDAIN.

Quelle?

COVIELLE.

Vous savez que le fils du Grand Turc est ici?

MONSIEUR JOURDAIN.

Moi? Non.

COVIELLE.

Comment! il a un train tout à fait magnifique; tout le monde le va voir, et il a été reçu en ce pays comme un seigneur d'importance.

MONSIEUR JOURDAIN.

Par ma foi, je ne savois pas cela.

COVIELLE.

Ce qu'il y a d'avantageux pour vous c'est qu'il est amoureux de votre fille.

MONSIEUR JOURDAIN.

Le fils du Grand Turc?

COVIELLE.

Oui; et il veut être votre gendre.

MONSIEUR JOURDAIN.

Mon gendre, le fils du Grand Turc!

COVIELLE.

Le fils du Grand Turc votre gendre. Comme je le fus voir, et que j'entends parfaitement sa langue, il s'entretint avec moi; et, après quelques autres discours, il me dit: *Acciam croc soler onch alla moustaph gidelum amanahem varahini oussere carbulath*, c'est-à-dire: N'as-tu point vu une jeune belle personne, qui est la fille de monsieur Jourdain, gentilhomme parisien?

MONSIEUR JOURDAIN.

Le fils du Grand Turc dit cela de moi?

COVIELLE.

Oui. Comme je lui eus répondu que je vous connoissois particulièrement et que j'avois vu votre fille; Ah! me dit-il, *marababa sahem*! c'est-à-dire: Ah! que je suis amoureux d'elle!

MONSIEUR JOURDAIN.

Marababa sahem veut dire: Ah! que je suis amoureux d'elle?

COVIELLE.

Oui.

MONSIEUR JOURDAIN.

Par ma foi, vous faites bien de me le dire; car, pour moi, je n'aurois jamais cru que *marababa sahem* eût voulu dire: Ah! que je suis amoureux d'elle! Voilà une langue admirable que ce turc!

COVIELLE.

Plus admirable qu'on ne peut croire. Savez-vous bien ce que veut dire *cacaracamouchen*?

MONSEUR JOURDAIN.

Cacaracamouchen? Non.

COVIELLE.

C'est-à-dire : Ma chère âme !

MONSIEUR JOURDAIN.

Cacaracamouchen veut dire : Ma chère âme?

COVIELLE.

Oui.

MONSIEUR JOURDAIN.

Voilà qui est merveilleux ! *Cacaracamouchen*, ma cher âme. Diroit-ton jamais cela ? Voilà qui me confond.

COVIELLE.

Enfin, pour achever mon ambassade, il vient vous demander votre fille en mariage; et, pour avoir un beau-père qui soit digne le lui, il veut vous faire *mamamouchi*, qui est une grande dignité de son pays.

MONSIEUR JOURDAIN.

Mamamouchi ?

COVIELLE.

Oui, *mamamouchi;* c'est-à-dire, en notre langue, paladin. Paladin, ce sont de ces anciens... Paladin, enfin. Il n'y a rien de plus noble que cela dans le monde, et vous irez de pair avec les plus grands seigneurs de la terre.

MONSIEUR JOURDAIN.

Le fils du Grand Turc m'honore beaucoup; et je vous prie de me mener chez lui pour lui faire mes remercîments.

COVIELLE.

Comment ! le voilà qui va venir ici.

MONSIEUR JOURDAIN.

Il va venir ici ?

COVIELLE.

Oui; et il amène toutes choses pour la cérémonie de votre dignité.

MONSIEUR JOURDAIN.

Voilà qui est bien prompt.

COVIELLE.

Son amour ne peut souffrir aucun retardement.

MONSIEUR JOURDAIN.

Tout ce qui m'embarasse ici, c'est que ma fille est

une opiniâtre qui s'est allée mettre dans la tête un certain Cléonte, et elle jure de n'épouser personne que celui-là.

COVIELLE.

Elle changera de sentiment quand elle verra le fils du Grand Turc ; et puis il se rencontre ici une aventure merveilleuse : c'est que le fils du Grand Turc ressemble à ce Cléonte, à peu de chose près. Je viens de le voir, on me l'a montré ; et l'amour qu'elle a pour l'un pourra passer aisément à l'autre, et... Je l'entends venir ; le voilà.

SCÈNE VI

CLÉONTE, en Turc ; TROIS PAGES, portant la veste de Cléonte; MONSIEUR JOURDAIN COVIELLE.

CLÉONTE.

Ambousahim oqui boraf, Jordina, salamalequi.

COVIELLE, à monsieur Jourdain.

C'est-à-dire : monsieur Jourdain, votre cœur soit toute l'année comme un rosier fleuri. Ce sont façons de parler obligeantes de ces pays-là.

MONSIEUR JOURDAIN.

Je suis très-humble serviteur de Son Altesse turque.

COVIELLE.

Carigar camboto oustin moraf.

CLÉONTE.

Oustin yoc catamalequi basum base alla moran.

COVIELLE.

Il dit : Que le ciel vous donne la force des lions et la prudence des serpents.

MONSIEUR JOURDAIN.

Son Altesse turque m'honore trop, et je lui souhaite toutes sortes de prospérités.

COVIELLE.

Ossa binamen sadoc babally oracaf ouram.

CLÉONTE.

Belmen.

COVIELLE.

Il dit que vous alliez vite avec lui vous préparer pour la cérémonie, afin de voir ensuite votre fille et de conclure le mariage.

MONSIEUR JOURDAIN.

Tant de choses en deux mots ?

COVIELLE.

Oui. La langue turque est comme cela ; elle dit beaucoup en peu de paroles. Allez vite où il souhaite.

SCÈNE VII
COVIELLE, seule.

Ah! ah! ah! Ma foi, cela est tout à fait drôle. Quelle dupe! quand il auroit appris son rôle par cœur, il ne pourroit pas le mieux jouer. Ah! ah!

SCÈNE VIII
DORANTE, COVIELLE.

COVIELLE.

Je vous prie, monsieur, de nous vouloir aider céans dans une affaire qui s'y passe.

DORANTE.

Ah! ah! Covielle, qui t'auroit reconnu! Comme te voilà ajusté!

COVIELLE.

Vous voyez. Ah! ah!

DORANTE.

De quoi ris-tu?

COVIELLE.

D'une chose, monsieur, qui le mérite bien.

DORANTE.

Comment?

COVIELLE.

Je vous le donnerois en bien des fois, monsieur, à deviner le stratagème dont nous nous servons auprès de monsieur Jourdain pour porter son esprit à donner sa fille à mon maître.

DORANTE.

Je ne devine point le stratagème; mais je devine qu'il ne manquera pas de faire son effet, puisque tu l'entreprends.

COVIELLE.

Je sais, monsieur, que la bête vous est connue.

DORANTE.

Apprends-moi ce que c'est.

COVIELLE.

Prenez la peine de vous tirer un peu plus loin, pour faire place à ce que j'aperçois venir. Vous pourrez voir une partie de l'histoire, tandis que je vous conterai le reste.

SCÈGE IX
CÉRÉMONIE TURQUE.

LE MUPHTI, DERVIS, TURCS, assistants du muphti, chantant et dansants.

PREMIÈRE ENTRÉE DE BALLET.

Six Turcs entrent gravement deux a deux, au son

des instruments. Ils portent trois tapis qu'ils lèvent fort haut, après en avoir fait, en dansant, plusieurs figures. Les Turcs chantants passent par-dessous ces tapis pour s'aller ranger aux deux côtés du théâtre. Le muphti, accompagné des dervis, ferme cette marche.

Alors les Turcs étendent les tapis par terre, et se mettent dessus à genoux. Le muphti et les dervis restent debout au milieu d'eux ; et, pendant que le muphti invoque Mahomet, en faisant beaucoup de contorsions et de grimaces, sans proférer une seule parole, les Turcs assistants se prosternent jusqu'à terre, chantant *Alli*, lèvent les bras au ciel, en chantant *Alla* ; ce qu'ils continuent jusqu'à la fin de l'invocation, après laquelle il se lèvent tous, chantant *Alla eckber* ; et deux dervis vont chercher monsieur Jourdain.

SCÈNE X

LE MUPHTI, DERVIS. TURCS chantants et dansants ; MONSIEUR JOURDAIN vêtu à la turque, la tête rasée, sans turban et sans sabre.

LE MUPHTI, à monsieur Jourdain.

Se ti sabir,
Ti respondir ;
Se non sabir,
Tazir, tazir.
Mi star muphti,
Ti qui star si ?
Non intendir ;
Tazir, tazir.

Deux dervis font retirer monsieur Jourdain.

SCÈNE XI

LE MUPHTI, DERVIS ; TURCS chantants et dansants

LE MUPHTI.

Dice, Turque, qui star quista ? Anabatista ? anabatista ?

LES TURCS.

Ioc.

LE MUPHTI.

Zuinglista ?

LES TURCS.

Ioc.

LE MUPHTI.

Coffita ?

LES TURCS.

Ioc.

LE MUPHTI.
Hussita ? Morista ! Fronista ?
LES TURC.
Ioc, ioc, ioc.
LE MUPHTI.
Ioc, ioc, ioc. Star pagan ?
LES TURCS.
Ioc.
LE MUPTI.
Luterana ?
LES TURCS.
Ioc.
LE MUPHTI.
Puritana ?
LES TURCS.
Ioc.
LE MUPHTI.
Bramina ? Moffina ? Zurina ?
LES TURCS.
Ioc, ioc, ioc.
LE MUPHTI.
Ioc, ioc, ioc. Mahametana ? Mahametaua ?
LES TURCS.
Hi Valla. Hi Valla.
LE MUPHTI.
Como cbamara ? Como chamara ?
LES TURCS.
Giourdina, Giourdina.
LE MUPHTI, sautant.
Giourdina, Giourdina.
LES TURCS.
Giourdina, Giourdina
LE MUPHTI.
 Mahameta, per Giourdina,
 Mi pregar sera e matina.
 Voler far un paladina
 De Giourdina, de Giourdina;
 Dar turbanta, et dar scarrima ;
 Con galera, e brigantina,
 Per deffender Palestina.
 Mahameta, per Giourdina,
 Mi pregar sera e matina.
Aux Turcs.
Star bon Turca Giourdina ?

LES TURCS.
Hi Valla. Hi Valla.
LE MUPHTI, chantant et dansant.
Ha la ba, ba la chou, ba la ba, ba la da.
LES TURCS.
Ha la ba, ba la chou, ba la ba, ba la da.

SCÈNE XII
TURCS chantants et dansants.
SECONDE ENTRÉE DE BALLET.

SCÈNE XIII
LE MUPHTI, DERVIS, MONSIEUR JOURDAIN ; TURCS chantants et dansants.

Le muphti revient coiffé avec son turban de cérémonie qui est d'une grosseur démesurée et garni de bougies allumées à quatre ou cinq rangs ; il est accompagné et deux dervis qui portent l'Alcoran, et qui ont des bonnets pointus, garnis aussi de bougies allumées.

Les deux autres dervis amènent monsieur Jourdain, et le font mettre à genoux, les mains par terre, de façon que son dos, sur lequel est mis l'Alcoran, sert de pupitre au muphti, qui fait une seconde invocation burlesque, fronçant le sourcil, frappant de temps en temps sur l'Alcoran, et tournant les feuillets avec précipitation ; après quoi, en levant les bras un ciel, le mutphti crie à haute voix : *Hou.*

Pendant cette seconde invocation, les Turcs assistants, s'inclinant et se relevant alternativement, chantent aussi *Hou, hou, hou.*

MONSIEUR JOURDAIN, après qu'on lui a ôté l'Alcoran de dessus le dos.
Ouf !
LE MUPHTI, à monsieur Jourdain.
Ti non star furba ?
LES TURCS.
No, no, no.
LE MUPHTI.
Non star forfanta ?
LES TURCS.
No, no, no.
LE MUPHTI, aux Turcs.
Donar turbanta.
LES TURCS.
Ti non star furba ?

No, no, no.
Non star forfanta ?
No, no, no.
Donar turbanta.

TROISIÈME ENTRÉE DE BALLET.

Les Turcs dansants mettent le turban sur la tête de monsieur Jourdain au son des instruments.

LE MUPHTI, *donnant le sabre à monsieur Jourdain.*
Ti star nobile, non star fabbola.
Pigliar schiabbola.

LES TURCS, *mettant le sabre à la main.*
Ti star nobile, non star fabbola.
Pigliar schiabbola.

QUATRIÈME ENTRÉE DE BALLET.

Les Turcs dansant donnent en cadence plusieurs coups de sabre à monsieur Jourdain.

LE MUPHTI.
Dara, dara.
Bastonnara.
Dara, dara.
Bastonnara.

CINQUIÈME ENTRÉE DE BALLET.

Les Turcs dansants donnent à monsieur Jourdain des coups de bâton en cadence.

LE MUPHTI.
Non tener honta,
Questa star l'ultima affronta.

LES TURCS.
Non tener honta,
Questa star l'ultima affronta.

Le muphti commence une troisième invocation. Les dervis le soutiennent par-dessous les bras avec respect ; après quoi les Turcs chantants et dansants, sautant autour du muphti, se retirent avec lui et emmènent monsieur Jourdain.

ACTE CINQUIÈME

SCÈNE I

MADAME JOURDAIN, MONSIEUR JOURDAIN.

MADAME JOURDAIN.
Ah ! mon Dieu, miséricorde ! Qu'est-ce que c'est donc que cela ? Quelle figure ! Est-ce un momon que vous allez porter, et est-il temps d'aller en masque ? Parlez donc, qu'est-ce que c'est que ceci ? Qui vous a fagoté comme cela ?

MONSIEUR JOURDAIN.
Voyez l'impertinente, de parler de la sorte à un *mamamouchi* !
MADAME JOURDAIN.
Comment donc ?
MONSIEUR JOURDAIN.
Oui, il me faut porter du respect maintenant, et l'on vient de me faire *mamamouchi*.
MADAME JOURDAIN.
Que voulez-vous dire avec votre *mamamouchi* ?
MONSIEUR JOURDAIN.
Mamamouchi, vous dis-je. Je suis *mamamouchi*.
MADAME JOURDAIN.
Quelle bête est-ce là ?
MONSIEUR JOURDAIN.
Mamamouchi, c'est-à-dire, en notre langue, paladin.
MADAME JOURDAIN.
Baladin ! Êtes-vous en âge de danser des ballets ?
MONSIEUR JOURDAIN.
Quelle ignorante ! Je dis paladin : c'est une dignité dont on vient de me faire la cérémonie.
MADAME JOURDAIN.
Quelle cérémonie donc ?
MONSIEUR JOURDAIN.
Mahameta per Jordina.
MADAME JOURDAIN..
Qu'est-ce que cela veut dire ?
MONSIEUR JOURDAIN.
Jordina, c'est-à-dire Jourdain ?
MADAME JOURDAIN.
Eh bien, quoi, Jourdain ?
MONSIEUR JOURDAIN.
Voler far un paladina de Jordina.
MADAME JOURDAIN.
Comment ?
MONSIEUR JOURDAIN.
Dar turbanta con galera.
MADAME JOURDAIN.
Qu'est-ce à dire, cela ?
MONSIEUR JOURDAIN.
Per deffender Palestina.
MADAME JOURDAIN.
Que voulez-vous donc dire ?

MONSIEUR JOURDAIN.

Dara, dara bastonnara.

MADAME JOURDAIN.

Qu'est-ce donc que ce jargon-là?

MONSIEUR JOURDAIN.

Non tener honta questa star l'ultima affronta.

MADAME JOURDAIN.

Qu'est-ce que c'est donc que tout cela ?

MONSIEUR JOURDAIN, chantant et dansant.

Hou la ba, ba la chou, ba la ba, ba la da. (Il tombe par terre.)

MADAME JOURDAIN.

Hélas! mon Dieu ! mon mari est devenu fou !

MONSIEUR JOURDAIN, se relevant et s'en allant.

Paix, insolente ! Portez respect à monsieur le *mamamouchi*.

MADAME JOURDAIN, seule.

Où est-ce donc qu'il a perdu l'Esprit ? Courrons l'empêcher de sortir. (Apercevant Dorimène et Dorante.) Ah ! ah ! voici justement le reste de notre écu. Je ne vois que chagrin de tous côtés.

SCÈNE II
DORANTE, DORIMÈNE

DORANTE.

Oui, madame, vous verrez la plus plaisante chose qu'on puisse voir; et je ne crois pas que dans tout le monde il soit possible de trouver encore un homme aussi fou que celui-là. Et puis, madame, il faut tâcher de servir l'amour de Cléonte et d'appuyer toute sa mascarade. C'est un fort galant homme, et qui mérite que l'on s'intéresse pour lui.

DORIMÈNE.

J'en fais beaucoup de cas, et il est digne d'une bonne fortune.

DORANTE.

Outre cela, nous avons ici madame, un ballet qui nous revient, que nous ne devons pas laisser perdre; et il faut bien voir si mon idée pourra réussir.

DORIMÈNE.

J'ai vu là des apprêts magnifiques, et ce sont des choses, Dorante, que je ne puis plus souffrir. Oui, je veux enfin vous empêcher vos profusions; et, pour rompre le cours à toutes les dépenses que je vous vois faire pour moi, j'ai résolu de me marier promptement

avec vous. C'est le vrai secret ; et toutes ces choses finissent avec le mariage.
DORANTE.
Ah ! madame, est-il possible que vous ayez pu prendre pour moi une si douce résolution?
DORIMÈNE.
Ce n'est que pour vous empêcher de vous ruiner ; et, sans cela, je vois bien qu'avant qu'il fût peu vous n'auriez pas un sou.
DORANTE.
Que j'ai d'obligation, madame, aux soins que vous avez de conserver mon bien ! Il est entièrement à vous, aussi bien que mon cœur ; et vous en userez de la façon qu'il vous plaira.
DORIMÈNE.
J'userai bien de tous les deux. Mais voici votre homme : la figure en est admirable.

SCÈNE III
MONSIEUR JOURDAIN, DORIMÈNE, DORANTE.
DORANTE.
Monsieur, nous venons rendre hommage, madame et moi, à votre nouvelle dignité, et nous réjouir avec vous du mariage que vous faites de votre fille avec le fils du Grand Turc.

MONSIEUR JOURDAIN, après avoir fait les révérences à la turque.
Monsieur, je vous souhaite la force des serpents et la prudence des lions.
DORIMÈNE.
J'ai été bien aise d'être des premières, monsieur, à venir vous féliciter du haut degré de gloire où vous êtes monté.
MONSIEUR JOURDAIN.
Madame, je vous souhaite toute l'année votre rosier fleuri. Je vous suis infiniment obligé de prendre part aux honneurs qui m'arrivent ; et j'ai beaucoup de joie de vous voir revenue ici, pour vous faire les très-humbles excuses de l'extravagance de ma femme.
DORIMÈNE.
Cela n'est rien ; j'excuse en elle un pareil mouvement : votre cœur lui doit être précieux ; et il n'est pas étrange que la possession d'un homme comme vous puisse inspirer quelques alarmes.
MONSIEUR JOURDAIN.
La possession de mon cœur est une chose qui vous est tout acquise.

DORANTE.

Vous voyez, madame, que monsieur Jourdain n'est pas de ces gens que les prospérités aveuglent, et qu'il sait dans sa grandeur, connoître ses amis.

DORIMÈNE.

C'est la marque d'une âme tout à fait généreuse.

DORANTE.

Où est donc Son Altesse turque? nous voudrions bien, comme vos amis, lui rendre nos devoirs.

MONSIEUR JOURDAIN.

Le voilà qui vient; et j'ai envoyé quérir ma fille pour lui donner la main.

SCÈNE IV.

MONSIEUR JOURDAIN, DORIMÈNE, DORANTE, CLÉONTE, habillé en Turc.

DORANTE, à Cléonte.

Monsieur, nous venons faire la révérence à Votre Altesse, comme amis de monsieur votre beau-père, et l'assurer avec respect de nos très-humbles services.

MONSIEUR JOURDAIN.

Où est le truchement, pour lui dire qui vous êtes et lui faire entendre ce que vous dites? Vous verrez qu'il vous répondra; et il parle turc à merveille. (A Cléonte.) Holà! où diantre est-il allé! *Strouf, strif, strof, straf.* Monsieur est un *grande segnore, grande segnore, grande segnore;* et madame, une *granda dama, ganda dama.* (Voyant qu'il ne se fait point entendre.) Ah! (A Cléonte, montrant Dorante). Monsieur, lui *mamamouchi* françois, et madame *mamamouchie* françoise. Je ne puis pas parler plus clairement. Bon! voici l'interprète.

SCÈNE V

MONSIEUR JOURDAIN, DORIMÈNE, DORANTE, CLÉONTE, habillé en Turc; COVIELLE, déguisé.

MONSIEUR JOURDAIN.

Où allez-vous donc? nous ne saurions rien dire sans vous. (Montrant Cléonte.) Dites-lui un peu que monsieur et madame sont des personnes de grande qualité, qui lui viennent faire la révérence comme mes amis, et l'assurer de leurs services. (A Dorimène et à Dorante.) Vous allez voir comme il va répondre.

COVIELLE.

Alabala crociam acci boram alabamen.

CLÉONTE.

Catalequi tubal ourin soter amalouchan.

MONSIEUR JOURDAIN, à Dorimène et à Dorante.

Voyez-vous?

COVIELLE.

Il dit que la pluie des prospérités arrose en tout temps le jardin de votre famille.

MONSIEUR JOURDAIN.

Je vous l'avois bien dit, qu'il parle turc.

DORANTE.

Cela est admirable.

SCÈNE VI.

LUCILE, CLÉONTE, MONSIEUR JOURDAIN, DORIMÈNE, DORANTE, COVIELLE.

MONSIEUR JOURDAIN.

Venez, ma fille; approchez-vous, et venez donner votre main à monsieur, qui vous fait l'honneur de vous demander en mariage.

LUCILE.

Comment! mon père, comme vous voilà fait! est-ce une comédie que vous jouez?

MONSIEUR JOURDAIN.

Non, non, ce n'est pas une comédie; c'est une affaire fort sérieuse, et la plus pleine d'honneur pour vous qui se peut souhaiter. (Montrant Cléonte). Voilà le mari que je vous donne.

LUCILE.

A moi, mon père?

MONSIEUR JOURDAIN.

Oui, à vous. Allons, touchez-lui dans la main, et rendez grâces au ciel de votre bonheur.

LUCILE.

Je ne veux point me marier.

MONSIEUR JOURDAIN.

Je le veux, moi, qui suis votre père.

LUCILE.

Je n'en ferai rien.

MONSIEUR JOURDAIN.

Ah! que de bruit! Allons, vous dis-je. Çà, votre main.

LUCILE.

Non, mon père; je vous l'ai dit, il n'est point de pouvoir qui me puisse obliger à prendre un autre mari que Cléonte; et je me résoudrai plutôt à toutes les extrémités que de... (Reconnoissant Cléonte). Il est vrai que vous êtes mon père; je vous dois entière obéissance; et c'est à vous à disposer de moi selon vos volontés.

MONSIEUR JOURDAIN.

Ah! je suis ravi de vous voir si promptement revenue dans votre devoir; et voilà qui me plaît, d'avoir une fille obéissante.

SCÈNE VII.
MADAME JOURDAIN, CLÉONTE, MONSIEUR JOURDAIN, LUCILE, DORANTE, DORIMÈNE, COVIELLE.

MADAME JOURDAIN.

Comment donc? qu'est-ce que c'est que ceci? on dit que vous voulez donner votre fille en mariage à un carême-prenant.

MONSIEUR JOURDAIN.

Voulez-vous vous taire, impertinente! Vous venez toujours mêler vos extravagances à toutes choses; et il n'y pas moyen de vous apprendre à être raisonnable.

MADAME JOURDAIN.

C'est vous qu'il n'y a pas moyen de rendre sage; et vous allez de folie en folie. Quel est votre dessein, et que voulez-vous faire avec cet assemblage?

MONSIEUR JOURDAIN.

Je veux marier notre fille avec le fils du Grand Turc.

MADAME JOURDAIN.

Avec le fils du Grand Turc?

MONSIEUR JOURDAIN, montrant Covielle.

Oui. Faites-lui faire vos compliments par le truchement que voilà.

MADAME JOURDAIN.

Je n'ai que faire du truchement, et je lui dirai bien, moi-même, à son nez, qu'il n'aura point ma fille.

MONSIEUR JOURDAIN.

Voulez-vous vous taire, encore une fois!

DORANTE.

Comment, madame Jourdain! vous vous opposez à un honneur comme celui-là? vous refusez Son Altesse turque pour gendre?

MADAME JOURDAIN.

Mon Dieu! monsieur, mêlez-vous de vos affaires.

DORIMÈNE.

C'est une grande gloire qui n'est pas à rejeter.

MADAME JOURDAIN.

Madame, je vous prie aussi de ne vous point embarrasser de ce qui ne vous touche pas.

DORANTE.

C'est l'amitié que nous avons pour vous qui nous fait intéresser dans vos avantages.

MADAME JOURDAIN.
Je me passerai bien de votre amitié.
DORANTE.
Voilà votre fille qui consent aux volontés de son père.
MADAME JOURDAIN.
Ma fille consent à épouser un Turc?
DORANTE.
Sans doute.
MADAME JOURDAIN.
Elle peut oublier Cléonte?
DORANTE.
Que ne fait-on pas pour être grande dame?
MADAME JOURDAIN.
Je l'étranglerois de mes mains, si elle avoit fait un coup comme celui-là.
MONSIEUR JOURDAIN.
Voilà bien du caquet! Je vous dis que ce mariage-là se fera.
MADAME JOURDAIN.
Je vous dis, moi, qu'il ne se fera point.
MONSIEUR JOURDAIN.
Ah! que de bruit!
LUCILE.
Ma mère!
MADAME JOURDAIN.
Allez! vous êtes une coquine!
MONSIEUR JOURDAIN, à madame Jourdain.
Quoi! vous la querellez de ce qu'elle m'obéit!
MADAME JOURDAIN.
Oui; elle est à moi aussi bien qu'à vous.
COVIELLE, à madame Jourdain.
Madame!
MADAME JOURDAIN.
Que me voulez-vous conter, vous?
COVIELLE.
Un mot.
MADAME JOURDAIN.
Je n'ai que faire de votre mot.
COVIELLE, à monsieur Jourdain.
Monsieur, si elle veut écouter une parole en particulier, je vous promets de la faire consentir à ce que vous voulez.
MADAME JOURDAIN.
Je n'y consentirai point.

COVIELLE.
Écoutez-moi seulement.
MADAME JOURDAIN.
Non.
MONSIEUR JOURDAIN, à madame Jourdain.
Écoutez-le.
MADAME JOURDAIN.
Non ; je ne veux pas l'écouter.
MONSIEUR JOURDAIN.
Il vous dira...
MADAME JOURDAIN.
Je ne veux point qu'il me dise rien.
MONSIEUR JOURDAIN.
Voilà une grande obstination de femme ! Cela vous ferai-t-il mal de l'entendre ?
COVIELLE.
Ne faites que m'écouter ; vous ferez après ce qu'il vous plaira.
MADAME JOURDAIN.
Eh bien, quoi ?
COVIELLE, bas à madame Jourdain.
Il y a une heure, madame, que nous vous faisons signe : ne voyez-vous pas bien que tout ceci n'est fait que pour nous ajuster aux visions de votre mari ; que nous l'abusons sous ce déguisement, et que c'est Cléonte lui-même qui est le fils du Grand Turcs ?...
MADAME JOURDAIN, bas, à Covielle.
Ah ! ah !
COVIELLE, bas, à madame Jourdain.
Et moi, Covielle, qui suis le truchement ?
MADAME JOURDAIN, bas, à Covielle.
Ah ! comme cela, je me rends.
COVIELLE, bas, à madame Jourdain.
Ne faites pas semblant de rien.
MADAME JOURDAIN, haut.
Oui, voilà qui est fait, je consens au mariage.
MONSIEUR JOURDAIN.
Ah ! voilà tout le monde raisonnable. (A madame Jourdain.) Vous ne vouliez pas l'écouter. Je savois bien qu'il vous expliqueroit ce que c'est que le fils du Grand Turc.
MADAME JOURDAIN.
Il me l'a expliqué comme il faut, et j'en suis satisfaite. Envoyons querir un notaire.

DORANTE.

C'est fort bien dit. Et afin, madame Jourdain, que vous puissiez avoir l'esprit tout à fait content et que vous perdiez aujourd'hui toute la jalousie que vous pouriez avoir conçue de monsieur votre mari, c'est que nous nous servirons du même notaire pour nous marier, madame et moi

MADAME JOURDAIN.

Je consens aussi à cela.

MONSIEUR JOURDAIN, bas, à Dorante.

C'est pour lui faire accroire ?

DORANTE, bas, à monsieur Jourdain.

Il faut bien l'amuser avec cette feinte.

MONSEUR JOURDAIN, bas.

Bon, bon ! (Haut.) Qu'on aille querir le notaire.

DORANTE.

Tandis qu'il viendra et qu'il dressera les contrats, voyons notre ballet, et donnons-en le divertissement à Son Altesse turque.

MONSIEUR JOURDAIN.

C'est fort bien avisé. Allons prendre nos places.

MADAME JOURDAIN.

Et Nicole ?

MONSIEUR JOURDAIN

Je la donne au truchement ; et ma femme, à qui la voudra.

COVIELLE.

Monsieur, je vous remercie. (A part.) Si l'on en peut voir un plus fou, je l'irai dire à Rome. (La comédie finit par un petit ballet qui avoit été préparé.)

PSYCHÉ
TRAGÉDIE EN CINQ ACTES
1671

PERSONNAGES

JUPITER; VÉNUS; L'AMOUR; ZÉPHYRE; ÆGIALE, PHAÈNE, Grâces; LE ROI, père de Psyché; PSYCHÉ; AGLAURE; CIDIPPE, sœurs de Psyché; CLÉOMÈNE, AGÉNOR, princes, amants de Psyché; LYCAS, capitaine des gardes; LE DIEU D'UN FLEUVE; DEUX PETITS AMOURS.

ACTE PREMIER

SCÈNE I
AGLAURE, CIDIPPE.
AGLAURE.

Il est des maux, ma sœur, que le silence aigrit;
Laissons, laissons parler mon chagrin et le vôtre,
　　Et de nos cœurs l'un à l'autre
　　Exhalons le cuisant dépit.
　　Nous nous voyons sœurs d'infortune,
Et la vôtre et la mienne ont un si grand rapport,
Que nous pouvons mêler toutes les deux en une,
　　Et, dans notre juste transport,
　　Murmurer, à plainte commune,
　　Des cruautés de notre sort.
　　Quelle fatalité secrète,
　　Ma sœur, soumet tout l'univers
　　Aux attraits de notre cadette,
　　Et, de tant de princes divers
　　Qu'en ces lieux la fortune jette,
　　N'en présente aucun à nos fers?
Quoi! voir de toutes parts, pour lui rendre les armes,
　　Les cœurs se précipiter,
　　Et passer devant nos charmes
　　Sans s'y vouloir arrêter!
　　Quel sort ont nos yeux en partage,
　　Et qu'est-ce qu'ils ont fait aux dieux,

> De ne jouir d'aucun hommage
Parmi tous ces tributs de soupirs glorieux,
> Dont le superbe avantage
> Fait triompher d'autres yeux ?
Est-il pour nous, ma sœur, de plus rude disgrâce
Que de voir tous les cœurs mépriser nos appas,
Et l'heureuse Psyché jouir avec audace
D'une foule d'amants attachés à ses pas ?

CIDIPPE.

> Ah ! ma sœur, c'est une aventure
> A faire perdre la raison ;
> Et tous les maux de la nature
> Ne sont rien en comparaison.

AGLAURE.

Pour moi, j'en suis souvent jusqu'à verser des larmes.
Tout plaisir, tout repos, par là m'est arraché ;
Contre un pareil malheur ma constance est sans armes.
Toujours à ce chagrin mon esprit attaché
Me tient devant les yeux la honte de nos charmes,
> Et le triomphe de Psyché.
La nuit, il m'en repasse une idée éternelle,
> Qui sur toute chose prévaut.
Rien ne me peut chasser cette image cruelle ;
Et, dès qu'un doux sommeil me vient délivrer d'elle,
> Dans mon esprit aussitôt
> Quelque songe la rappelle,
> Qui me réveille en sursaut.

CIDIPPE.

> Ma sœur, voilà mon martyre :
> Dans vos discours je me voi ;
> Et vous venez là de dire
> Tout ce qui se passe en moi.

AGLAURE.

Mais encor, raisonnons un peu sur cette affaire.
Quels charmes si puissants en elle sont épars ?
Et par où, dites-moi, du grand secret de plaire
L'honneur est-il acquis à ses moindres regards ?
> Que voit-on dans sa personne,
> Pour inspirer tant d'ardeurs ?
> Quel droit de Beauté lui donne
> L'empire de tous les cœurs ?
Elle a quelques attraits, quelque éclat de jeunesse :
On en tombe d'accord ; je n'en disconviens pas ;
Mais lui cède-t-on fort pour quelque peu d'aînesse,
> Et se voit-on sans appas ?

Est-on d'une figure à faire qu'on se raille?
N'a-t-on point quelques traits et quelques agréments,
Quelque teint, quelques yeux, quelque air et quelque taille
A pouvoir dans nos fers jeter quelques amants?
   Ma sœur, faites-moi la grâce
   De me parler franchement :
Suis-je faite d'un air, à votre jugement,
Que mon mérite au sien doive céder la place?
   Et, dans quelque ajustement,
   Trouvez-vous qu'elle m'efface?

    CIDIPPE.

  Qui? vous, ma sœur? nullement.
  Hier, à la chasse, près d'elle,
  Je vous regardai longtemps;
  Et, sans vous donner d'encens,
  Vous me parûtes plus belle.
Mais moi, dites, ma sœur, sans me vouloir flatter.
Sont-ce des visions que je me mets en tête,
Quand je me crois taillée à pouvoir mériter
   La gloire de quelque conquête?

    AGLAURE.

Vous, ma sœur? vous avez, sans nul déguisement,
Tout ce qui peut causer une amoureuse flamme.
Vos moindres actions brillent d'un agrément
   Dont je me sens toucher l'âme;
   Et je serois votre amant
   Si j'étois autre que femme.

    CIDIPPE.

D'où vient donc qu'on la voit l'emporter sur nous deux;
Qu'à ses premiers regards les cœurs rendent les armes,
Et que d'aucun tribut de soupirs et de vœux
   On ne fait honneur à nos charmes?

    AGLAURE.

  Toutes les dames, d'une voix,
  Trouvent ses attraits peu de choses;
Et du nombre d'amants qu'elle tient sous ses lois,
  Ma sœur, j'ai découvert la cause.

    CIDIPPE.

Pour moi, je la devine; et l'on doit présumer
Qu'il faut que là-dessous soit caché du mystère.
   Ce secret de tout enflammer
N'est point de la nature un effet ordinaire;
L'art de la Thessalie entre dans cette affaire;
Et quelque main a su, sans doute, lui former
   Un charme pour se faire aimer.

AGLAURE.

Sur un plus fort appui ma croyance se fonde ;
Et le charme qu'elle a pour attirer les cœurs,
C'est un air en tout temps désarmé de rigueurs,
Des regards caressants que la bouche seconde ;
  Un souris chargé de douceurs,
   Qui tend les bras à tout le monde,
  Et ne vous promet que faveurs.
Notre gloire n'est plus aujourd'hui conservée ;
Et l'on n'est plus au temps de ces nobles fiertés
Qui, par un digne essai d'illustres cruautés,
Vouloient voir d'un amant la constance éprouvée.
De tout ce noble orgueil, qui nous seyoit si bien,
On est bien descendu, dans le siècle où nous sommes,
Et l'on en est réduite à n'espérer plus rien,
A moins que l'on se jette à la tête des hommes.

CIDIPPE.

Oui, voilà le secret de l'affaire ; et je voi
  Que vous le prenez mieux que moi.
C'est pour nous attacher à trop de bienséance
Qu'aucun amant, ma sœur, à nous ne veut venir;
  Et nous voulons trop soutenir
L'honneur de notre sexe et de notre naissance.
Les hommes maintenant aiment ce qui leur rit;
L'espoir, plus que l'amour, est ce qui les attire;
  Et c'est par là que Psyché nous ravit
  Tous les amants qu'on voit sous son empire.
Suivons, suivons l'exemple, ajustons-nous au temps ;
Abaissons-nous, ma sœur, à faire des avances,
Et ne ménageons plus de tristes bienséances,
Qui nous ôtent les fruits du plus beau de nos ans.

AGLAURE.

J'approuve la pensée, et nous avons matière
  D'en faire l'épreuve première
Aux deux princes qui sont les derniers arrivés.
Ils sont charmants, ma sœur; et leur personne entière
  Me... Les avez-vous observés ?

CIDIPPE.

Ah ! ma sœur, ils sont faits tous deux d'une manière,
Que mon âme... Ce sont deux princes achevés.

AGLAURE.

Je trouve qu'on pourroit rechercher leur tendresse
  Sans se faire déshonneur.

CIDIPPE.

Je trouve que sans honte une belle princesse

Leur pourroit donner son cœur,
AGLAURE.
Les voici tous deux, et j'admire
Leur air et leur ajustement.
CIDIPPE.
Ils ne démentent nullement
Tout ce que nous venons de dire.

SCÈNE II
CLÉOMÈNE, AGÉNOR, AGLAURE, CIDIPPE.
AGLAURE.
D'où vient, princes, d'où vient que vous fuyez ainsi?
Prenez-vous l'épouvante en nous voyant paroitre?
CLÉOMÈNE.
On nous faisoit croire qu'ici
La princesse Psyché, madame, pourroit être.
AGLAURE.
Tous ces lieux n'ont-ils rien d'agréable pour vous,
Si vous ne les voyez ornés de sa présence?
AGÉNOR.
Ces lieux peuvent avoir des charmes assez doux;
Mais nous cherchons Psyché dans notre impatience.
CIDIPPE.
Quelque chose de bien pressant
Vous doit, à la chercher, pousser tous deux, sans doute?
CLÉOMÈNE.
Le motif est assez puissant,
Puisque notre fortune enfin en dépend toute.
AGLAURE.
Ce seroit trop à nous de nous informer
Du secret que ces mots nous peuvent enfermer.
CLÉOMÈNE.
Nous ne prétendons point en faire de mystère:
Aussi bien, malgré nous, paroît-il au jour;
Et le secret ne dure guère,
Madame, quand c'est de l'amour.
CIDIPPE.
Sans aller plus avant, princes, cela veut dire
Que vous aimez Psyché tous deux.
AGÉNOR.
Tous deux soumis à son empire,
Nous allons, de concert, lui découvrir nos feux.
AGLAURE.
C'est une nouveauté, sans doute, assez bizarre,
Que deux rivaux si bien unis.

CLÉOMÈNE.
Il est vrai que la chose est rare,
Mais non pas impossible à deux parfaits amis.
CIDIPPE.
Est-ce que dans ces lieux il n'est qu'elle de belle?
Et n'y trouvez-vous point à séparer vos vœux?
AGLAURE.
Parmi l'éclat du sang, vos yeux n'ont-ils vu qu'elle
A pouvoir mériter vos feux ?
CLÉOMÈNE
Est-ce que l'on consulte au moment qu'on s'enflamme ?
Choisit-on qui l'on veut aimer ?
Et, pour donner toute son âme,
Regarde-t-on quel droit on a de nous charmer?
AGÉNOR.
Sans qu'on ai le pouvoir d'élire,
On suit, dans une telle ardeur,
Quelque chose qui nous attire :
Et, lorsque l'amour touche un cœur,
On n'a point de raisons à dire.
AGLAURE.
En vérité, je plains les fâcheux embarras
Où je vois que vos cœurs se mettent.
Vous aimez un objet dont les riants appas
Mêleront des chagrins à l'espoir qu'ils vous jettent;
Et son cœur ne vous tiendra pas
Tout ce que ses yeux vous promettent.
CIDIPPE.
L'espoir qui vous appelle au rang de ses amants
Trouvera du mécompte aux douceurs qu'elle étale ;
Et c'est pout essuyer de très-fâcheux moments,
Que les soudains retours de son âme inégale.
AGLAURE.
Un clair discernement de ce que vous valez
Nous fait plaindre le sort où cet amour vous guide ;
Et vous pouvez trouver tous deux, si vous voulez,
Avec autant d'attraits, une âme plus solide.
CIDIPPE.
Par un choix plus doux de moitié,
Vous pouvez de l'amour sauver votre amitié;
Et l'on voit en vous deux un mérite si rare,
Qu'un tendre avis veut bien prévenir, par pitié,
Ce que votre cœur se prépare.
CLÉOMÈNE.
Cet avis généreux fait, pour nous, éclater

Des bentés qui nous touchent l'âme ;
Mais le ciel nous réduit à ce malheur, madame,
De ne pouvoir en profiter...
AGÉNOR.
Votre illustre pitié veut en vain nous distraire
D'un amour dont tous deux nous redoutons l'effet ;
Ce que notre amitié, madame, n'a pas fait,
Il n'est rien qui le puisse faire.
CIDIPPE.
Il faut que le pouvoir de Psyché... La voici.

SCÈNE III
PSYCHÉ, CIDIPPE, AGLAURE, CLÉOMÈNE, AGÉNOR.
CIDIPPE.
Venez jouir, ma sœur, de ce qu'on vous apprête.
AGLAURE.
Préparez vos attraits à recevoir ici
Le triomphe nouveau d'une illustre conquête.
CIDIPPE.
Ces princes ont tous deux si bien senti vos coups.
Qu'à vous le découvrir leur bouche se dispose.
PSYCHÉ.
Du sujet qui les tient si rêveurs parmi nous
Je ne me croyois pas la cause ;
Et j'aurois cru tout autre chose,
En les voyant parler à vous.
AGLAURE.
N'ayant ni beauté ni naissance
A pouvoir mériter leur amour et leurs soins,
Ils nous favorisent au moins
De l'honneur de la confidence.
CLÉOMÈNE, à Psyché.
L'aveu qu'il nous faut faire à vos divins appas
Est sans doute, madame, un aveu téméraire ;
Mais tant de cœurs, près du trépas,
Sont, par de tels aveux, forcés à vous déplaire,
Que vous êtes réduite à ne les punir pas
Des foudres de votre colère.
Vous voyez en nous deux amis
Qu'un doux rapport d'humeurs sut joindre dès l'en-
Et ces tendres liens se sont affermis   [fance ;
Par cent combats d'estime et de reconnoissance.
Du destin ennemi les assauts rigoureux,
Les mépris de la mort, et l'aspect des supplices,
Par d'illustres éclats de mutuels offices,

Ont de notre amitié signalé les beaux nœuds;
Mais, à quelques essais qu'elle se soit trouvée,
  Son grand triomphe est en ce jour;
Et rien ne fait tant voir sa constance éprouvée
Que de se conserver au milieu de l'amour.
Oui, malgré tant d'appas son illustre constance
Aux lois qu'elle nous fait a soumis tous nos vœux;
Elle vient, d'une douce et pleine déférence,
Remettre à votre choix le succès de nos feux;
Et, pour donner un poids à notre concurrence,
Qui des raisons d'État entraîne la balance
  Sur le choix de l'un de nous deux,
Cette même amitié s'offre sans répugnance,
D'unir nos deux États au sort du plus heureux.

    AGÉNOR.
  Oui, de ces deux États, madame,
Que sous votre heureux choix nous nous offrons d'unir
  Nous voulons faire à notre flamme
  Un secours pour vous obtenir.
Ce que, pour ce bonheur, près du roi votre père,
  Nous nous sacrifions tous deux,
N'a rien de difficile à nos cœurs amoureux;
Et c'est au plus heureux faire un don nécessaire
  D'un pouvoir dont le malheureux,
  Madame, n'aura plus affaire.

    PSYCHÉ.
Le choix que vous m'offrez, princes, montre à mes yeux
De quoi remplir les vœux de l'âme la plus fière;
Et vous me le parez tous deux d'une manière
Qu'on ne peut rien offrir qui soit plus précieux.
Vos feux, votre amitié, votre vertu suprême,
Tout me relève en vous l'offre de votre foi,
Et j'y vois un mérite à s'opposer lui-même
  A ce que vous voulez de moi.
Ce n'est pas à mon cœur que je défère,
  Pour entrer sous de tels liens;
Ma main, pour se donner, attend l'ordre d'un père,
Et mes sœurs ont des droits qui vont devant les miens.
Mais, si l'on me rendoit sur mes vœux absolue,
Vous y pourriez avoir trop de part à la fois;
Et toute mon estime, entre vous suspendue,
Ne pourroit sur aucun laisser tomber mon choix.
  A l'ardeur de votre poursuite,
Je répondrois assez de mes vœux les plus doux;
  Mais c'est, parmi tant de mérite,

Trop que deux cœurs pour moi, trop peu qu'un cœur pour
De mes plus doux souhaits j'aurois l'âme gênée [vous.
   A l'effort de votre amitié;
Et j'y vois l'un de vous prendre une destinée
   A me faire trop de pitié.
Oui, princes, à tous ceux dont l'amour suit le vôtre,
Je vous préférerois tous deux avec ardeur;
   Mais je n'aurois jamais le cœur
De pouvoir préférer l'un de vous deux à l'autre.
   A celui que je choisirois
Ma tendresse feroit un trop grand sacrifice;
Et je m'imputerois à barbare injustice
   Le tort qu'à l'autre je ferois.
Oui, tous deux vous brillez de trop de grandeur d'âme
   Pour en faire aucun malheureux;
Et vous devez chercher dans l'amoureuse flamme
   Le moyen d'être heureux tous deux.
   Si votre cœur me considère
Assez pour me souffrir de disposer de vous,
   J'ai deux sœurs capables de plaire,
Et l'amitié me rend leur personne assez chère
   Pour vous souhaiter leurs époux.

    CLÉOMÈNE.

  Un cœur dont l'amour est extrême
   Peut-il bien consentir, hélas!
   D'être donné par ce qu'il aime?
Sur nos deux cœurs, madame, à vos divins appas
   Nous donnons un pouvoir suprême;
   Disposez-en pour le trépas;
   Mais pour une autre que vous-même,
Ayez cette bonté de n'en disposer pas.

    AGÉNOR.

Aux princesses, madame, on feroit trop d'outrage,
Et c'est, pour leurs attraits, un indigne partage,
   Que les restes d'une autre ardeur.
Il faut d'un premier feu la pureté fidèle
   Pour aspirer à cet honneur
   Où votre bonté nous appelle,
   Et chacune mérite un cœur
   Qui n'ait soupiré que pour elle.

    AGLAURE.

  Il me semble, sans nul courroux,
  Qu'avant que de vous en défendre,
  Princes, vous deviez bien attendre
  Qu'on se fût expliqué sur vous.

Nous croyez-vous un cœur si facile et si tendre?
Et, lorsqu'on parle ici de vous donner à nous,
   Savez-vous si l'on veut vous prendre?

CIDIPPE.

Je pense que l'on a d'assez hauts sentiments
Pour refuser un cœur qu'il faut qu'on sollicite,
Et qu'on ne veut devoir qu'à son propre mérite
   La conquête de ses amants.

PSYCHÉ.

J'ai cru pour vous, mes sœurs, une gloire assez grande,
Si la possession d'un mérite si haut...

SCÈNE VI

PSYCHÉ, AGLAURE, CIDIPPE, CLÉOMÈNE, AGÉNOR, LYCAS.

LYCAS, à Psyché.

Ah! madame!

PSYCHÉ.

Qu'as-tu?

LYCAS.

Le roi...

PSYCHÉ.

   Quoi?

LYCAS.

     Vous demande.

PSYCHÉ.

De ce trouble si grand que faut-il que j'attende?

LYCAS.

Vous ne le saurez que trop tôt.

PSYCHÉ.

Hélas! que pour le roi tu me donnes à craindre!

LYCAS.

Ne craignez que pour vous; c'est vous que l'on doit
       [plaindre.

PSYCHÉ.

C'est pour louer le ciel et me voir hors d'effroi,
De savoir que je n'aie à craindre que pour moi.
Mais apprends-moi, Lycas, le sujet qui te touche.

LYCAS.

Souffrez que j'obéisse à qui m'envoie ici,
Madame, et qu'on vous laisse apprendre de sa bouche.
  Ce qui peut m'affliger ainsi.

PSYCHÉ.

Allons savoir sur quoi l'on craint tant ma foiblesse.

SCÈNE V
AGLAURE, CIDIPPE, LYCAS.
AGLAURE.
Si ton ordre n'est pas jusqu'à nous étendu,
Dis-nous quel grand malheur nous couvre ta tristesse.
LYCAS.
Hélas ! ce grand malheur, dans la cour répandu,
Voyez-le vous-même, princesse,
Dans l'oracle qu'au roi les destins ont rendu,
Voici ses propres mots, que la douleur, madame,
A gravés au fond de mon âme :
« Que l'on ne pense nullement
« A vouloir de Psyché conclure l'hyménée ;
« Mais qu'au sommet d'un mont elle soit promptement
« En pompe funèbre menée,
« Et que, de tous abandonnée,
« Pour époux elle attende en ces lieux constamment
« Un monstre dont on a la vue empoisonnée,
« Un serpent qui répand son venin en tous lieux,
« Et trouble dans sa rage et la terre et les cieux. »
Après un arrêt si sévère,
Je vous quitte, et vous laisse à juger entre vous
Si par de cruels et plus sensibles coups
Tous les dieux nous pouvoient expliquer leur colère.

SCÈNE VI
AGLAURE, CIDIPPE.
CIDIPPE.
Ma sœur, que sentez-vous à ce soudain malheur
Où nous voyons Psyché par les destins plongée ?
AGLAURE.
Mais vous, que sentez-vous, ma sœur ?
CIDIPPE.
A ne vous point mentir, je sens que, dans mon cœur,
Je n'en suis pas trop affligée.
AGLAURE.
Moi, je sens quelque chose au mien
Qui ressemble assez à la joie.
Allons, le Destin nous envoie
Un mal que nous pouvons regarder comme un bien [1].

ACTE SECOND
SCÈNE I
LE ROI, PSYCHÉ, AGLAURE, CIDIPPE, LYCAS, Suite.
PSYCHÉ.
De vos larmes, seigneur, la source m'est bien chère ;

Mais c'est trop aux bontés que vous avez pour moi,
Que de laisser régner les tendresses de père
  Jusque dans les yeux d'un grand roi.
Ce qu'on vous voit ici donner à la nature
Au rang que vous tenez, seigneur, fait trop d'injure,
Et j'en dois refuser les touchantes faveurs.
  Laissez moins sur votre sagesse
  Prendre d'empire à vos douleurs,
Et cessez d'honorer mon destin par des pleurs
Qui dans le cœur d'un roi montrent de la foiblesse.
LE ROI.
Ah! ma fille, à ces pleurs laisse mes yeux ouverts.
Mon deuil est raisonnable, encor qu'il soit extrême;
Et, lorsque pour toujours on perd ce que je perds,
La sagesse, crois-moi, peut pleurer elle-même.
  En vain l'orgueil du diadème
Veut qu'on soit insensible à ces cruels revers;
En vain de la raison les secours sont offerts
Pour vouloir d'un œil sec voir mourir ce qu'on aime;
L'effort en est barbare aux yeux de l'univers,
Et c'est brutalité plus que vertu suprême.
Je ne veux point, dans cette adversité,
 Parer mon cœur d'insensibilité,
  Et cacher l'ennui qui me touche.
  Je renonce à la vanité
  De cette dureté farouche
  Que l'on appelle fermeté;
  Et, de quelque façon qu'on nomme
Cette vive douleur dont je ressens les coups,
Je veux bien l'étaler, ma fille, aux yeux de tous,
Et dans le cœur d'un roi montrer le cœur d'un homme.
PSYCHÉ.
Je ne mérite pas cette grande douleur:
Opposez, opposez un peu de résistance
  Aux droits qu'elle prend sur un cœur
Dont mille événements ont marqué la puissance.
Quoi! faut-il que pour moi vous renonciez, seigneur,
  A cette royale constance
Dont vous avez fait voir, dans les coups du malheur,
  Une fameuse expérience?
LE ROI.
La constance est facile en mille occasions.
  Toutes les révolutions
Où nous peut exposer la fortune inhumaine,
La perte des grandeurs, les persécutions,

Le poison de l'envie et les traits de la haine,
    N'ont rien que ne puissent, sans peine,
    Braver les résolutions
D'une âme où la raison est un peu souveraine;
    Mais ce qui porte des rigueurs
    A faire succomber les cœurs
    Sous le poids des douleurs amères,
    Ce sont, ce sont les rudes traits
    De ces fatalités sévères
    Qui nous enlèvent pour jamais
    Les personnes qui nous sont chères.
    La raison, contre de tels coups,
    N'offre point d'armes secourables;
    Et voilà, des dieux en courroux,
    Les foudres les plus redoutables
    Qui se puissent lancer sur nous.

PSYCHÉ.

Seigneur, une douceur ici vous est offerte :
Votre hymen a reçu plus d'un présent des dieux ;
    Et, par une faveur ouverte,
Ils ne vous ôtent rien, en m'ôtant à vos yeux,
Dont il n'aient pris le soin de réparer la perte.
Il vous reste de quoi consoler vos douleurs ;
Et cette loi du ciel, que vous nommez cruelle,
    Dans les deux princesses mes sœurs,
    Laisse à l'amitié paternelle
    Où placer toutes ses douceurs.

LE ROI.

Ah! de mes maux soulagement frivole!
Rien, rien ne s'offre à moi qui de toi me console.
C'est sur mes déplaisirs que j'ai les yeux ouverts;
    Et, dans un destin si funeste,
    Je regarde ce que je perds,
    Et ne vois point ce qui me reste.

PSYCHÉ.

Vous savez mieux que moi qu'aux volontés des dieux.
    Seigneur, il faut régler les nôtres ;
Et je ne puis vous dire, en ces tristes adieux,
Que ce que beaucoup mieux vous pouvez dire aux autres.
    Ces dieux sont maîtres souverains
    Des présents qu'ils daignent nous faire ;
    Ils ne les laissent dans nos mains
    Qu'autant de temps qu'il peut leur plaire.
    Lorsqu'ils viennent les retirer,
    On n'a nul droit de murmurer

Des grâces que leur main ne veut plus nous étendre ;
Seigneur, je suis un don qu'ils ont fait à vos vœux ;
Et quant, par cet arrêt, ils veulent me reprendre,
Ils ne vous ôtent rien que vous ne teniez d'eux;
Et c'est sans murmurer que vous devez me rendre.
LE ROI.
Ah! cherche un meilleur fondement
Aux consolations que ton cœur me présente,
Et de la fausseté de ce raisonnement
Ne fais point un accablement
A cette douleur si cuisante
Dont je souffre ici le tourment.
Crois-tu là me donner une raison puissante
Pour ne me plaindre point de cet arrêt des cieux?
Et dans le procédé des dieux,
Dont tu veux que je me contente,
Une rigueur assassinante
Ne paroit-elle pas aux yeux?
Vois l'état où ces dieux me forcent à te rendre,
Et l'autre où te reçut mon cœur infortuné ;
Tu connoîtras par là qu'ils me viennent reprendre
Bien plus que ce qu'ils m'ont donné.
Je reçus d'eux en toi, ma fille,
Un présent que mon cœur ne lui demandoit pas;
J'y trouvois alors peu d'appas,
Et leur en vis, sans joie, accroître ma famille.
Mais mon cœur, ainsi que mes yeux,
S'est fait de ce présent une douce habitude :
J'ai mis quinze ans de soins, de veilles et d'étude,
A me le rendre précieux;
Je l'ai paré de l'aimable richesse
De mille brillantes vertus ;
En lui j'ai renfermé, par des soins assidus,
Tous les plus beaux trésors que fournit la sagesse;
A lui j'ai de mon âme attaché la tendresse;
J'en ai fait de ce cœur le charme et l'allégresse,
La consolation de mes sens abattus,
Le doux espoir de ma vieillesse.
Ils m'ôtent tout cela, ces dieux!
Et tu veux que je n'aie aucun sujet de plainte
Sur cet affreux arrêt dont je souffre l'atteinte !
Ah! leur pouvoir se joue avec trop de rigueur
Des tendresses de notre cœur.
Pour m'ôter leur présent, leur falloit-il attendre
Que j'en eusse fait tout mon bien?

Ou plutôt, s'ils avoient dessein de le reprendre,
N'eût-il pas été mieux de ne me donner rien?
PSYCHÉ.
Seigneur, redoutez la colère
De ces dieux contre qui vous osez éclater.
LE ROI.
Après ce coup, que peuvent-ils me faire?
Ils m'ont mis en état de ne rien redouter.
PSYCHÉ.
Ah! seigneur, je tremble des crimes
Que je vous fais commettre, et je dois me haïr.
Ah! qu'ils souffrent du moins mes plaintes légitimes;
Ce m'est assez d'effort que de leur obéir;
Ce doit leur être assez que mon cœur s'abandonne
Au barbare respect qu'il faut qu'on ait pour eux,
Sans prétendre gêner la douleur que me donne
L'épouvantable arrêt d'un sort si rigoureux.
Mon juste désespoir ne sauroit se contraindre;
Je veux, je veux garder ma douleur à jamais;
Je veux sentir toujours la perte que je fais;
De la rigueur du ciel je veux toujours me plaindre;
Je veux, jusqu'au trépas, incessamment pleurer
Ce que tout l'univers ne peut me réparer.
PSYCHÉ.
Ah! de grâce, seigneur, épargnez ma foiblesse;
J'ai besoin de constance en l'état où je suis.
Ne fortifiez point l'excès de mes ennuis
Des larmes de votre tendresse.
Seuls ils sont assez forts, et c'est trop pour mon cœur
De mon destin et de votre douleur.
LE ROI.
Oui, je dois t'épargner mon deuil inconsolable.
Voici l'instant fatal de m'arracher de toi;
Mais comment prononcer ce mot épouvantable?
Il le faut toutefois; le ciel m'en fait la loi;
Une rigueur inévitable
M'oblige à te laisser en ce funeste lieu.
Adieu; je vais... Adieu.

Ce qui suit, jusqu'à la fin de la pièce est de M. Corneille, à la réserve de la première scène, du troisième acte, qui est de la même main que ce qui a précédé.

SCÈNE II
PSYCHÉ, AGLAURE, CIDIPPE.
PSYCHÉ.
Suivez le roi, mes sœurs: vous essuierez ses larmes.

Vous adoucirez ses douleurs ;
Et vous l'accableriez d'alarmes,
Si vous vous exposiez encore à mes malheurs.
Conservez-lui ce qui lui reste :
Le serpent que j'attends peut vous être funeste,
Vous envelopper dans mon sort,
Et me porter en vous une seconde mort.
Le ciel m'a seule condamnée
A son haleine empoisonnée ;
Rien ne sauroit me secourir ;
Et je n'ai pas besoin d'exemple pour mourir.

AGLAURE.

Ne nous enviez pas ce cruel avantage,
De confondre nos pleurs avec vos déplaisirs,
De mêler nos soupirs à vos derniers soupirs :
D'une tendre amitié souffrez ce dernier gage.

PSYCHÉ.

C'est vous perdre inutilement.

CIDIPPE.

C'est en votre faveur espérer un miracle,
Ou vous accompagner jusques au monument.

PSYCHÉ.

Que peut-on se promettre après un tel oracle ?

AGLAURE.

Un oracle jamais n'est sans obscurité :
On l'entend d'autant moins, que mieux on croit l'enten-
Et peut-être, après tout, n'en devez-vous attendre [dre :]
Que gloire et que félicité.
Laissez-nous voir, ma sœur, par une digne issue,
Cette frayeur mortelle heureusement déçue,
Ou mourir du moins avec vous,
Si le ciel à nos vœux ne se montre plus doux.

PSYCHÉ.

Ma sœur, écoutez mieux la voix de la nature,
Qui vous appelle auprès du roi.
Vous m'aimez trop ; le devoir en murmure ;
Vous en savez l'indispensable loi.
Un père vous doit être encor plus cher que moi.
Rendez-vous toutes deux l'appui de sa vieillesse ;
Vous lui devez chacune un gendre et des neveux,
Mille rois, à l'envi, vous offriront leurs vœux.
L'oracle me veut seule et seule aussi je veux
Mourir, si je puis, sans foiblesse,
Ou ne vous avoir pas pour témoins toutes deux
De ce que, malgré moi, la nature m'en laisse.

AGLAURE.

Partager vos malheurs, c'est vous importuner.

CIDIPPE.

J'ose dire un peu plus, ma sœur, c'est vous déplaire.

PSYCHÉ.

Non ; mais enfin c'est me gêner,
Et peut-être du ciel redoubler la colère.

AGLAURE.

Vous le voulez, et nous partons.
Daigne ce même ciel, plus juste et moins sévère.
Vous envoyer le sort que nous vous souhaitons,
Et que notre amitié sincère,
En dépit de l'oracle et malgré vous, espère.

PSYCHÉ.

Adieu. C'est un espoir, ma sœur, et des souhaits
Qu'aucun des dieux ne remplira jamais.

SCÈNE III

PSYCHÉ, seule.

Enfin, seule et toute à moi-même.
Je puis envisager cet affreux changement
Qui, du haut d'une gloire extrême.
Me précipite au monument.
Cette gloire étoit sans seconde ;
L'éclat s'en répandoit jusqu'aux deux bouts du monde.
Tout ce qu'il a de roi sembloient faits pour m'aimer ;
Tous leurs sujets, me prenant pour déesse,
Commençoient à m'accoutumer
Aux encens qu'ils m'offroient sans cesse ;
Leur soupirs me suivoient, sans qu'il m'en coûtât rien ;
Mon âme restoit libre en captivant tant d'âmes,
Et j'étois, parmi tant de flammes,
Reine de tous les cœurs et maîtresse du mien.
O ciel ! m'auriez-vous fait un crime
De cette insensibilité ?
Déployez-vous sur moi tant de sévérité,
Pour n'avoir à leurs vœux rendu que de l'estime ?
Si vous m'imposiez cette loi,
Qu'il fallut faire un choix pour ne pas vous déplaire,
Puisque je ne pouvois le faire,
Que ne le faisiez-vous pour moi ?
Que ne m'inspiriez-vous ce qu'inspire à tant d'autres
Le mérite, l'amour, et... Mais que vois-je ici ?

SCÈNE IV
CLÉOMÈNE, AGÉNOR, PSYCHÉ.
CLÉOMÈNE.
Deux amis deux rivaux, dont l'unique souci
Est d'exposer leurs jours pour conserver les vôtres.
PSYCHÉ.
Puis-je vous écouter, quand j'ai chassé deux sœurs?
Princes, contre le ciel pensez-vous me défendre?
Vous livrer au serpent qu'ici je dois attendre,
Ce n'est qu'un désespoir qui sied mal aux grands cœurs;
    Et mourir alors que je meurs,
    C'est accabler une âme tendre
    Qui n'a que trop de ses douleurs.
AGÉNOR.
    Un serpent n'est pas invincible :
Cadmus, qui n'aimoit rien, défit celui de Mars.
Nous aimons, et l'Amour sait rendre tout possible
    Au cœur qui suit ses étendards,
A la main dont lui-même il conduit tous les dards.
PSYCHÉ.
Voulez-vous qu'il vous serve en faveur d'une ingrate
    Que tous ses traits n'ont pu toucher?
Qu'il dompte sa vengeance au moment qu'elle éclate
    Et vous aide à m'en arracher?
    Quand même vous m'auriez servie,
    Quand vous m'auriez rendu la vie,
Quel fruit espérez-vous de qui ne peut aimer?
CLÉOMÈNE.
Ce n'est point par l'espoir d'un si charmant salaire
    Que nous nous sentons animer;
    Nous ne cherchons qu'à satisfaire
Aux devoirs d'un amour qui n'ose présumer
    Que jamais, quoi qu'il puisse faire,
    Il soit capable de vous plaire,
    Et digne de vous enflammer.
Vivez, belle princesse, et vivez pour un autre :
    Nous le verrons d'un œil jaloux,
    Nous en mourrons, mais d'un trépas plus doux
    Que s'il nous falloit voir le vôtre;
Et, si nous ne mourons en vous sauvant le jour,
Quelque amour qu'à nos yeux vous préfériez au nôtre,
Nous voulons bien mourir de douleur et d'amour.
PSYCHÉ.
Vivez, princes, vivez, et de ma destinée
Ne songez plus à rompre ou partager la loi :

Je crois vous l'avoir dit, le ciel ne veut que moi ;
   Le ciel m'a seule condamnée.
Je pense ouïr déjà les mortels sifflements
   . De son ministre qui s'approche :
Ma frayeur me le peint, me l'offre à tous moments :
Et, maîtresse qu'elle est de tous mes sentiments.
Elle me le figure au haut de cette roche.
J'en tombe de foiblesse, et mon cœur abattu
Ne soutient plus qu'à peine un reste de vertu.
Adieu, princes, fuyez, qu'il ne vous empoisonne.

AGÉNOR.

Rien ne s'offre à nos yeux encor qui les étonne ;
Et, quand vous vous peignez un si proche trépas.
   Si la force vous abandonne,
   Nous avons des cœurs et des bras
   Que l'espoir n'abandonne pas.
Peut-être qu'un rival a dicté cet oracle,
Que l'or a fait parler celui qui l'a rendu.
   Ce ne seroit pas un miracle
Que, pour un dieu muet, un homme eût répondu ;
Et, dans tous les climats, on n'a que trop d'exemples
Qu'il est, ainsi qu'ailleurs, des méchants dans les temples.

CLÉOMÈNE.

Laissez-nous opposer au lâche ravisseur
A qui le sacrilége indignement vous livre,
Un amour qu'a le ciel choisi pour défenseur
De la beauté pour qui nous voulons vivre.
Si nous n'osons prétendre à sa possession.
Du moins, en son péril, permettez-nous de suivre
L'ardeur et les devoirs de notre passion.

PSYCHÉ.

   Portez-les à d'autres moi-mêmes,
   Princes, portez-les à mes sœurs,
   Ces devoirs, ces ardeurs extrêmes,
   Dont pour moi sont remplis vos cœurs ;
   Vivez pour elles, quand je meurs ;
Plaignez de mon destin les funestes rigueurs,
Sans leur donner en vous de nouvelles matières,
   Ce sont mes volontés dernières :
   Et l'on a reçu, de tout temps,
Pour souveraines lois les ordres des mourants.

CLÉOMÈNE.

Princesse...

PSYCHÉ.

  Encore un coup, princes, vivez pour elles.

Tant que vous m'aimerez, vous devez m'obéir :
Ne me réduisez pas à vouloir vous haïr,
    Et vous regarder en rebelles,
    A force de mêtre fidèles.
Allez, laissez moi seule expirer en ce lieu,
Où je n'ai plus de voix que pour vous dire adieu.
Mais je sens qu'on m'enlève, et l'air m'ouvre une route
D'où vous n'entendrez plus cette mourante voix.
Adieu, princes; adieu pour la dernière fois :
Voyez si de mon sort vous pouvez être en doute.
    Psyché est enlevée en l'air par deux Zéphyrs.

AGÉNOR.

Nous la perdons de vue. Allons tous deux chercher
    Sur le faîte de ce rocher,
   Prince, les moyens de la suivre.

CLÉOMÈNE.

Allons y chercher ceux de ne lui point survivre.

SCÈNE V
L'AMOUR, en l'air.

Allez mourir, rivaux d'un dieu jaloux,
    Dont vous méritez le courroux,
Pour avoir eu le cœur sensible aux mêmes charmes.
Et toi, forge, Vulcain, mille brillants attraits
    Pour orner un palais
Où l'Amour de Psyché veut essuyer les larmes,
    Et lui rendre les armes.

ACTE TROISIÈME
SCÈNE I
L'AMOUR, ZÉPHYRE.
ZÉPHYRE.

   Oui, je me suis galamment acquitté
De la commission que vous m'avez donnée;
Et, du haut du rocher, je l'ai, cette beauté,
Par le milieu des airs doucement amenée
    Dans ce beau palais enchanté,
    Où vous pouvez en liberté
    Disposer de sa destinée.
Mais vous me surprenez par ce grand changement
    Qu'en votre personne vous faites;
Cette taille, ces traits et cet ajustement
    Cachent tout à fait qui vous êtes;
Et je donne aux plus fins à pouvoir, en ce jour,
    Vous reconnoître pour l'Amour.

L'AMOUR.

Aussi ne veux-je pas qu'on puisse me connoître;
Je ne veux à Psyché découvrir que mon cœur,
Rien que les beaux transports de cette vive ardeur,
  Que ses doux charmes y font naître;
Et, pour en exprimer l'amoureuse langueur,
  Et cacher ce que je puis être
  Aux yeux qui m'imposent des lois,
  J'ai pris la forme que tu vois.

ZÉPHYRE.

  En tout vous êtes un grand maître;
  C'est ici que je le connois.
Sous des déguisements de diverse nature,
  On a vu les dieux amoureux
Chercher à soulager cette douce blessure
Que reçoivent les cœurs de vos traits pleins de feux;
 Mais en bon sens vous l'emportez sur eux;
  Et voilà la bonne figure
  Pour avoir un succès heureux
Près de l'aimable sexe où l'on porte ses vœux.
Oui, de ces formes-là l'assistance est bien forte;
 Et, sans parler ni de rang ni d'esprit,
Qui peut trouver moyen d'être fait de la sorte
  Ne soupire guère à crédit.

L'AMOUR.

  J'ai résolu, mon cher Zéphire,
  De demeurer ainsi toujours;
  Et l'on ne peut le trouver à redire
  A l'aîné de tous les Amours.
Il est temps de sortir de cette longue enfance
  Qui fatigue ma patience;
Il est temps désormais que je devienne grand.

ZÉPHYRE.

  Fort bien. Vous ne pouvez mieux faire;
  Et vous entrez dans un mystère
  Qui ne demande rien d'enfant.

L'AMOUR.

Ce changement, sans doute, irritera ma mère.

ZÉPHYRE.

Je prévois là-dessus quelque peu de colère.
  Bien que les disputes des ans
Ne doivent point régner parmi les immortelles,
Votre mère Vénus est de l'humeur des belles,
  Qui n'aiment point de grands enfants.
  Mais où je la trouve outragée,

C'est dans le procédé que l'on vous vous voit tenir ;
Et c'est l'avoir étrangement vengée,
Que d'aimer la beauté qu'elle vouloit punir !
Cette haine où ses vœux prétendent que réponde
La puissance d'un fils que redoutent les dieux...
                    L'AMOUR.
Laissons cela, Zéphyre, et me dis si tes yeux
Ne trouvent pas Psyché la plus belle du monde.
Est-il rien sur la terre, est-il rien dans les cieux
Qui puisse lui ravir le titre glorieux
            De la beauté sans seconde ?
        Mais je la vois, mon cher Zéphyre,
Qui demeure surpise à l'éclat de ces lieux.
                    ZÉPHYRE.
Vous pouvez vous montrer pour finir son martyre,
        Lui découvrir son destin glorieux,
Et vous dire, entre vous, tout ce que peuvent dire
        Les soupirs, la bouche et les yeux.
En confident discret, je sais ce qu'il faut faire
Pour ne pas interrompre un amoureux mystère.

SCÈNE II
PSYCHÉ, seule.

Où suis-je ? et, dans un lieu que je croyois barbare,
Quelle savante main a bâti ce palais,
        Que l'art, que la nature pare
        De l'assemblage le plus rare
        Que l'œil puisse admirer jamais ?
        Tout rit, tout brille, tout éclate
Dans ces jardins, dans ces appartements,
        Dont les pompeux ameublements
        N'ont rien qui n'enchante et ne flatte ;
Et, de quelque côté que tournent mes frayeurs,
Je ne vois sous mes pas que de l'or ou des fleurs.
Le ciel auroit-il fait cet amas de merveilles
        Pour la demeure d'un serpent ?
Et lorsque, par leur vue, il amuse et suspend
De mon destin jaloux les rigueurs sans pareilles,
        Veut-il montrer qu'il s'en repent ?
Non, non ; c'est de sa haine, en cruauté féconde,
        Le plus noir, le plus rude trait,
Qui, par une rigueur nouvelle et sans seconde,
        N'étale ce choix qu'elle a fait
        De ce qu'a de plus beau dans le monde,
Qu'afin que je le quitte avec plus de regret.

Que mon espoir est ridicule,
S'il croit par là soulager mes douleurs !
Tout autant de moments que ma mort se recule
Sont autant de nouveaux malheurs :
Plus elle tarde, et plus de fois je meurs.
Ne me fais plus languir, viens prendre ta victime,
Monstre qui dois me déchirer.
Veux-tu que je te cherche, et faut-il que j'anime
Tes fureurs à me dévorer ?
Si le ciel veut ma mort, si ma vie est un crime,
De ce peu qui m'en reste ose enfin t'emparer,
Je suis lasse de murmurer
Contre un châtiment légitime.
Je suis lasse de soupirer ;
Viens, que j'achève d'expirer.

SCÈNE III
L'AMOUR, PSYCHÉ, ZÉPHIRE.

L'AMOUR.

Le voilà, ce serpent, ce monstre impitoyable,
Qu'un oracle étonnant pour vous a préparé,
Et qui n'est pas, peut-être, à tel point effroyable
Que vous vous l'êtes figuré.

PSYCHÉ.

Vous, seigneur, vous seriez ce monstre dont l'oracle
A menacé mes tristes jours,
Vous qui semblez plutôt un dieu qui, par miracle,
Daigne venir lui-même à mon secours !

L'AMOUR.

Quel besoin de secours au milieu d'un empire
Où tout ce qui respire
N'attend que vos regards pour en prendre la loi,
Où vous n'avez à craindre autre monstre que moi ?

PSYCHÉ.

Qu'un monstre tel que vous inspire peu de crainte !
Et que, s'il a quelque poison,
Une âme auroit peu de raison
De hasarder la moindre plainte
Contre une favorable atteinte,
Dont tout le cœur craindroit la guérison !
A peine je vous vois, que mes frayeurs cessées
Laissent évanouir l'image du trépas,
Et que je sens couler dans mes veines glacées
Un je ne sais quel feu que je ne connois pas.
J'ai senti de l'estime et de la complaisance,

De l'amitié, de la reconnoissance;
De la compassion les chagrins innocents
    M'en ont fait sentir la puissance;
Mais je n'ai point encor senti ce que je sens.
Je ne sais ce que c'est; mais je sais qu'il me charme,
    Que je n'en conçois point d'alarme.
Plus j'ai les yeux sur vous, plus je m'en sens charmer.
Tout ce que j'ai senti n'agissoit point de même;
    Et je dirois que je vous aime,
Seigneur, si je savois ce que c'est que d'aimer.
Ne les détournez point; ces yeux qui m'empoisonnent,
Ces yeux tendres, ces yeux perçants, mais amoureux,
Qui semblent partager le trouble qu'ils me donnent.
    Hélas! plus ils sont dangereux,
  Plus je me plais à m'attacher sur eux.
Par quel ordre du ciel, que je ne puis comprendre,
    Vous dis-je plus que je ne dois,
Moi de qui la pudeur devroit moins attendre
Que vous m'expliquassiez le trouble où je vous vois?
Vous soupirez, seigneur, ainsi que je soupire;
Vos sens, comme les miens, paroissent interdits.
C'est à moi de m'en taire, à vous de me le dire;
    Et cependant c'est moi qui vous le dis.

            L'AMOUR.

Vous avez eu, Psyché, l'âme toujours si dure,
    Qu'il ne faut pas vous étonner
    Si, pour en réparer l'injure,
L'amour, en ce moment, se paye avec usure
    De ce qu'elle a dû lui donner.
Ce moment est venu qu'il faut que votre bouche
Exhale des soupirs si longtemps retenus,
Et qu'en vous arrachant à cette humeur farouche,
Un amas de transports aussi doux qu'inconnus
Aussi sensiblement tout à la fois vous touche
Qu'ils ont dû vous toucher durant tant de beaux jours
Dont cette âme insensible a profané le cours.

            PSYCHÉ.

  N'aimer point, c'est donc un grand crime?

            L'AMOUR.

  En souffrez-vous un rude châtiment?

            PSYCHÉ.

    C'est punir assez doucement.

            L'AMOUR.

  C'est lui choisir sa peine légitime,
Et se faire justice, en ce glorieux jour,

D'un manquement d'amour par un excès d'amour.
PSYCHÉ.
Que n'ai-je été plus tôt punie !
J'y mets le bonheur de ma vie.
Je devrois en rougir, ou le dire plus bas ;
Mais le supplice a trop d'appas.
Permettez que, tout haut, je le die et redie :
Je le dirois cent fois, et n'en rougirois pas.
Ce n'est point moi qui parle ; et de votre présence
D'empire surprenant, l'aimable violence,
Dès que je veux parler s'empare de ma voix.
C'est en vain qu'en secret ma pudeur s'en offense
Que le sexe et la bienséance
Osent me faire d'autres lois :
Vos yeux de ma réponse eux-mêmes font le choix,
Et ma bouche asservie à leur toute-puissance
Ne me consulte plus sur ce que je me dois.
L'AMOUR.
Croyez, belle Psyché, croyez ce qu'ils vous disent,
Ces yeux qui ne sont point jaloux ;
Qu'à l'envi les vôtres m'instruisent
De tout ce qui se passe en vous.
Croyez-en ce qui soupire,
Et qui, tant que le vôtre y voudra repartir,
Vous dira bien plus d'un soupir,
Que cent regards ne peuvent dire.
C'est le langage le plus doux ;
C'est le plus fort, c'est le plus sûr de tous.
PSYCHÉ.
L'intelligence en étoit due
A nos cœurs, pour les rendre également contents.
J'ai soupiré, vous m'avez entendue ;
Vous soupirez, je vous entends.
Mais ne me laissez plus en doute,
Seigneur, et dites-moi si par la même route,
Après moi, le Zéphyre, ici vous a rendu
Pour me dire ce que j'écoute.
Quand j'y suis arrivée, étiez-vous attendu ?
Et quand vous lui parlez, êtes vous entendu.
L'AMOUR.
J'ai dans ce doux climat un souverain empire,
Comme vous l'avez sur mon cœur ;
L'Amour m'est favorable, et c'est en sa faveur
Qu'à mes ordres Éole a soumis le Zéphyre.
C'est l'Amour qui, pour voir mes feux récompensés,

Lui-même a dicté cet oracle
Par qui vos beaux jours menacés
D'une foule d'amants se sont débarrassés,
Et qui m'a délivré de l'éternel obstacle
De tant de soupirs empressés
Qui ne méritoient pas de vous être adressés.
Ne me demandez point qu'elle est cette province,
Ni le nom de son prince :
Vous le saurez quand il en sera temps.
Je veux vous acquérir, mais c'est par mes services.
Par des soins assidus et par des vœux constants,
Par les amoureux sacrifices
De tout ce que je suis,
De tout ce que je puis,
Sans que l'éclat du rang pour moi vous sollicite,
Sans que de mon pouvoir je me fasse un mérite ;
Et, bien que souverain dans cet heureux séjour,
Je ne vous veux, Psyché, devoir qu'à mon amour.
Venez en admirer avec moi les merveilles ;
Princesse, et préparer vos yeux et vos oreilles
A ce qu'il a d'enchantements ;
Vous y verrez des bois et des prairies
Contester sur leurs agréments
Avec l'or et les pierreries ;
Vous n'entendrez que des concerts charmants ;
De cent beautés vous y serez servie,
Qui vous adoreront sans vous porter envie,
Et brigueront à tous moments,
D'une âme soumise et ravie,
L'honneur de vos commandements.

PSYCHÉ.

Mes volontés suivent les vôtres ;
Je n'en saurois plus avoir d'autres :
Mais votre oracle enfin vient de me séparer
De deux sœurs et du roi mon père,
Que mon trépas imaginaire
Réduit tous trois à me pleurer.
Pour dissiper l'erreur dont leur âme accablée
De mortels déplaisirs se voit pour moi comblée,
Souffrez que mes sœurs soient témoins
Et de ma gloire et de vos soins.
Prêtez-leur, comme à moi, les ailes du Zéphyre,
Qui leur puissent de votre empire,
Ainsi qu'à moi, faciliter l'accès ;

Faites-leur voir en quel lieu je respire;
Faites-leur de ma perte admirer le succès.
L'AMOUR.
Vous ne me donnez pas, Psyché, toute votre âme;
Ce tendre souvenir d'un père et de deux sœurs
  Me vole une part des douceurs
  Que je veux toutes pour ma flamme.
N'ayez d'yeux que pour moi, qui n'en ai que pour vous,
Ne songer qu'à m'aimer, ne songer qu'à me plaire :
Et, quand de tels soucis osent vous en distraire...
PSYCHÉ.
Des tendresse du sang peut-on être jaloux ?
L'AMOUR.
Je le suis, ma Psyché, de toute la nature.
Les rayons du soleil vous baisent trop souvent;
Vos cheveux souffrent trop les caresses du vent;
  Dès qu'il les flatte, j'en murmure :
  L'air même que vous respirez
Avec trop de plaisir passe par votre bouche;
  Votre habit de trop près vous touche;
  Et, sitôt que vous soupirez,
  Je ne sais quoi qui m'effarouche
Craint, parmi vos soupirs, des soupirs égarés.
Mais vous voulez vos sœurs ; allez, partez, Zéphyre;
  Psyché le veut, je ne l'en puis dédire.
Zéphyre s'envole.

SCÈNE VI
L'AMOUR, PSYCHÉ.
L'AMOUR.
Quand vous leur ferez voir ce bienheureux séjour,
  De ces trésors faites-leur cent largesses,
  Prodiguez-leur caresses sur caresses;
Et du sang, s'il se peut, épuisez les tendresses,
  Pour vous rendre toute à l'amour.
Je n'y mêlerai point d'importune présence;
Mais ne leur faites pas de si longs entretiens :
Vous ne sauriez pour eux avoir de complaisance,
  Que vous ne derobiez aux miens.
PSYCHÉ.
  Votre amour me fait une grâce
  Dont je n'abuserai jamais.
L'AMOUR.
Allons voir cependant ces jardins, ce palais,
Où vous ne verrez rien que votre éclat n'efface.
Et vous, petits Amours, et vous, jeunes Zéphyrs,
Qui pour armes n'avez que de tendres soupirs,

Montrez tous à l'envie ce qu'à voir ma princesse
Vous avez senti d'allégresse.

ATCE QUAQTRIÈME

Le théâtre devient un autre palais magnifique, coupé dans le fond par un vestibule au travers duquel on voit un jardin superbe et charmant, décoré de plusieurs vases d'orangers et d'arbres chargés de toutes sortes de fruits.

SCÈNE I
AGLAURE, CIDIPPE.

AGLAURE.

Je n'en puis plus, ma sœur; j'ai vu trop de mervielles.
L'avenir aura peine à les bien concevoir;
Le soleil, qui voit tout et qui nous fait tout voir,
　　N'en a vu jamais de pareilles.
　　Elles me chagrinent l'esprit;
Et ce brillant palais, ce pompeux équipage,
　　Font un odieux étalage
Qui m'accable de honte autant que de dépit.
　　Que la fortune indignement nous traite,
　　　Et que sa largesse indiscrète
Prodigue aveuglément, épuise, unit d'efforts,
　　　Pour faire de tant de trésors
　　　Le partage d'une cadette!

CIDIPPE.

　　J'entre dans tous vos sentiments;
J'ai les mêmes chagrins : et, dans ces lieux charmants.
　　Tout ce qui vous déplaît me blesse;
Tout ce que vous prenez pour un mortel affront
　　Comme vous m'accable, et me laisse
L'amertume dans l'âme et la rougeur au front.

AGLAURE.

　　Non, ma sœur, il n'est point de reines
Qui, dans leur propre État, parlent en souveraines
　　Comme Psyché parle en ces lieux.
On l'y voit obéie avec exactitude :
Et de ses volontés une amoureuse étude
　　Les cherche jusque dans ses yeux.
　　Mille beautés s'empressent autour d'elle,
　　　Et semblent dire à nos regards jaloux :
Que le que soient nos attraits, elle est encore plus belle,
Et nous, qui la servons, le sommes plus que vous.
　　　Elle prononce, on exécute;

Aucun ne s'en défend, aucun ne s'en rebute.
Flore, qui s'attache à ses pas,
Répand à pleines mains, autour de sa personne,
Ce qu'elle a de plus doux appas ;
Zéphyre vole aux ordres qu'elle donne,
Et son amante et lui, s'en laissant trop charmer,
Quittent, pour la servir, les soins de s'entr'aimer.

CIDIPPE.

Elle a des dieux à son service,
Elle aura bientôt des autels ;
Et nous ne commandons qu'à de chétifs mortels
De qui l'audace et le caprice,
Contre nous, à toute heure, en secret révoltés,
Opposent à nos volontés
Ou le murmure ou l'artifice.

AGLAURE.

C'étoit peu que, dans notre cour,
Tant de cœurs, à l'envi, nous l'eussent préférée ;
Ce n'était pas assez que, de nuit et de jour,
D'une foule d'amants elle y fût adorée.
Quand nous nous consolions de la voir au tombeau
Par l'ordre imprévu d'un oracle,
Elle a voulu de son destin nouveau
Faire en notre présence éclater le miracle,
Et choisir nos yeux pour témoins
De ce qu'au fond du cœur nous souhaitions le moins.

CIDIPPE.

Ce qui le plus me désespère,
C'est cet amant parfait et si digne de plaire
Qui se captive sous ses lois.
Quand nous pourrions choisir entre tous les monarques,
En est-il un, de tant de rois,
Qui porte de si nobles marques ?
Se voir du bien par delà ses souhaits
N'est souvent qu'un bonheur qui fait des misérables ;
Il n'est ni train pompeux ni superbes palais
Qui n'ouvrent quelque porte à des maux incurables :
Mais avoir un amant d'un mérite achevé
Et s'en voir chèrement aimée,
C'est un bonheur si haut, si relevé,
Que sa grandeur ne peut être exprimée.

AGLAURE.

N'en parlons plus, ma sœur, nous en mourrions d'ennui.
Songeons plutôt à la vengeance,
Et trouvons le moyen de rompre entre elle et lui

Cette adorable intelligence.
La voici. J'ai des coups tout prêts à lui porter,
Qu'elle aura peine d'éviter.

SCÈNE II
PSYCHÉ, AGLAURE, CIDIPPE.

PSYCHÉ.
Je viens vous dire adieu; mon amant vous renvoie,
Et ne sauroit plus endurer
Que vous lui retranchiez un moment de la joie
Qu'il prend de se voir seul à me considérer.
Dans un simple regard, dans la moindre parole,
Son amour trouve des douceurs
Qu'en faveur du sang je lui vole,
Quand je les partage à des sœurs.

AGLAURE.
La jalousie est assez fine;
Et ces délicats sentiments
Méritent bien qu'on s'imagine
Que celui qui pour vous a ces empressements
Passe le commun des amants.
Je vous en parle ainsi, faute de le connoître.
Vous ignorez son nom, et ceux dont il tient l'être;
Nos esprits en sont alarmés.
Je le tiens un grand prince, et d'un pouvoir suprême,
Bien au delà du diadème ;
Ses trésors, sous vos pas confusément semés,
Ont de quoi faire honte à l'abondance même ;
Vous l'aimez autant qu'il vous aime;
Il vous charme, et vous le charmez.
Votre félicité, ma sœur, seroit extrême,
Si vous saviez qui vous aimez.

PSYCHÉ.
Qne m'importe? j'en suis aimée ¹.
Plus il me voit, plus je lui plais.
Il n'est point de plaisirs dont l'âme soit charmée
Qui ne préviennent mes souhaits;
Et je vois mal de quoi la vôtre est alarmée,
Quand tout me sert dans ce palais.

AGLAURE.
Qu'importe qu'ici tout vous serve,
Si toujours cet amant vous cache ce qu'il est?
Nous ne nous alarmons que pour votre intérêt.
En vain tout vous y rit, en vain tout vous y plait,
Le véritable amour ne fait point de réserve;
Et qui s'obstine à se cacher

Sent quelque chose en soi qu'on lui peut reprocher.
　　　　Si cet amant devient volage
(Car souvent, en amour, le change est assez doux;
　　　　Et j'ose le dire entre nous,
Pour grand que soit l'éclat dont brille ce visage,
Il en peut être ailleurs d'aussi belles que vous);
Si, dis-je, un autre objet sous d'autres lois l'engage;
　　　　Si, dans l'état où je vous voi,
　　　　Seule en ses mains, et sans défense,
　　　　Il va jusqu'à la violence,
　　　　Sur qui vous vengera le roi,
Ou de ce changement, ou de cette insolence?

PSYCHÉ.

Ma sœur, vous me faites trembler.
Juste ciel, pourrois-je être assez infortunée...

CIDIPPE.

Que sait-on si déjà les nœuds de l'hyménée...

PSYCHÉ.

N'achevez pas; ce seroit m'accabler.

AGLAURE.

　　　　Je n'ai plus qu'un mot à vous dire:
Ce prince qui vous aime et qui commande aux vents,
Qui nous donne pour char les ailes du Zéphyre,
Et de nouveaux plaisirs vous comble à tous moments,
Quand il rompt à vos yeux l'ordre de la nature;
Peut-être à tant d'amour mêle un peu d'imposture;
Peut-être ce palais n'est qu'un enchantement;
Et ces lambris dorés, ces amas de richesses,
　　　　Dont il achète vos tendresses,
Dès qu'il sera lassé de souffrir vos caresses,
　　　　Disparoîtront en un moment.
Vous savez, comme nous, ce que peuvent les charmes.

PSYCHÉ.

Que je sens à mon tour de cruelles alarmes!

AGLAURE.

Notre amitié ne veut que votre bien.

PSYCHÉ.

Adieu mes sœurs; finissons l'entretien.
J'aime, et je crains qu'on ne s'impatiente
　　　　Partez; et demain, si je puis,
　　　　Vous me verrez ou plus contente,
Ou dans l'accablement des plus mortels ennuis.

AGLAURE.

Nous allons dire au roi quelle nouvelle gloire,
Quel excès de bonheur le ciel répand sur vous.

CIDIPPE.
Nous allons lui conter d'un changement si doux
La surprenante et merveilleuse histoire.
PSYCHÉ.
Ne l'inquiétez point, ma sœur, de vos soupçons ;
Et quand vous lui peindrez un si charmant empire...
AGLAURE.
Nous savons toutes deux ce qu'il faut taire ou dire,
Et n'avons pas besoin, sur ce point, de leçons.

Zéphyre enlève les deux sœurs de Psyché dans un nuage qui descend jusqu'à terre, et dans lequel il les emporte avec rapidité.

SCÈNE III
L'AMOUR, PSYCHÉ.
L'AMOUR.
Enfin vous êtes seule, et je puis vous redire.
Sans avoir pour témoin vos importunes sœurs,
Ce que des yeux si beaux ont pris sur moi d'empire,
　　Et quels excès ont les douceurs
　　Qu'une sincère ardeur inspire
　　Sitôt qu'elle assemble deux cœurs.
Je puis vous expliquer de mon âme ravie
　　Les amoureux empressements,
　Et vous jurer qu'à vous seule asservie
Elle n'a pour objet de ses ravissements
Que de voir cette ardeur, de même ardeur suivie,
　　Ne concevoir plus d'autre envie
　Que de régler mes vœux sur vos désirs.
Et de ce qui vous plait faire tous mes plaisirs.
　　　Mais d'où vient qu'un triste nuage
　Semble offusquer l'éclat de ces beaux yeux ?
　　Vous manque-t-il quelque chose en ces lieux ?
Des vœux qu'on vous y rend dédaignez-vous l'hommage
PSYCHÉ.
Non, seigneur.
L'AMOUR.
　　　Qu'est-ce donc ? et d'où vient mon malheur ?
J'entends moins de soupirs d'amour que de douleur ;
　　Je vois de votre teint les roses amorties
　　　Marquer un déplaisir secret ;
　　　Vos sœurs à peine sont parties,
　　　Que vous soupirez de regret.
Ah ! Psyché, de deux cœurs quand l'ardeur est la même,
　　　Ont-ils des soupirs différents ?
Et, quand on aime bien et qu'on voit ce qu'on aime,
　　　Peut-on songer à des parents ?

PSYCHÉ.
Ce n'est point là ce qui m'afflige.
L'AMOUR.
Est-ce l'absence d'un rival,
Et d'un rival aimé, qui fait qu'on me néglige?
PSYCHÉ.
Dans un cœur tout à vous que vous pénétrez mal!
Je vous aime, seigneur, et mon amour s'irrite
De l'indigne soupçon que vous avez formé.
Vous ne connoissez pas quel est votre mérite,
Si vous craignez de n'être pas aimé.
Je vous aime ; et, depuis que j'ai vu la lumière,
Je me suis montrée assez fière
Pour dédaigner les vœux de plus d'un roi;
Et, s'il vous faut ouvrir mon âme tout entière,
Je n'ai trouvé que vous qui fût digne de moi.
Cependant j'ai quelque tristesse
Qu'en vain je voudrois vous cacher;
Un noir chagrin se mêle à toute ma tendresse,
Dont je ne la puis détacher.
Ne m'en demandez point la cause ;
Peut-être, la sachant, voudrez-vous m'en punir;
Et si j'ose aspirer encore à quelque chose,
Je suis sûre du moins de ne point l'obtenir.
L'AMOUR.
Eh ! ne craignez-vous point qu'à mon tour je m'irrite
Que vous connoissiez mal quel est votre mérite,
Ou feigniez de ne pas savoir
Quel est sur moi votre absolu pouvoir ?
Ah ! si vous en doutez, soyez désabusée.
Parlez.
PSYCHÉ.
J'aurai l'affront de me voir refusée.
L'AMOUR.
Prenez en ma faveur de meilleurs sentiments;
L'expérience en est aisée.
Parlez, tout se tient prêt à vos commandements.
Si, pour m'en croire, il vous faut des serments,
J'en jure vos beaux yeux, ces maîtres de mon âme,
Ces divins auteurs de ma flamme;
Et, si ce n'est assez d'en jurer vos beaux yeux.
J'en jure par le Styx, comme jurent les dieux.
PSYCHÉ.
J'ose craindre un peu moins, après cette assurance.
Seigneur, je vois ici la pompe et l'abondance;

Je vous adore, et vous m'aimez;
Mon cœur en est ravi, mes sens en sont charmés
Mais, parmi ce bonheur suprême,
J'ai le malheur de ne savoir qui j'aime :
Dissipez cet aveuglement,
Et faites-moi connoître un si parfait amant.

L'AMOUR.

Psyché, que venez-vous de dire?

PSYCHÉ.

Que c'est le bonheur où j'aspire ;
Et si vous ne me l'accordez...

L'AMOUR.

Je l'ai juré, je n'en suis plus le maître :
Mais vous ne savez pas ce que vous demandez.
Laissez-moi mon secret. Si je me fais connoître,
Je vous perds, et vous me perdez.
Le seul remède est de vous en dédire.

PSYCHÉ.

C'est là sur vous mon souverain empire?

L'AMOUR.

Vous pouvez tout, et je suis tout à vous.
Mais, si nos feux vous semblent doux,
Ne mettez point d'obstacle à leur charmante suite ;
Ne me forcez point à la fuite ;
C'est le moindre malheur qui nous puisse arriver
D'un souhait qui vous a séduite.

PSYCHÉ.

Seigneur, vous voulez m'éprouver ;
Mais je sais ce que j'en dois croire.
De grâce, apprenez-moi tout l'excès de ma gloire,
Et ne me cachez plus pour quel illustre choix
J'ai rejeté les vœux de tant de rois.

L'AMOUR.

Le voulez-vous?

PSYCHÉ.

Souffrez que je vous en conjure.

L'AMOUR.

Si vous saviez, Psyché, la cruelle aventure
Que par là vous vous attirez...

PSYCHÉ.

Seigneur, vous me déséspérez.

L'AMOUR.

Pensez-y bien; je puis encore me taire.

PSYCHÉ.

Faites-vous des serments pour n'y point satisfaire?

L'AMOUR.

Eh bien, je suis le dieu le plus puissant des dieux,
Absolu sur la terre, absolu dans les cieux ;
Dans les eaux, dans les airs, mon pouvoir est suprême :
　　En un mot, je suis l'Amour même,
Qui de mes propres traits m'étois blessé pour vous ;
Et, sans la violence, hélas ! que vous me faites,
Et qui vient de changer mon amour en courroux,
　　Vous m'alliez avoir pour époux.
　　Vos volontés sont satisfaites ;
　　Vous avez su qui vous aimiez ;
　Vous connoissez l'amant que vous charmiez ;
　　Psyché, voyez où vous en êtes.
　Vous me forcez vous-même à vous quitter ;
　Vous me forcez vous-même à vous ôter
　　Tout l'effet de votre victoire.
Peut-être vos beaux yeux ne me reverront plus.
Ce palais, ces jardins, avec moi disparus,
Vont faire évanouir votre naissante gloire.
　　Vous n'avez pas voulu m'en croire ;
　Et, pour tout fruit de ce doute éclairci,
　　Le Destin, sous qui le ciel tremble,
Plus fort que mon amour, que tous les dieux ensemble,
Vous va montrer sa haine, et me chasser d'ici.

L'amour disparoît ; et, dans l'instant qu'il s'envole, le superbe jardin s'évanouit ; Psyché demeure seule au milieu d'une vaste campagne et sur le bord sauvage d'un grand fleuve où elle veut se précipiter. Le dieu du fleuve paroît assis sur un amas de joncs et de roseaux, et appuyé sur une grande urne d'où sort une grosse source d'eau.

SCÈNE IV
PSYCHÉ, LE DIEU DU FLEUVE.

PSYCHÉ.

　Cruel destin, funeste inquiétude !
　　Fatale curiosité !
　Qu'avez-vous fait, affreuse solitude,
　　De toute ma félicité ?
　J'aimois un dieu, j'en étois adorée.
Mon bonheur redoubloit de moment en moment ;
　　Et je me vois seule, éplorée,
Au milieu d'un désert, où, pour accablement,
　　Et confuse et désespérée,
Je sens croître l'amour quand j'ai perdu l'amant.
　　Le souvenir m'en charme et m'empoisonne,
Sa douceur tyrannise un cœur infortuné
Qu'aux plus cuisants chagrins ma flamme a condamné.

O ciel ! quand l'Amour m'abandonne,
Pourquoi me laisse-t-il l'amour qu'il m'a donné ?
Source de tous les biens, inépuisable et pure,
  Maître des hommes et des dieux,
  Cher auteur des maux que j'endure,
Etes-vous pour jamais disparu de mes yeux ?
  Je vous en ai banni moi-même :
Dans un excès d'amour, dans un bonheur extrême,
D'un indigne soupçon mon cœur s'est alarmé ;
Cœur ingrat ! tu n'avois qu'un feu mal allumé ;
Et l'on ne peut vouloir, du moment que l'on aime,
  Que ce que veut l'objet aimé.
Mourons, c'est le parti qui seul me reste à suivre
  Après la perte que je fais.
  Pour qui, grands dieux ! voudrois-je vivre ?
  Et pour qui former des souhaits ?
Fleuve, de qui les eaux baignent ces tristes sables,
  Ensevelis mon crime dans les flots ;
  Et, pour finir des maux si déplorables,
Laisse-moi dans ton lit assurer mon repos.

  LE DIEU DU FLEUVE.
  Ton trépas souilleroit mes ondes,
  Psyché ; le ciel te le défend ;
Et peut-être qu'après des douceurs si profondes
  Un autre sort t'attend.
Fuis plutôt de Vénus l'implacable colère :
Je la vois qui te cherche et qui te veut punir :
L'amour du fils a fait la haine de la mère.
  Fuis, je saurai la retenir.

  PSYCHÉ.
  J'attends ses fureurs vengeresses ;
Qu'auront-elles pour moi qui ne me soit trop doux ?
Qui cherche le trépas ne craint dieux ni déesses,
  Et peut braver tout leur courroux.

SCÈNE V
VÉNUS, PSYCHÉ, LE DIEU DU FLEUVE.
  VÉNUS.
Orgueilleuse Psyché, vous m'osez donc attendre,
Après m'avoir sur terre enlevé mes honneurs ;
  Après que vos traits suborneurs
Ont reçu les encens qu'aux miens seuls on doit rendre ?
J'ai vu mes temples désertés ;
J'ai vu tous les mortels, séduits par vos beautés,
Idolâtrer en vous la beauté souveraine,

Vous offrir des respects jusqu'alors inconnus,
    Et ne se mettre pas en peine
    S'il étoit une autre Vénus ;
    Et je vous vois encor l'audace
De n'en pas redouter les justes châtiments,
    Et de me regarder en face,
Comme si c'étoit peu que mes ressentiments !
                    PSYCHÉ.
Si de quelques mortels on m'a vue adorée,
Est-ce un crime pour moi d'avoir eu des appas,
    Dont leur âme inconsidérée
Laissoit charmer des yeux qui ne vous voyoient pas ?
    Je suis ce que le ciel m'a faite ;
Je n'ai que les beautés qu'il m'a voulu prêter.
Si les vœux qu'on m'offroit vous ont mal satisfaite,
    Pour forcer tous les cœurs à vous les reporter,
        Vous n'aviez qu'à vous présenter,
    Qu'à ne leur cacher plus cette beauté parfaite
        Qui, pour les rendre à leur devoir,
Pour se faire adorer n'a qu'à se faire voir.
                    VÉNUS.
        Il falloit vous en mieux défendre.
Ces respects, ces encens, se doivent refuser ;
        Et, pour les mieux désabuser,
Il falloit, à leurs yeux, vous-même me les rendre.
        Vous avez aimé cette erreur,
Pour qui vous ne deviez avoir que de l'horeur.
Vous avez bien fait plus : votre humeur arrogante,
        Sur le mépris de mille rois,
    Jusques aux cieux a porté de son choix
        L'ambition extravagante.
                    PSYCHÉ.
J'aurois porté mon choix, déesse, jusqu'aux cieux ?
                    VÉNUS.
    Votre insolence est sans seconde.
    Dédaigner tous les rois du monde,
    N'est-ce pas aspirer aux dieux ?
                    PSYCHÉ.
Si l'Amour pour eux tous m'avoit endurci l'âme,
        Et me réservoit tout à lui,
En puis-je être coupable ! et faut-il qu'aujourd'hui,
        Pour prix d'une si belle flamme,
Vous vouliez m'accabler d'un éternel ennui ?
                    VÉNUS.
    Psyché, vous deviez mieux connoître

Qui vous étiez, et quel étoit ce dieu.
PSYCHÉ.
Eh! m'en a-t-il donné ni le temps ni le lieu,
Lui qui de tout mon cœur d'abord s'est rendu maître?
VÉNUS.
Tout votre cœur s'en est laissé charmer,
Et vous l'avez aimé dès qu'il vous a dit : J'aime.
PSYCHÉ.
Pouvois-je n'aimer pas le dieu qui fait aimer,
Et qui me parloit pour lui-même ?
C'est votre fils : vous savez son pouvoir ;
Vous en connoissez le mérite.
VÉNUS.
Oui, c'est mon fils, mais un fils qui m'irrite,
Un fils qui me rend mal ce qu'il sait me devoir,
Un fils qui fait qu'on m'abandonne,
Et qui, pour mieux flatter ses indignes amours,
Depuis que vous l'aimez ne blesse plus personne
Qui vienne à mes autels implorer mon secours.
Vous m'en avez fait un rebelle :
On m'en verra vengée, et hautement, sur vous ;
Et je vous apprendrai s'il faut qu'une mortelle
Souffre qu'un dieu soupire à ses genoux.
Suivez-moi, vous verrez, par votre expérience,
A quelle folle confiance
Vous portoit cette ambition.
Venez, et préparez autant de patience
Qu'on vous voit de présomption.

ACTE CINQUIÈME

SCÈNE I
PSYCHÉ, seule.

Effroyables replis des ondes infernales,
Noirs palais où Mégère et ses sœurs font leur cour,
Éternels ennemis du jour,
Parmi vos Ixions et parmi vos Tantales,
Parmi tant de tourments qui n'ont point d'intervalles,
Est-il, dans votre affreux séjour,
Quelques peines qui soient égales
Aux travaux où Vénus condamne mon amour?
Elle n'en peut être assouvie ;
Et, depuis qu'à ses lois je me trouve asservie,
Depuis qu'elle me livre à ses ressentiments,
Il m'a fallu, dans ces cruels moments,

Plus d'une âme et plus d'une vie
Pour remplir ses commandements.
Je souffrirois tout avec joie,
Si, parmi les rigueurs que sa haine déploie,
Mes yeux pouvoient revoir, ne fût-ce qu'un moment,
Ce cher, cet adorable amant.
Je n'ose le nommer : ma bouche, criminelle
D'avoir trop exigé de lui,
S'en est rendue indigne ; et, dans ce dur ennui,
La souffrance la plus mortelle
Dont m'accable à toute heure un renaissant trépas,
Est celle de ne le voir pas.
Si son courroux duroit encore,
Jamais aucun malheur n'approcheroit du mien ;
Mais, s'il avoit pitié d'une âme qui l'adore,
Quoi qu'il fallût souffrir, je ne souffrirois rien.
Oui, destins, s'il calmoit cette juste colère,
Tous mes malheurs seroient finis :
Pour me rendre insensible aux fureurs de la mère,
Il ne faut qu'un regard du fils.
Je n'en veux plus douter, il partage ma peine,
Il voit ce que je souffre, et souffre comme moi.
Tout ce que j'endure le gêne ;
Lui-même il s'en impose une amoureuse loi.
En dépit de Vénus, en dépit de mon crime,
C'est lui qui me soutient, c'est lui qui me ranime
Au milieu des périls où l'on me fait courir ;
Il garde la tendresse où son feu le convie,
Et prend soin de me rendre une nouvelle vie
Chaque fois qu'il me faut mourir.
Mais que me veulent ces deux ombres
Qu'à travers le faux jour de ces demeures sombres
J'entrevois s'avancer vers moi ?

SCÈNE II

PSYCHÉ, CLÉOMÈNE, AGÉNOR.

PSYCHÉ.

Cléomène, Agénor, est-ce vous que je vois ?
Qui vous a ravi la lumière ?

CLÉOMÈNE.

La plus juste douleur qui d'un beau désespoir
Nous eût pu fournir la matière :
Cette pompe funèbre, où du sort le plus noir
Vous attendiez la rigueur la plus fière,
L'injustice la plus entière.

AGÉNOR.
Sur ce même rocher où le ciel en courroux
Vous promettoit, au lieu d'époux,
Un serpent dont soudain vous seriez dévorée,
Nous tenions la main préparée
A repousser sa rage ou mourir avec vous.
Vous le savez, princesse; et, lorsqu'à notre vue
Par le milieu des airs vous êtes disparue,
Du haut de ce rocher, pour suivre vos beautés,
Ou plutôt pour goûter cette amoureuse joie
D'offrir pour vous au monstre une première proie,
D'amour et de douleur l'un et l'autre emportés,
Nous nous sommes précipités.

CLÉOMÈNE.
Heureusement déçus au sens de votre oracle,
Nous en avons ici reconnu le miracle,
Et su que le serpent prêt à vous dévorer
Étoit le dieu qui fait qu'on aime,
Et qui, tout dieu qu'il est, vous adorant lui-même,
Ne pouvoit endurer
Qu'un mortel comme nous osât vous adorer.

AGÉNOR.
Pour prix de vous avoir suivie,
Nous jouissons ici d'un trépas assez doux.
Qu'avions-nous affaire de vie,
Si nous ne pouvions être à vous?
Nous revoyons ici vos charmes,
Qu'aucun des deux là-haut n'auroit revus jamais.
Heureux si nous voyons la moindre de vos larmes
Honorer des malheurs que vous nous avez faits!

PSYCHÉ.
Puis-je avoir des larmes de reste,
Après qu'on a porté les miens au dernier point?
Unissons nos soupirs dans un sort si funeste;
Les soupirs ne s'épuisent point:
Mais vous soupireriez, princes, pour une ingrate.
Vous n'avez point voulu survivre à mes malheurs,
Et, quelque douleur qui m'abatte,
Ce n'est point pour vous que je meurs.

CLÉOMÈNE.
L'avons-nous mérité, nous dont toute la flamme
N'a fait que vous lasser du récit de nos maux?

PSYCHÉ.
Vous pouviez mériter, princes, toute mon âme,

Si vous n'eussiez été rivaux.
Ces qualités incomparables,
Qui de l'un et de l'autre accompagnoient les vœux,
Vous rendoient tous deux trop aimables
Pour mépriser aucun des deux.

AGÉNOR.

Vous avez pu, sans être injuste ni cruelle,
Nous refuser un cœur réservé pour un dieu.
Mais revoyez Vénus. Le destin nous rappelle,
Et nous force à vous dire adieu.

PSYCHÉ.

Ne vous donne-t-il point le loisir de me dire
Quel est ici votre séjour?

CLÉOMÈNE.

Dans des bois toujours verts, où d'amour on respire
Aussitôt qu'on est mort d'amour.
D'amour on y revit, d'amour on y soupire,
Sous les plus douces lois de son heureux empire;
Et l'éternelle nuit n'ose en chasser le jour
Que lui-même il attire
Sur nos fantômes qu'il inspire,
Et dont aux enfers même il se fait une cour.

AGÉNOR.

Vos envieuses sœurs, après nous descendues,
Pour vous perdre se sont perdues;
Et l'une et l'autre tour à tour,
Pour le prix d'un conseil qui leur coûte la vie,
A côté d'Ixion, à côté de Tytie,
Souffrent tantôt la roue, et tantôt le vautour.
L'Amour, par les Zéphyrs, s'est fait prompte justice
De leur envenimée et jalouse malice;
Ces ministres ailés de son juste courroux,
Sous couleur de les rendre encore auprès de vous,
Ont plongé l'une et l'autre au fond d'un précipice,
Où le spectacle affreux de leurs corps déchirés
N'étale que le moindre et le premier supplice
De ces conseils dont l'artifice
Fait les maux dont vous soupirez.

PSYCHÉ.

Que je les plains!

CLÉOMÈNE

Vous êtes seule à plaindre.
Mais nous demeurons trop à vous entretenir;
Adieu. Puissions-nous vivre en votre souvenir!
Puissiez-vous, et bientôt, n'avoir plus rien à craindre!

Puisse, et bientôt, l'Amour vous enlever aux cieux,
Vous y mettre à côté des dieux,
Et, rallumant un feu qui ne se puisse éteindre,
Affranchir à jamais l'éclat de vos beaux yeux
D'augmenter le jour en ces lieux!

SCÈNE III
PSYCHÉ, seule.

Pauvres amants! Leur amour dure encore!
Tout morts qu'ils sont, l'un et l'autre m'adore,
Moi, dont la dureté reçut si mal leur vœux!
Tu n'en fais pas ainsi, toi qui seul m'as ravie,
Amant que j'aime encore cent fois plus que ma
Et qui brise de si beaux nœuds!
Ne me fuis plus, et souffre que j'espère
Que tu pourras un jour rabaisser l'œil sur moi,
Qu'à force de souffrir j'aurai de quoi te plaire,
De quoi me rengager ta foi.
Mais ce que j'ai souffert m'a trop défigurée
Pour rappeler un tel espoir.
L'œil abattu, triste, désespérée,
Languissante et décolorée,
De quoi puis-je me prévaloir,
Si, par quelque miracle impossible à prévoir,
Ma beauté, qui t'a plu, ne se voit réparée?
Je porte ici de quoi la réparer:
Ce trésor de beauté divine,
Qu'en mes mains pour Vénus a remis Proserpine,
Enferme des appas dont je puis m'emparer;
Et l'éclat en doit être extrême,
Puisque Vénus, la beauté même,
Les demande pour se parer.
En dérober un peu, seroit-ce un si grand crime?
Pour plaire aux yeux d'un dieu qui s'est fait mon amant,
Pour regagner son cœur et finir mon tourment,
Tout n'est-il pas trop légitime?
Ouvrons. Quelles vapeurs m'offusquent le cerveau?
Et que vois-je sortir de cette boîte ouverte?
Amour, si ta pitié ne s'oppose à ma perte,
Pour ne revivre plus je descends au tombeau.
Elle s'évanouit, et l'Amour descend auprès d'elle en volant

SCÈNE IV
L'AMOUR; PSYCHÉ, évanouie.
L'AMOUR.

Votre péril, Psyché, dissipe ma colère.

Ou plutôt de mes feux l'ardeur n'a point cessé;
Et, bien qu'au dernier point vous m'ayez su déplaire,
   Je ne me suis intéressé
   Que contre celle de ma mère :
J'ai vu tous vos travaux, j'ai suivi vos malheurs;
Mes soupirs ont partout accompagné vos pleurs.
Tournez les yeux vers moi; je suis encor le même.
Quoi ! je dis et redis tout haut que je vous aime,
Et vous ne dites point, Psyché, que vous m'aimez.
Est-ce que pour jamais vos beaux yeux sont fermés,
Qu'à jamais la clarté leur vient d'être ravie ?
O Mort ! devois-tu prendre un dard si criminel,
Et, sans aucun respect pour mon être éternel,
   Attenter à ma propre vie!
  Combien de fois, ingrate déité,
   Ai-je grossi ton noir empire
  Par les mépris et par la cruauté
  D'une orgueilleuse ou farouche beauté!
   Combien même, s'il le faut dire,
  T'ai-je immolé de fidèles amants,
   A force de ravissements!
   Va, je ne blesserai plus d'âmes.
   Je ne percerai plus de cœurs
Qu'avec des dards trempés aux divines liqueurs
Qui nourrissent du ciel les immortelles flammes,
Et n'en lancerai plus que pour faire à tes yeux
   Autant d'amants, autant de dieux.
   Et vous, impitoyable mère,
   Qui la forcez à m'arracher
   Tout ce que j'avois de plus cher,
Craignez, à votre tour, l'effet de ma colère.
   Vous me voulez faire la loi,
Vous qu'on voit si souvent la recevoir de moi;
Vous, qui portez un cœur sensible comme un autre,
Vous enviez au mien les délices du vôtre !
Mais dans ce même cœur j'enfoncerai des coups
Qui ne seront suivis que de chagrins jaloux;
Je vous accablerai de honteuses surprises.
Et choisirai partout, à vos vœux les plus doux,
   Des Adonis et des Anchises
   Qui n'auront que haine pour vous.

SCÈNE V
VÉNUS, L'AMOUR; PSYCHÉ, évanouie.

VÉNUS.
La menace est respectueuse;

Et d'un enfant, qui fait le révolté
La colère présomptueuse...
L'AMOUR.
Je ne suis plus enfant, et je l'ai trop été·
Et ma colère est juste autant qu'impétueuse.
VÉNUS.
L'impétuosité s'en devroit retenir;
Et vous pourriez vous souvenir
Que vous me devez la naissance.
L'AMOUR.
Et vous pourriez n'oublier pas
Que vous avez un cœur et des appas
Qui relèvent de ma puissance;
Que mon arc de la vôtre est l'unique soutien ;
Que sans mes traits elle n'est rien ;
Et que si les cœurs les plus braves
En triomphe par vous se sont laissé traîner,
Vous n'avez jamais fait d'esclaves
Que ceux qu'il m'a plu d'enchaîner.
Ne me vantez donc plus ces droits de la naissance
Qui tyrannisent mes désirs ;
Et, si vous ne voulez perdre mille soupirs,
Songez, en me voyant, à la reconnoissance,
Vous qui tenez de ma puissance
Et votre gloire et vos plaisirs.
VÉNUS.
Comment l'avez-vous défendue.
Cette gloire dont vous parlez ?
Comment me l'avez-vous rendue?
Et, quand vous avez vu mes autels désolés,
Mes temples violés.
Mes honneurs ravalés,
Si vous avez pris part à tant d'ignominie,
Comment en a-t-on vu punie
Psyché, qui me les a volés ?
Je vous ai commandé de la rendre charmée
Du plus vil de tous les mortels,
Qui ne daignât répondre à son âme enflammée
Que par des rebuts éternels,
Par les mépris les plus cruels ;
Et vous-même l'avez aimée !
Vous avez contre moi séduit des immortels ;
C'est pour vous qu'à mes yeux les Zéphyr l'ont cachée;
Qu'Apollon même, suborné,
Par un oracle adroitement tourné,

Me l'avoit si bien arrachée,
Que si sa curiosité,
Par une aveugle défiance,
Ne l'eût rendue à ma vengeance,
Elle échappoit à mon cœur irrité.
Voyez l'état où votre amour l'a mise,
Votre Psyché : son âme va partir ;
Voyez ; et, si la vôtre en est encore éprise,
Recevez son dernier soupir.
Menacez ; bravez-moi, cependant qu'elle expire :
Tant d'insolence vous sied bien ;
Et je dois endurer quoi qu'il vous plaise dire,
Moi qui, sans vos traits, ne puis rien.

L'AMOUR.

Vous ne pouvez que trop, déesse impitoyable !
Le destin l'abandonne à tout votre courroux :
Mais soyez moins inexorable
Aux prières, aux pleurs d'un fils à vos genoux
Ce doit vous être un spectacle assez doux
De voir d'un œil Psyché mourante,
Et de l'autre ce fils, d'une voix suppliante,
Ne vouloir plus tenir son bonheur que de vous.
Rendez-moi ma Psyché, rendez-lui tous ses charmes ;
Rendez-la, déesse, à mes larmes ;
Rendez à mon amour, rendez à ma douleur,
Le charme de mes yeux et le choix de mon cœur.

VÉNUS.

Quelque amour que Psyché vous donne,
De ses malheurs par moi n'attendez pas la fin.
Si le destin me l'abandonne,
Je l'abandonne à son destin.
Ne m'importunez plus ; et, dans cette infortune,
Laissez-la sans Vénus triompher ou périr.

L'AMOUR.

Hélas ! si je vous importune,
Je ne le ferois pas si je pouvois mourir.

VÉNUS.

Cette douleur n'est pas commune,
Qui force un immortel à souhaiter la mort.

L'AMOUR.

Voyez, par son excès, si mon amour est fort.
Ne lui ferez-vous grâce aucune ?

VÉNUS.

Je vous l'avoue, il me touche le cœur,
Votre amour ; il désarme, il fléchit ma rigueur :

Votre Psyché reverra la lumière.
L'AMOUR.
Que je vous vais partout faire donner d'encens !
VÉNUS.
Oui, vous la reverrez dans sa beauté première ;
Mais de vos vœux reconnoissants
Je veux la déférence entière ;
Je veux qu'un vrai respect laisse à mon amitié
Vous choisir une autre moitié.
L'AMOUR.
Et moi, je ne veux plus de grâce :
Je reprends toute mon audace ;
Je veux Psyché, je veux sa foi.
Je veux qu'elle revive, et revive pour moi ;
Et tiens indifférent que votre haine lasse
En faveur d'une autre se passe.
Jupiter, qui paroît, va juger entre nous
De mes emportements et de votre courroux.

Après quelques éclairs et des roulements de tonnerre, Jupiter paroît en l'air sur son aigle :

SCÈNE VI.

JUPITER, VÉNUS, L'AMOUR, PSYCHÉ, évanouie.
L'AMOUR.
Vous, à qui seul tout est possible,
Père des dieux, souverain des mortels,
Fléchissez la rigueur d'une mère inflexible,
Qui, sans moi, n'auroit point d'autels.
J'ai pleuré, j'ai prié, je soupire, menace,
Et perds menaces et soupirs.
Elle ne veut pas voir que de mes déplaisirs
Dépend du monde entier l'heureuse ou triste face ;
Et que, si Psyché perd le jour,
Si Psyché n'est à moi, je ne suis plus l'Amour.
Oui, je romprai mon arc, je briserai mes flèches.
J'éteindrai jusqu'à mon flambeau,
Je laisserai languir la Nature au tombeau ;
Ou, si je daigne aux cœurs faire encor quelques brèches,
Avec ces pointes d'or qui me font obéir
Je vous blesserai tous là-haut pour des mortelles,
Et ne décocherai sur elles
Que des traits émoussés qui forcent à haïr,
Et qui ne font que des rebelles.
Des ingrates et des cruelles.
Par quelle tyrannique loi

Tiendrai-je à vous servir mes armes toujours prêtes,
Et vous ferai-je à tous conquêtes sur conquêtes,
Si vous me défendez d en faire une pour moi ?
JUPITER, à Vénus.
Ma fille, sois-lui moins sévère ;
Tu tiens de sa Psyché le destin en tes mains.
La Parque, au moindre mot, va suivre ta colère.
Parle, et laisse-toi vaincre aux tendresses de mère,
Ou redoute un courroux que moi-même je crains.
Veux-tu donner le monde en proie
A la haine, au désordre, à la confusion ;
Et d'un dieu d'union,
D'un dieu de douceurs et de joie,
Faire un dieu d'amertune et division ?
Considère ce que nous sommes,
Et si les passions doivent nous dominer.
Plus la vengeance a de quoi plaire aux hommes,
Plus il sied bien aux dieux de pardonner.

VÉNUS.

Je pardonne à ce fils rebelle :
Mais voulez-vous qu'il me soit reproché
Qu'une misérable mortelle,
L'objet de mon courroux, l'orgueilleuse Psyché,
Sous ombre qu'elle est un peu belle,
Par un hymen dont je rougis,
Souille mon alliance et le lit de mon fils ?

JUPITER.

Eh bien, je la fais immortelle.
Afin d'y rendre tout égal.

VÉNUS.

Je n'ai plus de mépris ni de haine pour elle,
Et l'admets à l'honneur de ce nœud conjugal.
Psyché, reprenez la lumière,
Pour ne la reperdre jamais
Jupiter a fait votre paix ;
Et je quitte cette humeur fière
Qui s'opposoit à vos souhaits.

PSYCHÉ, sortant de son évanouissement.

C'est donc vous, ô grande déesse !
Qui redonnez la vie à ce cœur innocent ?

VÉNUS.

Jupiter vous fait grâce, et ma colère cesse.
Vivez, Vénus l'ordonne ; aimez, elle y consent.

PSYCHÉ, à l'Amour.

Je vous revois enfin, cher objet de ma flamme !

L'AMOUR, à Psyché.

Je vous possède enfin, délices de mon âme!

JUPITER.

Venez, amants, venez aux cieux
Achever un si grand et si digne hyménée.
Viens-y, belle Psyché, changer de destinée;
Viens prendre place au rang des dieux.

Deux grandes machines descendent aux deux côtés de Jupiter, cependant qu'il dit ces derniers vers. Vénus, avec sa suite, monte dans l'une, l'Amour et Psyché dans l'autre, et tous ensemble remontent au ciel.

LES FOURBERIES DE SCAPIN
COMÉDIE EN TROIS ACTES
1671
PERSONNAGES

ARGANTE, père d'Octave et de Zerbinette; GÉRONTE, père de Léandre et d'Hyacinte, OCTAVE, fils d'Argante, et amant d'Hyacinthe; LÉANDRE, fils de Géronte, et amant de Zerbinette; ZERBINETTE, crue Égyptienne, et reconnue fille d'Argante, et amante de Léandre; HYACINTE, fille de Géronte et amante d'Octave; SCAPIN, valet de Léandre, et fourbe; SYLVESTRE, valet d'Octave; NÉRINE, nourrice d'Hyacinte; CARLE, fourbe; DEUX PORTEURS.
La scène est à Naples.

ACTE PREMIER
SCÈNE I
OCTAVE, SYLVESTRE.

OCTAVE.

Ah! fâcheuse nouvelles pour un cœur amoureux! Dures extrémités où je me vois réduit! Tu viens, Sylvestre, d'apprendre au port que mon père revient?

SYLVESTRE.

Oui.

OCTAVE.

Qu'il arrive ce matin même?

SYLVESTRE.

Ce matin même.

OCTAVE.

Et qu'il revient dans la résolution de me marier?

SYLVESTRE.

Oui.

OCTAVE.

Avec une fille du seigneur Géronte?

SYLVESTRE.

Du seigneur Géronte.

OCTAVE.

Et que cette fille est mandée de Tarente ici pour cela?

SYLVESTRE.

Oui.

OCTAVE.

Et tu tiens ces nouvelles de mon oncle?

SYLVESTRE.

De votre oncle.

OCTAVE.

A qui mon père les a mandées par une lettre?

SYLVESTRE.

Par une lettre.

OCTAVE.

Et cet oncle, dis-tu, sait toutes nos affaires?

SYLVESTRE.

Toutes nos affaires.

OCTAVE.

Ah! parle, si tu veux, et ne te fais point, de la sorte, arracher les mots de la bouche.

SYLVESTRE.

Qu'ai-je à parler davantage? vous n'oubliez aucune circonstance, et vous dites les choses tout justement comme elles sont.

OCTAVE.

Conseille-moi, du moins, et me dis ce que je dois faire dans ces cruelles conjonctures.

SYLVESTRE.

Ma foi, je m'y trouve autant ambarrassé que vous; et j'aurois bon besoin que l'on me conseillât moi-même.

OCTAVE.

Je suis assassiné par ce maudit retour.

SYLVESTRE.

Je ne le suis pas moins.

OCTAVE.

Lorsque mon père apprendra les choses, je vais voir fondre sur moi un orage soudain d'impétueuses réprimandes.

SYLVESR E.

Les réprimandes ne sont rien: et plût au ciel que j'en fusse quitte à ce prix! mais j'ai bien la mine, pour moi, de payer plus cher vos folies; et je vois se former, de loin, un nuage de coups de bâton qui crèvera sur mes épaules.

OCTAVE.

O ciel! par où sortir de l'embarras où je me trouve?

SYLVESTRE.

C'est à quoi vous deviez songer avant que de vous y jeter.

OCTAVE.

Ah ! tu me fais mourir par tes leçons hors de saison.

SYLVESTRE.

Vous me faites bien plus mourir par vos actions étourdies.

OCTAVE.

Que dois-je faire? Quelle résolution prendre? A quel remède recourir?

SCÈNE II
OCTAVE, SCAPIN, SYLVESTRE.

SCAPIN.

Qu'est-ce, seigneur Octave? Qu'avez-vous? Qu'y a-t-il? Quel désordre est-ce là? Je vous vois tout troublé.

OCTAVE.

Ah ! mon pauvre Scapin, je suis perdu ; je suis désespéré ; je suis le plus infortuné de tous les hommes.

SCAPIN.

Comment?

OCTAVE.

N'as-tu rien appris de ce qui me regarde?

SCAPIN.

Non.

OCTAVE.

Mon père arrive avec le seigneur Géronte, et ils me veulent marier.

SCAPIN.

Eh bien, qu'y a-t-il là de si funeste?

OCTAVE.

Hélas! tu ne sais pas la cause de mon inquiétude.

SCAPIN.

Non ; mais il ne tiendra qu'à vous que je la sache bientôt ; et je suis homme consolatif, homme à m'intéresser aux affaires des jeunes gens.

OCTAVE.

Ah! Scapin, si tu pouvois trouver quelque invention, forger quelque machine, pour me tirer de la peine où je suis, je croirois t'être redevable de plus que la vie.

SCAPIN.

A vous dire la vérité, il y a peu de choses qui me

T. IV.   8

soient impossibles, quand je m'en veux mêler. J'ai[1] sans doute reçu du ciel un génie assez beau pour toutes les fabriques de ces gentillesse d'esprit, de ces galanteries ingénieuses, à qui le vulgaire ignorant donne le nom de fourberies; et je puis dire, sans vanité, qu'on n'a guère vu d'homme qui fût plus habile ouvrier de ressorts et d'intrigues, qui ait acquis plus de gloire que moi dans ce noble métier. Mais, ma foi, le mérite est trop maltraité aujourd'hui; et j'ai renoncé à toutes choses depuis certain chagrin d'une affaire qui m'arriva.

OCTAVE.

Comment? quelle affaire, Scapin?

SCAPIN.

Une aventure où je me brouillai avec la justice.

OCTAVE.

La justice?

SCAPIN.

Oui. Nous eûmes un petit démêlé ensemble.

SYLVESTRE.

Toi et la justice?

SCAPIN.

Oui. Elle en usa fort mal avec moi; et je me dépitai de telle sorte contre l'ingratitude du siècle, que je résolus de ne plus rien faire. Baste! Ne laissez pas de me conter votre aventure.

OCTAVE.

Tu sais, Scapin, qu'il y a deux mois que le seigneur Géronte et mon père s'embarquèrent ensemble pour un voyage qui regarde certain commerce où leurs intérêts sont mêlés.

SCAPIN.

Je sais cela.

OCTAVE.

Et que Léandre et moi nous fûmes laissés par nos pères, moi sous la conduite de Sylvestre, et Léandre sous ta direction.

SCAPIN.

Oui. Je me suis fort bien acquitté de ma charge.

OCTAVE.

Quelque temps après, Léandre fit rencontre d'une jeune Egyptienne dont il devint amoureux.

SCAPIN.

Je sais cela encore.

OCTAVE.

Comme nous sommes grands amis, il me fit aussitôt confidence de son amour, et me mena voir cette fille, que je trouvai belle, à la vérité, mais non pas tant qu'il vouloit que je la trouvasse. Il ne m'entretenoit que d'elle chaque jour, m'exagéroit à tous moments sa beauté et sa grâce, me louoit son esprit, et me parloit avec transport des charmes de son entretien, dont il me rapportoit jusqu'aux moindres paroles, qu'il s'efforçoit toujours de me faire trouver les plus spirituelles du monde. Il me querelloit quelquefois de n'être pas assez sensible aux choses qu'il me venoit dire et me blâmoit sans cesse de l'indifférence où j'étois pour les feux de l'amour.

SCAPIN.

Je ne vois pas encore où ceci veut aller.

OCTAVE.

Un jour que je l'accompagnois pour aller chez les gens qui gardent l'objet de ses vœux, nous entendîmes, dans une petite maison d'une rue écartée, quelques plaintes mêlées de beaucoup de sanglots. Nous demandons ce que c'est ; une femme nous dit, en soupirant, que nous pouvions voir là quelque chose de pitoyable en des personnes étrangères, et qu'à moins que d'être insensibles nous en serions touchés.

SCAPIN.

Où est-ce que cela nous mène ?

OCTAVE.

La curiosité me fit presser Léandre de voir ce que c'étoit. Nous entrons dans une salle, où nous voyons une vieille femme mourante, assistée d'une servante qui faisoit des regrets, et d'une jeune fille toute fondante en larmes, la plus belle et la plus touchante qu'on puisse jamais voir.

SCAPIN.

Ah ! ah !

OCTAVE.

Une autre auroit paru effroyable en l'état où elle étoit ; car elle n'avoit pour habillement qu'une méchante petite jupe, avec des brassières de nuit qui étoient de simple futaine ; et sa coiffure étoit une cornette jaune, retroussée au haut de sa tête, qui laissoit tomber en désordre ses cheveux sur ses épaules ; et cependant, faite comme cela, elle brilloit de mille attraits, et ce n'étoit qu'agréments et que charmes que toute sa personne.

SCAPIN.

Je sens venir la chose.

OCTAVE.

Si tu l'avois vue, Scapin, en l'état que je te dis, tu l'aurois trouvée admirable.

SCAPIN.

Oh! Je n'en doute point; et, sans l'avoir vue, je vois bien qu'elle étoit tout à fait charmante.

OCTAVE.

Ses larmes n'étoient point de ces larmes désagréables qui défigurent un visage; elle avoit, à pleurer, une grâce touchante, et sa douleur étoit la plus belle du monde.

SCAPIN.

Je vois tout cela.

OCTAVE.

Elle faisoit fondre chacun en larmes, en se jetant amoureusement sur le corps de cette mourante, qu'elle appeloit sa chère mère; et il n'y avoit personne qui n'eût l'âme percée de voir un si bon naturel.

SCAPIN.

En effet, cela est touchant; et je vois bien que ce bon naturel-là vous la fit aimer.

OCTAVE.

Ah! Scapin, un barbare l'auroit aimée.

SCAPIN.

Assurément. Le moyen de s'en empêcher?

OCTAVE.

Après quelques paroles, dont je tâchai d'adoucir la douleur de cette charmante affligée, nous sortîmes de là; et demandant à Léandre ce qu'il lui sembloit de cette personne, il me répondit froidement qu'il la trouvoit assez jolie. Je fus piqué de la froideur avec laquelle il m'en parloit, et je ne voulus point lui découvrir l'effet que ses beautés avoient fait sur mon âme.

SYLVESTRE, à Octave.

Si vous n'abrégez ce récit, nous en voilà pour jusqu'à demain. Laissez-le-moi finir en deux mots. (A Scapin.) Son cœur prend feu dès ce moment: il ne sauroit plus vivre qu'il n'aille consoler son aimable affligée. Ses fréquentes visites sont rejetées de la servante, devenue la gouvernante par le trépas de la mère. Voilà mon homme au désespoir; il presse, supplie, conjure: point d'affaire. On lui dit que la fille, quoique sans bien et sans appui, est de famille honnête, et qu'à moins que de l'épouser on ne peut souffrir ses poursuites. Voilà son amour augmenté par les difficultés. Il consulte dans sa tête, agite, raisonne, balance, prend sa résolution: le voilà marié avec elle depuis trois jours.

SCAPIN.

J'entends.

SYLVESTRE.

Maintenant, mets avec cela le retour imprévu du père, qu'on n'attendoit que dans deux mois; la découverte que l'oncle a faite du secret de notre mariage, et l'autre mariage qu'on veut faire de lui avec la fille que le seigneur Géronte a eue d'une seconde femme qu'on dit qu'il a épousée à Tarente.

OCTAVE.

Et, par-dessus tout cela, mets encore l'indigence où se trouve cette aimable personne, et l'impuissance où je me vois d'avoir de quoi la secourir.

SCAPIN.

Est-ce le tout? Vous voilà bien embarrassés tous deux pour une bagatelle? c'est bien là de quoi se tant alarmer! N'as-tu point de honte, toi, de demeurer court à si peu de chose? Que diable! te voilà grand et gros comme père et mère, et tu ne saurois trouver dans ta tête, forger dans ton esprit quelque ruse galante, quelque honnête petit stratagème pour ajuster vos affaires! Fi! peste soit du butor! Je voudrois bien que l'on m'eût donné autrefois nos vieillards à duper; je les aurois joués tous deux par-dessous la jambe: et je n'étois pas plus grand que cela, que je me signalois déjà par cent tours d'adresse jolis.

SYLVESTRE.

J'avoue que le ciel ne m'a pas donné tes talents, et que je n'ai pas l'esprit, comme toi, de me brouiller avec la justice.

OCTAVE.

Voici mon aimable Hyacinte.

SCÈNE III
HYACINTE, OCTAVE, SCAPIN, SYLTESTRE.

HYACINTE.

Ah! Octave, est-il vrai ce que Sylvestre vient de

dire à Nérine, que votre père est de retour, et qu'il veut vous marier?

OCTAVE.

Oui, belle Hyacinte; et ces nouvelles m'ont donné une atteinte cruelle. Mais que vois-je? vous pleurez! Pourquoi ces larmes? Me soupçonnez-vous, dites-moi, de quelque infidélité? et n'êtes-vous pas assurée de l'amour que j'ai pour vous?

HYACINTE.

Oui, Octave, je suis sûre que vous m'aimez; mais je ne le suis pas que vous m'aimiez toujours.

OCTAVE.

Eh! peut-on vous aimer, qu'on ne vous aime toute sa vie?

HYACINTE.

J'ai ouï dire, Octave, que votre sexe aime moins longtemps que le nôtre, et que les ardeurs que les hommes font voir sont des feux qui s'éteignent aussi facilement qu'ils naissent.

OCTAVE.

Ah! ma chère Hyacinte, mon cœur n'est donc pas fait comme celui des autres hommes; et je sens bien, pour moi, que je vous aimerai jusqu'au tombeau.

HYACINTE.

Je veux croire que vous sentez ce que vous dites, et je ne doute point que vos paroles ne soient sincères; mais je crains un pouvoir qui combattra dans votre cœur les tendres sentiments que vous pouvez avoir pour moi. Vous dépendez d'un père qui veut vous marier à une autre personne : et je suis sûre que je mourrai si ce malheur m'arrive.

OCTAVE.

Non, belle Hyacinte, il n'y a point de père qui puisse me contraindre à vous manquer de foi; et je me résoudrai à quitter mon pays, et le jour même, s'il est besoin, plutôt qu'à vous quitter. J'ai déjà pris, sans l'avoir vue, une aversion effroyable pour celle que l'on me destine; et, sans être cruel, je souhaiterois que la mer l'écartât d'ici pour jamais. Ne pleurez donc point, je vous prie, mon aimable Hyacinte; car vos larmes me tuent, et je ne les puis voir sans me sentir percer le cœur.

HYACINTE.

Puisque vous le voulez, je veux bien essuyer mes

pleurs, et j'attendrai, d'un œil constant, et qu'il plaira au ciel de résoudre de moi.
OCTAVE.
Le ciel nous sera favorable.
HYACINTE.
Il ne sauroit m'être contraire, si vous m'êtes fidèle.
OCTAVE.
Je le serai, assurément.
HYACINTE.
Je serai donc heureuse.
SCAPIN, à part.
Elle n'est pas tant sotte, ma foi; et je la trouve assez passable.
OCTAVE, montrant Scapin.
Voici un homme qui pourroit bien, s'il le vouloit, nous être, dans tous nos besoins, d'un secours merveilleux.
SCAPIN.
J'ai fait de grands serments de ne me mêler plus du monde; mais, si vous m'en priez bien fort tous deux, peut-être...
OCTAVE.
Ah! s'il ne tient qu'à te prier bien fort pour obtenir ton aide, je te conjure de tout mon cœur de prendre la conduite de notre barque.
SCAPIN, à Hyacinte.
Et vous, ne me dites-vous rien ?
HYACINTE.
Je vous conjure, à son exemple, par tout ce qui vous est le plus cher au monde, de vouloir servir notre amour.
SCAPIN.
Il faut se laisser vaincre, et avoir de l'humanité. Allez, je veux m'employer pour vous.
OCTAVE.
Crois que...
SCAPIN, à Octave.
Chut! (A Hyacinte.) Allez-vous-en, vous, et soyez en repos.

SCÈNE IV
OCTAVE, SCAPIN, SYLVESTRE.

SCAPIN, à Octave.
Et vous, préparez-vous à soutenir avec fermeté l'abord de votre père.

OCTAVE.

Je t'avoue que cet abord me fait trembler par avance; et j'ai une timidité naturelle que je ne saurois vaincre.

SCAPIN.

Il faut pourtant paroître ferme au premier choc, de peur que, sur votre foiblesse, il ne prenne le pied de vous mener comme un enfant. Là, tâchez de vous composer par étude un peu de hardiesse, et songez à répondre résolûment sur tout ce qu'il pourra dire.

OCTAVE.

Je ferai du mieux que je pourrai.

SCAPIN.

Çà, essayons un peu, pour vous accoutumer. Répétons un peu votre rôle, et voyons si vous ferez bien. Allons; la mine résolue, la tête haute, les regards assurés.

OCTAVE.

Comme cela?

SCAPIN.

Encore un peu davantage.

OCTAVE.

Ainsi?

SCAPIN.

Bon. Imaginez-vous que je suis votre père qui arrive, et répondez-moi fermement, comme si c'étoit à lui-même. Comment! pendard, vaurien, infâme, fils indigne d'un père comme moi, oses-tu bien paroître devant mes yeux, après tes bons déportements, après le lâche tour que tu m'as joué pendant mon absence? Est-ce là le fruit de mes soins, maraud? est-ce là le fruit de mes soins? le respect qui m'est dû? le respect que tu me conserves? (Allons donc!) Tu as l'insolence, fripon, de t'engager sans le consentement de ton père, de contracter un mariage clandestin! Réponds-moi, coquin, réponds-moi. Voyons un peu tes belles raisons... Oh! que diable, vous demeurez interdit!

OCTAVE.

C'est que je m'imagine que c'est mon père que j'entends.

SCAPIN.

Eh! oui; c'est par cette raison qu'il ne faut pas être comme un innocent.

OCTAVE.

Je m'en vais prendre plus de résolution, et je répondrai fermement.

SCAPIN.

Assurément?

OCTAVE.

Assurément.

SYLVESTRE.

Voilà votre père qui vient.

OCTAVE.

O ciel! je suis perdu.

SCÈNE V

SCAPIN, SYLVESTRE.

SCAPIN.

Holà, Octave! demeurez, Octave. Le voilà enfui. Quelle pauvre espèce d'homme! Ne laissons pas d'attendre le vieillard.

SYLVESTRE.

Que lui dirai-je?

SCAPIN.

Laisse-moi dire, moi, et ne fais que me suivre.

SCÈNE VI

ARGANTE; SCAPIN et SYLVESTRE, dans le fond du théâtre.

ARGANTE, se croyant seul.

A-t-on jamais ouï parler d'une action pareille à celle-là?

SCAPIN, à Sylvestre.

Il a déjà appris l'affaire; et elle lui tient si fort en tête, que, tout seul, il en parle haut.

ARGANTE, se croyant seul.

Voilà une témérité bien grande!

SCAPIN, à Sylvestre

Écoutons-le un peu.

ARGANTE, se croyant seul.

Je voudrois bien savoir ce qu'ils me pourront dire sur ce beau mariage.

SCAPIN, à part.

Nous y avons songé.

ARGANTE, se croyant seul.

Tâcheront-ils de me nier la chose?

SCAPIN, à part.

Non, nous n'y pensons pas.

ARGANTE, se croyant seul.
Ou s'il entreprendront de l'excuser?
SCAPIN, à part.
Celui-là se pourra faire.
ARGANTE, se croyant seul.
Prétendront-ils m'amuser par des contes en l'air?
SCAPIN, à part.
Peut-être.
ARGANTE, se croyant seul.
Tous leurs discours seront inutiles.
SCAPIN, à part.
Nous allons voir.
ARGANTE, se croyant seul.
Ils ne m'en donneront point à garder.
SCAPIN, à part.
Ne jurons de rien.
ARGANTE, se croyant seul.
Je saurais mettre mon pendard de fils en lieu de sûreté.
SCAPIN, à part.
Nous y pourvoirons.
ARGANTE, se croyant seul.
Et pour le coquin de Sylvestre, je le rouerai de coups.
SYLVESTRE, à Scapin.
J'étois bien étonné s'il m'oublioit.
ARGANTE, apercevant Sylvestre.
Ah! ah! vous voilà donc, sage gouverneur de famille, beau directeur de jeunes gens!
SCAPIN.
Monsieur, je suis ravi de vous voir de retour.
ARGANTE.
Bonjour, Scapin. (A Sylvestre.) Vous avez suivi mes ordres vraiment d'une belle manière! et mon fils s'est comporté fort sagement pendant mon absence!
SCAPIN.
Vous vous portez bien, à ce que je vois?
ARGANTE.
Assez bien. (A Sylvestre.) Tu ne dis mot, coquin, tu ne dis mot!
SCAPIN.
Votre voyage a-t-il été bon?
ARGANTE.
Mon Dieu, fort bon! Laisse-moi un peu quereller en repos.

SCAPIN.

Vous voulez quereller?

ARGANTE.

Oui, je veux quereller.

SCAPIN.

Eh! qui, monsieur?

ARGANTE, montrant Sylvestre.

Ce maraud-là.

SCAPIN.

Pourquoi?

ARGANTE.

Tu n'as pas ouï parler de ce qui s'est passé dans mon absence?

SCAPIN.

J'ai bien ouï parler de quelque petite chose.

ARGANTE.

Comment! quelque petite chose! Une action de cette nature?

SCAPIN.

Vous avez quelque raison.

ARGANTE.

Une hardiesse pareille à celle-là?

SCAPIN.

Cela est vrai.

ARGANTE.

Un fils qui se marie sans le consentement de son père!

SCAPIN.

Oui, il y a quelque chose à dire à cela. Mais je serois d'avis que vous ne fissiez point de bruit.

ARGANTE.

Je ne suis pas de cet avis, moi; et je veux faire du bruit tout mon soûl. Quoi! tu ne trouves pas que j'aie tous les sujets du monde d'être en colère?

SCAPIN.

Si fait. J'y ai d'abord été, moi, lorsque j'ai su la chose, et je me suis intéressé pour vous, jusqu'à quereller votre fils. Demandez-lui un peu quelles belles réprimandes je lui ai faites, et comme je l'ai chapitré sur le peu de respect qu'il gardoit à un père dont il devoit baiser les pas. On ne peut pas lui mieux parler, quand ce seroit vous-même. Mais quoi! je me suis rendu à la raison, et j'ai considéré que, dans le fond, il n'a pas tant de tort qu'on pourroit croire.

ARGANTE.

Que me viens-tu conter? Il n'a pas tant de tort de s'aller marier de but en blanc avec une inconnue?

SCAPIN.

Que voulez-vous? Il y a été poussé par sa destinée.

ARGANTE.

Ah! ah! Voici une raison la plus belle du monde. Ou n'a plus qu'à commettre tous les crimes imaginables, tromper, voler, assassiner, et dire, pour excuse, qu'on y a été poussé par sa destinée.

SCAPIN.

Mon Dieu! vous prenez mes paroles trop en philosophe. Je veux dire qu'il s'est trouvé fatalement engagé dans cette affaire.

ARGANTE.

Et pourquoi s'y engageoit-il?

SCAPIN.

Voulez-vous qu'il soit aussi sage que vous? Les jeunes gens sont jeunes, et n'ont pas toute la prudence qu'il leur faudroit pour ne rien faire que de raisonnable: témoin notre Léandre, qui, malgré toutes mes leçons, malgré toutes mes remontrances, est allé faire, de son côté, pis encore que votre fils. Je voudrois bien savoir si vous-même n'avez pas été jeune, et n'avez pas, dans votre temps, fait des fredaines, comme les autres. J'ai ouï dire, moi, que vous avez été autrefois un bon compagnon parmi les femmes; que vous faisiez de votre drôle avec les plus galantes de ce temps-là, et que vous n'en approchiez point que vous ne poussassiez à bout.

ARGANTE.

Cela est vrai, j'en demeure d'accord; mais je m'en suis toujours tenu à la galanterie, et je n'ai point été jusqu'à faire ce qu'il fait.

SCAPIN.

Que vouliez-vous qu'il fît? Il voit une jeune personne qui lui veut du bien (car il tient cela de vous, d'être aimé de toutes les femmes); il la trouve charmante, il lui rend des visites, lui conte des douceurs, soupire galamment, fait le passionné. Elle se rend à sa poursuite; il pousse sa fortune. Le voilà surpris avec elle par ses parents, qui, la force à la main, le contraignent de l'épouser.

SYLVESTRE, à part.

L'habile fourbe que voilà!

SCAPIN.

Eussiez-vous voulu qu'il se fût laissé tuer? Il vaut mieux encore être marié qu'être mort.

ARGANTE.

On ne m'a pas dit que l'affaire se soit ainsi passée.

SCAPIN, montrant Sylvestre.

Demandez-lui plutôt : il ne vous dira pas le contraire.

ARGANTE, à Sylvestre.

C'est par force qu'il a été marié?

SYLVESTRE.

Oui, monsieur.

SCAPIN.

Voudrois-je vous mentir?

ARGANTE.

Il devoit donc aller tout aussitôt protester de violence chez un notaire.

SCAPIN.

C'est ce qu'il n'a pas voulu faire.

ARGANTE.

Cela m'auroit donné plus de facilité à rompre ce mariage.

SCAPIN.

Rompre ce mariage?

ARGANTE.

Oui.

SCAPIN.

Vous ne le romprez point.

ARGANTE.

Je ne le romprai point?

SCAPIN.

Non.

ARGANTE.

Quoi! je n'aurai pas pour moi les droits de père, et la raison de la violence qu'on a faite à mon fils?

SCAPIN.

C'est une chose dont il ne demeurera pas d'accord.

ARGANTE.

Il n'en demeurera pas d'accord?

SCAPIN.

Non.

ARGANTE.

Mon fils?

SCAPIN.

Votre fils. Voulez-vous qu'il confesse qu'il ait été

capable de crainte, et que ce soit par force qu'on lui ait fait faire les choses? Il n'a garde d'aller avouer cela; ce seroit se faire tort et se montrer indigne d'un père comme vous.

AEGANTE.

Je me moque de cela.

SCAPIN.

Il faut, pour son honneur et pour le vôtre, qu'il dise dans le monde que c'est de bon gré qu'il l'a épousée.

ARGANTE.

Et je veux, moi, pour mon honneur et pour le sien, qu'il dise le contraire.

SCAPIN.

Non, je suis sûr qu'il ne le fera pas.

ARGANTE.

Je l'y forcerai bien.

SCAPIN.

Il ne le fera pas, vous dis-je.

ARGANTE.

Il le fera, ou je le déshériterai.

SCAPIN.

Vous?

ARGANTE.

Moi.

SCAPIN.

Bon!

ARGANTE.

Comment, bon?

SCAPIN.

Vous ne le déshériterez point.

ARGANTE.

Je ne le déshériterai point?

SCAPIN.

Non.

ARGANTE.

Non?

SGAPIN.

Non.

ARGANTE.

Ouais! voici qui est plaisant! Je ne déshériterai pas mon fils?

SCAPIN.

Non, vous dis-je.

ARGANTE.
Qui m'en empêchera ?

SCAPIN.
Vous-même.

ARGANTE.
Moi ?

SCAPIN.
Oui. Vous n'aurez pas ce cœur-là.

ARGANTE.
Je l'aurai.

SCAPIN.
Vous vous moquez.

ARGANTE.
Je ne me moque point.

SCAPIN.
La tendresse paternelle fera son office.

ARGANTE.
Elle ne fera rien.

SCAPIN.
Oui, oui.

ARGANTE
Je vous dis que cela sera.

SCAPIN.
Bagatelles !

ARGANTE.
Il ne faut point dire : bagatelles.

SCAPIN.
Mon Dieu ! je vous connois ; vous êtes bon naturellement.

ARGANTE.
Je ne suis point bon, et je suis méchant quand je veux. Finissons ce discours, qui m'échauffe la bile. (A Sylvestre.) Va-t'en, pendard ; va-t'en me chercher mon frippon, tandis que j'irai rejoindre le seigneur Géronte, pour lui conter ma disgrâce.

SCAPIN.
Mousieur, si je vous puis être utile en quelque chose, vous n'avez qu'à me commander.

ARGANTE.
Je vous remercie. (A ma part.) Ah ! pourquoi faut-il qu'il soit fils unique ! et que n'ai-je à cette heure la fille que le ciel m'a ôtée, pour la faire mon héritière !

SCÈNE VII
SCAPIN, SYLVESTRE.
SYLVESTRE.

J'avoue que tu es un grand homme, et voilà l'affaire en bon train ; mais l'argent, d'autre part, nous presse pour notre subsistance, et nous avons de tous côtés des gens qui aboient après nous.

SCAPIN.

Laisse-moi faire, la machine est trouvée. Je cherche seulement dans ma tête un homme qui nous soit affidé, pour jouer un personnage dont j'ai besoin. Attends. Tiens-toi un peu. Enfonce ton bonnet en méchant garçon. Campe-toi sur un toi sur un pied. Mets la main au côté. Fais les yeux furibonds, Marche un peu en roi de théâtre. Voilà qui est bien. Suis-moi. J'ai des secrets pour déguiser ton visage et ta voix.

SYLVESTRE.

Je te conjure, au moins, de ne m'aller point brouiller avec la justice.

SCAPIN.

Va, va, nous partagerons les périls en frères ; et trois ans de galères de plus ou de moins ne sont pas pour arrêter un noble cœur.

ACTE SECOND
SCÈNE I
GÉRONTE, ARGANTE.
GÉRONTE.

Oui, sans doute, par le temps qu'il fait, nous aurons ici nos gens aujourd'hui ; et un matelot qui vient de Tarente m'a assuré qu'il avoit vu mon homme qui étoit près de s'embarquer. Mais l'arrivée de ma fille trouvera les choses mal disposées à ce que nous nous proposions ; et ce que vous venez de m'apprendre de votre fils rompt étrangement les mesures que nous avions prises ensemble.

ARGANTE.

Ne vous mettez pas en peine ; je vous réponds de renverser tout cet obstacle, et j'y vais travailler de ce pas.

GÉRONTE.

Ma foi, seigneur Argante, voulez-vous que je vous

dise ? l'éducation des enfant est une chose à quoi il faut s'attacher fortement.

ARGANTE.

Sans doute. A quel propos cela ?

GÉRONTE.

A propos de ce que les mauvais déportements des jeunes gens viennent le plus souvent de la mauvaise éducation que leurs pères leur donnent.

ARGANTE.

Cela arrive parfois. Mais que voulez-vous dire par là ?

GÉRONTE.

Ce que je veux dire par là ?

ARGANTE.

Oui.

GÉRONTE.

Que si vous aviez, en brave père, bien morigéné votre fils, il ne vous auroit pas joué le tour qu'il vous a fait.

ARGANTE.

Fort bien. De sorte donc que vous avez bien mieux morigéné le vôtre ?

GÉRONTE.

Sans doute, et je serois bien fâché qu'il m'eût rien fait approchant de cela.

ARGANTE.

Et si ce fils, que vous avez, en brave père, si bien morigéné, avoit fait pis encore que le mien ? Eh ?

GÉRONTE.

Comment ?

ARGANTE.

Comment ?

GÉRONTE.

Qu'est-ce que cela veut dire ?

ARGANTE.

Cela veut dire, seigneur Géronte, qu'il ne fut pas être si prompt à condamner la conduite des autres, et que ceux qui veulent gloser doivent bien regarder chez eux s'il n'y a rien qui cloche.

GÉRONTE.

Je n'entends point cette énigme.

ARGANTE.

On vous l'expliquera.

GÉRONTE.

Est-ce que vous auriez ouï dire quelque chose de mon fils ?

ARGANTE.
Cela se peut faire.
GÉRONTE.
Et quoi, encore ?
ARGANTE.
Votre Scapin, dans mon dépit, ne m'a dit la chose qu'en gros, et vous pourrez de lui, ou de quelque autre, être instruit du détail. Pour moi, je vais vite consulter un avocat, et aviser des biais que j'ai à prendre. Jusqu'au revoir.

SCÈNE II
GÉRONTE, seul.

Que pourroit-ce être que cette affaire-ci ? Pis encore que le sien ! Pour moi, je ne vois pas ce que l'on peut faire de pis; et je trouve que se marier sans le consentement de son père est une action qui passe tout ce qu'on peut imaginer.

SCÈNE III
GÉRONTE, LÉANDRE.
GÉRONTE.
Ah ! vous voilà !
LÉANDRE, courant à Géronte, pour l'embrasser.
Ah ! mon père, que j'ai de joie de vous voir de retour !
GÉRONTE, refusant d'embrasser Léandre.
Doucement. Parlons un peu d'affaire.
LÉANDRE.
Souffrez que je vous embrasse, et que...
GÉRONTE, le repoussant encore.
Doucement, vous dis-je.
LÉANDRE.
Quoi ! vous me refusez, mon père, de vous exprimer mon transport par mes embrassements ?
GÉRONTE.
Oui. Nous avons quelque chose à démêler ensemble.
LÉANDRE.
Et quoi ?
GÉRONTE.
Tenez-vous, que je vous voie en face.
LÉANDRE.
Comment ?
GÉRONTE.
Regardez-moi entre deux yeux.

LÉANDRE.

Eh bien?

GÉRONTE.

Qu'est-ce donc qu'il s'est passé ici?

LÉANDRE.

Ce qui s'est passé?

GÉRONTE.

Oui. Qu'avez-vous fait pendant mon absence?

LÉANDRE.

Que voulez-vous, mon père, que j'aie fait?

GÉRONTE.

Ce n'est pas moi qui veux que vous ayez fait, mais qui demande ce que c'est que vous avez fait.

LÉANDRE.

Moi? Je n'ai fait aucune chose dont vous ayez lieu de vous plaindre.

GÉRONTE.

Aucune chose?

LÉANDRE.

Non.

GÉRONTE.

Vous êtes bien résolu!

LÉANDRE.

C'est que je suis sûr de mon innocence.

GÉRONTE.

Scapin pourtant m'a dit de vos nouvelles.

LÉANDRE.

Scapin?

GÉRONTE.

Ah! ah! ce mot vous fait rougir.

LÉANDRE.

Il vous a dit quelque chose de moi?

GÉRONTE.

Ce lieu n'est pas tout à fait propre à vider cette affaire, et nous allons l'examiner ailleurs. Qu'on se rende au logis; j'y vais revenir tout à l'heure. Ah! traître, s'il faut que tu me déshonores, je te renonce pour mon fils, et tu peux bien, pour jamais, te résoudre à fuir de ma présence.

SCÈNE IV

LÉANDRE, seul.

Me trahir de cette manière! Un coquin qui doit, par cent raisons, être le premier à cacher les choses que je lui confie, est le premier à les découvrir à mon père! Ah! je jure le ciel que cette trahison ne demeurera pas impunie.

SCÈNE V
OCTAVE, LÉANDRE, SCAPIN.

OCTAVE.

Mon cher Scapin, que ne dois-je point à tes soins! Que tu es un homme admirable! et que le ciel m'est favorable de t'envoyer à mon secours!

LÉANDRE.

Ah! ah! vous voilà! Je suis ravi de vous trouver monsieur le coquin!

SCAPIN.

Monsieur, votre serviteur. C'est trop d'honneur que vous me faites.

LÉANDRE, mettant l'épée à la main.

Vous faites le méchant plaisant... Ah! je vous apprendrai...

SCAPIN, se mettant à genoux.

Monsieur!

OCTAVE, se mettant entre eux pour empêcher Léandre de frapper Scapin.

Ah! Léandre!

LÉANDRE.

Non, Octave, ne me retenez point, je vous prie.

SCAPIN, à Léandre.

Hé! monsieur!

OCTAVE, retenant Léandre.

De grâce!

LÉANDRE, voulant frapper Scapin.

Laissez-moi contenter mon ressentiment.

OCTAVE.

Au nom de l'amitié, Léandre, ne le maltraitez point.

SCAPIN.

Monsieur, que vous ai-je fait?

LÉANDRE, retenant encore Léandre.

Hé! doucement!

LÉANDRE.

Non, octave, je veux qu'il me confesse lui-même, tout à l'heure, la perfidie qu'il m'a faite. Oui, coquin, je sais le trait que tu m'as joué; on vient de me l'apprendre, et tu ne croyois pas peut-être que l'on me dût révéler ce secret; mais je veux en avoir la confession de ta propre bouche, ou je vais te passer cette épée au travers du corps.

SCAPIN.
Ah! monsieur, auriez-vous bien ce cœur-là?
LÉANDRE.
Parle donc.
SCAPIN.
Je vous ai fait quelque chose, monsieur?
LÉANDRE.
Oui, coquin, et ta conscience ne te dit que trop ce que c'est.
SCAPIN.
Je vous assure que je l'ignore.
LÉANDRE, s'avançant pour frapper Scapin.
Tu l'ignores!
OCTAVE, retenant Léandre.
Léandre!
SCAPIN.
Eh bien, monsieur, puisque vous le voulez, je vous confesse que j'ai bu avec mes amis ce petit quartaut de vin d'Espagne dont on vous fit présent il y a quelques jours, et que c'est moi qui fis une fente au tonneau, et répandis de l'eau autour, pour faire croire que le vin s'étoit échappé.
LÉANDRE.
C'est toi, pendard, qui m'as bu mon vin d'Espagne, et qui as été cause que j'ai tant querellé la servante, croyant que c'étoit elle qui m'avoit fait le tour?
SCAPIN.
Oui, monsieur; je vous en demande pardon.
LÉANDRE.
Je suis bien aise d'apprendre cela. Mais ce n'est pas l'affaire dont il est question maintenant.
SCAPIN.
Ce n'est pas cela, monsieur?
LÉANDRE.
Non: c'est une autre affaire qui me touche bien plus, et je veux que tu me la dises.
SCAPIN.
Monsieur, je ne me souviens pas d'avoir fait autre chose.
LÉANDRE, voulant frapper Scapin.
Tu ne veux pas parler?
SCAPIN.
Hé!
OCTAVE, retenant Léandre.
Tout doux!

SCAPIN.

Oui, monsieur; il est vrai qu'il y a trois semaines que vous m'envoyâtes porter, le soir, une petite montre à la jeune Égyptienne que vous aimez. Je revins au logis, mes habits tout couverts de boue, et le visage plein de sang, et vous dis que j'avois trouvé des voleurs qui m'avoient bien battu, et m'avoient dérobé la montre. C'étoit moi, monsieur, qui l'avois retenue.

LÉANDRE.

C'est toi qui as retenu ma montre?

SCAPIN.

Oui, monsieur, afin de voir qu'elle heure il est.

LÉANDRE.

Ah! ah! j'apprends ici de jolies choses, et j'ai un serviteur fort fidèle, vraiment! Mais ce n'est pas cela encore que je demande.

SCAPIN.

Ce n'est pas cela?

LÉANDRE.

Non, infâme! c'est autre chose encore que je veux que tu me confesses.

SCAPIN, à part

Peste!

LÉANDRE.

Parle vite, j'ai hâte.

SCAPIN.

Monsieur, voilà tout ce que j'ai fait.

LÉANDRE, voulant frapper Scapin.

Voilà tout?

OCTAVE, se mettant au-devant de Léandre.

Hé!

SCAPIN.

Eh bien, oui, monsieur. Vous vous souvenez de ce loup-garou, il y a six mois, qui vous donna tant de coups de bâton la nuit, et vous pensa faire rompre le cou dans une cave où vous tombâtes en fuyant.

LÉANDRE.

Eh bien?

SCAPIN.

C'étoit moi, monsieur, qui faisois le loup-garou.

LÉANDRE.

C'étoit toi, traître, qui faisois le loup-garou?

SCAPIN.

Oui, monsieur; seulement pour vous faire peur, et

vous ôter l'envie de nous faire courir toutes les nuits comme vous aviez coutume.

LÉANDRE.

Je saurai me souvenir, en temps et lieu, de tout ce que je viens d'apprendre. Mais je veux venir au fait, et que tu me confesses ce que tu as dis à mon père.

SCAPIN.

A votre père ?

LÉANDRE.

Oui, fripon, à mon père.

SCAPIN.

Je ne l'ai pas seulement vu depuis son retour.

LÉANDRE.

Tu ne l'as pas vu ?

SCAPIN.

Non monsieur.

LÉANDRE.

Assurément ?

SCAPIN.

Assurément. C'est une chose que je vais vous faire dire par lui même.

LÉANDRE.

C'est de sa bouche que je le tiens pourtant.

SCAPIN.

Avec votre permission, il n'a pas dit la vérité.

SCÈNE VI
LÉANDRE, OCTAVE, CARLE, SCAPIN.

CARLE.

Monsieur, je vous apporte une nouvelle qui est fâcheuse pour votre amour.

LÉANDRE.

Comment ?

CARLE.

Vos Égyptiens sont sur le point de vous enlever Zerbinette ; et elle-même, les larmes aux yeux, m'a chargé de venir promptement vous dire que, si dans deux heures vous ne songez à leur porter l'argent qu'ils vous ont demandé pour elle, vous l'allez perdre pour jamais.

LÉANDRE.

Dans deux heures ?

CARLE.

Dans deux heures.

SCÈNE VII
LÉANDRE, OCTAVE, SCAPIN.
LÉANDRE.
Ah! mon pauvre Scapin, j'implore ton secours.

SCAPIN., se levant et passant fièrement devant Léandre.

Ah! mon pauvre Scapin! Je suis mon pauvre Scapin, à cette heure qu'on a besoin de moi.

LÉANDRE.
Va je te pardonne tout ce que tu viens de me dire, et pis encore, si tu me l'as fait.

SCAPIN.
Non, non; ne me pardonnez rien; passez-moi votre épée au travers du corps. Je serai ravi que vous me tuiez.

LÉANDRE.
Non. Je te conjure plutôt de me donner la vie, en servant mon amour.

SCAPIN.
Point, point : vous ferez mieux de me tuer.

LÉANDRE.
Tu m'es trop précieux; et je te prie de vouloir bien employer pour moi ce génie admirable qui vient à bout de toutes choses.

SCAPIN.
Non, tuez-moi, vous dis-je.

LÉANDRE.
Ah! de grâce, ne songe plus à tout cela, et pense à me donner le secour que je te demande.

OCTAVE.
Scapin, il faut faire quelque chose pour lui.

SCAPIN.
Le moyen, après une avanie de la sorte?

LÉANDRE.
Je te conjure d'oublier mon emportement et de me prêter ton adresse.

OCTAVE.
Je joins mes prières aux siennes.

SCAPIN.
J'ai cette insulte-là sur le cœur.

OCTAVE.
Il faut quitter ton ressentiment.

LÉANDRE.
Voudrois-tu m'abandonner, Scapin, dans la cruelle extrémité où se voit mon amour?

SCAPIN.

Me venir faire à l'improviste un affront comme celui-là !

LÉANDRE.

J'ai tort, je le confesse.

SCAPIN.

Me traiter de coquin, de fripon, de pendard, d'infâme !

LÉANDRE.

J'en ai tous les regrets du monde.

SCAPIN.

Me vouloir passer son épée au travers du corps !

LÉANDRE.

Je t'en demande pardon de tout mon cœur ; et, s'il ne tient qu'à me jeter à tes genoux, tu m'y vois, Scapin, pour te conjurer encore une fois de ne me point abandonner.

OCTAVE.

Ah ! ma foi, Scapin, il se faut rendre à cela.

SCAPIN.

Levez-vous. Une autre fois ne soyez point si prompt.

LÉANDRE.

Me promets-tu de travailler pour moi ?

SCAPIN.

On y songera.

LÉANDRE.

Mais tu sais que le temps presse.

SCAPIN.

Ne vous mettez pas en peine. Combien est-ce qu'il vous faut ?

LÉANDRE.

Cinq cents écus.

SCAPIN.

Et à vous ?

OCTAVE.

Deux cent pistoles.

SCAPIN.

Je veux tirer cet argent de vos pères. (A Octave.) Pour ce qui est du vôtre, la machine est déjà toute trouvée. (A Léandre), Et quant au vôtre, bien qu'avare au dernier degré, il y faudra moins de façons encore ; car vous savez que pour l'esprit, il n'en a pas, grâce à Dieu, grande provision ; et je le livre pour une espèce d'homme à qui l'on fera croire tout ce qu'on voudra. Cela ne vous offense point : il ne tombe entre lui et vous aucun soupçon de ressemblance ; et vous savez assez l'opi-

nion de tout le monde, qui veut qu'il ne soit votre père que pour la forme.
LÉANDRE.
Tout beau, Scapin!
SCAPIN.
Bon, bon, on fait bien scrupule de cela! Vous moquez-vous! Mais j'aperçois venir le père d'Octave. Commençons par lui, puisqu'il se présente. Allez-vous-en tous deux. (A Octave.) Et vous, avertissez votre Sylvestre de venir vite jouer son rôle.

SCÈNE VIII
ARGANTE, SCAPIN.

SCAPIN, à part.
Le voilà qui rumine.
ARGANTE, se croyant seul.
Avoir si peu de conduite et de considération! s'aller jeter dans un engagement comme celui-là! Ah! ah! jeunesse impertinente!
SCAPIN.
Monsieur, votre serviteur!
ARGANTE.
Bonjour, Scapin.
SCAPIN.
Vous rêvez à l'affaire de votre fils?
ARGANTE.
Je t'avoue que cela me donne un furieux chagrin.
SCAPIN.
Monsieur, la vie est mêlée de traverses; il est bon de s'y tenir sans cesse préparé; et j'ai ouï dire, il y a long temps, une parole d'un ancien que j'ai toujours retenue.
ARGANTE.
Quoi?
SCAPIN.
Que, pour peu qu'un père de famille ait été absent de chez lui, il doit promener son esprit sur tous les fâcheux accidents que son retour peut rencontrer, se figurer sa maison brûlée, son argent dérobé, sa femme morte, son fils estropié, sa fille subornée; et ce qu'il trouve qui ne lui est point arrivé, l'imputer à bonne fortune. Pour moi, j'ai pratiqué toujours cette leçon dans ma petite philosophie; et je ne suis jamais revenu au logis que je ne me sois tenu prêt à la colère de mes maîtres, aux réprimandes, aux injures, aux coups de pieds au cul, aux bastonnades, aux étrivières; et ce qui

a manqué à m'arriver, j'en ai rendu grâce à mon bon destin.

ARGANTE.

Voilà qui est bien; mais ce mariage impertinent, qui trouble celui que nous voulons faire, est une chose que je ne puis souffrir, et je viens de consulter des avocats pour le faire casser.

SCAPIN.

Ma foi, monsieur, si vous m'en croyez, vous tâcherez, par quelque autre voie, d'accommoder l'affaire. Vous savez ce que c'est que les procès en ce pays-ci, et vous allez vous enfoncer dans d'étranges épines.

ARGANTE.

Tu as raison, je le vois bien. Mais qu'elle autre voie?

SCAPIN.

Je pense que j'en ai trouvé une. La compassion que m'a donnée tantôt votre chagrin m'a obligé à chercher dans ma tête quelque moyen pour vous tirer d'inquiétude; car je ne saurois voir d'honnêtes pères chagrinés par leurs enfants, que cela ne m'émeuve; et, de tout temps, je me suis senti pour votre personne une inclination particulière.

ARGANTE.

Je te suis obligé.

SCAPIN.

J'ai donc été trouver le frère de cette fille qui a été épousée. C'est un de ces braves de profession, de ces gens qui sont tout coups d'épée, qui ne parlent que d'échiner, et ne font non plus de conscience de tuer un homme que d'avaler un verre de vin. Je l'ai mis sur ce mariage, lui ai fait voir quelle facilité offroit la raison de la violence pour le faire casser, vos prérogatives du nom de père, et l'appui que vous donneroient auprès de la justice, et votre droit, et votre argent, et vos amis. Enfin, je l'ai tant tourné de tous les côtés, qu'il a prêté l'oreille aux propositions que je lui ai faites d'ajuster l'affaire pour quelque sommes; et il donnera son consentement à rompre le mariage, pourvu que vous lui donniez de l'argent.

ARGANTE.

Et qu'a-t-il demandé?

SCAPIN.

Oh! d'abord des choses par-dessus les maisons.

ARGANTE.

Et quoi?

SCAPIN.

Des choses extravagantes.

ARGANTE.

Mais encore ?

SCAPIN.

Il ne parloit pas moins de cinq ou six cents pistoles.

ARGANTE.

Cinq ou six cents fièvres quartaines qui le puissent serrer ! Se moque-t-il des gens ?

SCAPIN.

C'est ce que je lui ai dit. J'ai rejeté bien loin de pareilles propositions, et je lui ai bien fait entendre que vous n'étiez point une dupe, pour vous demander des cinq ou six cents pistoles. Enfin, après plusieurs discours, voici où s'est réduit le résultat de notre conférence. Nous voilà au temps, m'a-t-il dit, que je dois partir pour l'armée ; je suis après à m'équiper, et le besoin que j'ai de quelque argent me fait consentir, malgré moi, à ce qu'on me propose. Il me faut un cheval de service, et je n'en saurois avoir un qui soit tant soit peu raisonnable à moins de soixante pistoles.

ARGANTE.

Eh bien, pour soixante pistoles, je les donne.

SCAPIN.

Il faudra les harnois et les pistolets ; et cela ira bien à vingt pistoles encore.

ARGANTE.

Vingt pistoles et soixante, ce seroit quatre-vingts.

SCAPIN.

Justement.

ARGANTE.

C'est beaucoup ; mais, soit ; je consens à cela.

SCAPIN.

Il lui faut aussi un cheval pour monter son valet. qui coûtera bien trente pistoles.

ARGANTE.

Comment, diantre ! Qu'il se promène, il n'aura rien du tout.

SCAPIN.

Monsieur !

ARGANTE.

Non : c'est un impertinent.

SCAPIN.

Voulez-vous que son valet aille à pied ?

ARGANTE.

Qu'il aille comme il lui plaira, et le maître aussi.

SCAPIN.

Mon Dieu, monsieur, ne vous arrêtez point à peu de chose. N'allez point plaider, je vous prie; et donnez tout, pour vous sauver des mains de la justice.

ARGANTE.

Eh bien, soit; je me résous à donner encore ces trente pistoles.

SCAPIN.

Il me faut encore, a-t-il dit, un mulet pour porter...

ARGANTE.

Oh! qu'il aille au diable avec son mulet! C'en est trop; et nous irons devant les juges.

SCAPIN.

De grâce, monsieur!

ARGANTE.

Non, je n'en ferai rien.

SCAPIN.

Monsieur, un petit mulet.

ARGANTE.

Je ne lui donnerois pas seulement un âne.

SCAPIN.

Considérez...

ARGANTE.

Non: j'aime mieux plaider.

SCAPIN.

Eh! monsieur, de quoi parlez-vous là, et à quoi vous résolvez-vous? Jetez les yeux sur les détours de la justice. Voyez combien d'appels et de degrés de juridiction; combien de procédures embarrassantes; combien d'animaux ravissants par les griffes desquels il vous faudra passer: sergents, procureurs, avocats, greffiers, substituts, rapporteurs, juges, et leurs clercs. Il n'y a pas un de tous ces gens-là qui, pour la moindre chose, ne soit capable de donner un soufflet au meilleur droit du monde. Un sergent baillera de faux exploits, sur quoi vous serez condamné sans que vous le sachiez. Votre procureur s'entendra avec votre partie, et vous vendra à beaux deniers comptants. Votre avocat, gagné de même, ne se trouvera point lorsqu'on plaidera votre cause, ou dira des raisons qui ne feront que battre la campagne et n'iront point au fait. Le greffier délivrera par coutumace des sentences

et arrêts contre vous. Le clerc du rapporteur soustraira
des pièces, ou le rapporteur même ne dira pas ce
qu'il a vu ; et quand, par les plus grandes précautions
du monde, vous aurez paré tout cela, vous serez ébahi
que vos juges auront été sollicités contre vous, ou par
des gens dévots, ou par des femmes qu'ils aimeront.
Eh ! monsieur, si vous le pouvez, sauvez-vous de cet
enfer-là. C'est être damné dès ce monde que d'avoir à
plaider ; et la seule pensée d'un procès seroit capable
de me faire fuir jusqu'aux Indes.

ARGANTE.

A combien est-ce qu'il fait monter le mulet ?

SCAPIN.

Monsieur, pour le mulet, pour son cheval et celui
de son homme, pour le harnois et les pistolets, et
pour payer quelque petite chose qu'il doit à son hô-
tesse, il demande en tout deux cents pistoles.

ARGANTE.

Deux cents pistoles !

SCAPIN.

Oui.

ARGANTE, se promenant en colère.

Allons, allons ; nous plaiderons.

SCAPIN.

Faites réflexion.

ARGANTE.

Je plaiderai.

SCAPIN.

Ne vous allez pas jeter...

ARGANTE.

Je veux plaider.

SCAPIN.

Mais pour plaider il vous faudra de l'argent. Il vous
en faudra pour l'exploit ; il vous en faudra pour le
contrôle ; il vous en faudra pour la procuration, pour
la présentation, les conseils, productions, et journées
du procureur. Il vous en faudra pour les consultations
et plaidoiries des avocats, pour le droit de retirer le sac
et pour les grosses d'écritures. Il vous en faudra pour le
rapport des substituts, pour les épices de conclusion,
pour l'enregistrement du greffier, façon d'appointe-
ment, sentences et arrêts, contrôles, signatures et ex-
péditions de leurs clercs, sans parler de tous les présents qu'il vous faudra faire. Donnez cet argent-là à
cet homme-ci, vous voilà hors d'affaire.

ARGANTE.

Comment! deux cents pistoles!

SCAPIN.

Oui. Vous y gagnerez. J'ai fait un petit calcul, en moi-même, de tous les frais de la justice; et j'ai trouvé qu'en donnant deux cents pistoles à votre homme vous en aurez de reste, pour le moins, cent cinquante, sans compter les soins, les pas et les chagrins que vous vous épargnerez. Quand il n'y auroit à essuyer que les sottises que disent devant tout le monde de méchants plaisants d'avocats, j'aimerois mieux donner trois cents pistoles que de plaider.

ARGANTE.

Je me moque de cela, et je défie les avocats de rien dire de moi.

SCAPIN.

Vous ferez ce qu'il vous plaira; mais, si j'étois que de vous, je fuirois les procès.

ARGANTE.

Je ne donnerai point deux cents pistoles.

SCAPIN.

Voici l'homme dont il s'agit.

SCÈNE IX

ARGANTE, SCAPIN, SYLVESTRE, déguisé en spadassin.

SYLVESTRE.

Scapin, faites-moi connoître un peu cet Argante qui est père d'Octave.

SCAPIN.

Pourquoi, monsieur?

SYLVESTRE.

Je viens d'apprendre qu'il veut me mettre en procès, et faire rompre par justice le mariage de ma sœur.

SCAPIN.

Je ne sais pas s'il a cette pensée; mais il ne veut point consentir aux deux cents pistoles que vous voulez; et il dit que c'est trop

SYLVESTRE.

Par la mort! par la tête! par le ventre! si je le trouve, je le veux échiner, dussé-je être roué tout vif.

(Argante, pour n'être point vu, se tient en tremblant derrière Scapin.)

SCAPIN.

Monsieur, ce père d'Octave a du cœur, et peut-être ne vous craindra-t-il point.

SYLVESTRE.

Lui, lui? Par le sang ! par la tête! s'il étoit là, je lui donnerois tout à l'heure de l'épée dans le ventre. (Apercevant Argante.) Qui est cet homme-là?

SCAPIN.

Ce n'est pas lui, monsieur; ce n'est pas lui.

SYLVESTRE.

N'est-ce-point quelqu'un de ses amis?

SCAPIN.

Non, monsieur; au contraire, c'est son ennemi capital.

SYLVESTRE.

Son ennemi capital?

SCAPIN.

Oui.

SYLVESTRE.

Ah! parbleu, j'en suis ravi. (A Argante.) Vous êtes ennemi, monsieur, de ce faquin d'Argante? Eh?

SCAPIN.

Oui, oui; je vous en réponds.

SYLVESTRE, secouant rudement la main d'Argante.

Touchez là, touchez. Je vous donne ma parole, et vous jure sur mon honneur, par l'épée que je porte, par tous les serments que je saurois faire, qu'avant la fin du jour je vous déferai de ce maraud fieffé, de ce faquin d'Argante. Reposez-vous sur moi.

SCAPIN.

Monsieur, les violences en ce pays ne sont guère souffertes.

SYLVESTRE

Je me moque de tout, et je n'ai rien à perdre.

SCAPIN.

Il se tiendra sur ses gardes, assurément; il a des parents, des amis et des domestiques, dont il se fera un secours contre votre ressentiment.

SYLVESTRE.

C'est ce que je demande, morbleu! c'est ce que je demande! (Mettant l'épée à la main.) Ah, tête! ah, ventre! Que ne le trouvé-je à cette heure avec tout son secours! Que ne paroît-il à mes yeux au milieu de trente personnes! Que ne les vois-je fondre sur moi les armes à la main! (Se mettant en garde.) Comment! marauds, vous avez la hardiesse de vous attaquer à moi! Allons, morbleu, tue! (Poussant de tout les côtés, comme s'il avoit plusieurs personnes à combattre.) Point de quartier. Donnons.

Ferme. Poussons. Bon pied, bon œil. Ah! coquins! ah! canaille! vous en voulez par là! je vous en ferai tâter votre soûl. Soutenez, marauds; soutenez! Allons! A cette botte! A cette autre! (Se tournant du côté d'Argante et de Scapin) A celle-ci! A celle-là! Comment, vous reculez! Pied ferme, morbleu! pied ferme!

SCAPIN.
Eh! eh! eh! monsieur, nous n'en sommes pas.

SYLVESTRE.
Voilà qui vous apprendra à vous oser jouer à moi!

SCÈNE X
ARGANTE, SCAPIN.

SCAPIN.
Eh bien, vous voyez combien de personnes tuées pour deux cents pistoles. Or sus, je vous souhaite une bonne fortune.

ARGANTE, tout tremblant.
Scapin.

SCAPIN.
Plaît-il?

ARGANTE.
Je me résous à donner les deux cents pistoles.

SCAPIN.
J'en suis ravi pour l'amour de vous.

ARGANTE.
Allons le trouver; je les ai sur moi.

SCAPIN.
Vous n'avez qu'à me les donner. Il ne faut pas, pour votre honneur, que vous paroissiez là, après avoir passé ici pour autre que ce que vous êtes; et, de plus, je craindrois qu'en vous faisant connoître il n'allât s'aviser de vous demander davantage.

ARGANTE.
Oui; mais j'aurois été bien aise de voir comme je donne mon argent.

SCAPIN.
Est-ce que vous vous défiez de moi?

ARGANTE.
Non pas; mais...

SCAPIN.
Parbleu! monsieur, je suis un fourbe, ou je suis honnête homme; c'est l'un des deux. Est-ce que je voudrois vous tromper, et que, dans tout ceci, j'ai d'autre intérêt que le vôtre et celui de mon maître,

à qui vous voulez vous allier ? Si je vous suis suspect, je ne me mêle plus de rien, et vous n'avez qu'à chercher dès cette heure qui accommodera vos affaires.

ARGANTE.

Tiens donc.

SCAPIN.

Non, monsieur, ne me confiez point votre argent. Je serai bien aise que vous vous serviez de quelque autre.

ARGANTE.

Mon Dieu ! tiens.

SCAPIN.

Non, vous dis-je, ne vous fiez point à moi. Que sait-on si je ne veux point vous attraper votre argent ?

ARGANTE.

Tiens, te dis-je ; ne me fais point contester davantage. Mais songe à bien prendre tes sûretés avec lui.

SCAPIN.

Laissez-moi faire ; il n'a pas affaire à un sot.

ARGANTE.

Je vais t'attendre chez moi.

SCAPIN,

Je ne manquerai pas d'y aller. (Seul). Et un. Je n'ai qu'à chercher l'autre. Ah ! ma foi, le voici. Il semble que le ciel, l'un après l'autre, les amène dans mes filets.

SCÈNE XI

GÉRONTE, SCAPIN.

SCAPIN, faisant semblant de ne point voir Géronte.

O ciel ! ô disgrâce imprevue ! ô misérable père ! Pauvre Géronte, que feras-tu ?

GÉRONTE, à part.

Que dit-il là de moi, avec ce visage affligé ?

SCAPIN.

N'y a-t-il personne qui puisse me dire où est le seigneur Géronte ?

GÉRONTE.

Qu'y a-t-il, Scapin ?

SCAPIN, courant sur le théâtre sans vouloir entendre ni voir Géronte.

Où pourrai-je le rencontrer pour lui dire cette infortune ?

GÉRONTE, arrêtant Scapin.

Qu'est-ce que c'est donc ?

SCAPIN.

En vain je cours de tous côtés pour le pouvoir trouver.

GÉRONTE.

Me voici.

SCAPIN.

Il faut qu'il soit caché en quelque endroit qu'on ne puisse point deviner.

GÉRONTE, arrêtant Scapin.

Holà ! Es-tu aveugle, que tu ne me vois pas ?

SCAPIN.

Ah ! monsieur, il n'y a pas moyen de vous rencontrer.

GÉRONTE.

Il y a une heure que je suis devant toi. Qu'est-ce que c'est donc qu'il y a ?

SCAPIN.

Monsieur...

GÉRONTE.

Quoi ?

SCAPIN.

Monsieur votre fils...

GÉRONTE.

Et bien, mon fils...

SCAPIN.

Est tombé dans une disgrâce la plus étrange du monde.

GÉRONTE.

Et quelle ?

SCAPIN.

Je l'ai trouvé tantôt tout triste de je ne sais quoi que vous lui avez dit, où vous m'avez mêlé assez mal à propos ; et, cherchant à divertir cette tristesse, nous nous sommes allés promener sur le port. Là, entre autres plusieurs choses, nous avons arrêté nos yeux sur une galère turque assez bien équipée. Un jeune Turc de bonne mine nous a invités d'y entrer, et nous a présenté la main. Nous y avons passé. Il nous a fait mille civilités, nous a donné la collation, où nous avons mangé des fruits les plus excellents qui se puissent voir, et bu du vin que nous avons trouvé le meilleur du monde.

GÉRONTE.

Qu'y a-t-il de si affligeant à tout cela?

SCAPIN.

Attendez, monsieur, nous y voici. Pendant que nous mangions, il a fait mettre la galère en mer, et, se voyant éloigné du port, il m'a fait mettre dans un esquif, et m'envoie vous dire que si vous ne lui envoyez par moi, tout à l'heure, cinq cents écus, il va vous emmener votre fils en Alger.

GÉRONTE.

Comment, diantre ! cinq cents écus !

SCAPIN.

Oui, monsieur; et, de plus, il ne m'a donné pour cela que deux heures.

GÉRONTE.

Ah ! le pendard de Turc ! m'assassiner de la façon !

SCAPIN.

C'est à vous, monsieur, d'aviser promptement aux moyens de sauver des fers un fils que vous aimez avec tant de tendresse.

GÉRONTE.

Que diable alloit-il faire dans cette galère ?

SCAPIN.

Il ne songeoit pas à ce qui est arrivé.

GÉRONTE.

Va-t'en, Scapin, va-t'en vite dire à ce Turc que je vais envoyer la justice après lui.

SCAPIN.

La justice en pleine mer ! Vous moquez-vous des gens ?

GÉRONTE.

Que diable alloit-il faire dans cette galère ?

SCAPIN.

Une méchante destinée conduit quelquefois les personnes.

GÉRONTE.

Il faut, Scapin, il faut que tu fasses ici l'action d'un serviteur fidèle.

SCAPIN.

Quoi, monsieur ?

GÉRONTE.

Que tu ailles dire à ce Turc qu'il me renvoie mon fils, et que tu te mettes à sa place jusqu'à ce que j'aie amassé la somme qu'il demande.

SCAPIN.

Eh! monsieur, songez-vous à ce que vous dites? et vous figurez-vous que ce Turc ait si peu de sens que d'aller recevoir un misérable comme moi à la place de votre fils?

GÉRONTE.

Que diable alloit-il faire dans cette galère?

SCAPIN.

Il ne devinoit pas ce malheur. Songez, monsieur, qu'il ne m'a donné que deux heures.

GÉRONTE.

Tu dis qu'il demande...

SCAPIN.

Cinq cents écus.

GÉRONTE.

Cinq cents écus! N'a-t-il point de conscience?

SCAPIN.

Vraiment oui, de la conscience à un Turc!

GÉRONTE.

Sait-il bien ce que c'est que cinq cents écus?

SCAPIN.

Oui, monsieur; il sait que c'est mille cinq cents livres.

GÉRONTE.

Croit-il, le traître, que mille cinq cents livres se trouvent dans le pas d'un cheval?

SCAPIN.

Ce sont des gens qui n'entendent point de raison.

GÉRONTE.

Mais que diable alloit-il faire à cette galère?

SCAPIN.

C'est vrai. Mais quoi! on ne prévoyoit pas les choses. De grâce, monsieur, dépêchez!

GÉRONTE.

Tiens, voilà la clef de mon armoire.

SCAPIN.

Bon.

GÉRONTE.

Tu l'ouvriras.

SCAPIN.

Fort bien.

GÉRONTE.

Tu trouveras une grosse clef du côté gauche, qui est celle de mon grenier.

SCAPIN.

Oui.

GÉRONTE.

Tu iras prendre toutes les hardes qui sont dans cette grande manne, et tu les vendras aux fripiers pour aller racheter mon fils.

SCAPIN, en lui rendant la clef.

Eh ! monsieur, rêvez-vous ? Je n'aurois pas cent francs de tout ce que vous dites ; et, de plus, vous savez le peu de temps qu'on m'a donné.

GÉRONTE.

Mais que diable alloit-il faire à cette galère ?

SCAPIN.

Oh ! que de paroles perdues ! Laissez-là cette galère, et songez que le temps presse, et que vous courez risque de perdre votre fils. Hélas ! mon pauvre maître ! peut-être que je ne te verrai de ma vie, et qu'à l'heure que je parle on t'emmène esclave en Alger. Mais le ciel me sera témoin que j'ai fait pour toi tout ce que j'ai pu, et que, si tu manques à être racheté, il n'en faut accuser que le peu d'amitié d'un père.

GÉRONTE.

Attends, Scapin, je m'en vais quérir cette somme.

SCAPIN.

Dépêchez donc vite, monsieur ; je tremble que l'heure ne sonne.

GÉRONTE.

N'est-ce pas quatre cents écus que tu dis ?

SCAPIN.

Non. Cinq cents écus.

GÉRONTE.

Cinq cents écus !

SCAPIN.

Oui.

GÉRONTE.

Que diable alloit-il faire à cette galère ?

SCAPIN.

Vous avez raison ; mais hâtez-vous.

GÉRONTE.

N'y avoit-il point d'autre promenade ?

SCAPIN.

Cela est vrai ; mais faites promptement.

GÉRONTE.

Ah ! maudite galère !

SCAPIN, à part.

Cette galère lui tient au cœur.

GÉRONTE.

Tiens, Scapin, je ne me souvenois pas que je viens justement de recevoir cette somme en or, et je ne croyois pas qu'elle dût m'être sitôt ravie. (Tirant sa bourse de sa poche et la présentant à Scapin.) Tiens, va t'en racheter mon fils.

SCAPIN, tendant la main.

Oui, monsieur.

GÉRONTE, retenant sa bourse, qu'il fait semblant de vouloir donner à Scapin.

Mais dis à ce Turc que c'est un scélérat!

SCAPIN, tendant encore la main.

Oui.

GÉRONTE, recommençant la même action.

Un infâme!

SCAPIN, tendant toujours la main.

Oui.

GÉRONTE, de même.

Un homme sans foi, un voleur!

SCAPIN.

Laissez-moi faire.

GÉRORTE, de même.

Qu'il me tire cinq cents écus contre toute sorte de droit!

SCAPIN

Oui.

GÉRONTE, de même.

Que je ne les lui donne ni à la mort ni à la vie!

SCAPIN.

Fort bien.

GÉRONTE, de même.

Et que, si jamais je l'attrape, je saurai me venger de lui!

SCAPIN.

Oui.

GÉRONTE, remettant sa bourse dans sa poche et s'en allant.

Va, va vite requérir mon fils.

SCAPIN, courant après Géronte.

Holà, monsieur!

GÉRONTE.

Quoi?

SCAPIN.

Où est donc cet argent?

GÉRONTE.
Ne te l'ai-je pas donné?
SCAPIN.
Non vraiment; vous l'avez remis dans votre poche.
GÉRONTE.
Ah! c'est la douleur qui me trouble l'esprit.
SCAPIN.
Je le vois bien.
GÉRONTE.
Que diable alloit-il faire dans cette galère! Ah! maudite galère! traître de Turc! à tous les diables!
SCAPIN, seul.
Il ne peut digérer les cinq cents écus que je lui arrache; mais il n'est pas quitte envers moi; et je veux qu'il me paye en une autre monnoie l'imposture qu'il m'a faite auprès de son fils.

SCÈNE XII
OCTAVE, LÉANDRE, SCAPIN.

OCTAVE.
Eh bien, Scapin, as-tu réussi pour moi dans ton entreprise?
LÉANDRE.
As-tu fait quelque chose pour tirer mon amour de la peine où il est?
SCAPIN, à Octave.
Voilà deux cents pistoles que j'ai tirées de votre père.
OCTAVE.
Ah! que tu me donnes de joie!
SCAPIN, à Léandre.
Pour vous, je n'ai pu faire rien.
LÉANDRE, voulant s'en aller.
Il faut donc que j'aille mourir; et je n'ai que faire de vivre, si Zerbinette m'est ôtée.
SCAPIN.
Holà! holà! tout doucement. Comme diantre vous allez vite!
LÉANDRE, se retournant.
Que veux-tu que je devienne?
SCAPN.
Allez, j'ai votre affaire ici.
LÉANDRE.
Ah! tu me redonnes la vie.
SCAPIN.
Mais à condition que vous me permettrez, à moi,

une petite vengeance contre votre père, pour le tour qu'il m'a fait.
LÉANDRE.
Tout ce que tu voudras.
SCAPIN.
Vous me le promettez devant témoin ?
LÉANDRE.
Oui.
SCAPIN.
Tenez, voilà cinq cents écus.
LÉANDRE.
Allons-en promptement acheter celle que j'adore.

ACTE TROISIÈME
SCÈNE I
ZERBINETTE, HYACINTE, SCAPIN, SYLVESTRE.

SYLVESTRE.
Oui, vos amants ont arrêté entre eux que vous fussiez ensemble ; et nous nous acquittons de l'ordre qu'ils nous ont donné.
HYACIETE, à Zerbinette,
Un tel ordre n'a rien qui ne me soit fort agréable. Je reçois avec joie une compagne de la sorte ; et il ne tiendra pas à moi que l'amitié qui est entre les personnes que nous aimons ne se répande entre nous deux.
ZERBINETTE.
J'accepte la proposition, et ne suis point personne à reculer lorsqu'on m'attaque d'amitié.
SCAPIN.
Et lorsque c'est d'amour qu'on vous attaque ?
ZERBINETTE.
Pour l'amour, c'est une autre chose ; on y court un peu plus de risque, et je n'y suis pas si hardie.
SCAPIN.
Vous l'êtes, que je crois, contre mon maître maintenant ; et ce qu'il vient de faire pour vous doit vous donner du cœur pour répondre comme il faut à sa passion.
ZERBINETTE.
Je ne m'y fie encore que de la bonne sorte ; et ce n'est pas assez pour m'assurer entièrement, que ce qu'il vient de faire. J'ai l'humeur enjouée, et sans cesse je ris ; mais tout en riant, je suis sérieuse sur de certains chapitres ; et ton maître s'abusera, s'il croit qu'il lui

suffise de m'avoir achetée, pour me voir toute à lui.
Il doit lui en coûter autre chose que de l'argent: et,
pour répondre à son amour de la manière qu'il souhaite, il me faut un don de sa foi, qui soit assaisonné
de certaines cérémonies qu'on trouve nécessaires.

SCAPIN.

C'est là aussi comme il l'entend. Il ne prétend à
vous qu'en tout bien et en tout honneur; et je n'aurois pas été homme à me mêler de cette affaire, s'il
avoit une autre pensée.

ZERBINETTE.

C'est ce que je veux croire, puisque vous me le dites;
mais, du côté du père, j'y prévois des empêchements.

SCAPIN.

Nous trouverons moyen d'accommoder les choses.

HYACINTE, à Zerbinette

La ressemblance de nos destins doit contribuer encore à faire naître notre amitié; et nous nous voyons
toutes deux dans les mêmes alarmes, toutes deux exposées à la même infortune.

ZERBINETTE.

Vous avez cet avantage au moins, que vous savez de
qui vous êtes née, et que l'appui de vos parents, que
vous pouvez faire connoître, est capable d'ajuster tout,
peut assurer votre bonheur et faire donner un consentement au mariage qu'on trouve fait. Mais, pour
moi, je ne rencontre aucun secours dans ce que je
puis être; et l'on me voit dans un état qui n'adoucira pas les volontés d'un père qui ne regarde que le
bien.

HYACINTE.

Mais aussi avez-vous cet avantage, que l'on ne tente
point, par un autre parti, celui que vous aimez.

ZERBINETTE.

Le changement du cœur d'un amant n'est pas ce
qu'on peut le plus craindre. On se peut naturellement croire assez de mérite pour garder sa conquête;
et ce que je vois de plus redoutable dans ces sortes
d'affaires, c'est la puissance paternelle, auprès de qui
tout le mérite ne sert de rien.

HYACINTE.

Hélas! pourquoi faut-il que de justes inclinations
se trouvent traversées? La douce chose que d'aimer,
lorsque l'on ne voit point d'obstacles à ces aimables
chaînes dont deux cœurs se lient ensemble!

SCAPIN.

Vous vous moquez! la tranquillité en amour est un calme désagréable. Un bonheur tout uni nous devient ennuyeux; il faut du haut et du bas dans la vie; et les difficultés qui se mêlent aux choses réveillent les ardeurs, augmentent les plaisirs.

ZERBINETTE.

Mon Dieu, Scapin, fais-nous un peu ce récit, qu'on m'a dit qui est si plaisant, du stratagème dont tu t'es avisé pour tirer de l'argent de ton vieillard avare. Tu sais qu'on ne perd point sa peine lorsqu'on me fait un conte, et que je le paye assez bien par la joie qu'on m'y voit prendre.

SCAPIN.

Voilà Sylvestre, qui s'en acquittera aussi bien que moi. J'ai dans la tête certaine petite vengeance dont je vais goûter le plaisir.

SYLVESTRE.

Pourquoi, de gaieté de cœur, veux-tu chercher à t'attirer de méchantes affaires?

SCAPIN.

Je me plais à tenter des entreprises hasardeuses.

SYLVESTRE.

Je te l'ai déjà dit, tu quitterois le dessein que tu as, si tu m'en voulois croire.

SCAPIN.

Oui; mais c'est moi que j'en croirai.

SYLVESTRE.

A quoi diable te vas-tu amuser?

SCAPIN.

De quoi diable te mets-tu en peine?

SYLVESTRE.

C'est que je vois que, sans nécessité, tu vas courir risque de t'attirer une venue de coups de bâton.

SCAPIN.

Eh bien, c'est aux dépens de mon dos, et non pas du tien.

SYLVESTRE.

Il est vrai que tu es maître de tes épaules, et tu en disposeras comme il te plaira.

SCAPIN.

Ces sortes de périls ne m'ont jamais arrêté; et je hais ces cœurs pusillanimes qui, pour trop prévenir les suites des choses, n'osent rien entreprendre.

ZERBINETTE, à Scapin.
Nous aurons besoin de tes soins.

SCAPIN.

Allez. Je vous irai bientôt rejoindre. Il ne sera pas dit qu'impunément on m'ait mis en état de me trahir moi-même et de découvrir des secrets qu'il étoit bon qu'on ne sût pas.

SCÈNE II
GÉRONTE, SCAPIN.

GÉRONTE.

Eh bien, Scapin, comment va l'affaire de mon fils?

SCAPIN.

Votre fils, monsieur, est en lieu de sûreté; mais vous courez maintenant, vous, le péril le plus grand du monde, et je voudrois, pour beaucoup, que vous fussiez dans votre logis.

GÉRONTE.

Comment donc?

SCAPIN.

A l'heure que je parle, on vous cherche de toutes parts pour vous tuer.

GÉRONTE.

Moi?

SCAPIN.

Oui.

GÉRONTE.

Et qui?

SCAPIN.

Le frère de cette personne qu'Octave a épousée. Il croit que le dessein que vous avez de mettre votre fille à la place que tient sa sœur est ce qui pousse le plus fort à faire rompre leur mariage; et, dans cette pensée, il a résolu hautement de décharger son désespoir sur vous et de vous ôter la vie pour venger son honneur. Tous ses amis, gens d'épée comme lui, vous cherchent de tous les côtés, et demandent de vos nouvelles. J'ai vu même, deçà et delà, des soldats de sa compagnie qui interrogent ceux qu'ils trouvent et occupent par pelotons toutes les avenues de votre maison : de sorte que vous ne sauriez aller chez vous, vous ne sauriez faire un pas, ni à droite ni à gauche, que vous ne tombiez dans leurs mains.

GÉRONTE.

Que ferai-je, mon pauvre Scapin?

SCAPIN.

Je ne sais pas, monsieur, et voici une étrange affaire. Je tremble pour vous depuis les pieds jusqu'à la tête, et... Attendez. (Scapin fait semblant d'aller voir au fond du théâtre s'il n'y a personne.)

GÉRONTE, en tremblant.

Eh?

SCAPIN, revenant.

Non, non, non, ce n'est rien.

GÉRONTE.

Ne saurois-tu trouver quelque moyen pour me tirer de peine?

SCAPIN.

J'en imagine bien un; mais je courrois risque, moi, de me faire assommer.

GÉRONTE.

Eh! Scapin, montre-toi serviteur zélé. Ne m'abandonne pas, je te prie.

SCAPIN.

Je le veux bien. J'ai une tendresse pour vous qui ne sauroit souffrir que je vous laisse sans secours.

GÉRONTE.

Tu en seras récompensé, je t'assure; et je te promets cet habit-ci quand je l'aurai un peu usé.

SCAPIN.

Attendez. Voici une affaire que je me suis trouvée fort à propos pour vous sauver. Il faut que vous vous mettiez dans ce sac, et que...

GÉRONTE, croyant, voir quelqu'un.

Ah!

SCAPIN.

Non, non, non, non, ce n'est personne. Il faut, dis-je, que vous vous mettiez là dedans, et que vous gardiez de remuer en aucune façon. Je vous chargerai sur mon dos comme un paquet de quelque chose, et je vous porterai ainsi au travers de vos ennemis jusque dans votre maison, où quand nous serons une fois, nous pourrons nous barricader et envoyer quérir main-forte contre la violence.

GÉRONTE.

L'invention est bonne.

SCAPIN.

La meilleure du monde. Vous allez voir. (A part.) Tu me payeras l'imposture.

GÉRONTE.

Eh?

SCAPIN.

Je dis que vos ennemis seront bien attrapés. Mettez-vous bien jusqu'au fond ; et surtout prenez garde de ne vous point montrer et de ne branler pas, quelque chose qui puisse arriver.

GÉRONTE.

Laisse-moi faire ; je saurai me tenir.

SCAPIN.

Cachez-vous ; voici un spadassin qui vous cherche, (En contrefaisant sa voix.) « Quoi ? jé n'aurai pas l'abantage dé tuer cé Géronte, et quelqu'un, par charité, né m'enseignera pas où il est ! « (A Géronte avec sa voix ordinaire.) Ne branlez pas. « Cadédis, jé lé trouberai, sé cachât-il au centre de la terre ! » A Géronte avec son ton naturel.) Ne vous montrez pas. (Tout le langage gascon est supposé de celui qu'il contrefait, et le reste de lui.) « Oh ! l'homme au sac ! » Monsieur ? » Jé té vaille un louis, et m'enseigne où put être Géronte. » Vous cherchez le seigneur Géronte ? « Oui mordi, jé lé cherche. » Et pour quelle affaire, monsieur ? « Pour quelle affaire ? » Oui. « Jé beux, cadédis, lé faire mourir sous les coups dé vaton. » Oh ! monsieur, les coups de bâton ne se donnent point à des gens comme lui, et ce n'est pas un homme à être traité de la sorte. Qui ? cé fat dé Géronte, cé maraud, cé bélitre ? » Le seigneur Géronte, monsieur, n'est ni fat, ni maraud, ni bélitre ; et vous devriez, s'il vous plaît, parler d'une autre façon. « Comment ! tu mé traites, à moi, avec cette hautur ? » Je défends, comme je dois, un homme d'honneur qu'on offense. « Est-ce que tu es des amis dé cé Géronte ! » Oui, monsieur, j'en suis. « Ah ! cadédis, tu es dé ses amis : à la vonne hure ! (Donnant plusieurs coups de bâton sur le sac.) « Tiens, boilà cé qué jé té vaille pour lui. » (Criant comme s'il recevoit les coups de bâton.) Ah ! ah ! ah ! ah ! monsieur ! Ah ! ah ! monsieur, tout beau ! Ah ! doucement ! Ah ! ah ! ah ! « Va, porte-lui cela dé ma part. Adiusias. » Ah ! diable soit le Gascon ! Ah !

GÉRONTE, mettant la tête hors du sac.

Ah ! Scapin, je n'en puis plus...

SCAPIN.

Ah ! monsieur, je suis tout moulu, et les épaules me font un mal épouvantable.

GÉRONTE.
Comment ! c'est sur les miennes qu'il a frappé.
SCAPIN.
Nenni, monsieur, c'étoit sur mon dos qu'il frappoit.
GÉRONTE.
Que veux-tu dire ? J'ai bien senti les coups et les sens bien encore.
SCAPIN.
Non, vous dis-je ; ce n'est que le bout de son bâton qui a été jusque sur vos épaules.
GÉRONTE.
Tu devois donc le retirer un peu plus loin pour m'épargner...

SCAPIN, lui remettant la tête dans le sac.

Prenez garde ; en voici un autre qui a la mine d'un éaranger. (Cet endroit est le même que celui du Gascon pour le changement de langage et le jeu de théâtre.) « Parti, moi courir comme une Basque, et moi ne pouvre point troufair de tout le jour sti diable de Gironte. » Cachez-vous bien. « Dites-moi un peu, fous, montsir l'homme, s'il ve plaît, fous safoir point où l'est sti Gironte que moi cherchaire ? » Non monsieur, je ne sais point où est Géronte. Dites-moi le, fous, frenchemente ; moi li fouloir pas grande chose à lui. L'est seulemente pour lui donnair un petite régale sur le dos d'un douzaine de coups de bâtonne, et de trois ou quatre petites coups d'épée au trafers de son poitrine. « Je vous assure, monsieur, que je ne sais pas où il est. « Il me semble que ji foi remuair quelque chose dans sti sac. » Pardonnez-moi, monsieur. « Li est assurêmente quelque histoire là tetans. » Point du tout, monsieur. « Moi l'avoir enfie de tonner un coup d'épée dans sti sac. » Ah ! monsieur, gardez-vous-en bien ! « Montre-le-moi un peu, fous, ce que c'être là. » Tout beau, monsieur ! « Quement, tout beau ! » Vous n'avez que faire de vouloir voir ce que je porte. « Et moi, je le fouloir voir, moi ! » Vous ne le verrez point. « Ah ! que de badinemente ! » Ce sont hardes qui m'appartiennent. « Montre-moi, fous, te dis-je. » Je n'en ferai rien. « Toi ne faire rien ! » Non. « Moi pailler de ste bâtonne dessus les épaules de toi. » Je me moque de cela. « Ah ! toi faire le trôle ! » (Donnant des coups de bâton sur le sac, et criant comme s'il les recevoit.) Ahi ! ahi ! ahi ! Ah ! monsieur, ah ! ah ! ah ! ah ! « Jusqu'au refoir : l'être là un petit leçon pour li apprendre à toi à parler insolentemente. » Ah! peste soit du baragouineux! Ah!

GÉRONTE, sortant sa tête du sac,
Ah! je suis roué...

SCAPIN.
Ah! je suis mort...

GÉRONTE.
Pourquoi diantre faut-il qu'ils frappent sur mon dos?

SCAPIN, lui remettant la tête dans le sac.
Prenez garde; voici un demi-douzaine de soldats tout ensemble. (Contrefaisant la voix de plusieurs personnes.) « Allons, tâchons à trouver Géronte, cherchons partout. N'épargnons point nos pas. Courons toute la ville. N'oublions aucun lieu. Visitons tout. Furetons de tous les côtés. Par où irons-nous? Tournons par là. Non, par ici. A gauche. A droite. Nenni. Si fait. » (A Géronte, avec sa voix ordinaire.) Cachez-vous bien. « Ah! camarades, voici son valet. Allons, coquin, il faut que tu nous enseignes où est ton maître. » Eh! messieurs, ne me maltraitez point. « Allons, dis-nous où il est. Parle. Hâte-toi. Expédions. Dépêche vite. Tôt. » Eh! messieurs, doucement. (Géronte met doucement la tête hors du sac, et aperçoit la fourberie de Scapin.) « Si tu ne nous fais trouver ton maître, tout à l'heure, nous allons faire pleuvoir sur toi une ondée de coups de bâton. » J'aime mieux souffrir toute chose que de vous découvrir mon maître. « Nous allons t'assommer. » Faites tout ce qu'il vous plaira. « Tu as envie d'être battu? » Je ne trahirai point mon maître. » Ah! tu veux en tâter? Voilà... » Oh! Comme il est près de frapper, Géronte sort du sac, et Scapin s'enfuit.)

GÉRONTE, seul.
Ah! infâme! ah! traître! ah! scélérat! C'est ainsi que tu m'assassines!

SCÈNE III
ZERBINETTE, GÉRONTE.

ZERBINETTE, riant, sans voir Géronte.
Ah! ah! Je veux prendre un peu l'air.

GÉRONTE, à part, sans voir Zerbinette.
Tu me le payeras, je te jure.

ZERBINETTE, sans voir Géronte.
Ah! ah! ah! ah! La plaisante histoire! et la bonne dupe que ce vieillard!

GÉRONTE.

Il n'y a rien de plaisant à cela; et vous n'avez que faire d'en rire.

ZERBINETTE.

Quoi? Que voulez-vous dire, monsieur?

GÉRONTE.

Je veux dire que vous ne devez pas vous moquer de moi.

ZERBINETTE.

De vous?

GÉRONTE.

Oui.

ZERBINETTE.

Comment! qui songe à se moquer de vous?

GÉRONTE.

Pourquoi venez-vous ici me rire au nez?

ZERBINETTE.

Cela ne vous regarde point, et je ris toute seule d'un conte qu'on vient de faire, le plus plaisant qu'on puisse entendre. Je ne sais pas si c'est parce que je suis intéressée dans la chose; mais je n'ai jamais trouvé rien de si drôle qu'un tour qui vient d'être joué par un fils à son père pour en attraper de l'argent.

GÉRONTE.

Par un fils à son père, pour en attraper de l'argent?

ZERBINETTE.

Oui. Pour peu que vous me pressiez, vous me trouverez assez disposée à vous dire l'affaire; et j'ai une démangeaison naturelle à faire part des contes que je sais.

GÉRONTE.

Je vous prie de me dire cette histoire.

ZERBINETTE.

Je le veux bien, Je ne risquerai pas grand'chose à vous la dire, et c'est une aventure qui n'est pas pour être longtemps secrète. La destinée a voulu que je me trouvasse parmi une bande de ces personnes qu'on appelle Égyptiens, et qui, rôdant de province en province, se mêlent de dire la bonne fortune, et quelquefois de beaucoup d'autre choses. En arrivant dans cette ville, un jeune homme me vit et conçut pour moi de l'amour. Dès ce moment, il s'attache à mes pas ; et le voilà d'abord comme tous les jeunes gens, qui croient qu'il n'y a qu'à parler et qu'au moindre mot qu'ils nous disent leurs affaires sont faites; mais il trouva une fierté qui lui fit un peu corriger ses premières pensées. Il fit connoître sa passion aux gens qui me tenoient, et il les trouva disposés à me laisser à lui moyennant quelque somme. Mais le mal de l'affaire étoit que mon amant se trouvoit dans l'état où l'on voit très-souvent la plupart des fils de famille, c'est-à-dire qu'il étoit un peu dénué d'argent. Il a un père qui, quoique riche, est un avaricieux fieffé, le plus vilain homme du monde. Attendez. Ne me saurois-je souvenir de son nom? Haie. Aidez-moi un peu. Ne pouvez-vous me nommer quelqu'un de cette ville qui soit connu pour être avare au dernier point?

GÉRONTE,

Non.

ZERBINETTE.

Il y a à son nom du ron... ronte... Or... Oronte... Non. Gé... Géronte. Oui, Géronte, justement; voilà mon vilain; je l'ai trouvé: c'est ce ladre-là que je dis. Pour venir à notre conte, nos gens ont voulu aujourd'hui partir de cette ville; et mon amant m'alloit perdre, faute d'argent, si, pour en tirer de son père, il n'avoit trouvé du secours dans l'industrie d'un serviteur qu'il a. Pour le nom du serviteur, je le sais à merveille. Il s'appelle Scapin; c'est un homme incomparable, et il mérite toutes les louanges qu'on peut donner.

GÉRONTE, à part.

Ah! coquin que tu es!

ZERBINETTE.

Voici le stratagème dont il s'est servi pour attraper sa dupe. Ah! ah! ah! ah! Je ne saurois m'en souvenir, que je ne rie de tout mon cœur. Ah! ah! ah! Il est allé trouver ce chien d'avare... ah! ah! ah! et lui a dit qu'en se promenant sur le port avec son fils, hi! hi! ils avoient vu une galère turque, où on les avoit invités d'entrer; qu'un jeune Turc leur y avoit donné la collation, ah! que, tandis qu'il mangeoient, on avoit mis la galère en mer, et que le turc l'avoit renvoyé lui seul à terre dans un esquif, avec ordre de dire au père de son maître qu'il emmenoit son fils en Alger, s'il ne lui envoyoit tout à l'heure cinq cents écus. Ah! ah! ah! Voilà mon ladre, mon vilain, dans de furieuses angoisses; et la tendresse qu'il a pour son fils fait un combat étrange avec son avarice. Cinq cents écus qu'on lui demande sont justement cint cents coups de poignard qu'on lui donne. Ah! ah! ah! Il ne peut se résoudre à tirer cette somme de ses entrailles; et la peine qu'il souffre lui fait trouver cent moyens ridicules pour ravoir son fils. Ah! ah! ah! Il veut envoyer la justice en mer après la galère du Turc. Ah! ah! ah! Il sollicite son valet de s'aller offrir à tenir la place de son fils, jusqu'à ce qu'il ai amassé l'argent qu'il n'a pas envie de donner. Ah! ah! ah! Il abandonne, pour faire les cinq cents écus, quatre ou cinq vieux habits qui n'en valent pas trente. Ah! ah! ah! Le valet lui fait comprendre à tous coups l'impertinence de ses propositions; et chaque réflexion est douloureusement accompagnée d'un: « Mais que diable alloit-il faire à cette galère? Ah! maudite galère! Traître de Turc! » Enfin, après plusieurs détours, après avoir longtemps gémi et soupiré... Mais il me semble que vous ne riez point de mon conte; qu'en dites-vous?

GÉRONTE.

Je dis que le jeune homme est un pendard, un insolent, qui sera puni par son père du tour qu'il lui a fait; que l'Égyptienne est une malavisée, une impertinente, de dire des injures à un homme d'honneur, qui saura lui apprendre à venir ici débaucher les enfants de famille; et que le valet est un scélérat, qui sera par Géronte envoyé au gibet avant qu'il soit demain.

SCÈNE IV

ZERBINETTE, SYLVESLRE.

SYLVESTRE.

Où est-ce donc que vous vous échappez? Savez-vous bien que vous venez de parler là au père de votre amant?

ZERBINETTE.

Je viens de m'en douter, et je me suis adressée à lui-même sans y penser, pour lui conter son histoire.

SYLVESTRE.

Comment, son histoire?

ZERBINETTE.

Oui. J'étois toute remplie du conte, et je brûlois de le redire. Mais qu'importe? Tant pis pour lui. Je ne vois pas que les choses, pour nous, en puissent être ni pis ni mieux.

SYLVESTRE.

Vous aviez grande envie de babiller; et c'est avoir bien de la langue que de ne pouvoir se taire de ses propres affaires.

ZERBINETTE.

N'auroit-il pas appris cela de quelque autre?

SCÈNE V

ARGANTE, ZERBINETTE, SYLVESTRE.

ARGANTE, derrière le théâtre.

Holà! Sylvestre.

SYLVESTRE, à Zerbinette.

Rentrez dans la maison. Voilà mon maître qui m'appelle.

SCÈNE VI

ARGANTE, SYLVESTRE.

ARGANTE.

Vous vous êtes donc accordés, coquins, vous vous êtes accordés, Scapin, vous et mon fils, pour me fourber; et vous croyez que je l'endure?

SYLVESTRE.

Ma foi, monsieur, si Scapin vous fourbe, je m'en lave les mains, et vous assure que je n'y trempe en aucune façon.

ARGANTE.

Nous verrons cette affaire, pendard, nous verrons cette affaire, et je ne prétends pas qu'on me fasse passer la plume par le bec.

SCÈNE VII

GÉRONTE, ARGANTE, SYLVESTRE.

GÉRONTE.

Ah! seigneur Argante, vous me voyez accablé de disgrâce.

ARGANTE.

Vous me voyez aussi dans un accablement horrible.

GÉRONTE.

Le pendard de Scapin, par une fourberie, m'a attrapé cinq cents écus.

ARGANTE.

Le même pendard de Scapin, par une fourberie aussi, m'a attrapé deux cents pistoles.

GÉRONTE.

Il ne s'est pas contenté de m'attraper cinq cents écus;

il m'a traité d'une manière que j'ai honte de dire. Mais il me la payera.

ARGANTE.

Je veux qu'il me fasse raison de la pièce qu'il m'a jouée.

GÉRONTE.

Et je prétends faire de lui une vengeance exemplaire.

SYLVESTRE, à part.

Plaise au ciel, que, dans tout ceci, je n'aie point ma part !

GÉRONTE.

Mais ce n'est pas encore tout, Seigneur Argante; et un malheur nous est toujours l'avant-coureur d'un autre. Je me réjouissois aujourd'hui de l'espérance d'avoir ma fille, dont je faisois toute ma consolation; et je viens d'apprendre de mon homme qu'elle est partie il y a longtemps de Tarente, et qu'on y croit qu'elle a péri dans le vaisseau où elle s'embarqua.

ARGANTE.

Mais pourquoi, s'il vous plaît, la tenir à Tarente, et ne vous être pas donné la joie de l'avoir avec vous ?

GÉRONTE.

J'ai eu mes raisons pour cela: et des intérêts de famille m'ont obligé jusques ici à tenir fort secret ce second mariage. Mais que vois-je ?

SCÈNE VIII
ARGANTE, GÉRONTE, NÉRINE, SYLVESTRE.

GÉRONTE.

Ah ! te voilà, nourrice ?

NÉRINE, se jetant aux genoux de Géronte.

Ah ! seigneur Pandolphe, que...

GÉRONTE

Appelle-moi Géronte, et ne te sers plus de ce nom. Les raisons ont cessé qui m'avoient obligé à le prendre parmi vous à Tarente.

NÉRINE.

Las ! que ce changement de nom nous a causé de troubles et d'inquiétudes dans les soins que nous avons pris de vous venir chercher ici !

GÉRONTE.

Où est ma fille et sa mère ?

NÉRINE.

Votre fille, monsieur, n'est pas loin d'ici; mais,

avant que de vous la faire voir, il faut que je vous demande pardon de l'avoir mariée, dans l'abandonnement où, faute de vous rencontrer, je me suis trouvée avec elle.

GÉRONTE.

Ma fille mariée?

NÉRINE.

Oui, monsieur.

GÉRONTE.

Et avec qui?

NÉRINE.

Avec un jeune homme nommé Octave, fils d'un certain seigneur Argante.

GÉRONTE.

O ciel!

ARGANTE.

Quelle rencontre!

GÉRONTE.

Mène-nous, mène-nous promptement où elle est.

NÉRINE.

Vous n'avez qu'à entrer dans ce logis.

GÉRONTE.

Passe devant. Suivez-moi, suivez-moi, seigneur Argante.

SYLVESTRE, seul.

Voilà une aventure qui est tout à fait surprenante.

SCÈNE IX
SCAPIN, SYLVESTRE.

SCAPIN.

Eh! bien, Sylvestre, que font nos gens.

SYLVESTRE.

J'ai deux avis à te donner. L'un, que l'affaire d'Octave est accommodée. Notre Hyacinte s'est trouvée la fille du seigneur Géronte; et le hasard a fait ce que la prudence des pères avoit délibéré. L'autre avis, c'est que les deux vieillards font contre toi des menaces épouvantables, et surtout le seigneur Géronte.

SCAPIN.

Cela n'est rien. Les menaces ne m'ont jamais fait mal et ce sont des nuées qui passent bien loin sur nos têtes.

SYLVESTRE.

Prends garde à toi. Les fils se pourroient bien raccommoder avec les pères, et toi demeurer dans la nasse.

SCAPIN.

Laisse-moi faire, je trouverai moyen d'apaiser leur courroux, et...

SYLVESTRE.

Retire-toi, les voilà qui sortent.

SCÈNE X
GÉRONTE, ARGANTE, HYACINTE, ZERBINETTE, NÉRINE, SYLVESTRE.

GÉRONTE.

Allons, ma fille, venez chez moi. Ma joie auroit été parfaite, si j'y avois pu voir votre mère avec vous.

ARGANTE.

Voici Octave tout à propos.

SCÈNE IX
ARGANTE, GÉRONTE, OCTAVE, HYACINTE, ZERBINETTE NÉRINE, SYLVESTRE.

ARGANTE.

Venez, mon fils, venez vous réjouir avec nous de l'heureuse aventure de votre mariage. Le ciel...

OCTAVE.

Non, mon père, toutes vos propositions de mariage ne serviront de rien. Je dois lever le masque avec vous, et l'on vous a dit mon engagement.

ARGANTE.

Oui. Mais tu ne sais pas...

OCTAVE.

Je sais tout ce qu'il faut savoir.

ARGANTE.

Je te veux dire que la fille du seigneur Géronte...

OCTAVE.

La fille du seigneur Géronte ne me sera jamais de rien.

GÉRONTE.

C'est elle...

OCTAVE, à Géronte.

Non, monsieur; je vous demande pardon; mes résolutions sont prises.

SYLVESTRE, à Octave

Écoutez...

OCTAVE.

Non. Tais-toi. Je n'écoute rien.

ARGANTE, à Octave.

Ta femme...

OCTAVE.

Non, vous dis-je, mon père; je mourrai plutôt que de quitter mon aimable Hyacinte. (Traversant le théâtre pour se mettre à côté d'Hyacinte.) Oui. Vous avec beau faire; la voilà, celle à qui ma foi est engagée. Je l'aimerai toute ma vie, et je ne veux point d'autre femme.

ARGANTE.

Eh bien, c'est elle qu'on te donne. Quel diable d'étourdi qui suit toujours sa pointe!

HYACINTE, montrant Géronte.

Oui, Octave, voilà mon père que j'ai trouvé; et nous nous voyons hors de peine.

GÉRONTE.

Allons chez moi; nous serons mieux qu'ici pour nous entretenir.

HYACINTE, montrant Zerbinette.

Ah! mon père, je vous demande, par grâce, que je ne sois point séparée de l'aimable personne que vous voyez. Elle a un mérite qui vous fera concevoir de l'estime pour elle, quand il sera connu de vous.

GÉRONTE.

Tu veux que je tienne chez moi une personne qui est aimée de ton frère, et qui m'a dit tantôt au nez mille sottises de moi-même!

ZERBINETTE.

Monsieur, je vous prie de m'excuser. Je n'aurois pas parlé de la sorte, si j'avois su que c'étoit vous; et je ne vous connoissois que de réputation.

GÉRONTE.

Comment! que de réputation?

HYACINTE.

Mon père, la passion que mon frère a pour elle n'a rien de criminel, et je réponds de sa vertu.

GÉRONTE.

Voilà qui est fort bien. Ne voudroit-on point que je mariasse mon fils avec elle? Une fille inconnue, qui fait le métier de coureuse!

SCÈNE XII

ARGANTE, GÉRONTE, LÉANDRE, OCTAVE, HYACINTE, ZERBINETTE, NÉRINE, SYLVESTRE

LÉANDRE.

Mon père, ne vous plaignez point que j'aime une

inconnue, sans naissance et sans bien. Ceux de qui je l'ai rachetée viennent de me découvrir qu'elle est de cette ville, et d'honnête famille; que ce sont eux qui l'y ont dérobée à l'âge de quatre ans: et voici un bracelet qu'ils m'ont donné, qui pourra nous aider à trouver ses parents.

ARGANTE.

Hélas! à voir ce bracelet, c'est ma fille que je perdis à l'âge que vous dites.

GÉRONTE.

Votre fille?

ARGANTE.

Oui, ce l'est; et j'y vois tous les traits qui m'en peuvent rendre assuré. Ma chère fille!...

HYACINTE.

O ciel! que d'aventures extraordinaires!

SCÈNE XIII
ARGANTE, GÉRONTE, LÉANDRE, OCTAVE, HYACINTE, ZERBINETTE, NÉRINE, SYLVESTRE, CARLE.

CARLE.

Ah! messieurs, il vient d'arriver un accident étrange.

GÉRONTE.

Quoi?

CARLE.

Le pauvre Scapin...

GÉRONTE.

C'est un coquin que je veux faire pendre.

CARLE.

Helas! monsieur, vous ne serez pas en peine de cela. En passant contre un bâtiment, il lui est tombé sur la tête un marteau de tailleur de pierre, qui lui a brisé l os et découvert toute la cervelle. Il se meurt, et il prié qu'on l'apportât ici, pour vous pouvoir parler avant que de mourir.

ARGANTE.

Où est-il?

CARLE.

Le voilà.

SCÈNE XIV
ARGANTE, GÉRONTE, LÉANDRE, OCTAVE, HYACINTE, ZERBINETTE, NÉRINE, SCAPIN, SYLVESTRE, CARLE.

SCAPIN, apporté par deux hommes, et la tête entourée de linges, comme s'il avoit été blessé.

Ahi! ahi! Messieurs, vous me voyez... ahi! vous

me voyez dans un étrange état. Ahi ! Je n'ai pas voulu mourir sans venir demander pardon à toutes les personnes que je puis avoir offensées. Ahi ! Oui, messieurs, avant que de rendre le dernier soupir, je vous conjure de tout mon cœur de vouloir me pardonner tout ce que je puis avoir fait, et principalement le seigneur Argante et le seigneur Géronte. Ahi !

ARGANTE.

Pour moi, je te pardonne ; va, meurs en repos.

SCAPIN, à Géronte.

C'est vous, monsieur, que j'ai le plus offensé par les coups de bâton que...

GÉRONTE.

Ne parle point davantage, je te pardonne aussi.

SCAPIN.

Ç'a été une témérité bien grande à moi, que les coups de bâton que je...

GÉRONTE.

Laissons cela.

SCAPIN.

J'ai, en mourant, une douleur inconcevable des coups de bâton que...

GÉRONTE.

Mon Dieu ! tais-toi.

SCAPIN.

Les malheureux coups de bâtons que je vous...

GÉRONTE.

Tais-toi, te dis-je ; j'oublie tout.

SCAPIN.

Hélas ! quelle bonté ! Mais est-ce de bon cœur, monsieur, que vous me pardonnez ces coups de bâton que...

GÉRONTE.

Et ! oui. Ne parlons plus de rien ; je te pardonne tout : voilà qui est fait.

SCAPIN.

Ah ! monsieur, je me sens tout soulagé depuis cette parole.

GÉRONTE.

Oui ; mais je te pardonne à la charge que tu mourras.

SCAPIN.

Comment ! monsieur !

GÉRONTE.

Je me dédis de ma parole, si tu réchappes.

SCAPIN.

Ahi! ahi! Voilà mes foiblesses qui me reprennent.

ARGANTE.

Seigneur Géronte, en faveur de notre joie, il faut lui pardonner sans condition.

GÉRONTE.

Soit,

ARGANTE.

Allons souper ensemble, pour mieux goûter notre plaisir.

SCAPIN.

Et moi, qu'on me porte au bout de la table, en attendant que je meure.

LA
COMTESSE D'ESCARBAGNAS
COMÉDIE
1671
PERSONNAGES

LA COMTESSE D'ESCARBAGNAS, LE COMTE, fils de la comtesse d'Escarbagnas; LE VICOMTE, amant de Julie; JULIE, amante du vicomte; MONSIEUR TIBAUDIER, conseiller, amant de la comtesse; MONSIEUR HARPIN, receveur des tailles, autre amant de la comtesse; MONSIEUR BOBINET, précepteur de M. le comte; ANDRÉE, suivante de la comtesse; JEANNOT, laquais de monsieur Tibaudier; CRIQUET, laquais de la comtesse.
La scène est à Angoulême.

SCÈNE I
JULIE, LE VICOMTE.
LE VICOMTE.
Eh quoi! madame, vous êtes déjà ici?
JULIE.
Oui. Vous en devriez rougir, Cléante; et il n'est guère honnête à un amant de venir le dernier au rendez-vous.
LE VICOMTE.
Je serois ici il y a une heure; s'il n'y avait point de fâcheux au monde; et j'ai été arrêté en chemin par un vieux importun de qualité, qui m'a demandé tout exprès des nouvelles de la cour, pour trouver moyen de m'en dire des plus extravagantes qu'on puisse débiter; et c'est là, comme vous savez, le fléau des petites villes, que ces grands nouvellistes qui cherchent partout où répandre les contes qu'ils ramassent. Celui-ci m'a montré d'abord deux feuilles de papier, pleines jusques aux bords d'un grand fatras de balivernes, qui viennent, m'a-t-il dit, de l'endroit le plus sûr du monde. Ensuite, comme d'une chose fort curieuse, il m'a fait avec grand mystère une fatigante lecture de toutes les méchantes plaisanteries de la

gazette de Hollande, dont il épouse les intérêts. Il tient que la France est battue en ruine par la plume de cet écrivain, et qu'il ne faut que ce bel esprit pour défaire toutes nos troupes; et de là s'est jeté à corps perdu dans le raisonnement du ministère, dont il remarque tous les défauts, et d'où j'ai cru qu'il ne sortiroit point. A l'entendre parler, il sait les secrets du cabinet mieux que ceux qui les font. La politique de l'Etat lui laisse voir tous ses desseins; et elle ne fait pas un pas dont il ne pénètre les intentions. Il nous apprend les ressorts cachés de tout ce qui se fait, nous découvre les vues de la prudence de nos voisins, et remue, à sa fantaisie, toutes les affaires de l'Europe. Ses intelligences même s'étendent jusques en Afrique et en Asie; et il est informé de tout ce qui s'agite dans le conseil d'en haut du Prêtre-Jean et du grand Mogol.

JULIE.

Vous parez votre excuse du mieux que vous pouvez, afin de la rendre agréable, et faire qu'elle soit plus aisément reçue.

LE VICOMTE.

C'est là, belle Julie, la véritable cause de mon retardement; et, si je voulois y donner une excuse galante, je n'aurois qu'à vous dire que le rendez-vous que vous voulez prendre peut autoriser la paresse dont vous me querellez; que m'engager à faire l'amant de la maîtresse du logis, c'est me mettre en état de craindre de me trouver ici le premier; que cette feinte où je me force n'étant que pour vous plaire, j'ai lieu de ne vouloir en souffrir la contrainte que devant les yeux qui s'en divertissent; que j'évite le tête-à-tête avec cette comtesse ridicule dont vous m'embarassez; et, en un mot, que, ne venant ici que pour vous, j'ai toutes les raisons du monde d'attendre que vous y soyez.

JULIE.

Nous savons bien que vous ne manquerez jamais d'esprit pour donner de belles couleurs aux fautes que vous pourrez faire. Cependant, si vous étiez venu une demi-heure plus tôt, nous aurions profité de tous ces moments; car j'ai trouvé en arrivant que la comtesse étoit sortie, et je ne doute point qu'elle ne soit allée par la ville se faire honneur de la comédie que vous me donnez sous son nom.

LE VICOMTE.

Mais tout de bon, madame, quand voulez-vous mettre fin à cette contrainte et me faire moins acheter le bonheur de vous voir?

JULIE.

Quand nos parents pourront être d'accord; ce que je n'ose espérer. Vous savez, comme moi, que les démêlés de nos deux familles ne nous permettent point de nous voir autre part, et que mes frères, non plus que votre père, ne sont pas assez raisonnables pour souffrir notre attachement.

LE VICOMTE.

Mais pourquoi ne pas mieux jouir du rendez-vous que leur inimitié nous laisse, et me contraindre à perdre en une sotte feinte les moments que j'ai près de vous?

JULIE.

Pour mieux cacher notre amour; et puis, à vous dire la vérité, cette feinte dont vous parlez m'est une comédie fort agréable; et je ne sais si celle que vous nous donnez aujourd'hui me divertira davantage. Notre comtesse d'Escarbagnas, avec son perpétuel entêtement de qualité, est un aussi bon personnage qu'on en puisse mettre sur le théâtre. Le petit voyage qu'elle a fait à Paris l'a ramenée dans Angoulême plus achevée qu'elle n'étoit. L'approche de l'air de la cour a donné à son ridicule de nouveaux agréments, et sa sottise tous les jours ne fait que croître et embellir.

LE VICOMTE.

Oui; mais vous ne considérez pas que le jeu qui vous divertit tient mon cœur au supplice, et qu'on n'est point capable de se jouer longtemps, lorsqu'on a dans l'esprit une passion aussi sérieuse que celle que je sens pour vous. Il est cruel, belle Julie, que cet amusement dérobe à mon amour un temps qu'il voudroit employer à vous expliquer son ardeur; et, cette nuit, j'ai fait là-dessus quelques vers, que je ne puis m'empêcher de vous réciter sans que vous me le demandiez, tant la démangeaison de dire ses ouvrages est un vice attaché à la qualité de poëte!

C'est trop longtemps, Iris, me mettre à la torture;

Iris, comme vous le voyez, est mis là pour Julie.

C'est trop longtemps, Iris, me mettre à la torture,
Et, si je suis vos lois, je les blâme tout bas
De me forcer à taire un tourment que j'endure,
Pour déclarer un mal que je ne ressens pas.

Faut-il que vos beaux yeux, à qui je rends les armes,
Veuillent se divertir de mes tristes soupirs ?
Et n'est-ce pas assez de souffrir pour vos charmes,
Sans me faire souffrir encor pour vos plaisirs ?

C'en est trop à la fois que ce double martyre ;
Et ce qu'il me faut taire et ce qu'il me faut dire
Exerce sur mon cœur pareille cruauté.

L'amour le met en feu, la contrainte le tue ;
Et, si par la pitié vous n'êtes combattue,
Je meurs et de la feinte et de la vérité.

JULIE.

Je vois que vous vous faites là bien plus maltraité que vous n'êtes ; mais c'est une licence que prennent messieurs les poëtes, de mentir de gaieté de cœur et de donner à leurs maîtresses des cruautés qu'elles n'ont pas pour s'accommoder aux pensées qui leur peuvent venir. Cependant je serai bien aise que vous me donniez ces vers par écrit.

LE VICOMTE.

C'est assez de vous les avoir dits, et je dois en demeurer là. Il est permis d'être parfois assez fou pour faire des vers, mais non pour vouloir qu'ils soient vus.

JULIE.

C'est en vain que vous vous retranchez sur une fausse modestie ; on sait dans le monde que vous avez de l'esprit ; et je ne vois pas la raison qui vous oblige à cacher les vôtres.

LE VICOMTE.

Mon Dieu ! madame, marchons là-dessus, s'il vous plaît, avec beaucoup de retenue ; il est dangereux dans le monde de se mêler d'avoir de l'esprit. Il y a là dedans un certain ridicule qu'il est facile d'attraper, et nous avons de nos amis qui me font craindre leur exemple.

JULIE.

Mon Dieu ! Cléante, vous avez beau dire ; je vois avec tout cela que vous mourez d'envie de me les donner ; et je vous embarrasserois, si je faisois semblant de ne m'en pas soucier.

LE VICOMTE.

Moi, madame ? vous vous moquez ; et je ne suis pas si poëte que vous pourriez bien croire, pour... Mais voici votre madame la comtesse d'Escarbagnas. Je sors par l'autre porte pour ne la point trouver, et vais disposer tout mon monde au divertissement que je vous ai promis.

SCÈNE II

LA COMTESSE JULIE, ANDRÉE, et CRIQUET, dans le fond du théâtre.

LA COMTESSE.

Ah! mon Dieu! madame, vous voilà toute seule? Quelle pitié est-ce là? Toute seule! Il me semble que mes gens m'avoient dit que le vicomte étoit ici.

JULIE.

Il est vrai qu'il y est venu; mais c'est assez pour lui de savoir que vous n'y étiez pas, pour l'obliger à sortir.

LA COMTESSE.

Comment! il vous a vue?

JULIE.

Oui.

LA COMTESSE

Et il ne vous a rien dit?

JULIE.

Non, madame; et il a voulu témoigner par là qu'il est tout entier à vos charmes.

LA COMTESSE.

Vraiment, je le veux quereller de cette action. Quelque amour que l'on ait pour moi, j'aime que ceux qui m'aiment rendent ce qu'ils doivent au sexe; et je ne suis point de l'humeur de ces femmes injustes qui s'applaudissent des incivilités que leurs amants font aux autres belles.

JULIE.

Il ne faut point, madame, que vous soyez surprise de son procédé. L'amour que vous lui donnez éclate dans toute ses actions, et l'empêche d'avoir des yeux que pour vous.

LA COMTESSE.

Je crois être en état de pouvoir faire naître une passion assez forte, et je me trouve pour cela assez de beauté, de jeunesse, et de qualité, Dieu merci; mais cela n'empêche pas qu'avec ce que j'inspire, on ne puisse garder de l'honnêteté et de la complaisance pour les autres. (Apercevant Criquet.) Que faites-vous donc là, laquais? Est-ce qu'il n'y a pas une antichambre où se tenir, pour venir quand on vous appelle? Cela est étrange, qu'on ne puisse avoir en province un laquais qui sache son monde! A qui est-ce donc que je parle? Voulez-vous vous en aller là dehors, petit fripon?

SCÈNE III
LA COMTESSE, JULIE, ANDRÉE.

LA COMTESSE, à Andrée.

Fille, approchez.

ANDRÉE.

Que vous plaît-il, madame?

LA COMTESSE.

Otez-moi mes coiffes. Doucement donc, maladroite : comme vous me saboulez la tête avec vos mains pesantes !

ANDRÉE.

Je fais, madame, le plus doucement que je puis.

LA COMTESSE.

Oui ; mais le plus doucement que vous pouvez est fort rudement pour ma tête, et vous me l'avez déboîtée. Tenez encore ce manchon ; ne laissez point traîner tout cela, et portez-le dans ma garde-robe. Eh bien ! où va-t-elle? où va-t-elle? Que veut-elle faire, cet oison bridé?

ANDRÉE.

Je veux, madame, comme vous m'avez dit, porter cela aux garde-robes.

LA COMTESSE.

Ah ! mon Dieu, l'impertinente ! (A Julie.) Je vous demande pardon, madame. (A Andrée.) Je vous ai dit ma garde-robe, grosse bête, c'est-à-dire où sont mes habits.

ANDRÉE.

Est-ce, madame, qu'à la cour une armoire s'appelle une garde-robe?

LA COMTESSE.

Oui, butorde ! on appelle ainsi le lieu où l'on met les habits.

ANDRÉE.

Je m'en ressouviendrai, madame, aussi bien que de votre grenier, qu'il faut appeler garde-meuble.

SCÈNE IV
LA COMTESSE, JULIE.

LA COMTESSE.

Quelle peine il faut prendre pour instruire ces animaux-là !

JULIE.

Je les trouve bien heureux, madame, d'être sous votre discipline.

LA COMTESSE.

C'est une fille de ma mère nourrice que j'ai mise à la chambre, et elle est toute neuve encore.

JULIE.

Cela est d'une belle âme, madame; et il est glorieux de faire ainsi des créatures.

LA COMTESSE.

Allons, des siéges. Holà! laquais, laquais, laquais! En vérité, voilà qui est violent, de ne pouvoir pas avoir un laquais pour donner des siéges! Filles, laquais, laquais, filles, quelqu'un! Je pense que tous mes gens sont morts, et que nous serons contraintes de nous donner des siéges nous-mêmes.

SCÈNE V
LA COMTESSE, JULIE, ANDRÉE.

ANDRÉE.

Que voulez-vous, madame?

LA COMTESSE.

Il se faut bien égosiller, avec vous autres?

ANDRÉE.

J'enfermois votre manchon et vos coiffes dans votre armoi... dis-je, dans votre garde-robe.

LA COMTESSE.

Appelez-moi ce petit fripon de laquais.

ANDRÉE.

Holà! Criquet!

LA COMTESSE.

Laissez là votre Criquet, bouvière! et appelez, laquais.

ANDRÉE.

Laquais donc, et non pas Criquet, venez parler à madame. Je pense qu'il est sourd. Criq... Laquais, laquais!

SCÈNE VI
LA COMTESSE, JULIE, ANDRÉE, CRIQUET.

CRIQUET.

Plaît-il!

LA COMTESSE.

Où étiez-vous donc, petit coquin?

CRIQUET.

Dans la rue, madame.

LA COMTESSE.

Et pourquoi dans la rue?

CRIQUET.

Vous m'avez dit d'aller là dehors?

LA COMTESSE.

Vous êtes un petit impertinent, mon ami ; et vous devez savoir que là dehors, en termes de personnes de qualité, veut dire l'antichambre. Andrée, ayez soin tantôt de faire donner le fouet à ce petit fripon-là par mon écuyer; c'est un petit incorrigible.

ANDRÉE.

Qu'est-ce que c'est, madame, que votre écuyer? Est-ce maître Charles que vous appelez comme cela?

LA COMTESSE.

Taisez-vous, sotte que vous êtes: vous ne sauriez ouvrir la bouche que vous ne disiez une impertinence! (A Criquet.) Des siéges. (A Andrée.) Et vous allumez deux bougies dans mes flambeaux d'argent: il se fait déjà tard. Qu'est-ce que c'est donc, que vous me regardez tout effarée?

ANDRÉE.

Madame...

LA COMTESSE.

Eh bien, madame... Qu'y a-t-il?

ANDRÉE.

C'est que...

LA COMTESSE.

Quoi ?

ANDRÉE.

C'est que je n'ai point de bougie.

LA COMTESSE.

Comment ! Vous n'en avez point ?

ANDRÉE.

Non, madame, si ce n'est des bougies de suif.

LA COMTESSE.

La bouvière! Et où est donc la cire que je fis acheter ces jours passés?

ANDRÉE.

Je n'en ai point vu depuis que je suis céans.

LA COMTESSE.

Otez-vous de là, insolente ! Je vous renverrai chez vos parents. Apportez-moi un verre d'eau.

SCÈNE VII

LA COMTESSE et JULIE, faisant des cérémonies pour s'asseoir.

LA COMTESSE.

Madame !

JULIE.

Madame !

LA COMTESSE.
Ah! madame!
JULIE.
Ah! madame!
LA COMTESSE.
Mon Dieu! madame!
JULIE.
Mon Dieu! madame!
LA COMTESSE.
Oh! madame!
JULIE.
Oh! madame!
LA COMTESSE.
Eh! madame!
JULIE.
Eh! madame!
LA COMTESSE.
Eh! allons donc, madame!
JULIE.
Eh! allons donc, madame!
LA COMTESSE.

Je suis chez moi, madame. Nous sommes demeurées d'accord de cela. Me prenez-vous pour une provinciale, madame?

JULIE.
Dieu m'en garde, madame!

SCÈNE VIII
LA COMTESSE, JULIE; ANDRÉE, apportant un verre d'eau; CRIQUET.

LA COMTESSE, à Andrée.

Allez, impertinente: je bois avec une soucoupe. Je vous dis que vous m'alliez querir une soucoupe pour boire.

ANDRÉE.
Criquet, qu'est-ce que c'est qu'une soucoupe?
CRIQUET.
Une soucoupe?
ANDRÉE.
Oui.
CRIQUET.
Je ne sais.
LA COMTESSE, à Andrée.
Vous ne vous grouillez pas?

ANDRÉE.

Nous ne savons tous deux, madame, ce que c'est qu'une soucoupe.

LA COMTESSE.

Apprenez que c'est une assiette, sur laquelle on met le verre.

SCÈNE IX
LA COMTESSE, JULIE.

LA COMTESSE.

Vive Paris pour être bien servie! On vous entend là au moindre coup d'œil.

SCÈNE X.
LA COMTESSE, JULIE; ANDRÉE, apportant un verre d'eau avec une assiette dessus, CRIQUET.

LA COMTESSE.

Eh bien! vous ai-je dit comme cela, tête de bœuf? C'est dessous qu'il faut mettre l'assiette.

ANDRÉE.

Cela est bien aisé. (Andrée casse le verre en le posant sur l'assiette.)

LA COMTESSE.

Eh bien, ne voilà pas l'étourdie? En vérité, vous me payerez mon verre.

ANDRÉE.

Eh bien! oui, madame, je le payerai.

LA COMTESSE.

Mais voyez cette maladroite, cette bouvière! cette butorde! cette...

ANDRÉE, s'en allant.

Dame! madame, si je le paye, je ne veux point être querellée.

LA COMTESSE.

Otez-vous de devant mes yeux.

SCÈNE XI.
LA COMTESSE, JULIE.

LA COMTESSE.

En vérité, madame, c'est une chose étrange que les petites villes! On n'y sait point du tout son monde: et je viens de faire deux ou trois visites, où ils ont pensé me désespérer par le peu de respect qu'ils rendent à ma qualité.

JULIE.

Où auroient-ils appris à vivre? Ils n'ont point fait de voyage à Paris.

LA COMTESSE.

Ils ne laisseroient pas de l'apprendre, s'ils vouloient

écouter les personnes ; mais le mal que j'y trouve, c'est qu'ils veulent en savoir autant que moi, qui ai été deux mois à Paris et ai vu toute la cour.

JULIE.

Les sottes gens que voilà !

LA COMTESSE

Ils sont insupportables, avec les impertinentes égalités dont ils traitent les gens. Car, enfin, il faut qu'il y ait de la subordination dans les choses ; et ce qui me met hors de moi, c'est qu'un gentilhomme de ville de deux jours, ou de deux cents ans, aura l'effronterie de dire qu'il est aussi bien gentilhomme que feu monsieur mon mari, qui demeuroit à la campagne, qui avoit meute de chiens courants, et qui prenoit la qualité de comte dans tous les contrats qu'il passoit.

JULIE.

On sait bien mieux vivre à Paris, dans ces hôtels dont la mémoire doit être si chère. Cet hôtel de Mouhy, madame, cet hôtel de Lyon, cet hôtel de Hollande, les agréables demeures que voilà !

LA COMTESSE.

Ils est vrai qu'il y a bien de la différence de ces lieux-là à tout ceci. On y voit venir du beau monde, qui ne marchande point à vous rendre tous les respects qu'on sauroit souhaiter. On ne s'en lève pas, si l'on veut, de dessus son siége ; et, lorsque l'on veut voir la revue, ou le grand ballet de *Psyché*, on est servie à point nommé.

JULIE.

Je pense, madame, que, durant votre séjour à Paris, vous avez bien fait des conquêtes de qualité.

LA COMTESSE.

Vous pouvez bien croire, madame, que tout ce qui s'appelle les galants de la cour n'a pas manqué de venir à ma porte, et de m'en conter ; et je garde dans ma cassette de leurs billets, qui peuvent faire voir quelles propositions j'ai refusées ; il n'est pas nécessaire de vous dire leurs noms : on sait ce qu'on veut dire par galants de la cour.

JULIE.

Je m'étonne, madame, que de tous ces grands noms que je devine, vous ayez pu redescendre à un monsieur Tibaudier, le conseiller, et à un monsieur Harpin, le receveur des tailles. La chute est grande, je vous l'avoue : car, pour Monsieur votre vicomte, quoique vicomte de province, c'est toujours un vicomte, et il peut faire un voyage à Paris, s'il n'en a point fait ; mais un conseiller et un receveur sont des amants un peu bien minces pour une grande comtesse comme vous.

LA COMTESSE.

Ce sont gens qu'on ménage dans les provinces pour les besoins qu'on en peut avoir ; ils servent au moins à remplir les vides de la galanterie, à faire nombre de soupirants ; et il est bon, madame, de ne pas laisser un amant seul maître du terrain, de peur que, faute de rivaux, son amour ne s'endorme sur trop de confiance.

JULIE.

Je vous avoue, madame, qu'il y a merveilleusement à profiter de tout ce que vous dites ; c'est une école que votre conversation, et j'y viens tous les jours attraper quelque chose.

SCÈNE XII

LA COMTESSE, JULIE, ANDRÉE, CRIQUET

CRIQUET, à la comtesse.

Voilà Jeannot, de monsieur le conseiller, qui vous demande, madame.

LA COMTESSE.

Eh bien ! petit coquin, voilà encore de vos âneries ! Un laquais qui sauroit vivre auroit été parler tout bas à la demoiselle suivante, qui seroit venue dire doucement à l'oreille de sa maîtresse : Madame, voilà le laquais de monsieur un tel qui demande à vous dire un mot ; à quoi la maîtresse auroit répondu : Faites-le entrer.

SCÈNE XIII

LA COMTESSE, JULIE, ANDRÉE, CRIQUET, JEANNOT.

CRIQUET.

Entrez, Jeannot.

LA COMTESSE.

Autre lourderie ! (A Jeannot.) Qu'y a-t-il, laquais ? Que portes-tu là ?

JEANNOT.

C'est monsieur le conseiller, madame, qui vous souhaite le bonjour, et, auparavant que de venir, vous envoie des poires de son jardin, avec ce petit mot d'écrit.

LA COMTESSE.

C'est du bon-chrétien, qui est fort beau. Andrée, faites porter cela à l'office.

SCÈNE XIV
LA COMTESSE, JULIE, CRIQUET, JEANNOT.

LA COMTESSE, donnant de l'argent à Jeannot.

Tiens, mon enfant, voilà pour boire.

JEANNOT.

Oh! non, madame.

LA COMTESSE.

Tiens, te dis-je.

JEANNOT.

Mon maître m'a défendu, madame, de rien prendre de vous.

LA COMTESSE.

Cela ne fait rien.

JEANNOT.

Pardonnez-moi, madame.

CRIQUET.

Eh! prenez, Jeannot. Si vous n'en voulez pas, vous me le baillerez.

LA COMTESSE.

Dis à ton maître que je le remercie.

CRIQUET, à Jeannot qui s'en va.

Donne-moi donc cela.

JEANNOT.

Oui. Quelque sot!

CRIQUET.

C'est moi qui te l'ai fait prendre.

JEANNOT.

Je l'aurois bien pris sans toi.

LA COMTESSE.

Ce qui me plaît de ce monsieur Tibaudier, c'est qu'il sait vivre avec les personnes de ma qualité, et qu'il est fort respectueux.

SCÈNE XV
LE VICOMTE, LA COMTESSE, JULIE, CRIQUET.

LE VICOMTE.

Madame, je viens vous avertir que la comédie sera bientôt prête, et que, dans un quart d'heure nous pouvons passer dans la salle.

LA COMTESSE.

Je ne veux point de cohue, au moins. (A Criquet). Que l'on dise à mon suisse qu'il ne laisse entrer personne.

LE VICOMTE.

En ce cas, madame, je vous déclare que je renonce à la comédie; et je n'y saurois prendre de plaisir, lorsque la compagnie n'est pas nombreuse. Croyez-moi, si vous voulez vous bien divertir, qu'on dise à vos gens de laisser entrer toute la ville.

LA COMTESSE.

Laquais, un siége. (Au vicomte, après qu'il s'est assis.) Vous voilà venu à propos pour recevoir un petit sacrifice que je veux bien vous faire. Tenez, c'est un billet de monsieur Tibaudier qui m'envoie des poires. Je vous donne la liberté de le lire tout haut; je ne l'ai point encore vu.

LE VICOMTE, après avoir lu tout bas le billet.

Voici un billet du beau style, madame, et qui mérite d'être bien écouté. « Madame je n'aurois pas pu
« vous faire le présent que je vous envoie, si je ne
« recueillois pas plus de fruit de mon jardin que j'en
« recueille de mon amour. »

LA COMTESSE

Cela vous marque clairement qu'il ne se passe rien entre nous.

LE VICOMTE.

« Les poires ne sont pas encore bien mûres; mais
« elles encadrent mieux avec la dureté de votre âme,
« qui, par ses continuels dédains, ne me promet pas
« poires molles. Trouvez bon, madame, que, sans
« m'engager dans une énumération de vos perfec-
« tions et charmes, qui me jetteroit dans un progrès
« à l'infini, je conclus ce mot, en vous faisant con-
« sidérer que je suis d'un aussi franc chrétien que les
« poires que je vous envoie, puisque je rends le bien
« pour le mal; c'est-à-dire, madame, pour m'expli-
« quer plus intelligiblement, puisque je vous présente
« des poires de bon-chrétien pour des poires d'angoisse,
« que vos cruautés me font avaler tous les jours.

« Tibaudier, votre esclave indigne. »

Voilà, madame, un billet à garder.

LA COMTESSE.

Il y a peut-être quelque mot qui n'est pas de l'Académie; mais j'y remarque un certain respect qui me plaît beaucoup.

JULIE.

Vous avez raison, madame; et, monsieur le vicomte

dût-il s'en offenser, j'aimerois un homme qui m'écriroit comme cela.

SCÈNE XVI
MONSIEUR TIBAUDIER, LE VICOMTE, LA COMTESSE, JULIE, CRIQUET.

LA COMTESSE.

Approchez, monsieur Tibaudier; ne craignez point d'entrer. Votre billet a été bien reçu, aussi bien que vos poires; et voilà madame qui parle pour vous contre votre rival.

MONSIEUR TIBAUDIER.

Je lui suis obligé, madame; et, si elle a jamais quelque procès en notre siége, elle verra que je n'oublierai pas l'honneur qu'elle me fait, de se rendre auprès de vos beautés l'avocat de ma flamme.

JULIE.

Vous n'avez pas besoin d'avocat, monsieur, et votre cause est juste.

MONSIEUR TIBAUDIER.

Ce néanmoins, madame, bon droit a besoin d'aide : et j'ai sujet d'appréhender de me voir supplanté par un tel rival, et que madame ne soit circonvenue par la qualité de vicomte.

LE VICOMTE.

J'espérois quelque chose, monsieur Tibaudier, avant votre billet; mais il me fait craindre pour mon amour.

MONSIEUR TIBAUDIER.

Voici encore, madame deux petits versets ou couplets que j'ai composés à votre honneur et gloire.

LE VICOMTE.

Ah ! je ne pensois pas que monsieur Tibaudier fût poëte; et voilà pour m'achever, que ces deux petits versets-là !

LA COMTESSE.

Il veut dire deux strophes. (A Criquet.) Laquais, donnez un siége à monsieur Tibaudier. (Bas, a Criquet qui apporte une chaise.) Un pliant, petit animal ! Monsieur Tibaudier, mettez-vous là, et nous lisez vos strophes.

MONSIEUR TIBAUDIER.

Une personne de qualité
    Ravit mon âme
Elle a de la beauté,
    J'ai de la flamme;
    Mais je la blâme
D'avoir de la fierté.

LE VICOMTE.

Je suis perdu après cela.

LA COMTESSE.

Le premier vers est beau. Une personne de qualité.

JULIE.

Je crois qu'il est un peu trop long; mais on peut prendre une licence pour dire une belle pensée.

LA COMTESSE, à monsieur Tibaudier.

Voyons l'autre strophe.

MONSIEUR TIBAUDIER.

Je ne sais pas si vous doutez de mon parfait amour,
   Mais je sais bien que mon cœur, à toute heure,
     Veut quitter sa chagrine demeure,
Pour aller, par respect, faire au vôtre sa cour.
Après cela pourtant, sûre de ma tendresse,
   Et de ma foi, dont unique est l'espèce,
     Vous devriez à votre tour,
     Vous contentant d'être comtesse,
Vous dépouiller en ma faveur d'une peau de tigresse,
Qui couvre vos appas, la nuit comme le jour.

LE VICOMTE.

Me voilà supplanté, moi, par monsieur Tibaudier.

LA COMTESSE.

Ne pensez pas vous moquer; pour des vers faits dans la province, ces vers-là sont fort beaux.

LE VICOMTE.

Comment ! madame, me moquer ? Quoique son rival, je trouve ces vers admirables, et ne les appelle pas seulement deux strophes, comme vous, mais deux épigrammes, aussi bonnes que toutes celles de Martial.

LA COMTESSE.

Quoi ! Martial fait-il des vers ? Je pensois qu'il ne fît que des gants.

MONSIEUR TIBAUDIER.

Ce n'est pas ce Martial-là, madame; c'est un auteur qui vivoit il y a trente ou quarante ans.

LE VICOMTE.

Monsieur Tibaudier a lu les auteurs, comme vous le voyez. Mais allons voir, madame, si ma musique et ma comédie, avec mes entrées de ballet, pourront combattre dans votre esprit les progrès des deux strophes et du billet que nous venons de voir.

LA COMTESSE.

Il faut que mon fils le comte soit de la partie; car

il est arrivé ce matin de mon château, avec son précepteur, que je vois là dedans.

SCÈNE XVII
LA COMTESSE, JULIE, LE VICOMTE, MONSIEUR TIBAUDIER, MONSIEUR BOBINET, CRIQUET.

LA COMTESSE.

Holà! monsieur Bobinet, monsieur Bobinet, approchez-vous du monde.

MONSIEUR BOBINET.

Je donne le bon vespre à toute l'honorable compagnie. Que désire madame la comtesse d'Escarbagnas de son très-humble serviteur Bobinet?

LA COMTESSE.

A quelle heure, monsieur Bobinet, êtes-vous parti d'Escarbagnas avec mon fils le comte?

MONSIEUR BOBINET.

A huit heures trois quarts, madame, comme votre commandement me l'avoit ordonné.

LA COMTESSE.

Comment se portent mes deux autres fils, le marquis et le commandeur?

MONSIEUR BOBINET.

Ils sont, Dieu grâce, madame, en parfaite santé.

LA COMTESSE.

Où est le comte?

MONSIEUR BOBINET.

Dans votre belle chambre à alcôve, madame.

LA COMTESSE.

Que fait-il, monsieur Bobinet?

MONSIEUR BOBINET.

Il compose un thème, madame, que je viens de lui dicter sur une épître de Cicéron.

LA COMTESSE.

Faites-le venir, monsieur Bobinet.

MONSIEUR BOBINET.

Soit fait, madame, ainsi que vous le commandez.

SCÈNE XVIII
LA COMTESSE, JULIE, LE VICOMTE, MONSIEUR TIBAUDIER.

LE VICOMTE, à la comtesse.

Ce monsieur Bobinet, madame, à la mine fort sage ; et je crois qu'il a de l'esprit.

SCÈNE XIX

LA COMTESSE, JULIE, LE VICOMTE, LE COMTE, MONSIEUR BOBINET, MONSIEUR TIBAUDIER.

MONSIEUR BOBINET.

Allons, monsieur le comte, faites voir que vous profitez des bons documents qu'on vons donne. La révérence à toute l'honnête assemblée.

LA COMTESSE, montrant Julie.

Comte, saluez madame ; faites la révérence à monsieur le vicomte ; saluez monsieur le conseiller.

MONSIEUR TIBAUDIER.

Je suis ravi, madame, que vous me concédiez la grâce d'embrasser monsieur le comte votre fils. On ne peut pas aimer le tronc, qu'on aime aussi les branches.

LA COMTESSE.

Mon Dieu ! monsieur Tibaudier, de quelle comparaison vous servez-vous là ?

JULIE.

En vérité, madame, monsieur le comte a tout à fait bon air.

LE VICOMTE.

Voilà un jeune gentilhomme qui vient bien dans le monde.

JULIE.

Qui diroit que madame eût un si grand enfant ?

LA COMTESSE.

Hélas ! quand je le fis, j'étois si jeune, que je me jouois encore avec une poupée.

JULIE.

C'est monsieur votre frère, et non pas monsieur votre fils.

LA COMTESSE.

Monsieur Bobinet, ayez bien soin au moins de son éducation.

MONSIEUR BOBINET.

Madame, je n'oublierai aucune chose pour cultiver cette jeune plante, dont vos bontés m'ont fait l'honneur de me confier la conduite ; et je tâcherai de lui inculquer les semences de la vertu.

LA COMTESSE.

Monsieur Bobinet, faites-lui un peu dire quelque petite galanterie de ce que vous lui apprenez.

MONSIEUR BOBINET.

Allons, monsieur le comte, récitez votre leçon d'hier au matin.

LE COMTE.

Omne viro soli quod convenit esto virile,
Omne viri...

LA COMTESSE.

Fi! monsieur Bobinet; quelles sottises est-ce que vous lui apprenez là?

MONSIEUR BOBINET.

C'est du latin, madame, et la première règle de Jean Despautère.

LA COMTESSE.

Mon Dieu! ce Jean Despautère-là est un insolent, et je vous prie de lui enseigner du latin plus honnête que celui-là.

MONSIEUR BOBINET.

Si vous voulez, madame, qu'il achève, la glose expliquera ce que cela veut dire.

LA COMTESSE.

Non, non: cela s'explique assez.

SCÈNE XX

LA COMTESSE, JULIE, LE VICOMTE, MONSIEUR TIBAUDIER, LE COMTE, MONSIEUR BOBINET, CRIQUET.

CRIQUET.

Les comédiens envoient dire qu'ils sont tout prêts.

LA COMTESSE.

Allons nous placer. (Montrant Julie.) Monsieur Tibaudier, prenez madame. (Criquet range tous les sièges sur un des côtés du théâtre; la comtesse, Julie et le vicomte s'asseyent; monsieur Tibaudier s'assied aux pieds de la comtesse.)

LE VICOMTE.

Il est nécessaire de dire que cette comédie n'a été faite que pour lier ensemble les différents morceaux de musique et de danse dont on a voulu composer ce divertissement, et que...

LA COMTESSE.

Mon Dieu! voyons l'affaire. On a assez d'esprit pour comprendre les choses.

LE VICOMTE.

Qu'on commence le plus tôt qu'on pourra, et qu'on empêche, s'il se peut, qu'aucun fâcheux ne vienne troubler notre divertissement. (Les violons commencent une ouverture.)

SCÈNE XXI

LA COMTESSE, JULIE, LE VICOMTE, LE COMTE, MONSIEUR HARPIN, MONSIEUR TIBAUDIER, MONSIEUR BOBINET, CRIQUET.

MONSIEUR HARPIN.

Parbleu! la chose est belle, et je me réjouis de voir ce que je vois!

LA COMTESSE.

Holà! monsieur le receveur, que voulez-vous donc dire avec l'action que vous faites? Vient-on interrompre, comme cela, une comédie?

MONSIEUR HARPIN.

Morbleu! madame, je suis ravi de cette aventure; et ceci me fait voir ce que je dois croire de vous, et l'assurance qu'il y a au don de votre cœur et aux serments que vous m'avez faits de sa fidélité!

LA COMTESSE.

Mais, vraiment, on ne vient point ainsi se jeter au travers d'une comédie et troubler un acteur qui parle.

MONSIEUR HARPIN.

Eh! têtebleu! la véritable comédie qui se fait ici, c'est celle que vous jouez; et, si je vous trouble, c'est de quoi je me soucie peu.

LA COMTESSE.

En vérité, vous ne savez ce que vous dites.

MONSIEUR HARPIN.

Si fait, morbleu! je le sais bien; je le sais bien, morbleu! et... (Monsieur Bobinet, épouvanté, emporte le comte, et s'enfuit; il est suivi par Criquet.)

LA COMTESSE.

Eh, fi, monsieur! que cela est vilain, de jurer de la sorte!

MONSIEUR HARPIN.

Eh! ventrebleu! s'il y a ici quelque chose de vilain, ce ne sont point mes jurements; ce sont vos actions; et il vaudroit bien mieux que vous jurassiez, vous, la tête, la mort, et le sang, que de faire ce que vous faites avec monsieur le vicomte.

LE VICOMTE.

Je ne sais pas, monsieur le receveur, de quoi vous vous plaignez; et si...

MONSIEUR HARPIN, au vicomte.

Pour vous, monsieur, je n'ai rien à vous dire: vous faites bien de pouser votre pointe, cela est naturel, je ne le trouve point étrange, et je vous demande pardon si j'interromps votre comédie; mais vous ne devez point trouver étrange aussi que je me plaigne de son procédé; et nous avons raison tous deux de faire ce que nous faisons.

LE VICOMTE.

Je n'ai rien à dire à cela, et ne sais point les sujets de plainte que vous pouvez avoir contre madame la comtesse d'Escarbagnas.

LA COMTESSE.

Quand on a des chagrins jaloux, on n'en use point de la sorte; et l'on vient doucement se plaindre à la personne que l'on aime.

MONSIEUR HARPIN.

Moi, me plaindre doucement!

LA COMTESSE.

Oui. L'on ne vient point crier de dessus un théâtre ce qui doit se dire en particulier.

MONSIEUR HARPIN.

J'y viens, moi, morbleu! tout exprès; c'est le lieu qu'il me faut; et je souhaiterois que ce fût un théâtre public, pour vous dire avec plus d'éclat toutes vos vérités.

LA COMTESSE.

Faut-il faire un si grand vacarme pour une comédie que monsieur le vicomte me donne? Vous voyez que monsieur Tibaudier, qui m'aime, en use plus respectueusement que vous.

MONSIEUR HARPIN.

Monsieur Tibaudier en use comme il lui plaît: je ne sais pas de quelle façon monsieur Tibaudier a été avec vous; mais monsieur Tibaudier n'est pas un exemple pour moi, et je ne suis d'humeur à payer les violons pour faire danser les autres!

LA COMTESSE.

Mais vraiment, monsieur le receveur, vous ne songez pas à ce que vous dites. On ne traite point de la sorte les femmes de qualité; et ceux qui vous entendent croiroient qu'il y a quelque chose d'étrange entre vous et moi.

MONSIEUR HARPIN.

Eh! ventrebleu! madame quittons la faribole.

LA COMTESSE.

Que voulez-vous donc dire avec votre : Quittons la faribole ?

MONSIEUR HARPIN.

Je veux dire que je ne trouve point étrange que vous vous rendiez au mérite de monsieur le vicomte ; vous n'êtes pas la première femme qui joue dans le monde de ces sortes de caractères, et qui ait auprès d'elle un monsieur le receveur, dont on lui voit trahir et la passion et la bourse pour le premier venu qui lui donnera dans la vue. Mais ne trouvez point étrange aussi que je ne sois point la dupe d'une infidélité si ordinaire aux coquettes du temps, et que je vienne vous assurer, devant bonne compagnie, que je romps commerce avec vous, et que monsieur le receveur ne sera plus pour vous monsieur le donneur.

LA COMTESSE.

Cela est merveilleux comme les amants emportés deviennent à la mode ! On voit autre chose de tous côtés. Là, là, monsieur le receveur, quittez votre colère, et venez prendre place pour voir la comédie.

MONSIEUR HARPIN.

Moi, morbleu ! prendre place ? (Montrant monsieur Tibaudier.) Cherchez vos benêts à vos pieds. Je vous laisse, madame la comtesse, à monsieur le vicomte ; et ce sera à lui que j'enverrai tantôt vos lettres. Voilà ma scène faite, voilà mon rôle joué. Serviteur à la compagnie.

MONSIEUR TIBAUDIER.

Monsieur le receveur, nous nous verrons autre part qu'ici ; et je vous ferai voir que je suis au poil et à la plume.

MONSIEUR HARPIN, en sortant.

Tu as raison, monsieur Tibaudier.

LA COMTESSE.

Pour moi, je suis confuse de cette insolence.

LE VICOMTE.

Les jaloux, madame, sont comme ceux qui perdent leur procès : ils ont permission de tout dire. Prêtons silence à la comédie.

SCÈNE XXII

LA COMTESSE, LE VICOMTE, JULIE, MONSIEUR TIBAUDIER, JEANNOT.

JEANNOT, au vicomte.

Voilà un billet, monsieur, qu'on nous a dit de vous donner vite.

LE VICOMTE, lisant.

« En cas que vous ayez quelque mesure à prendre,

« je vous envoie promptement un avis. La querelle
« de vos parents et de ceux de Julie vient d'être ac-
« commodée; et les conditions de cet accord, c'est le
« mariage de vous et d'elle. Bonsoir. » (A Julie) Ma
foi, madame, voilà notre comédie aussi. (Le vicomte, la comtesse, Julie et monsieur Tibaudier se lèvent.)

JULIE.

Ah! Cléante, quel bonheur! Notre amour eût-il osé espérer un si heureux succès?

LA COMTESSE.

Comment donc? Qu'est-ce que cela veut dire?

LE VICOMTE.

Cela veut dire, madame, que j'épouse Julie; et, si vous me croyez, pour rendre la comédie complète de tout point, vous épouserez monsieur Tibaudier, et donnerez mademoiselle Andrée à son laquais, dont il fera son valet de chambre.

LA COMTESSE.

Quoi! jouer de la sorte une personne de ma qualité.

LE VICOMTE.

C'est sans vous offenser, madame; et les comédies veulent de ces sortes de choses.

LA COMTESSE.

Oui, monsieur Tibaudier, je vous épouse pour faire enrager tout le monde.

MONSIEUR TIBAUDIER.

Ce m'est bien de l'honneur, madame.

LE VICOMTE, à la comtesse

Souffrez, madame, qu'en enrageant nous puissions voir ici le reste du spectacle.

LES FEMMES SAVANTES
COMÉDIE EN CINQ ACTES
1672
PERSONNAGES

CHRYSALE, bon bourgeois ; PHILAMINTE, femme de Chrysale, ARMANDE, HENRIETTE, filles de Chrysale et de Philaminte ; ARISTE, frère de Chrysale ; BÉLISE, sœur de Chrysale ; CLITANDRE, amant d'Henriette ; TRISSOTIN, bel esprit ; VADIUS, savant ; MARTINE, servante de cuisine ; LÉPINE, laquais ; JULIEN, valet de Vadius, UN NOTAIRE.

ARMANDE.
Quoi ? le beau nom de fille est un titre, ma sœur,
Dont vous voulez quitter la charmante douceur ?
Et de vous marier vous osez faire fête ?
Ce vulgaire dessein vous peut monter en tête ?

HENRIETTE.
Oui, ma sœur.

ARMANDE.
    Ah ! ce oui se peut-il supporter ?
Et sans un mal de cœur sauroit-on l'écouter ?

HENRIETTE.
Qu'a donc le mariage en soi qui vous oblige,
Ma sœur...

ARMANDE.
    Ah ! mon Dieu ! fi !

HENRIETTE.
        Comment ?

ARMANDE.
            Ah ! fi ! vous dis-je.
Ne concevez-vous point ce que, dès qu'on l'entend,
Un tel mot à l'esprit offre de dégoûtant,
De quelle étrange image on est par lui blessée,
Sur quelle sale vue il traîne la pensée ?
N'en frisonnez-vous point ? et pouvez-vous, ma sœur,
Aux suites de ce mot résoudre votre cœur ?

HENRIETTE.
Des suites de ce mot, quand je les envisage,
Me font voir un mari, des enfants, un ménage ;

Et je ne vois rien là, si j'en puis raisonner,
Qui blesse la pensée et fasse frissonner.

ARMANDE.

De tels attachements, ô ciel! sont pour vous plaire?

HENRIETTE.

Et qu'est-ce qu'à mon âge on a de mieux à faire
Que d'attacher à soi, par le titre d'époux,
Un homme qui vous aime et soit aimé de vous;
Et, de cette union de tendresse suivie,
Se faire les douceurs d'une innocente vie?
Ce nœud bien assorti n'a-t-il pas des appas?

ARMANDE.

Mon Dieu! que votre esprit est d'un étage bas!
Que vous jouez au monde un petit personnage,
De vous claquemurer aux choses du ménage,
Et de n'entrevoir point de plaisirs plus touchants
Qu'une idole d'époux et des marmots d'enfants!
Laissez aux gens grossiers, aux personnes vulgaires,
Les bas amusements de ces sortes d'affaires.
A de plus hauts objets élevez vos désirs,
Songez à prendre un goût des plus nobles plaisirs,
Et traitant de mépris les sens et la matière,
A l'esprit, comme nous, donnez-vous tout entière.
Vous avez notre mère en exemple à vos yeux,
Que du nom de savante on honore en tous lieux;
Tâchez, ainsi que moi, de vous montrer sa fille;
Aspirez aux clartés qui sont dans la famille,
Et vous rendez sensible aux charmantes douceurs
Que l'amour de l'étude épanche dans les cœurs
Loin d'être aux lois d'un homme en esclave asservie,
Mariez-vous, ma sœur, à la philosophie,
Qui nous monte au dessus de tout le genre humain,
Et donne à la raison l'empire souverain,
Soumettant à ses lois la partie animale,
Dont l'appétit grossier aux bêtes nous ravale.
Ce sont là les beaux feux, les doux attachements
Qui doivent de la vie occuper les moments :
Et les soins où je vois tant de femmes sensibles
Me paroissent aux yeux des pauvretés horribles.

HENRIETTE.

Le ciel dont nous voyons que l'ordre est tout-puissant,
Pour différents emplois nous fabrique en naissant;
Et tout esprit n'est pas composé d'une étoffe
Qui se trouve taillée à faire un philosophe.
Si le vôtre est né propre aux élévations

Où montent des savants les spéculations,
Le mien est fait, ma sœur, pour aller terre à terre,
Et dans les petits soins son foible se resserre.
Ne troublons point du ciel les justes règlements ;
Et de nos deux instincts suivons les mouvements.
Habitez, par l'essor d'un grand et beau génie,
Les hautes régions de la philosophie,
Tandis que mon esprit, se tenant ici-bas,
Goûtera de l'hymen les terrestres appas.
Ainsi, dans nos desseins l'une à l'autre contraire,
Nous saurons toutes deux imiter notre mère :
Vous, du côté de l'âme et des nobles désirs ;
Moi, du côté des sens et des grossiers plaisirs ;
Vous, aux productions d'esprit et de lumière ;
Moi, dans celles, ma sœur, qui sont de la matière.

ARMANDE.
Quand sur une personne on prétend se régler,
C'est par les beaux côtés qu'il lui faut ressembler,
Et ce n'est point du tout la prendre pour modèle,
Ma sœur, que de tousser et de cracher comme elle.

HENRIETTE.
Mais vous ne seriez pas ce dont vous vous vantez,
Si ma mère n'eût eu que de ces beaux côtés ;
Et bien vous prend, ma sœur, que son noble génie
N'ait pas vaqué toujours à la philosophie.
De grâce, souffrez-moi, par un peu de bonté,
Des bassesses à qui vous devez la clarté ;
Et ne supprimez point, voulant qu'on vous seconde,
Quelque petit savant qui veut venir au monde.

ARMANDE.
Je vois que votre esprit ne peut être guéri
Du fol entêtement de vous faire un mari :
Mais sachons, s'il vous plaît, qui vous songez à prendre :
Votre visée au moins n'est pas mise à Clitandre !

HENRIETTE.
Et par quelle raison n'y seroit-elle pas ?
Manque-t-il de mérite ? est-ce un choix qui soit bas ?

ARMANDE.
Non : mais c'est un dessein qui seroit malhonnête,
Que de vouloir d'une autre enlever la conquête ;
Et ce n'est pas un fait dans le monde ignoré
Que Clitandre ait pour moi hautement soupiré.

HENRIETTE.
Oui ; mais tous ces soupirs chez vous sont choses vaines,
Et vous ne tombez point aux bassesses humaines ;

Votre esprit à l'hymen renonce pour toujours,
Et la philosophie a toutes vos amours.
Ainsi, n'ayant, au cœur nul dessein pour Clitandre,
Que vous importe-t-il qu'on y puisse prétendre?

ARMANDE.

Cet empire que tient la raison sur les sens
Ne fait pas renoncer aux douceurs des encens ;
Et l'on peut pour époux refuser un mérite
Que pour adorateur on veut bien à sa suite.

HENRIETTE.

Je n'ai pas empêché qu'à vos perfections
Il n'ait continué ses adorations ;
Et je n'ai fait que prendre, au refus de votre âme,
Ce qu'est venu m'offrir l'hommage de sa flamme.

ARMANDE.

Mais à l'offre des vœux d'un amant dépité
Trouvez-vous, je vous prie, entière sûreté?
Croyez-vous pour vos yeux sa passion bien forte,
Et qu'en son cœur pour moi toute flamme soit morte ?

HENRIETTE.

Il me l'a dit, ma sœur ; et, pour moi, je le croi.

ARMANDE.

Ne soyez pas, ma sœur, d'une si bonne foi ;
Et croyez, quand il dit qu'il me quitte et vous aime,
Qu'il n'y songe pas bien, et se trompe lui-même.

HENRIETTE.

Je ne sais ; mais enfin, si c'est votre plaisir,
Il nous est bien aisé de nous en éclaircir :
Je l'aperçois qui vient ; et, sur cette matière,
Il pourra nous donner une pleine lumière.

SCÈNE II
CLITANDRE, ARMANDE, HENRIETTE.

HENRIETTE.

Pour me tirer d'un doute où me jette ma sœur,
Entre elle et moi, Clitandre, expliquez votre cœur,
Découvrez-en le fond, et nous daignez apprendre
Qui de nous à vos vœux est en droit de prétendre.

ARMANDE.

Non, non, je ne veux point à votre passion
Imposer la rigueur d'une explication :
Je ménage les gens, et sais comme embarrasse
Le contraignant effort de ces aveux en face.

CLITANDRE.

Non, madame ; mon cœur, qui dissimule peu,
Ne sent nulle contrainte à faire un libre aveu.

Dans aucun embarras un tel pas ne me jette;
Et j'avouerai tout haut, d'une âme franche et nette,
Que les tendres liens où je suis arrêté,
Montrant Henriette.
Mon amour et mes vœux, sont tout de ce côté.
Qu'à nulle émotion cet aveu ne vous porte ;
Vous avez bien voulu les choses de la sorte.
Vos attraits m'avoient pris, et mes tendres soupirs
Vous ont assez prouvé l'ardeur de mes désirs;
Mon cœur vous consacroit une flamme immortelle :
Mais vos yeux n'ont pas cru leur conquête assez belle.
J'ai souffert sous leur joug cent mépris différents ;
Ils régnoient sur mon âme en superbes tyrans ;
Et je me suis cherché, lassé de tant de peines,
Des vainqueurs plus humains, et de moins rudes chaînes.
Montrant Henriette.
Je les ai rencontrés, madame, dans ces yeux,
Et leurs traits à jamais me seront précieux;
D'un regard pitoyable ils ont séché mes larmes,
Et n'ont pas dédaigné le rebut de vos charmes.
De si rares bontés m'ont si bien su toucher,
Qu'il n'est rien qui me puisse à mes fers arracher;
Et j'ose maintenant vous conjurer, madame,
De ne vouloir tenter nul effort sur ma flamme,
De ne point essayer à rappeler un cœur
Résolu de mourir dans cette douce ardeur.

ARMANDE.

Eh ! qui vous dit, monsieur, que l'on ait cette envie,
Et que de vous enfin si fort on se soucie ?
Je vous trouve plaisant de vous le figurer,
Et bien impertinent de me le déclarer !

HENRIETTE.

Eh ! doucement, ma sœur. Où donc est la morale
Qui sait si bien régir la partie animale,
Et retenir la bride aux efforts du courroux ?

ARMANDE.

Mais vous qui m'en parlez, où la pratiquez-vous,
De répondre à l'amour que l'on vous fait paroître
Sans le congé de ceux qui vous ont donné l'être ?
Sachez que le devoir vous soumet à leurs lois,
Qu'il ne vous est permis d'aimer que par leur choix ;
Qu'ils ont sur votre cœur l'autorité suprême,
Et qu'il est criminel d'en disposer vous-même.

HENRIETTE.

Je rends grâce aux bontés que vous me faites voir

De m'enseigner si bien les choses du devoir.
Mon cœur sur vos leçons veut régler sa conduite;
Et, pour vous faire voir, ma sœur, que j'en profite,
Clitandre, prenez soin d'appuyer votre amour
De l'agrément de ceux dont j'ai reçu le jour.
Faites-vous sur mes vœux un pouvoir légitime,
Et me donnez moyen de vous aimer sans crime.
CLITANDRE.
J'y vais de tous mes soins travailler hautement;
Et j'attendois de vous ce doux consentement.
ARMANDE.
Vous triomphez, ma sœur, et faites une mine
A vous imaginer que cela me chagrine
HENRIETTE.
Moi, ma sœur! point du tout. Je sais que sur vos sens
Les droits de la raison sont toujours tout-puissants,
Et que, par les leçons qu'on prend dans la sagesse,
Vous êtes au-dessus d'une telle foiblesse.
Loin de vous soupçonner d'aucun chagrin, je croi
Qu'ici vous daignerez vous employer pour moi,
Appuyer sa demande, et, de votre suffrage,
Presser l'heureux moment de notre mariage.
Je vous en sollicite; et, pour y travailler...
ARMANDE.
Votre petit esprit se mêle de railler;
Et d'un cœur qu'on vous jette on vous voit toute fière.
HENRIETTE.
Tout jeté qu'est ce cœur, il ne vous déplaît guère;
Et, si vos yeux sur moi le pouvoient ramasser,
Ils prendroient aisément le soin de se baisser.
ARMANDE.
A répondre à cela je ne daigne descendre;
Et ce sont sots discours qu'il ne faut pas entendre.
HENRIETTE.
C'est fort bien fait à vous, et vous nous faites voir
Des modérations qu'on ne peut concevoir.

SCÈNE III
CLITANDRE, HENRIETTE.
HENRIETTE.
Votre sincère aveu ne l'a pas peu surprise.
CLITANDRE.
Elle mérite assez une telle franchise;
Et toutes les hauteurs de sa folle fierté
Sont dignes, tout au moins, de ma sincérité.
Mais, puisqu'il m'est permis, je vais à votre père,

Madame...
####### HENRIETTE.
Le plus sûr est de gagner ma mère,
Mon père est d'une humeur à consentir à tout;
Mais il met peu de poids aux choses qu'il résout;
Il a reçu du ciel certaine bonté d'âme
Qui le soumet d'abord à ce que veut sa femme.
C'est elle qui gouverne, et, d'un ton absolu,
Elle dicte pour loi ce qu'elle a résolu.
Je voudrois bien vous voir pour elle et pour ma tante
Une âme, je l'avoue, un peu plus complaisante,
Un esprit qui, flattant les visions du leur,
Vous pût de leur estime attirer la chaleur.
####### CLITANDRE.
Mon cœur n'a jamais pu, tant il est né sincère,
Même dans votre sœur flatter leur caractère:
Et les femmes docteurs ne sont point de mon goût.
Je consens qu'une femme ai des clartés de tout :
Mais je ne lui veux point la passion choquante
De se rendre savante afin d'être savante;
Et j'aime que souvent, aux questions qu'on fait,
Elle sache ignorer les choses qu'elle sait:
De son étude enfin je veux qu'elle se cache,
Et qu'elle ait du savoir sans vouloir qu'on le sache,
Sans citer les auteurs, sans dire de grands mots,
Et clouer de l'esprit à ses moindres propos.
Je respecte beaucoup madame votre mère;
Mais je ne puis du tout approuver sa chimère,
Et me rendre l'écho des choses qu'elle dit,
Aux encens qu'elle donne à son héros d'esprit.
Son monsieur Trissotin me chagrine, m'assomme;
Et j'enrage de voir qu'elle estime un tel homme,
Qu'elle nous mette au rang des grands et beaux esprits
Un benêt dont partout on siffle les écrits,
Un pédant dont on voit la plume libérale
D'officieux papiers fournir toute la halle.
####### HENRIETTE.
Ses écrits, ses discours, tout m'en semble ennuyeux,
Et je me trouve assez votre goût et vos yeux;
Mais, comme sur ma mère il a grande puissance,
Vous devez vous forcer à quelque complaisance.
Un amant fait sa cour où s'attache son cœur;
Il veut de tout le monde y gagner la faveur;
Et, pour n'avoir personne à sa flamme contraire,
Jusqu'au chien du logis il s'efforce de plaire.

CLITANDRE.

Oui, vous avez raison ; mais monsieur Trissotin
M'inspire au fond de l'âme un dominant chagrin.
Je ne puis consentir, pour gagner ses suffrages,
A me déshonorer en prisant ses ouvrages :
C'est par eux qu'à mes yeux il a d'abord paru,
Et je le connoissois avant que l'avoir vu.
Je vis, dans le fatras des écrits qu'il nous donne,
Ce qu'étale en tous lieux sa pédante personne,
La constante hauteur de sa présomption,
Cette intrépidité de bonne opinion,
Cet indolent état de confiance extrême,
Qui le rend en tout temps si content de soi-même,
Qui fait qu'à son mérite incessamment il rit,
Qu'il se sait si bon gré de tout ce qu'il écrit,
Et qu'il ne voudroit pas changer sa renommée
Contre tous les honneurs d'un général d'armée.

HENRIETTE.

C'est avoir de bons yeux que de voir tout cela.

CLITANDRE.

Jusques à sa figure encor la chose alla,
Et je vis, par les vers qu'à la tête il nous jette,
De quel air il falloit que fût fait le poëte ;
Et j'en avois si bien deviné tous les traits,
Que, rencontrant un homme un jour dans le Palais,
Je gageai que c'étoit Trissotin en personne,
Et je vis qu'en effet la gageure étoit bonne.

HENRIETTE.

Quel conte !

CLITANDRE.

Non : je dis la chose comme elle est.
Mais je vois votre tante. Agréez, s'il vous plaît,
Que mon cœur lui déclare ici notre mystère,
Et gagne sa faveur auprès de votre mère.

SCÈNE IV

BÉLISE, CLITANDRE.

CLITANDRE.

Souffrez, pour vous parler, madame, qu'un amant
Prenne l'occasion de cet heureux moment,
Et se découvre à vous de la sincère flamme...

BÉLISE.

Ah ! tout beau : gardez-vous de m'ouvrir trop votre âme.
Si je vous ai su mettre au rang de mes amants,
Contentez-vous des yeux pour vos seuls truchements,

Et ne m'expliquez point, par un autre langage,
Des désirs qui, chez moi, passent pour un outrage.
Aimez-moi, soupirez, brûlez pour mes appas ;
Mais qu'il me soit permis de ne le savoir pas.
Je puis fermer les yeux sur vos flammes secrètes,
Tant que vous vous tiendrez aux muets interprètes ;
Mais, si la bouche vient à s'en vouloir mêler,
Pour jamais de ma vue il vous faut exiler.

CLITANDRE.

Des projets de mon cœur ne prenez point d'alarme.
Henriette, madame, est l'objet qui me charme ;
Et je viens ardemment conjurer vos bontés
De seconder l'amour que j'ai pour ses beautés.

BÉLISE.

Ah ! certes, le détour est d'esprit, je l'avoue :
Ce subtil faux-fuyant mérite qu'on le loue ;
Et, dans tous les romans où j'ai jeté les yeux,
Je n'ai rien rencontré de plus ingénieux.

CLITANDRE.

Ceci n'est point du tout un trait d'esprit, madame ;
Et c'est un pur aveu de ce que j'ai dans l'âme.
Les cieux, par les liens d'une immuable ardeur,
Aux beautés d'Henriette ont attaché mon cœur ;
Henriette me tient sous son aimable empire
Et l'hymen d'Henriette est le bien où j'aspire.
Vous y pouvez beaucoup ; et tout ce que je veux,
C'est que vous y daigniez favoriser mes vœux.

BÉLISE.

Je vois où doucement veut aller la demande,
Et je sais sous ce nom ce qu'il faut que j'entende.
La figure est adroite ; et, pour n'en point sortir,
Aux choses que mon cœur m'offre à vous repartir,
Je dirai qu'Henriette à l'hymen est rebelle,
Et que, sans rien prétendre, il faut brûler pour elle.

CLITANDRE.

Eh ! madame, à quoi bon un pareil embarras ?
Et pourquoi voulez-vous penser ce qui n'est pas ?

BÉLISE.

Mon Dieu ! point de façons. Cessez de vous défendre
De ce que vos regards m'on souvent fait entendre.
Il suffit que l'on est contente du détour
Dont s'est adroitement avisé votre amour,
Et que, sous la figure où le respect l'engage,
On veut bien se résoudre à souffrir son hommage,

Pourvu que ses transports, par l'honneur éclairés,
N'offrent à mes autels que des vœux épurés.
CLITANDRE.
Mais...
BÉLISE.
Adieu. Pour ce coup, ceci doit vous suffire,
Et je vous ai plus dit que je ne voulois dire.
CLITANDRE.
Mais votre erreur...
BÉLISE.
Laissez. Je rougis maintenant,
Et ma pudeur s'est fait un effort surprenant.
CLITANDRE.
Je veux être pendu, si je vous aime; et sage...
BÉLISE.
Non, non, je ne veux rien entendre davantage.

SCÈNE V
CLITANDRE, seul,
Diantre soit de la folle avec ses visions!
A-t-on rien vu d'égal à ses préventions?
Allons commettre un autre soin que l'on me donne,
Et prenons le secours d'une sage personne.

ACTE SECOND

SCÈNE I
ARISTE, quittant Clitandre et lui parlant encore,
Oui, je vous porterai la réponse au plus tôt;
J'appuierai, presserai, ferai tout ce qu'il faut.
Qu'un amant, pour un mot, a de choses à dire!
Et qu'impatiemment il veut ce qu'il désire!
Jamais...

SCÈNE II
CHRYSALE, ARISTE.
ARISTE.
Ah! Dieu vous gard', mon frère!
CHRYSALE.
Et vous aussi,
Mon frère!
ARISTE.
Savez-vous ce qui m'amène ici?

CHRYSALE.
Non; mais, si vous voulez, je suis prêt à l'entendre.
ARISTE.
Depuis assez longtemps vous connoissez Clitandre?
CHRYSALE.
Sans doute, et je le vois qui fréquente chez nous.
ARISTE.
En quelle estime est-il, mon frère, auprès de vous?
CHRYSALE.
D'homme d'honneur, d'esprit, de cœur et de conduite;
Et je vois peu de gens qui soient de son mérite.
ARISTE.
Certain désir qu'il a conduit ici mes pas,
Et je me réjouis que vous en fassiez cas.
CHRYSALE.
Je connus feu son père en mon voyage à Rome.
ARISTE.
Fort bien.
CHRYSALE.
C'étoit, mon frère, un fort bon gentilhomme.
ARISTE.
On le dit.
CHRYSALE.
Nous n'avions alors que vingt-huit ans,
Et nous étions, ma foi tous deux de verts galants.
ARISTE.
Je le crois.
CHRYSALE.
Nous donnions chez les dames romaines,
Et tout le monde, là, parloit de nos fredaines :
Nous faisions des jaloux.
ARISTE.
Voilà qui va des mieux;
Mais venons au sujet qui m'amène en ces lieux.

SCÈNE III

BÉLISE, entrant doucement et écoutant; CHRYSALE, ARISTE.
ARISTE
Clitandre auprès de vous me fait son interprète,
Et son cœur est épris des grâces d'Henriette.
CHRYSALE.
Quoi! de ma fille?
ARISTE.
Oui ; Clitandre en est charmé,
Et je ne vis jamais amant plus enflammé.

BÉLISE, à Ariste.
Non, non; je vous entends. Vous ignorez l'histoire,
Et l'affaire n'est pas ce que vous pouvez croire.
ARISTE.
Comment, ma sœur?
BÉLISE.
Clitandre abuse vos esprits;
Et c'est d'un autre objet que son cœur est épris.
ARISTE.
Vous raillez. Ce n'est pas Henriette qu'il aime?
BÉLISE.
Non; j'en suis assurée.
ARISTE.
Il me l'a dit lui-même.
BÉLISE.
Eh! oui.
ARISTE.
Vous me voyez, ma sœur, chargé par lui
D'en faire la demande à son père, aujourd'hui.
BÉLISE.
Fort bien.
ARISTE.
Et son amour même m'a fait instance
De presser les moments d'une telle alliance.
BÉLISE.
Encor mieux. On ne peut tromper plus galamment.
Henriette, entre nous, est un amusement,
Un voile ingénieux, un prétexte, mon frère,
A couvrir d'autres feux dont je sais le mystère;
Et je veux bien, tous deux, vous mettre hors d'erreur.
ARISTE.
Mais, puisque vous savez tant de choses, ma sœur,
Dites-nous, s'il vous plaît, cet autre objet qu'il aime.
BÉLISE.
Vous voulez le savoir?
ARISTE.
Oui. Quoi?
BÉLISE.
Moi.
ARISTE.
Vous?
BÉLISE.
Moi-même.
ARISTE.
Hai, ma sœur!

BÉLISE.
    Qu'est-ce donc que veut dire ce hai?
Et qu'a de surprenant le discours que je fai?
On est faite d'un air, je pense, à pouvoir dire
Qu'on n'a pas pour un cœur soumis à son empire;
Et Dorante, Damis, Cléonte et Lycidas,
Peuvent bien faire voir qu'on a quelques appas.
                ARISTE.
Ces gens vous aiment?
                BÉLISE.
        Oui, de toute leur puissance.
                ARISTE.
Ils vous l'on dit?
                BÉLISE.
        Aucun n'a pris cette licence;
Ils m'ont su révérer si fort jusqu'à ce jour,
Qu'ils ne m'ont jamais dit un mot de leur amour.
Mais, pour m'offrir leur cœur et vouer leur service,
Les muets truchements ont tous fait leur office.
                ARISTE.
On ne voit presque point céans venir Damis.
                BÉLISE.
C'est pour me faire voir un respect plus soumis.
                ARISTE.
De mots piquants, partout, Dorante vous outrage.
                BÉLISE.
Ce sont emportements d'une jalouse rage.
                ARISTE.
Cléonte et Lycidas ont pris femme tous deux.
                BÉLISE.
C'est par un désespoir où j'ai réduit leurs feux.
                ARISTE.
Ma foi, ma chère sœur, vision toute claire.
            CHRYSALE, à Bélise.
De ces chimères-là vous devez vous défaire.
                BÉLISE.
Ah! chimères! ce sont des chimères, dit-on.
Chimères, moi! Vraiment, chimères est fort bon!
Je me réjouis fort de chimères, mes frères;
Et je ne savois pas que j'eusse des chimères.

SCÈNE IV
CHRYSALE, ARISTE.
                CHRYSALE.
Notre sœur est folle, oui...

ARISTE.
Cela croit tous les jours,
Mais encore une fois reprenons le discours.
Clitandre vous demande Henriette pour femme;
Voyez quelle réponse on doit faire à sa flamme.

CHRYSALE.
Faut-il le demander? J'y consens de bon cœur,
Et tiens son alliance à singulier honneur.

ARISTE.
Vous savez que de biens il n'a pas l'abondance,
Que...

CHRYSALE.
C'est un intérêt qui n'est pas d'importance,
Il est riche en vertus, cela vaut des trésors:
Et puis son père et moi n'étions qu'un en deux corps.

ARISTE.
Parlons à votre femme, et voyons à la rendre
Favorable...

CHRYSALE.
Il suffit, je l'accepte pour gendre.

ARISTE.
Oui; mais, pour appuyer votre consentement.
Mon frère, il n'est pas mal d'avoir son agrément.
Allons...

CHRYSALE.
Vous moquez-vous? Il n'est pas nécessaire.
Je répons de ma femme, et prends sur moi l'affaire.

ARISTE.
Mais...

CHRYSALE.
Laissez faire, dis-je, et n'appréhendez pas.
Je la vais disposer aux choses de ce pas.

ARISTE.
Soit. Je vais là-dessus sonder votre Henriette,
Et reviendrai savoir...

CHRYSALE.
C'est une affaire faite;
Et je vais à ma femme en parler sans délai.

SCÈNE V

CHRYSALE, MARTINE.

MARTINE.
Me voilà bien chanceuse! Hélas! l'on dit bien vrai,
Qui veut noyer son chien l'accuse de la rage,
Et service d'autrui n'est pas un héritage.

CHRYSALE.
Qu'est-ce donc? Qu'avez-vous, Martine?
MARTINE.
Ce que j'ai?
CHRYSALE.
Oui.
MARTINE.
J'ai que l'on me donne aujourd'hui mon congé, Monsieur.
CHRYSALE.
Votre congé?
MARTINE.
Oui. Madame me chasse.
CHRYSALE.
Je n'entends pas cela. Comment?
MARTINE.
On me menace,
Si je ne sors d'ici, de me bailler cent coups.
CHRYSALE.
Non, vous demeurerez; je suis content de vous.
Ma femme bien souvent à la tête un peu chaude;
Et je ne veux pas, moi...

SCÈNE VI
PHILAMINTE, BÉLISE, CHRYSALE, MARTINE.

PHILAMINTE, apercevant Martine.
Quoi! je vous vois, maraude!
Vite, sortez, friponne! allons, quittez ces lieux;
Et ne vous présentez jamais devant mes yeux!
CHRYSALE.
Tout doux.
PHILAMINTE.
Non, c'en est fait.
CHRYSALE.
Eh!
PHILAMINTE.
Je veux qu'elle sorte.
CHRYSALE.
Mais qu'a-t-elle commis pour vouloir de la sorte...
PHILAMINTE.
Quoi! vous la soutenez?
CHRYSALE.
En aucune façon.
PHILAMINTE.
Prenez-vous son parti contre moi?

CHRYSALE.
                    Mon Dieu! non;
Je ne fais seulement que demander son crime.
                PHILAMINTE.
Suis-je pour la chasser sans cause légitime?
                CHRYSALE.
Je ne dis pas cela; mais il faut de nos gens...
                PHILAMINTE.
Non; elle sortira, vous dis-je, de céans.
                CHRYSALE.
Eh bien, oui. Vous dit-on quelque chose là contre?
                PHILAMINTE.
Je ne veux point d'obstacle aux désirs que je montre.
                CHRYSALE.
D'accord.
                PHILAMINTE.
        Et vous devez, en raisonnable époux,
Être pour moi contre elle et prendre mon courroux.
    CHRYSALE. Se tournant vers Martine.
Aussi fais-je. Oui, ma femme avec raison vous chasse,
Coquine, et votre crime est indigne de grâce.
                MARTINE.
Qu'est-ce donc que j'ai fait?
            CHRYSALE, bas.
                    Ma foi, je ne sais pas.
                PHILAMINTE.
Elle est d'humeur encore à n'en faire aucun cas.
                CHRYSALE.
A-t-elle, pour donner matière à votre haine,
Cassé quelque miroir ou quelque porcelaine?
                PHILAMINTE.
Voudrois-je la chasser, et vous figurez-vous
Que pour si peu de chose on se mette en courroux?
            CHRYSALE, à Martine.
                A Philaminte.
Qu'est-ce à pire? L'affaire est donc considérable?
                PHILAMINTE.
Sans doute. Me voit-on femme déraisonnable?
                CHRYSALE.
Est-ce qu'elle a laissé, d'un esprit négligent,
Dérober quelque aiguière ou quelque plat d'argent?
                PHILAMINTE.
Cela ne seroit rien.

CHRYSALE, à Martine.
Oh ! oh ! peste la belle !
A Philaminte.
Quoi ! l'avez-vous suprise à n'être pas fidèle ?
PHILAMINTE.
C'est pis que tout cela.
CHRYSALE.
Pis que tout cela !
PHILAMINTE.
Pis !
CHRYLALE, à Martine.
A Philaminte.
Comment ! diantre, friponne ! Euh ! a-t-elle commis...
PHILAMINTE.
Elle a, d'une insolence à nulle autre pareille,
Après trente leçons, insulté mon oreille
Par l'impropriété d'un mot sauvage et bas
Qu'en termes décisifs condamne Vaugelas.
CHRYSALE.
Est-ce là...
PHILAMINTE.
Quoi ! toujours, malgré nos remontrances,
Heurter le fondement de toutes les sciences,
La grammaire, qui sait régenter jusqu'aux rois,
Et les fait, la main haute, obéir à ses lois !
CHRYSALE.
Du plus grand des forfaits je la croyois coupable.
PHILAMINTE.
Quoi ! vous ne trouvez pas ce crime impardonnable ?
CHRYSALE.
Si fait.
PHILAMINTE.
Je voudrois bien que vous l'excusassiez !
CHRYSALE.
Je n'ai garde.
BÉLISE.
Il est vrai que ce sont des pitiés.
Toute construction est par elle détruite ;
Et des lois du langage on l'a cent fois instruite.
MARTINE.
Toutce que vous prêchez est, je crois, bel et bon :
Mais je ne saurois, moi, parler votre jargon.
PHILAMINTE.
L'impudente ! appeler un jargon le langage
Fondé sur la raison et sur le bel usage !

MARTINE.
Quand on se fait entendre, on parle toujours bien,
Et tous vos biaux dictons ne servent pas de rien.
PHILAMINTE.
Eh bien! ne voilà pas encore de son style?
Ne servent pas de rien!
BÉLISE.
O cervelle indocile!
Faut-il qu'avec les soins qu'on prend incessament,
On ne te puisse apprendre a parler congrûment?
De *pas* mis avec *rien* tu fais la récidive;
Et c'est, comme on t'a dit, trop d'une négative.
MARTINE.
Mon Dieu! je n'avons pas étugué comme vous,
Et je parlons tout droit comme on parle cheu nous.
PHILAMINTE.
Ah! peut-on y tenir?
BÉLISE.
Quel solécisme horrible!
PHILAMINTE.
En voilà pour tuer une oreille sensible.
BÉLISE.
Ton esprit, je l'avoue, est bien matériel!
Je n'est qu'un singulier, *avons* est pluriel.
Veux-tu toute ta vie offenser la grammaire?
MARTINE.
Qui parle d'offenser grand-mère ni grand-père?
PHILAMINTE.
O ciel!
BÉLISE.
Grammaire est prise à contre-sens par toi,
Et je t'ai déjà dit d'où vient ce mot.
MARTINE.
Ma foi,
Qu'il vienne de Chaillot, d'Auteuil ou de Pontoise;
Cela ne me fait rien.
BÉLISE.
Quelle âme villageoise!
La grammaire, du verbe et du nominatif,
Comme de l'adjectif avec le substantif,
Nous enseigne les lois.
MARTINE.
J'ai, madame à vous dire
Que je ne connois point ces gens-là.

PHILAMINTE.
                        Quel martyre !
BÉLISE.
Ce sont les noms des mots ; et l'on doit regarder
En quoi c'est qu'il les faut faire ensemble accorder.
MARTINE.
Qu'ils s'accordent entre eux, ou se gourment, qu'im-
PHILANINTE, à Bélise.   [porte ?
Eh ! mon Dieu ! finissez un discours de la sorte.
A Chrysale.
Vous ne voulez pas, vous, me la faire sortir ?
CHRYSALE.
A part.
Si fait. A son caprice il me faut consentir.
Va, ne l'irrite point ; retire-toi, Martine.
PHILAMINTE.
Comment lui parlez d'un ton tout à fait obligeant !
CHRYSALE.
D'un ton ferme.   D'un ton plus doux.
Moi ? point. Allons, sortez ! Va-t'-en, ma pauvre enfant.

SCÈNE VII
PHILAMINTE, CHRYSALE, BÉLISE.
CHRYSALE.
Vous êtes satisfaite, et la voilà partie ;
Mais je n'approuve point une telle sortie :
C'est une fille propre aux choses qu'elle fait,
Et vous me la chassez pour un maigre sujet.
PHILAMINTE.
Vous voulez que toujours je l'aie à mon service,
Pour mettre incessament mon oreille au supplice,
Pour rompre toute loi d'usage et de raison
Par un barbare amas de vices d'oraison.
De mots estropiés, cousus, par intervalles,
De proverbes traînés dans les ruisseaux des halles ?
BÉLISE.
Il est vrai que l'on sue à souffrir ses discours ;
Elle y met Vaugelas en pièces tous les jours ;
Et les moindres défauts de ce grossier génie
Sont ou le pléonasme, ou la cacophonie.
CHRYSALE.
Qu'importe qu'elle manque aux lois de Vaugelas,
Pourvu qu'à la cuisine elle ne manque pas ?
J'aime bien mieux, pour moi, qu'en épluchant ses herbes,
Elle accommode mal les noms avec les verbes,
Et redise cent fois un bas ou méchant mot,
Que de brûler ma viande ou saler trop mon pot.

Je vis de bonne soupe, et non de beau langage.
Vaugelas n'apprend point à bien faire un potage;
Et Malherbe et Balzac, si savants en beaux mots,
En cuisine peut-être auroient été des sots.
PHILAMINTE.
Que ce discours grossier terriblement assomme !
Et quelle indignité, pour ce qui s'appelle homme,
D'être baissé sans cesse aux soins matériels,
Au lieu de se hausser vers les spirituels !
Le corps, cette guenille, est-il d'une importance,
D'un prix à mériter seulement qu'on y pense ?
Et ne devons-nous pas laisser cela bien loin ?
CHRYSALE.
Oui, mon corps est moi-même, et j'en veux prendre soin :
Guenille, si l'on veut ; ma guenille m'est chère.
BÉLISE.
Le corps avec l'esprit fait figure, mon frère;
Mais, si vous en croyez tout le monde savant,
L'esprit doit sur le corps prendre le pas devant;
Et notre plus grand soin, notre première instance,
Doit être à le nourrir du suc de la science.
CHRYSALE.
Ma foi, si vous songez à nourrir votre esprit,
C'est de viande bien creuse, à ce que chacun dit ;
Et vous n'avez nulle soin, nulle sollicitude,
Pour...
PHILAMINTE.
Ah ! *sollicitude* à mon oreille est rude ;
Il pue étrangement son ancienneté.
BÉLISE.
Il est vrai que le mot est bien collet monté.
CHRYSALE.
Voulez-vous que je dise ? il faut qu'enfin j'éclate,
Que je lève le masque et décharge ma rate:
De folles on vous traite, et j'ai fort sur le cœur...
PHILAMINTE.
Comment donc ?
CHRYSALE, à Bélice.
C'est à vous que je parle, ma sœur.
Le moindre solécisme en parlant vous irrite ;
Mais vous en faites, vous, d'étranges en conduite.
Vos livres éternels ne me contentent pas;
Et, hors un gros Plutarque à mettre mes rabats,
Vous devriez brûler tout ce meuble inutile,
Et laisser la science aux docteurs de la ville;

M'ôter, pour faire bien, du grenier de céans,
Cette longue lunette à faire peur aux gens,
Et cent brimborions dont l'aspect importune ;
Ne point aller chercher ce qu'on fait dans la lune,
Et vous mêler un peu de ce qu'on fait chez vous,
Où nous voyons aller tout sens dessus dessous.
Il n'est pas bien honnête, et pour beaucoup de causes,
Qu'une femme étudie et sache tant de choses.
Former aux bonnes mœurs l'esprit de ses enfants,
Faire aller son ménage, avoir l'œil sur ses gens,
Et régler la dépense avec économie,
Doit être son étude et sa philosophie.
Nos pères, sur ce point, étoient gens bien censés,
Qui disoient qu'une femme en sait toujours assez
Quand la capacité de son esprit se hausse
A connoître un pourpoint d'avec un haut-de-chausse.
Les leurs ne lisoient point, mais elle vivoient bien ;
Leurs ménages étoient tout leur docte entretien ;
Et leurs livres, un dé, du fil et des aiguilles,
Dont elles travailloient au trousseau de leurs filles.
Les femmes d'à présent sont bien loin de ces mœurs :
Elles veulent écrire et devenir auteurs.
Nulle science n'est pour elles trop profonde,
Et céans beaucoup plus qu'en aucun lieu du monde :
Les secrets les plus hauts s'y laissent concevoir,
Et l'on sait tout chez moi, hors ce qu'il faut savoir.
On y sait comme vont lune, étoile polaire,
Vénus, Saturne et Mars, dont je n'ai point affaire ;
Et, dans ce vain savoir, qu'on va chercher si loin,
On ne sait comme va mon pot, dont j'ai besoin.
Mes gens à la science aspirent pour vous plaire,
Et tous ne font rien moins que ce qu'ils ont à faire.
Raisonner est l'emploi de toute ma maison,
Et le raisonnement en bannit la raison !…
L'un me brûle mon rôt, en lisant quelque histoire ;
L'autre rêve à des vers quand je demande à boire :
Enfin, je vois par eux votre exemple suivi,
Et j'ai des serviteurs et ne suis point servi.
Une pauvre servante au moins m'étoit restée,
Qui de ce mauvais air n'étoit point infectée ;
Et voilà qu'on la chasse avec un grand fracas,
A cause qu'elle manque à parler Vaugelas.
Je vous le dis, ma sœur, tout ce train-là me blesse ;
Car c'est, comme j'ai dit, à vous que je m'adresse.
Je n'aime point céans tous vos gens à latin,

Et principalement ce monsieur Trissotin :
C'est lui qui, dans des vers, vous a tympanisées ;
Tous les propos qu'il tient sont des billevesées.
On cherche ce qu'il dit après qu'il a parlé ;
Et je lui crois, pour moi, le timbre un peu fêlé.

PHILAMINTE.

Quelle bassesse, ô ciel ! et d'âme et de langage !

BÉLISE.

Est-il de petits corps un plus lourd assemblage,
Un esprit composé d'atomes plus bourgeois ?
Et de ce même sang se peut-il que je sois ?
Je me veux mal de mort d'être de votre race ;
Et de confusion, j'abandonne la place.

SCÈNE VIII
PHILAMINTE, CHRYSALE.

PHILAMINTE.

Avez-vous à lâcher encore quelque trait ?

CHRYSALE.

Moi ! Non. Ne parlons plus de querelle ; c'est fait
Discourons d'autre affaire. A votre fille aînée
On voit quelque dégoût pour les nœuds d'hyménée ;
C'est une philosophe enfin, je n'en dis rien ;
Elle est bien gouvernée, et vous faites fort bien :
Mais de tout autre humeur se trouve sa cadette ;
Et je crois qu'il est bon de pourvoir Henriette,
De choisir un mari...

PHILAMINTE.

C'est à quoi j'ai songé,
Et je veux vous ouvrir l'intention que j'ai.
Ce monsieur Trissotin, dont on nous fait un crime.
Et qui n'a pas l'honneur d'être dans votre estime,
Est celui que je prends pour l'époux qu'il lui faut ;
Et je sais mieux que vous juger de ce qu'il vaut.
La contestation est ici superflue ;
Et de tout point chez moi l'affaire est résolue.
Au moins ne dites mot du choix de cet époux ;
Je veux à votre fille en parler avant vous.
J'ai des raisons à faire approuver ma conduite,
Et je connoîtrai bien si vous l'aurez instruite.

SCÈNE IX
ARISTE, CHRYSALE.

ARISTE.

Eh bien, la femme sort, mon frère, et je vois bien
Que vous venez d'avoir ensemble un entretien.

CHRYSALE.

Oui.

ARISTE.

Quel est le succès ? Aurons-nous Henriette ?
A-t-elle consenti ? l'affaire est-elle faite ?

CHRYSALE.

Pas tout à fait encor.

ARISTE.

Refuse-t-elle ?

CHRYSALE.

Non.

ARISTE.

Est-ce qu'elle balance ?

CHRYSALE.

En aucune façon.

ARISTE.

Quoi donc ?

CHRYSALE.

C'est que pour gendre elle m'offre un autre homme.

ARISTE.

Un autre homme pour gendre ?

CHRYSALE.

Un autre.

ARISTE.

Qui se nomme ?

CHRYSALE.

Monsieur Trissotin.

ARISTE.

Quoi ! ce monsieur Trissotin..

CHRYSALE.

Oui, qui parle toujours de vers et de latin.

ARISTE.

Vous l'avez accepté ?

CHRYSALE.

Moi, point : à Dieu ne plaise !

ARISTE.

Qu'avez-vous répondu !

CHRYSALE.

Rien ; et je suis bien aise
De n'avoir point parlé, pour ne m'engager pas.

ARISTE.

La raison est fort belle, et c'est faire un grand pas.
Avez-vous su du moins lui proposer Clitandre ?

CHRYSALE.
Non; car, comme j'ai vu qu'on parloit d'autre gendre,
J'ai cru qu'il étoit mieux de ne m'avancer point.
ARISTE.
Certes, votre prudence est rare au dernier point.
N'avez-vous point de honte, avec votre mollesse?
Et se peut-il qu'un homme ait assez de foiblesse
Pour laisser à sa femme un pouvoir absolu?
Et n'oser attaquer ce qu'elle a résolu?
CHRYSALE.
Mon Dieu! vous en parlez, mon frère, bien à l'aise,
Et vous ne savez pas comme le bruit me pèse.
J'aime fort le repos, la paix et la douceur,
Et ma femme est terrible avecque son humeur;
Du nom de philosophe elle fait grand mystère :
Mais elle n'en est pas pour cela moins colère;
Et sa morale, faite à mépriser le bien,
Sur l'aigreur de sa bile opère comme rien.
Pour peu que l'on s'oppose à ce que veut sa tête,
On en a pour huit jours d'effroyable tempête.
Elle me fait trembler dès qu'elle prend son ton;
Je ne sais où me mettre, et c'est un vrai dragon;
Et cependant avec toute sa diablerie,
Il faut que je l'appelle et mon cœur et ma mie.
ARISTE.
Allez, c'est se moquer. Votre femme, entre nous,
Est, par lâchetés, souveraine sur vous.
Son pouvoir n'est fondé que sur votre foiblesse;
C'est de vous qu'elle prend le titre de maîtresse;
Vous-même à ses hauteurs vous vous abandonnez,
Et vous faites mener en bête par le nez.
Quoi! vous ne pouvez pas, voyant comme on vous
[nomme,
Vous résoudre une fois à vouloir être un homme,
A faire condescendre une femme à vos vœux,
Et prendre assez de cœur pour dire un Je le veux!
Vous laisserez sans honte immoler votre fille
Aux folles visions qui tiennent la famille,
Et de tout votre bien revêtir un nigaud,
Pour six mots de latin qu'il leur fait sonner haut;
Un pédant qu'à tous coups votre femme apostrophe
Du nom de bel esprit et de grand philosophe,
D'homme qu'en vers galants jamais on n'égala,
Et qui n'est, comme on sait, rien moins que tout cela!
Allez, encore un coup, c'est une moquerie;

Et votre lâcheté mérite qu'on en rie.
CHRYSALE.
Oui, vous avez raison, et je vois que j'ai tort.
Allons, il faut enfin montrer un cœur plus fort,
Mon frère !
ARISTE.
C'est bien dit.
CHRYSALE.
C'est une chose infâme
Que d'être si soumis au pouvoir d'une femme.
ARISTE.
Fort bien.
CHRYSALE.
De ma douceur elle a trop profité.
ARISTE.
Il est vrai.
CHRYSALE.
Trop joui de ma facilité.
ARISTE.
Sans doute.
CHRYSALE.
Et je lui veux faire aujourd'hui connoître
Que ma fille est ma fille, et que j'en suis le maître,
Pour lui prendre un mari qui soit selon mes vœux.
ARISTE.
Vous voilà raisonnable, et comme je vous veux.
CHRYSALE.
Vous êtes pour Clitandre, et savez sa demeure ;
Faites-le-moi venir, mon frère, tout à l'heure.
ARISTE.
J'y cours tout de ce pas.
CHRYSALE.
C'est souffrir trop longtemps,
Et je m'en vais être homme à la barbe des gens.

ACTE TROISIÈME

SCÈNE I

PHILAMINTE, ARMANDE, BÉLISE, TRISSOTIN, LÉPINE.
PHILAMINTE.
Ah ! mettons-nous ici pour écouter à l'aise
Ces vers, que mot à mot il est besoin qu'on pèse.
ARMANDE.
Je brûle de les voir.

BÉLISE.
Et l'on s'en meurt chez nous.
PHILAMINTE, à Trissotin.
Ce sont charmes pour moi que ce qui part de vous.
ARMANDE.
Ce m'est une douceur à nulle autre pareille.
BÉLISE.
Ce sont repas friands qu'on donne à mon oreille.
PHILAMINTE.
Ne faites point languir de si pressants désirs.
ARMANDE.
Dépêchez.
BÉLISE.
Faites tôt, et hâtez nos plaisirs.
PHILAMINTE
A notre impatience offrez votre épigramme.
TRISSOTIN, à Philaminte.
Hélas! c'est un enfant tout nouveau-né, madame;
Son sort assurément a lieu de vous toucher,
Et c'est dans votre cour que j'en viens d'accoucher.
PHILAMINTE.
Pour me le rendre cher, il suffit de son père.
TRISSOTIN.
Votre approbation lui peut servir de mère.
BÉLISE.
Qu'il a d'esprit!

SCÈNE II
HENRIETTE, PHILAMINTE, BÉLISE, ARMANDE, TRISSOTIN, LÉPINE.

PHILAMINTE, à Henriette, qui veut se retirer.
Holà! pourquoi donc fuyez-vous?
HENRIETTE.
C'est de peur de troubler un entretien si doux.
PHILAMINTE.
Approchez, et venez, de toutes vos oreilles,
Prendre part au plaisir d'entendre des merveilles.
HENRIETTE.
Je sais peu les beautés de tout ce qu'on écrit,
Et ce n'est pas mon fait que les choses d'esprit.
PHILAMINTE.
Il n'importe: aussi bien ai-je à vous dire ensuite
Un secret dont il faut que vous soyez instruite.
TRISSOTIN, à Henriette.
Les sciences n'ont rien qui vous puisse enflammer,

Et vous ne vous piquez que de savoir charmer.
>
HENRIETTE.

Aussi peu l'un que l'autre ; et je n'ai nulle envie...
>
BÉLISE.

Ah ! songeons à l'enfant nouveau-né, je vous prie.
>
PHILAMINTE, à Lépine.

Allons, petit garçon, vite de quoi s'asseoir.
Lépine se laisse tomber.
Voyez l'impertinent ! Est-ce que l'on doit choir,
Après avoir appris l'équilibre des choses?
>
BÉLISE.

De ta chute, ignorant, ne vois-tu pas les causes,
Et qu'elle vient d'avoir, du point fixe, écarté
Ce que nous appelons centre de gravité ?
>
LÉPINE.

Je m'en suis aperçu, madame, étant par terre.
>
PHILAMINTE, à Lépine, qui sort.

Le lourdeaud !
>
TRISSOTIN.

   Bien lui prend de n'être pas de verre.
>
ARMANDE.

Ah ! de l'esprit partout !
>
BÉLISE.

   Cela ne tarit pas.
Ils s'asseyent.
>
PHILAMINTE.

Servez-nous promptement votre aimable repas.
>
TRISSOTIN.

Pour cette grande faim qu'à mes yeux on expose,
Un plat seul de huit vers me semble peu de chose ;
Et je pense qu'ici je ne ferai pas mal
De joindre à l'épigramme, ou bien au madrigal,
Le ragoût d'un sonnet qui, chez une princesse,
A passé pour avoir quelque délicatesse.
Il est de sel attique assaisonné partout,
Et vous le trouverez, je crois d'assez bon goût.
>
ARMANDE.

Ah ! je n'en doute point.
>
PHILAMINTE.

   Donnons vite audience.
>
BÉLISE, interrompant Trissotin chaque fois qu'il se dispose à lire.

Je sens d'aise mon cœur tressaillir par avance.
J'aime la poésie avec entêtement,
Et surtout quand les vers sont tournés galemment.

PHILAMINTE.

Si nous parlons toujours il ne pourra rien dire.

TRISSOTIN.

So...

BÉLISE, à Henriette.

Silence, ma nièce.

ARMANDE.

Ah! laissez-le donc lire!

TRISSOTIN.

Sonnet à la princesse URANIE, *sur sa fièvre.*

    Votre prudence est endormie,
    De traiter magnifiquement
    Et De loger superbement
    Votre plus cruelle ennemie.

BÉLISE.

Ah! le joli début!

ARMANDE.

Qu'il a le tour galant!

PHILAMINTE.

Lui seul des vers aisés possède le talent.

ARMANDE.

A *prudence endormie* il faut rendre les armes.

BÉLISE.

Loger son ennemie est pour moi plein de charmes.

PHILAMINTE.

J'aime *superbement* et *magnifiquement;*
Ces deux adverbes joints font admirablement.

BÉLISE.

Prêtons l'oreille au reste.

TRISSOTIN.

    Votre prudence est endormie,
    De traiter magnifiquement
    Et de loger superbement
    Votre plus cruelle ennemie.

ARMANDE.

Prudence endormie!

BÉLISE.

Loger son ennemie!

PHILAMINTE.

Superbement et *magnifiquement!*

TRISSOTIN.

    Faites-la sortir, quoi qu'on die,
    De votre riche appartement,
    Où cette ingrate insolemment
    Attaque votre belle vie.

BÉLISE.

Ah! tout doux! laissez-moi, de grâce, respirer.

ARMANDE.
Donnez-nous, s'il vous plaît, le loisir d'admirer.
PHILAMINTE.
On se sent, à ces vers, jusques au fond de l'âme,
Couler je ne sais quoi qui fait que l'on se pâme.
ARMANDE.
>Faites-la sortir, quoi qu'on die,
>De votre riche appartement.

Que *riche appartement* est là joliment dit !
Et que la métaphore est mise avec esprit !
PHILAMINTE.
>Faites-la sortir, quoi qu'on die.

Ah ! que ce *quoi qu'on die* est d'un goût admirable !
C'est, à mon sentiment, un endroit impayable.
ARMANDE.
De *quoi qu'on die* aussi mon cœur est amoureux.
BÉLISE.
Je suis de votre avis, *quoi qu'on die* est heureux.
ARMANDE.
Je voudrois l'avoir fait.
BÉLISE.
Il vaut toute une pièce.
PHILAMINTE.
Mais en comprend-on bien, comme moi, la finesse ?
ARMANDE et BÉLISE.
Oh ! oh !
PHILAMINTE.
>Faites-la sortir, quoi qu'on die :

Que de la fièvre on prenne ici les intérêts,
N'ayez aucun égard, moquez-vous des caquets ;
>Faites-la sortir, quoi qu'on die,
>Quoi qu'on die, quoi qu'on die.

Ce *quoi qu'on die* en dit beaucoup plus qu'il ne semble.
Je ne sais pas, pour moi, si chacun me ressemble,
Mais j'entends là-dessous un million de mots.
BÉLISE.
Il est vrai qu'il dit plus de choses qu'il n'est gros.
PHILAMINTE, à Trissotin.
Mais, quand vous avez fait ce charmant *quoi qu'on die*,
Avez-vous compris, vous, toute son énergie ?
Songiez-vous bien vous-même à tout ce qu'il nous dit ?
Et pensiez-vous alors y mettre tant d'esprit ?
TRISSOTIN.
Hai ! hai !

ARMANDE.
J'ai fort aussi l'*ingrate* dans la tête,
Cette ingrate de fièvre, injuste, malhonnête.
Qui traite mal les gens qui la logent chez eux.

PHILAMINTE.
Enfin les quatrains sont admirables tous deux.
Venons-en promptement au tiercets, je vous prie.

ARMANDE.
Ah! s'il vous plaît, encore une fois *quoi qu'on die*.

TRISSOTIN.
Faites-la sortir, quoi qu'on die...

PHILAMINTE, ARMANDE et BÉLISE.
Quoi qu'on die!

TRISSOTIN.
De votre riche appartement,

PHILAMINTE, ARMANDE et BÉLISE.
Riche appartement!

TRISSOTIN.
Où cette ingrate insolemment...

PHILAMINTE, ARMANDE et BÉLISE.
Cette *ingrate* de fièvre!

TRISSOTIN.
Attaque votre belle vie.

PHILAMINTE.
Votre belle vie!

ARMANDE et BÉLISE.
Ah!

TRISSOTIN.
Quoi! sans respecter votre rang,
Elle se prend à votre sang,

PHILAMINTE, ARMANDE ET BÉLISE.
Ah!

TRISSOTIN.
Et nuit et jour vous fait outrage!
Si vous la conduisez aux bains,
Sans la marchander davantage,
Noyez-la de vos propres mains.

PHILAMINTE.
On n'en peut plus.

BÉLISE.
On pâme.

ARMANDE.
On se meurt de plaisir.

PHILAMINTE.
De mille doux frissons vous vous sentez saisir.

ARMANDE.
Si vous la conduisez aux bains...
BÉLISE.
Sans la marchander davantage...
PHILAMINTE.
Noyez-la de vos propres mains.
De vos propres mains, là, noyez-là dans les bains.
ARMANDE.
Chaque pas dans vos vers rencontre un trait charmant.
BÉLISE.
Partout on s'y promène avec ravissement.
PHILAMINTE.
Ou n'y sauroit marcher que sur de belles choses.
ARMANDE.
Ce sont petits chemins tout parsemés de roses.
TRISSOTIN.
Le sonnet dont vous semble...
PHILAMINTE.
Admirable, nouveau :
Et personne jamais n'a rien fait de si beau.
BÉLISE, à Henriette.
Quoi ! sans émotion pendant cette lecture !
Vous faites là, ma nièce, une étrange figure !
HENRIETTE.
Chacun fait ici-bas la figure qu'il peut,
Ma tante ; et bel esprit, il ne l'est pas qui veut.
TRISSOTIN.
Peut-être que mes vers importunent madame.
HENRIETTE.
Point. Je n'écoute pas.
PHILAMINTE.
Ah ! voyons l'épigramme.
TRISSOTIN.
Sur un carrosse de couleur amarante donné à une dame
de ses amies
PHILAMINTE.
Ses titres ont toujours quelque chose de rare.
ARMANDE.
A cent beaux traits d'esprit leur nouveauté prépare.
TRISSOTIN.
L'amour si chèrement m'a vendu son lieu,
PHILAMINTE, ARMANDE ET BÉLISE.
Ah !
TRISSOTIN.
Qu'il m'en coûte déjà la moitié de mon bien ;
Et, quand tu vois ce beau carrosse,

> Où tant d'or se relève en bosse,
> Qu'il étonne tout le pays,
> Et fait pompeusement triompher ma Laïs...

PHILAMINTE.

Ah ! *ma Laïs !* voilà de l'érudition.

BÉLISE.

L'enveloppe est jolie, et vaut un million.

TRISSOTIN.

> Et, quand tu vois ce beau carosse,
> Où tant d'or se relève en bosse,
> Qu'il étonne tout le pays,
> Et fait pompeusement triompher ma Laïs,
> Ne dis plus qu'il est amarante,
> Dis plutôt qu'il est de ma rente.

ARMANDE.

Oh ! oh ! oh ! celui-là ne s'attend point du tout.

PHILAMINTE.

On n'a que lui qui puisse écrire de ce goût.

BÉLISE.

> Ne dis plus qu'il est amarante,
> Dis plutôt qu'il est de ma rente.

Voilà qui se décline, *ma rente, de ma rente, à ma rente*.

PHILAMINTE.

Je ne sais, du moment que je vous ai connu,
Si, sur votre sujet, j'eus l'esprit prévenu ;
Mais j'admire partout vos vers et votre prose.

TRISSOTIN, à Philaminte.

Si vous vouliez de vous nous montrer quelque chose,
A notre tour aussi nous pourrions admirer.

PHILAMINTE.

Je n'ai rien fait en vers ; mais j'ai lieu d'espérer
Que je pourrai bientôt vous montrer, en amie,
Huit chapitres du plan de notre académie.
Platon s'est au projet simplement arrêté,
Quand de sa République il a fait le traité ;
Mais à l'effet entier je veux pousser l'idée
Que j'ai sur le papier en prose accommodée.
Car enfin, je me sens un étrange dépit
Du tort que l'on nous fait du côté de l'esprit ;
Et je veux nous venger, toutes tant que nous sommes,
De cette indigne classe où nous rangent les hommes,
De borner nos talent à des futilités,
Et nous fermer la porte aux sublimes clartés.

ARMANDE.

C'est faire à notre sexe une trop grande offense,
De n'étendre l'effort de notre intelligence

Qu'à juger d'une jupe, ou de l'air d'un manteau,
Ou des beautés d'un point, ou d'un brocart nouveau.
BÉLISE.
Il faut se relever de ce honteux partage,
Et mettre hautement notre esprit hors de page,
TRISSOTIN.
Pour les dames on sait mon respect en tous lieux ;
Et, si je rends hommage aux brillants de leurs yeux,
De leur esprit aussi j'honore les lumières.
PHILAMINTE.
Le sexe aussi vous rend justice en ces matières ;
Mais nous voulons montrer à de certains esprits,
Dont l'orgueilleux savoir nous traite avec mépris,
Que de science aussi les femmes sont meublées ;
Qu'on peut faire, comme eux, de doctes assemblées,
Conduites en cela par des ordres meilleurs ;
Qu'on y veut réunir ce qu'on sépare ailleurs,
Mêler le beau langage et les hautes sciences,
Découvrir la nature en mille expériences ;
Et, sur les questions qu'on pourra proposer,
Faire entrer chaque secte, et n'en point épouser.
TRISSOTIN.
Je m'attache pour l'ordre au péripatétisme,
PHILAMINTE.
Pour les abstractions, j'aime le platonisme.
ARMANDE.
Épicure me plaît, et ses dogmes sont forts.
BÉLISE.
Je m'accommode assez, pour moi, des petits corps ;
Mais le vide à souffrir me semble difficile,
Et je goûte bien mieux la matière subtile.
TRISSOTIN.
Descartes, pour l'aimant, donne fort dans mon sens.
ARMANDE.
J'aime ses tourbillons.
PHILAMINTE.
Moi, ses mondes tombants.
ARMANDE.
Il me tarde de voir notre assemblée ouverte,
Et de nous signaler par quelque découverte.
TRISSOTIN
On en attend beaucoup de vos vives clartés ;
Et pour vous la nature a peu d'obscurités.
PHILAMINTE.
Pour moi, sans me flatter, j'en ai déjà fait une ;

Et j'ai vu clairement des hommes dans la lune.
BÉLISE.
Je n'ai point encor vu d'hommes, comme je crois;
Mais j'ai vu des clochers tout comme je vous vois.
ARMANDE.
Nous approfondirons, ainsi que la physique,
Grammaire, histoire, vers, morale et politique.
PHILAMINTE.
La morale a des traits dont mon cœur est épris,
Et c'étoit autrefois l'amour des grands esprits;
Mais aux stoïciens je donne l'avantage,
Et je ne trouve rien de si beau que leur sage.
ARMANDE.
Pour la langue, on verra dans peu nos règlements,
Et nous y prétendons faire des remuements.
Par une antipathie, ou juste, ou naturelle,
Nous avons pris chacune une haine mortelle
Pour un nombre de mots, soit ou verbes, ou noms,
Que mutuellement nous nous abandonnons :
Contre eux nous préparons de mortelles sentences,
Et nous devons ouvrir nos doctes conférences
Par les proscriptions de tous ces mots divers,
Dont nous voulons purger et la prose et les vers.
PHILAMINTE.
Mais le plus beau projet de notre académie,
Une entreprise noble, et dont je suis ravie,
Un dessein plein de gloire, et qui sera vanté
Chez tous les beaux esprits de la postérité,
C'est le retranchement de ces syllabes sales,
Qui dans les plus beaux mots produisent des scandales;
Ces jouets éternels des sots de tous les temps;
Ces fades lieux communs de nos méchants plaisants;
Ces sources d'un amas d'équivoques infâmes,
Dont on vient faire insulte à la pudeur des femmes.
TRISSOTIN.
Voilà certainement d'admirables projets !
BÉLISE.
Vous verrez nos statuts quand ils seront tous faits.
TRISSOTIN.
Ils ne sauroient manquer d'être tous beaux et sages.
ARMANDE.
Nous serons, par nos lois, les juges des ouvrages;
Par nos lois, prose et vers, tout nous sera soumis :
Nul n'aura de l'esprit, hors nous et nos amis.
Nous chercherons partout à trouver à redire,

Et ne verrons que nous qui sachent bien écrire.

SCÈNE III
PHILAMINTE, BÉLISE, ARMANDE, HENRIETTE, TRISSOTIN, LÉPINE.

LÉPINE, à Trissotin.

Monsieur, un homme est là qui veut parler à vous;
Il est vêtu de noir, et parle d'un ton doux.
Ils se lèvent.

TRISSOTIN.

C'est cet ami savant qui m'a fait tant d'instance
De lui donner l'honneur de votre connoissance.

PHILAMINTE.

Pour le faire venir vous avez tout crédit.
Trissotin va au-devant de Vadius.

SCÈNE IV
PHILAMINTE, BÉLISE, ARMANDE, HENRIETTE.

PHILAMINTE, à Armande et à Bélise.

Faisons bien les honneurs au moins de notre esprit.
A Henriette, qui veut sortir.
Holà! Je vous ai dit, en paroles bien claires,
Que j'ai besoin de vous.

HENRIETTE.

    Mais pour quelles affaires?

PHILAMINTE.

Venez: on va dans peu vous les faire savoir.

SCÈNE V
TRISSOTIN, VADIUS, PHILAMINTE, BÉLISE, ARMANDE, HENRIETTE.

TRISSOTIN, présentant Vadius.

Voici l'homme qui meurt du désir de vous voir;
En vous le produisant, je ne crains point le blâme
D'avoir admis chez vous un profane, madame.
Il peut tenir son coin parmi de beaux esprits.

PHILAMINTE.

La main qui le présente en dit assez le prix.

TRISSOTIN.

Il a des vieux auteurs la pleine intelligence,
Et sait du grec, madame, autant qu'homme de France.

PHILAMINTE, à Bélise.

Du grec, ô ciel! du grec! Il sait du grec, ma sœur!

BÉLISE, à Armande.

Ah! ma nièce, du grec!

ARMANDE.
Du grec! quelle douceur!
PHILAMINTE.
Quoi! monsieur sait du grec? Ah! permettez, de
[grâce,
Que, pour l'amour du grec, monsieur on vous em-
[brasse.

Vadius embrasse aussi Bélise et Armande.

HENRIETTE, à Vadius, qui veut aussi l'embrasser.
Excusez-moi, monsieur, je n'entends pas le grec.
Ils s'asseyent.
PHILAMINTE.
J'ai pour les livres grecs un merveilleux respect.
VADIUS.
Je crains d'être fâcheux par l'ardeur qui m'engage
A vous rendre aujourd'hui, madame, mon hommage;
Et j'aurai pu troubler quelque docte entretien.
PHILAMINTE.
Monsieur avec du grec on ne peut gâter rien.
TRISSOTIN.
Au reste, il fait merveille en vers ainsi qu'en prose,
Et pourroit, s'il vouloit, vous montrer quelque chose.
VADIUS.
Le défaut des auteurs, dans leurs productions,
C'est d'en tyranniser les conversations,
D'être au Palais, au Cours, aux ruelles, aux tables,
De leurs vers fatigants lecteurs infatigables.
Pour moi, je ne vois rien de plus sot, à mon sens,
Qu'un auteur qui partout va gueuser des encens,
Qui, des premiers venus saisissant les oreilles,
En fait le plus souvent le martyr de ses veilles.
On ne m'a jamais vu ce fol entêtement;
Et d'un Grec, là-dessus, je suis le sentiment,
Qui, par un dogme exprès, défend à tous ses sages
L'indigne empressement de lire leurs ouvrages.
Voici de petits vers pour de jeunes amants,
Sur quoi je voudrois bien avoir vos sentiments.
TRISSOTIN.
Vos vers ont des beautés que n'ont point tous les autres.
VADIUS.
Les Grâces et Vénus règnent dans tous les vôtres.
TRISSOTIN.
Vous avez le tour libre, et le beau choix des mots.
VADIUS.
On voit partout chez vous l'*ithos* et le *pathos*.

TRISSOTIN.
Nous avons vu de vous des églogues d'un style
Qui passe en doux attraits Théocrite et Virgile.
VADIUS.
Vos odes ont un air noble, galant et doux,
Qui laisse de bien loin votre Horace après vous.
TRISSOTIN.
Est-il rien d'amoureux comme vos chansonnettes?
VADIUS.
Peut-on rien voir d'égal aux sonnets que vous faites?
TRISSOTIN.
Rien qui soit plus charmant que vos petits rondeaux?
VADIUS.
Rien de si plein d'esprit que tous vos madrigaux?
TRISSOTIN.
Aux ballades surtout vous êtes admirable.
VADIUS.
Et dans les bouts-rimés je vous trouve adorable.
TRISSOTIN.
Si la France pouvoit connoître votre prix...
VADIUS.
Si le siècle rendoit justice aux beaux esprits...
TRISSOTIN.
En carrosse doré vous iriez par les rues.
VADIUS.
On verroit le public vous dresser des statues.
        A Trissotin.
Hom! C'est une ballade, et je veux que tout net
Vous m'en...
        TRISSOTIN, à Vadius.
            Avez-vous vu certain petit sonnet
Sur la fièvre qui tient la princesse Uranie?
VADIUS.
Oui; hier il me fut lu dans une compagnie.
TRISSOTIN.
Vous en savez l'auteur?
VADIUS.
            Non; mais je sais fort bien
Qu'à ne le point flatter, son sonnet ne vaut rien.
TRISSOTIN.
Beaucoup de gens pourtant le trouvent admirable.
VADIUS.
Cela n'empêche pas qu'il ne soit misérable;
Et, si vous l'avez vu, vous serez de mon goût.

TRISSOTIN.
Je sais que là-dessus je n'en suis point du tout,
Et que d'un tel sonnet peu de gens sont capables.
VADIUS.
Me préserve le ciel d'en faire de semblables!
TRISSOTIN.
Je soutiens qu'on ne peut en faire de meilleur;
Et ma grande raison, c'est que j'en suis l'auteur.
VADIUS.
Vous?
TRISSOTIN.
Moi.
VADIUS.
Je ne sais donc comment se fit l'affaire.
TRISSOTIN.
C'est qu'on fut malheureux de ne pouvoir vous plaire.
VADIUS.
Il faut qu'en écoutant j'aie eu l'esprit distrait,
Ou bien que le lecteur m'ait gâté le sonnet.
Mais laissons ce discours, et voyons ma ballade.
TRISSOTIN.
La ballade, à mon goût, est une chose fade:
Ce n'en est plus la mode; elle sent son vieux temps.
VADIUS.
La ballade pourtant charme beaucoup de gens.
TRISSOTIN.
Cela n'empêche pas qu'elle ne me déplaise.
VADIUS.
Elle n'en reste pas pour cela plus mauvaise.
TRISSOTIN.
Elle a pour les pédants de merveilleux appas.
VADIUS.
Cependant nous voyons qu'elle ne vous plaît pas.
TRISSOTIN.
Vous donnez sottement vos qualités aux autres!

Ils se lèvent tous

VADIUS.
Fort impertinemment vous me jetez les vôtres!
TRISSOTIN.
Allez, petit grimaud, barbouilleur de papier!
VADIUS.
Allez, rimeur de balle, opprobre du métier!
TRISSOTIN.
Allez, fripier d'écrits, impudent plagiaire!

VADIUS.

Allez, cuistre...
PHILAMINTE.

Eh! messieurs, que prétendez-vous faire?
TRISSOTIN, à Vadius.

Va, va restituer tous les honteux larcins
Que réclament sur toi les Grecs et les Latins.
VADIUS.

Va, va-t'en faire amende honorable au Parnasse
D'avoir fait à tes vers estropier Horace.
TRISSOTIN.

Souviens-toi de ton livre, et de son peu de bruit.
VADIUS.

Et toi, de ton libraire à l'hôpital réduit.
TRISSOTIN.

Ma gloire est établie; en vain tu la déchires.
VADIUS.

Oui, oui, je te renvoie à l'auteur des *Satires*.
TRISSOTIN.

Je t'y renvoie aussi.
VADIUS.

J'ai le contentemen
Qu'on voit qu'il m'a traité plus honorablement.
Il me donne en passant une atteinte légère
Parmi plusieurs auteurs qu'au Palais on revère;
Mais jamais dans ses vers il ne te laisse en paix,
Et l'on t'y voit partout être en butte à ses traits.
TRISSOTIN.

C'est par là que j'y tiens un rang plus honorable.
Il te met dans la foule ainsi qu'un misérable;
Il croit que c'est assez d'un coup pour t'accabler,
Et ne t'a jamais fait l'honneur de redoubler.
Mais il m'attaque à part comme un noble adversaire
Sur qui tout son effort lui semble nécessaire;
Et ses coups, contre moi redoublés en tous lieux,
Montrent qu'il ne se croit jamais victorieux.
VADIUS.

Ma plume t'apprendra quel homme je puis être!
TRISSOTIN.

Et la mienne saura te faire voir ton maître!
VADIUS.

Je te défie en vers, prose, grec et latin!
TRISSOTIN.

Eh bien, nous nous verrons seul à seul chez Barbin

SCÈNE VI

TRISSOTIN, PHILAMINTE, ARMANDE, BÉLISE, HENRIETTE.

PHILAMINTE.

TRISSOTIN.

A mon emportement ne donnez aucun blâme ;
C'est votre jugement que je défends, madame,
Dans le sonnet qu'il a l'audace d'attaquer.

PHILAMINTE.

A vous remettre bien je me veux appliquer ;
Mais parlons d'autre affaire. Approchez, Henriette ;
Depuis assez longtemps mon âme s'inquiète
De ce qu'aucun esprit en vous ne se fait voir ;
Mais je trouve un moyen de vous en faire avoir.

HENRIETTE.

C'est prendre un soin pour moi qui n'est pas nécessaire:
Les doctes entretiens ne sont point mon affaire ;
J'aime à vivre aisément ; et, dans tout ce qu'on dit,
Il faut se trop peiner pour avoir de l'esprit ;
C'est une ambition que je n'ai point en tête.
Je me trouve fort bien, ma mère, d'être bête;
Et j'aime mieux n'avoir que de communs propos
Que de me tourmenter pour dire de beaux mots,

PHILAMINTE.

Oui ; mais j'y suis blessée, et ce n'est pas mon compte
De souffrir dans mon sang une pareille honte.
La beauté du visage est un frêle ornement,
Une fleur passagère, un éclat d'un moment,
Et qui n'est attaché qu'à la simple épiderme ;
Mais celle de l'esprit est inhérente et ferme.
J'ai donc cherché lontemps un biais de vous donner
La beauté que les ans ne peuvent moissonner,
De faire entrer chez vous le désir des sciences,
De vous insinuer les belles connoissances;
Et la pensée enfin où mes vœux ont souscrit,
C'est d'attacher à vous un homme plein d'esprit.
    Montrant Trissotin.)
Et cet homme est monsieur, que je vous détermine
A voir comme l'époux que mon choix vous destine.

HENRIETTE.

Moi ! ma mère !

PHILAMINTE.

Oui, vous. Faites la sotte un peu.

BÉLISE, à Trissotin

Je vous entends ; vos yeux demandent mon aveu
Pour engager ailleurs un cœur que je possède.

Allez ; je le veux bien. A ce nœud je vous cède ;
C'est un hymen, qui fait votre établissement.
TRISSOTIN, à Henriette.
Je ne sais que vous dire en mon ravissement,
Madame ; et cet hymen, dont je vois qu'on m'honore,
Me met...
HENRIETTE.
Tout beau ! monsieur ; il n'est pas fait encore :
Ne vous pressez pas tant.
PHILAMINTE.
Comme vous répondez !
Savez-vous bien que si... Suffit. Vous m'entendez,
A Trissotin.
Elle se rendra sage. Allons, laissons-la faire.

SCÈNE VII
HENRIETTE, ARMANDE.

ARMANDE.
On voit briller pour vous les soins de votre mère.
Et son choix ne pouvoit d'un plus illustre époux...
HENRIETTE.
Si le choix est si beau, que ne le prenez-vous ?
ARMANDE.
C'est à vous, non à moi, que sa main est donnée.
HENRIETTE.
Je vous le cède tout, comme à ma sœur aînée.
ARMANDE.
Si l'hymen, comme à vous, me paroissoit charmant,
J'accepterois votre offre avec ravissement.
HENRIETTE.
Si j'avois, comme vous, les pédants dans la tête,
Je pourrois le trouver un parti fort honnête.
ARMANDE.
Cependant, bien qu'ici nos goûts soient différents,
Nous devons obéir, ma sœur, à nos parents.
Une mère a sur nous une entière puissance;
Et vous croyez en vain, par votre résistance...

SCÈNE VIII
CHRYSALE, ARISTE, CLITANDRE, HENRIETTE, ARMANDE.

CHRYSALE à Henriette, lui présentant Clitandre.)
Allons, ma fille, il faut approuver mon dessein.
Otez ce gant. Touchez à monsieur dans la main,
Et le considérez désormais dans votre âme
En homme dont je veux que vous soyez la femme.

ARMANDE.
De ce côté, ma sœur, vos penchants sont fort grands.
HENRIETTE.
Il nous faut obéir, ma sœur, à nos parents :
Un père a sur nos vœux une entière puissance.
ARMANDE.
Une mère a sa part à notre obéissance.
CHRYSALE.
Qu'est-ce à dire ?
ARMANDE.
Je dis que j'appréhende fort
Qu'ici ma mère et vous ne soyez pas d'accord ;
Et c'est un autre époux...
CHRYSALE.
Taisez-vous, péronnelle ;
Allez philosopher tout le soûl avec elle,
Et de mes actions ne vous mêlez en rien.
Dites-lui ma pensée, et l'avertissez bien
Qu'elle ne vienne pas m'échauffer les oreilles :
Allons vite.

SCÈNE IX

CHRYSALE, ARISTE, HENRIETTE, CLITANDRE.

ARISTE.
Fort bien. Vous faites des merveilles.
CLITANDRE.
Quel tranport ! quelle joie ! Ah ! que mon sort est doux !
CHRYSALE à Clitandre.
Allons, prenez sa main, et passez devant nous,
Menez-la dans sa chambre. Ah ! les douces caresses !
A Ariste.
Tenez, mon cœur s'émeut à toutes ces tendresses,
Cela ragaillardit tout à fait mes vieux jours :
Et je me ressouviens de mes jeunes amours.

ACTE QUATRIÈME

SCÈNE I

PHILAMINTE, ARMANDE.

ARMANDE.
Oui, rien n'a retenu son esprit en balance :
Elle a fait vanité de son obéissance ;

Son cœur, pour se livrer, à peine devant moi
S'est-il donné le temps d'en recevoir la loi,
Et sembloit suivre moins les volontés d'un père
Qu'affecter de braver les ordres d'une mère.
PHILAMINTE.
Je lui montrerai bien aux lois de qui des deux
Les droits de la raison soumettent tous ses vœux,
Et qui doit gouverner, ou sa mère et son père,
Ou l'esprit ou le corps, la forme ou la matière.
ARMANDE.
On vous en devoit bien, au moins, un compliment ;
Et ce petit monsieur en use étrangement
De vouloir malgré vous devenir votre gendre.
PHILAMINTE.
Il n'en est pas encore où son cœur peut prétendre.
Je le trouvois bien fait, et j'aimois vos amours ;
Mais dans ses procédés il m'a déplu toujours.
Il sait que, Dieu merci, je me mêle d'écrire ;
Et jamais il ne m'a prié de lui rien lire.

SCÈNE II
CLITANDRE, entrant doucement, et écoutant sans se montrer,
ARMANDE, PHILAMINTE.

ARMANDE.
Je ne souffrirois point, si j'étois que de vous,
Que jamais d'Henriette il pût être l'époux.
On me feroit grand tort d'avoir quelque pensée
Que là-dessus je parle en fille intéressée,
Et que le lâche tour que l'on voit qu'il me fait
Jette au fond de mon cœur quelque dépit secret.
Contre de pareils coups l'âme se fortifie
Du solide secours de la philosophie,
Et par elle on se peut mettre au-dessus de tout ;
Mais vous traiter ainsi, c'est vous pousser à bout.
Il est de votre honneur d'être à ses vœux contraire ;
Et c'est un homme enfin qui ne doit point vous plaire.
Jamais je n'ai connu, discourant entre nous,
Qu'il eût au fond du cœur de l'estime pour vous.
PHILAMINTE.
Petit sot !
ARMANDE.
Quelque bruit que votre gloire fasse,
Toujours à vous louer il a paru de glace.
PHILAMINTE.
Le brutal !

ARMANDE.
Et vingt fois, comme ouvrages nouveaux,
J'ai lu des vers de vous qu'il n'a point trouvés beaux.
PHILAMINTE.
L'impertinent !
ARMANDE.
Souvent nous en étions aux prises ;
Et vous ne croiriez point de combien de sotises...
CLITANDRE, à Armande.
Eh ! doucement, de grâce. Un peu de charité,
Madame, ou, tout au moins, un peu d'honnêteté.
Quel mal vous ai-je fait ? et quelle est mon offense,
Pour armer contre moi toute votre éloquence,
Pour vouloir me détruire, et prendre tant de soin
De me rendre odieux aux gens dont j'ai besoin !
Parlez, dites, d'où vient ce courroux effroyable ?
Je veux bien que madame en soit juge équitable.
ARMANDE
Si j'avois le courroux dont on veut m'accuser,
Je trouverois assez de quoi l'autoriser.
Vous en seriez trop digne ; et les première flammes
S'établissent des droits si sacrés sur les âmes,
Qu'il faut perdre fortune, et renoncer au jour,
Plutôt que de brûler des feux d'un autre amour.
Au changement de vœux nulle horreur ne s'égale ;
Et tout cœur infidèle est un monstre en morale.
CLITANDRE
Appelez-vous, madame, une infidélité
Ce que m'a de votre âme ordonné la fierté ?
Je ne fais qu'obéir aux lois qu'elle m'impose :
Et, si je vous offense, elle seule en est cause.
Vos charmes ont d'abord possédé tout mon cœur.
Il a brûlé deux ans d'une constante ardeur ;
Il n'est soins empressés, devoirs, respects, services,
Dont il ne vous ait fait d'amoureux sacrifices.
Tous mes feux, tous mes soins, ne peuvent rien sur vous.
Je vous trouve contraire à mes vœux les plus doux :
Ce que vous refusez, je l'offre aux choix d'une autre.
Voyez. Est-ce, madame, ou ma faute, ou la vôtre ?
Mon cœur court-il au change, ou si vous l'y poussez ?
Est-ce moi qui vous quitte, ou vous qui me chassez ?
ARMANDE.
Appelez-vous, monsieur, être à vos vœux contraire,
Que de leur arracher ce qu'ils ont de vulgaire,
Et vouloir les réduire à cette pureté

Où du parfait amour consiste la beauté ?
Vous ne sauriez pour moi tenir votre pensée
Du commerce des sens nette et débarrassée ;
Et vous ne goûtez point, dans ses plus doux appas,
Cette union des cœurs, où les corps n'entrent pas.
Vous ne pouvez aimer que d'une amour grossière,
Qu'avec tout l'attirail des nœuds de la matière ;
Et, pour nourrir les feux que chez vous on produit,
Il faut un mariage, et tout ce qui s'ensuit.
Ah ! quel étrange amour ! et que les belles âmes
Sont bien loin de brûler de ces terrestres flammes !
Les sens n'ont point de part à toutes leurs ardeurs ;
Et ce beau feu ne veut marier que les cœurs.
Comme une chose indigne, il laisse là le reste ;
C'est un feu pur et net comme le feu céleste :
On ne pousse avec lui que d'honnêtes soupirs,
Et l'on ne penche point vers les sales désirs.
Rien d'impur ne se mêle au but qu'on se propose ;
On aime pour aimer, et non pour autre chose ;
Ce n'est qu'à l'esprit seul que vont tous les transports,
Et l'on ne s'aperçoit jamais qu'on ait un corps.

CLITANDRE.

Pour moi, par un malheur, je m'aperçois, madame,
Que j'ai, ne vous déplaise, un corps tout comme une âme.
Je sens qu'il y tient trop pour le laisser à part :
De ces détachements je ne connois point l'art ;
Le ciel m'a dénié cette philosophie,
Et mon âme et mon corps marchent de compagnie.
Il n'est rien plus beau, comme vous avez dit,
Que ces vœux épurés qui ne vont qu'à l'esprit,
Ces unions de cœurs, et ces tendres pensées,
Du commerce des sens si bien débarrassées ;
Mais ces amours pour moi sont trop subtilisés :
Je suis un peu grossier, comme vous m'accusez ;
J'aime avec tout moi-même, et l'amour qu'on me donne
En veut, je le confesse, à toute la personne.
Ce n'est pas là matière à de grands châtiments ;
Et, sans faire tort à vos beaux sentiments,
Je vois que, dans le monde, on suit fort ma méthode,
Et que le mariage est assez à la mode,
Passe pour un lien assez honnête et doux,
Pour avoir désiré de me voir votre époux,
Sans que la liberté d'une telle pensée
Ait dû vous donner lieu d'en paroître offensée.

ARMANDE.
Eh bien, monsieur, eh bien, puisque sans m'écouter,
Vos sentiments brutaux veulent se contenter ;
Puisque, pour vous réduire à des ardeurs fidèles,
Il faut des nœuds de chair, des chaînes corporelles,
Si ma mère le veut, je résous mon esprit
A consentir pour vous à ce dont il s'agit...
CLITANDRE.
Il n'est plus temps, madame ; une autre a pris la place ;
Et, par un tel retour, j'aurois mauvaise grâce
De maltraiter l'asile et blesser les bontés
Où je me suis sauvé de toutes vos fiertés.
PHILAMINTE.
Mais enfin, comptez-vous, monsieur, sur mon suffrage,
Quand vous vous promettez cet autre mariage ?
Et, dans visions, savez-vous, s'il vous plaît,
Que j'ai pour Henriette un autre époux tout prêt ?
CLITANDRE.
Eh ! madame, voyez votre choix ; je vous prie ;
Exposez-moi, de grâce, à moins d'ignominie,
Et ne me rangez pas à l'indigne destin
De me voir le rival de monsieur Trissotin.
L'amour des beaux esprits, qui chez vous m'est contraire,
Ne pouvoit m'opposer un moins noble adversaire.
Il en est, et plusieurs, que, pour le bel esprit,
Le mauvais goût du siècle a su mettre en crédit ;
Mais monsieur Trissotin n'a pu duper personne,
Et chacun rend justice aux écrits qu'il nous donne.
Hors céans, on le prise en tous lieux ce qu'il vaut,
Et ce qui m'a vingt fois fait tomber de mon haut,
C'est de vous voir au ciel élever des sornettes
Que vous désavoueriez si vous les aviez faites.
PHILAMINTE.
Si vous jugez de lui autrement que nous,
C'est que nous le voyons par d'autres yeux que vous.

SCÈNE III
TRISSOTIN, PHILAMINTE, ARMANDE, CLITANDRE.
TRISSOTIN, à Philaminte.
Je viens vous annoncer une grande nouvelle
Nous l'avons, en dormant, madame, échappé belle.
Un monde près de nous a passé tout du long,
Est chu tout au travers de notre tourbillon ;
Et, s'il eût en chemin rencontré notre terre,
Elle eût été brisée en morceaux comme verre.

PHILAMINTE.
Remettons ce discours pour une autre saison ;
Monsieur n'y trouveroit ni rime ni raison :
Il fait profession de chérir l'ignorance,
Et de haïr surtout l'esprit et la science.
CLITANDRE.
Cette vérité veut quelque adoucissement.
Je m'explique, madame ; et je hais seulement
La science et l'esprit qui gâtent les personnes.
Ce sont choses, de soi, qui sont belles et bonnes ;
Mais j'aimerois mieux être au rang des ignorants
Que de me voir savant comme certaines gens.
TRISSOTIN.
Pour moi, je ne tiens pas, quelque effet qu'on suppose,
Que la science soit pour gâter quelque chose.
CLITANDRE.
Et c'est mon sentiment qu'en faits comme en propos
La science est sujette à faire de grands sots.
TRISSOTIN.
Le paradoxe est fort.
CLITANDRE.
Sans être fort habile,
La preuve m'en seroit, je pense, assez facile.
Si les raisons manquoient, je suis sûr qu'en tous cas
Les exemples fameux ne me manqueroient pas.
TRISSOTIN.
Vous en pourriez citer qui ne concluroient guère.
CLITANDRE.
Je n'irois pas bien loin pour trouver mon affaire.
TRISSOTIN.
Pour moi, je ne vois pas ces exemples fameux.
CLITANDRE.
Moi, je les vois si bien, qu'ils me crèvent les yeux.
TRISSOTIN.
J'ai cru jusques ici que c'étoit l'ignorance
Qui faisoit les grands sots, et non pas la science.
CLITANDRE.
Vous avez cru fort mal, et je vous suis garant
Qu'un sot savant est sot plus qu'un sot ignorant.
TRISSOTIN.
Le sentiment commun est contre vos maximes,
Puisque ignorant et sot sont termes synonymes.
CLITANDRE.
Si vous le voulez prendre aux usages du mot,
L'alliance est plus forte entre pédant et sot.

TRISSOTIN.
La sottise, dans l'un, se fait voir toute pure.
CLITANDRE.
Et l'étude, dans l'autre, ajoute à la nature.
TRISSOTIN.
Le savoir garde en soi son mérite éminent.
CLITANDRE.
Le savoir, dans un fat, devient impertinent.
TRISSOTIN.
Il faut que l'ignorance ait pour vous de grands charmes,
Puisque pour elle ainsi vous prenez tant les armes.
CLITANDRE.
Si pour moi l'ignorance a des charmes si grands,
C'est depuis qu'à mes yeux s'offrent certains savants.
TRISSOTIN.
Ces certains savants-là peuvent, à les connoître,
Valoir certaines gens que nous voyons paroître.
CLITANDRE.
Oui, si l'on s'en rapporte à ces certains savants ;
Mais on n'en convient pas chez ces certaines gens.
PHILAMINTE, à Clitandre.
Il me semble, monsieur ..
CLITANDRE.
Eh ! madame, de grâce,
Monsieur est assez fort, sans qu'à son aide on passe :
Je n'ai déjà que trop d'un si rude assaillant ;
Et, si je me défends, ce n'est qu'en reculant.
ARMANDE.
Mais l'offensante aigreur de chaque repartie
Dont vous...
CLITANDRE.
Autre second ! Je quitte la partie.
PHILAMINTE.
On souffre aux entretiens ces sortes de combats,
Pourvu qu'à la personne on ne s'attaque pas.
CLITANDRE.
Eh ! mon Dieu ! tout cela n'a rien dont il s'offense.
Il entend raillerie autant qu'homme de France ;
Et de bien d'autres traits il s'est senti piquer,
Sans que jamais sa gloire ait fait que s'en moquer.
TRISSOTIN.
Je ne m'étonne pas, au combat que j'essuie
De voir prendre à monsieur la thèse qu'il appuie ;
Il est fort enfoncé dans la cour, c'est tout dit.
La cour, comme l'on sait, ne tient pas pour l'esprit.

Elle a quelque intérêt d'apuyer l'ignorance;
Et c'est en courtisan qu'il en prend la défense.
CLITANDRE.
Vous en voulez beaucoup à cette pauvre cour ;
Et son malheur est grand de voir que, chaque jour,
Vous autres beaux esprits vous déclamiez contre elle,
Que de tous vos chagrins vous lui fassiez querelle,
Et, sur son méchant goût lui faisant son procès,
N'accusiez que lui seul de vos méchants succès.
Permettez-moi, monsieur Trissotin, de vous dire,
Avec tout le respect que votre nom m'inspire,
Que vous feriez fort bien, vos confrères et vous,
De parler de la cour d'un ton un peu plus doux ;
Qu'à le bien prendre, au fond, elle n'est pas si bête
Que, vous autres messieurs, vous vous mettez en tête;
Qu'elle a du sens commun pour se connoître à tout ;
Que chez elle on ne peut former quelque bon goût,
Et que l'esprit du monde y vaut, sans flatterie,
Tout le savoir obscur de la pédanterie.
TRISSOTIN.
De son bon goût, monsieur, nous voyons les effets.
CLITANDRE.
Où voyez-vous, monsieur, qu'elle l'ait si mauvais ?
TRISSOTIN.
Ce que je vois, monsieur ? C'est que pour la science
Rasius et Baldus font honneur à la France ;
Et que tout leur mérite, exposé fort au jour,
N'attire point les yeux et les dons de la cour.
CLITANDRE.
Je vois votre chagrin, et que, par modestie,
Vous ne vous mettez point, monsieur, de la partie;
Et, pour ne vous point mettre aussi dans le propos,
Que font-ils pour l'Etat, vos habiles héros!
Qu'est-ce que leurs écrits lui rendent de service,
Pour accuser la cour d'une horrible injustice,
Et se plaindre en tous lieux que sur leurs doctes noms
Elle manque à verser la faveur de ses dons?
Leur savoir à la France est beaucoup nécessaire!
Et des livres qu'ils font la cour a bien affaire!
Il semble à trois gredins, dans leur petit cerveau,
Que, pour être imprimés et reliés en veau,
Les voilà dans l'Etat d'importantes personnes;
Qu'avec leur plume ils font les destins des couronnes;
Qu'au moindre petit bruit de leurs productions
Ils doivent voir chez eux voler les pensions;

Que sur eux l'univers a la vue attachée ;
Que partout de leur nom la gloire est épanchée ;
Et qu'en science ils sont des prodiges fameux,
Pour savoir ce qu'on dit les autres avant eux,
Pour avoir eu trente ans des yeux et des oreilles,
Pour avoir employé neuf ou dix mille veilles
A se bien barbouiller de grec et de latin,
Et se charger l'esprit d'un ténébreux butin
De tous les vieux fatras qui traînent dans les livres.
Gens qui de leur savoir paroissent toujours ivres ;
Riches, pour tout mérite, en babil importun ;
Inhabiles à tout, vides de sens commun,
Et pleins d'un ridicule et d'une impertinence
A décrier partout l'esprit et la science.

PHILAMINTE.

Votre chaleur est grande ; et cet emportement
De la nature en vous marque le mouvement.
C'est le nom de rival qui dans votre âme excite...

SCÈNE IV

TRISSOTIN, PHILAMINTE, CLITANDRE, ARMANDE, JULIEN.

JULIEN.

Le savant qui tantôt vous a rendu visite,
Et de qui j'ai l'honeur d'être l'humble valet,
Madame, vous exhorte à lire ce billet.

PHILAMINTE.

Quelque important que soit ce qu'on veut que je lise,
Apprenez, mon ami, que c'est une sottise
De se venir jeter au travers d'un discours ;
Et qu'aux gens d'un logis il faut avoir recours,
Afin de s'introduire en valet qui sait vivre.

JULIEN.

Je noterai cela, madame, dans mon livre.

PHILAMINTE, lit.

« Trissotin s'est vanté, madame, qu'il épouseroit
« votre fille. Je donne avis que sa philosophie n'en veut
« qu'à vos richesses, et que vous ferez bien de ne point
« conclure ce mariage, que vous n'ayez vu le poëme
« que je compose contre lui. En attendant cette pein-
« ture, où je prétends vous le dépeindre de toutes
« ses couleurs, je vous envoie Horace, Virgile, Té-
« rence, et Catulle, où vous verrez notés en marge
« tous les endroits qu'il a pillés. »
Voilà sur cet hymen que je me suis promis

Un mérite attaqué de beaucoup d'ennemis;
Et ce déchaînement aujourd'hui me convie
A faire une action qui confonde l'envie,
Qui lui fasse sentir que l'effort qu'elle fait
De ce qu'elle veut rompre aura pressé l'effet.
A Julien.
Reportez tout cela sur l'heure à votre maître,
Et lui dites qu'afin de lui faire connoître
Quel grand état je fais de ses nobles avis,
Et comme je les crois dignes d'être suivis,
Montrant Trissotin
Dès ce soir à monsieur je marierai ma fille.

SCÈNE V
PHILAMINTE, ARMANDE, CLITANDRE.

PHILAMINTE, à Clitandre.

Vous, monsieur, comme ami de toute la famille,
A signer leur contrat vous pourrez assister;
Et je vous y veux bien, de ma part, inviter.
Armande, prenez soin d'envoyer au notaire,
Et d'aller avertir votre sœur de l'affaire.

ARMANDE.

Pour avertir ma sœur, il n'en est pas besoin;
Et monsieur que voilà saura prendre le soin
De courir lui porter bientôt cette nouvelle,
Et disposer son cœur à vous être rebelle.

PHILAMINTE.

Nous verrons qui sur elle aura plus de pouvoir,
Et si je la saurai réduire à son devoir.

SCÈNE VI
ARMANDE, CLITANDRE.

ARMANDE.

J'ai grand regret, monsieur, de voir qu'à vos visées
Les choses ne soient pas tout à fait disposées.

CLITANDRE.

Je m'en vais travailler, madame, avec ardeur,
A ne vous point laisser ce grand regret au cœur.

ARMANDE.

J'ai peur que votre effort n'ait pas trop bonne issue.

CLITANDRE.

Peut-être verrez-vous votre crainte déçue.

ARMANDE

Je le souhaite ainsi.

CLITANDRE.
J'en suis persuadé ;
Et que de votre appui je serai secondé.
ARMANDE.
Oui ; je vais vous servir de toute ma puissance.
CLITANDRE.
Et ce service est sûr de ma reconnoissance.

SCÈNE VII

CHRYSALE, ARISTE, HENRIETTE, CLITANDRE.

CLITANDRE.
Sans votre appui, monsieur, je serai malheureux ;
Madame votre femme a rejeté mes vœux,
Et son cœur prévenu veut Trissotin pour gendre.
CHRYSALE.
Mais quelle fantaisie a-t-elle donc pu prendre?
Pourquoi, diantre ! vouloir ce monsieur Trissotin?
ARISTE.
C'est par l'honneur qu'il a de rimer à latin
Qu'il a sur son rival emporté l'avantage.
CLITANDRE.
Elle veut dès ce soir faire ce mariage.
CHRYSALE.
Dès ce soir?
CLITANDRE.
Dès ce soir.
CHRYSALE.
Et dès ce soir je veux,
Pour la contrecarrer, vous marier tous deux.
CLITANDRE.
Pour dresser le contrat elle envoie au notaire.
CHRYSALE.
Et je vais le querir pour celui qu'il doit faire.
CLITANDRE, montrant Henriette.
Et madame doit être instruite par sa sœur,
De l'hymen où l'on veut qu'elle apprête son cœur.
CHRYSALE.
Et moi, je lui commande, avec pleine puissance,
De préparer sa main à cette autre alliance.
Ah ! je leur ferai voir si, pour donner la loi,
Il est dans ma maison d'autre maître que moi !
A Henriette.
Nous allons revenir: songez à nous attendre.
Allons, suivez mes pas, mon frère, et vous, mon gendre.

HENRIETTE, à Ariste.
Hélas! dans cette humeur conservez-le toujours.
ARISTE.
J'emploierai toute chose à servir vos amours.

SCÈNE VIII
HENRIETTE, CLITANDRE.

CLITANDRE.
Quelque secours puissant qu'on promette à ma flamme,
Mon plus solide espoir, c'est votre cœur, madame.
HENRIETTE.
Pour mon cœur, vous pouvez vous assurez de lui.
CLITANDRE.
Je ne puis qu'être heureux, quand j'aurai son appui.
HENRIETTE.
Vous voyez à quels nœuds on prétend le contraindre.
CLITANDRE.
Tant qu'il sera pour moi, je ne vois rien à craindre.
HENRIETTE.
Je vais tout essayer pour nos vœux les plus doux,
Et, si tous mes efforts ne me donnent à vous,
Il est une retraite où notre âme se donne,
Qui m'empêchera d'être à toute autre personne.
CLITANDRE.
Veuille le juste ciel me garder en ce jour
De recevoir de vous cette preuve d'amour!

ACTE CINQUIÈME

SCÈNE I
HENRIETTE, TRISSOTIN.

HENRIETTE.
C'est sur le mariage où ma mère s'apprête
Que j'ai voulu, monsieur, vous parler tête à tête;
Et j'ai cru, dans le trouble où je vois la maison,
Que je pourrois vous faire écouter la raison.
Je sais qu'avec mes vœux vous me jugez capable
De vous porter en dot un bien considérable;
Mais l'argent, dont on voit tant de gens faire cas,
Pour un vrai philosophe a d'indignes appas;
Et le mépris du bien et des grandeurs frivoles
Ne doit point éclater dans vos seules paroles.
TRISSOTIN.
Aussi n'est-ce point là ce qui me charme en vous;
Et vos brillants attraits, vos yeux perçant et doux,

Votre grâce et votre air, sont les biens les richesses,
Qui vous ont attiré mes vœux et mes tendresses :
C'est de ces seuls trésors que je suis amoureux.

HENRIETTE.

Je suis fort redevable à vos feux généreux.
Cet obligeant amour a de quoi me confondre,
Et j'ai regret, monsieur, de n'y pouvoir répondre.
Je vous estime autant qu'on sauroit estimer ;
Mais je trouve un obstacle à vous pouvoir aimer.
Un cœur, vous le savez, à deux ne sauroit être ;
Et je sens que du mien Clitandre s'est fait maître.
Je sais qu'il a bien moins de mérite que vous,
Que j'ai de méchants yeux pour le choix d'un époux ;
Que, par cent beaux talents, vous devriez me plaire :
Je vois bien que j'ai tort, mais je n'y puis que faire ;
Et tout ce que sur moi peut le raisonnement,
C'est de me vouloir mal d'un tel aveuglement.

TRISSOTIN.

Le don de votre main, où l'on me fait prétendre,
Me livrera ce cœur que possède Clitandre ;
Et par mille doux soins, j'ai lieu de présumer
Que je pourrai trouver l'art de me faire aimer.

HENRIETTE.

Non : à ses premiers vœux mon âme est attachée,
Et ne peut de vos soins, monsieur, être touchée.
Avec vous libremnnt j'ose ici m'expliquer,
Et mon aveu n'a rien qui vous doive choquer.
Cette amoureuse ardeur, qui dans les cœur s'excite,
N'est point, comme l'on sait, un effet du mérite :
Le caprice y prend part ; et, quand quelqu'un nous plaît,
Souvent nous avons peine à dire pourquoi c'est.
Si l'on aimoit, monsieur, par choix et par sagesse,
Vous auriez tout mon cœur et toute ma tendresse ;
Mais on voit que l'amour se gouverne autrement.
Laissez-moi, je vous prie, à mon aveuglement,
Et ne vous servez point de cette violence
Que pour vous on veut faire à mon obéissance.
Quand on est honnête homme, on ne veut rien devoir
A ce que des parents ont sur nous de pouvoir :
On répugne à se faire immoler ce qu'on aime,
Et l'on veut n'obtenir un cœur que de lui-même.
Ne poussez point ma mère à vouloir, par son choix,
Exercer sur mes vœux la rigueur de ses droits.
Otez-moi votre amour, et portez à quelque autre
Les hommages d'un cœur ausssi cher que le vôtre.

TRISSOTIN.
Le moyen que ce cœur puisse vous contenter ?
Imposez-lui des lois qu'il puisse exécuter.
De ne vous point aimer peut-il être capable,
A moins que vous cessiez, madame, d'être aimable,
Et d'étaler aux yeux les célestes appas...
HENRIETTE.
Eh ! monsieur, laissons là ce galimatias.
Vous avez tant d'Iris, de Philis, d'Amarantes,
Que partout dans vos vers vous peignez si charmantes,
Et pour qui vous jurez tant d'amoureuse ardeur...
TRISSOTIN.
C'est mon esprit qui parle, et ce n'est pas mon cœur.
D'elles on ne me voit amoureux qu'en poëte,
Mais j'aime tout de bon l'adorable Henriette.
HENRIETTE.
Et ! de grâce, monsieur...
TRISSOTIN.
Si c'est vous offenser,
Mon offense envers vous n'est pas prête à cesser.
Cette ardeur, jusqu'ici de vos yeux ignorée,
Vous consacre des vœux d'éternelle durée.
Rien n'en peut arrêter les aimables transports ;
Et, bien que vos beautés condamnent mes efforts,
Je ne puis refuser le secours d'une mère
Qui prétend couronner une flamme si chère ;
Et, pourvu que j'obtienne un bonheur si charmant,
Pourvu que je vous aie, il n'importe comment.
HENRIETTE.
Mais savez-vous qu'on risque un peu plus qu'on ne pense,
A vouloir sur un cœur user de violence ;
Qu'il ne fait pas bien sûr, à vous le trancher net,
D'épouser une fille en dépit qu'elle en ait ;
Et qu'elle peut aller, en se voyant contraindre.
A des ressentiments que le mari doit craindre ?
TRISSOTIN.
Un tel discours n'a rien dont je sois altéré :
A tous événements le sage est préparé.
Guéri, par la raison, des foiblesses vulgaires,
Il se met au-dessus de ces sortes d'affaires,
Et n'a garde de prendre aucune ombre d'ennui
De tout ce qui n'est pas pour dépendre de lui.
HENRIETTE.
En vérité, monsieur, je suis de vous ravie ;
Et je ne pensois pas que la philosophie

Fût si belle qu'elle est, d'instruire ainsi les gens
A porter constamment de pareils accidents.
Cette fermeté d'âme, à vous si singulière,
Mérite qu'on lui donne une illustre matière.
Est digne de trouver qui prenne avec amour.
Les soins continuels de la mettre en son jour ;
Et comme, à dire vrai, je n'oserois me croire
Bien propre à lui donner tout l'éclat de sa gloire,
Je le laisse à quelque autre, et vous jure, entre nous,
Que je renonce au bien de vous voir mon époux.

TRISSOTIN, en sortant.

Nous allons voir bientôt comment ira l'affaire ;
Et l'on a là dedans fait venir le notaire.

SCÈNE II
CHRYSALE, CLITANDRE, HENRIETTE, MARTINE.

CHRYSALE.

Ah ? ma fille, je suis bien aise de vous voir ;
Allons, venez-vous-en faire votre devoir ;
Et soumettre vos vœux aux volontés d'un père.
Je veux, je veux apprendre à vivre à votre mère ;
Et, pour la mieux braver, voilà, malgré ses dents
Martine que j'amène et rétablis céans.

HENRIETTE.

Vos résolutions sont dignes de louange.
Gardez que cette humeur, mon père, ne vous change ;
Soyez ferme à vouloir ce que vous souhaitez ;
Et ne vous laissez point séduire à vos bontés.
Ne vous relâchez pas, et faites bien en sorte
D'empêcher que sur vous ma mère ne l'emporte.

CHRYSALE.

Comment ! Me prenez-vous ici pour un benêt ?

HENRIETTE.

M'en préserve le ciel !

CHRYSALE.

Suis-je un fat, s'il vous plait ?

HENRIETTE.

Je ne dis pas cela.

CHRYSALE.

Me croit-on incapable
Des fermes sentiments d'un homme raisonnable ?

HENRIETTE.

Non, mon père.

CHRYSALE.

Est-ce donc qu'à l'âge où je me voi,

Jen'aurois pas l'esprit d'être maître chez moi?
HENRIETTE.
Si fait.
CHRYSALE.
Et que j'aurois cette foiblesse d'âme,
De me laisser mener par le nez à ma femme?
HENRIETTE.
Eh! non, mon père.
CHRYSALE.
Ouais! qu'est-ce donc que ceci?
Je vous trouve plaisante à me parler ainsi!
HENRIETTE.
Si je vous ai choqué, ce n'est pas mon envie.
CHRYSALE.
Ma volonté céans doit être en tout suivie.
HENRIETTE.
Fort bien, mon père.
CHRYSALE.
Aucun, hors moi, dans la maison,
N'a droit de commander.
HENRIETTE.
Oui; vous avez raison.
CHRYSALE.
C'est moi qui tiens le rang de chef de la famille.
HENRIETTE.
D'accord.
CHRYSALE.
C'est moi qui dois disposer de ma fille.
HENRIETTE.
Eh! oui.
CHRYSALE.
Le ciel me donne un plein pouvoir sur vous.
HENRIETTE.
Qui vous dit le contraire?
CHRYSALE.
Et, pour prendre un époux,
Je vous ferai bien voir que c'est à votre père
Qu'il vous faut obéir, non pas à votre mère.
HENRIETTE.
Hélas! vous flattez là le plus doux de mes vœux;
Veuillez être obéi: c'est tout ce que je veux.
CHRYSALE.
Nous verrons si ma femme, à mes désirs rebelle...
CLITANDRE.
La voici qui conduit le notaire avec elle.

CHRYSALE.
Secondez-moi bien tous.
MARTINE.
Laissez-moi. J'aurai soin
De vous encourager, s'il en est de besoin.

SCÈNE III

PHILAMINTE, BÉLISE, ARMANDE, TRISSOTIN, UN
NOTAIRE, CHRYSALE, CLITANDRE, HENRIETTE,
MARTINE.

PHILAMINTE, au notaire.
Vous ne sauriez changer votre style souvage,
Et nous faire un contrat qui soit en beau langage?
LE NOTAIRE.
Notre style est très-bon ; et je serois un sot,
Madame, de vouloir y changer un seul mot.
BÉLISE.
Ah! quelle barbarie au milieu de la France!
Mais au moins en faveur, monsieur, de la science,
Veuillez, au lieu d'écus, de livres, et de francs,
Nous exprimer la dot en mines et talents :
Et dater par les mots d'ides et de calendes.
LE NOTAIRE.
Moi? Si j'allois, madame, accorder vos demandes,
Je me ferois siffler de tous mes compagnons.
PHILAMINTE.
De cette barbarie en vain nous nous plaignons.
Allons, monsieur, prenez la table pour écrire.
Apercevant Martine.
Ah! ah! cette impudente ose encor se produire?
Pourquoi donc, s'il vous plaît, la ramener chez moi?
CHRYSALE.
Tantôt avec loisir on vous dira pourquoi.
Nous avons maintenant autre chose à conclure.
LE NOTAIRE.
Procédons au contrat. Où donc est la future?
PHILAMINTE.
Celle que je marie est la cadette.
LE NOTAIRE.
Bon.
CHRYSALE, montrant Henriette.
Oui, la voilà, monsieur : Henriette est son nom.
LE NOTAIRE.
Fort bien. Et le futur.

PHILAMINTE, montrant Trissotin.
                L'époux que je lui donne
Est monsieur.
        CHRYSALE, montrant Clitandre.
            Et celui, moi, qu'en propre personne
Je prétends qu'elle épouse, est monsieur.
            LE NOTAIRE.
                        Deux époux !
C'est trop pour la coutume.
            PHILAMINTE, au notaire.
                    Où vous arrêtez-vous ?
Mettez, mettez, monsieur, Trissotin pour mon gendre.
            CHRYSALE.
Pour mon gendre mettez, mettez, monsieur, Clitandre.
            LE NOTAIRE
Mettez-vous donc d'accord, et, d'un jugement mûr,
Voyez à convenir entre vous du futur.
            PHILAMINTE.
Suivez, suivez, monsieur, le choix où je m'arrête.
            CHRYSALE.
Faites, faites, monsieur, les choses à ma tête.
            LE NOTAIRE.
Dites-moi donc à qui j'obéirai des deux.
            PHILAMINTE, à Chrysale.
Quoi donc ? vous combattrez les choses que je veux !
            CHRYSALE.
Je ne saurois souffrir qu'on ne cherche ma fille
Que pour l'amour du bien qu'ont voit dans ma fa-
                            [mille.
            PHILAMINTE.
Vraiment, à votre bien on songe bien ici !
Et c'est là, pour un sage, un fort digne souci !
            CHRYSALE.
Enfin, pour son époux j'ai fait choix de Clitandre.
            PHILAMINTE.
            Montrant Trissotin.
Et moi, pour son époux, voici qui je veux prendre.
Mon choix sera suivi ; c'est un point résolu.
            CHRYSALE.
Ouais ! Vous le prenez là d'un ton bien absolu !
            MARTINE.
Ce n'est point à la femme à prescrire, et je sommes
Pous céder le dessus en toute chose aux hommes.

CHRYSALE.

C'est bien dit.

MARTINE.

Mon congé cent fois me fût-il hoc,
La poule ne doit point chanter devant le coq.

CHRYSALE.

Sans doute.

MARTINE.

Et nous voyons que d'un homme on se gausse,
Quand sa femme, chez lui, porte le haut-de-chausse.

CHRYSALE.

Il est vrai.

MARTINE.

Si j'avois un mari, je le dis,
Je voudrois qu'il se fît le maître du logis ;
Je ne l'aimerois point, s'il faisoit le Jocrisse;
Et, si je contestois contre lui par caprice.
Si je parlois trop haut, je trouverois fort bon
Qu'avec quelques soufflets il rabaissât mon ton.

CHRYSALE.

C'est parler comme il faut.

MARTINE.

Monsieur est raisonnable,
De vouloir pour sa fille un mari convenable.

CHRYSALE.

Oui.

MARTINE.

Par quelle raison, jeune et bien fait qu'il est,
Lui refuser Clitandre ? Et pourquoi, s'il vout plaît,
Lui bailler un savant, qui sans cesse épilogue ?
Il lui faut un mari, non pas un pédagogue ;
Et, ne voulant savoir le grais ni le latin,
Elle n'a pas besoin de monsieur Trissotin.

CHRYLALE.

Fort bien.

PHILAMINTE.

Il faut souffrir qu'elle jase à son aise !

MARTINE.

Les savants ne sont bons que pour prêcher en chaise;
Et, pour mon mari, moi, mille fois je l'ai dit,
Je ne voudrois jamais prendre un homme d'esprit.
L'esprit n'est point du tout ce qu'il faut en ménage
Les livres cadrent mal avec le mariage;
Et je veux, si jamais on engage ma foi,
Un mari qui n'ait point d'autre livre que moi,

Qui ne sache A ne B, n'en déplaise à madame,
Et ne soit, en un mot, docteur que pour sa femme.
PHILAMINTE, à Chrysale.
Est-ce fait ? et, sans trouble, ai-je assez écouté
Votre digne interprète ?
CHRYSALE.
Elle a dit vérité.
PHILAMINTE.
Et moi, pour trancher court toute cette dispute,
Il faut qu'absolument mon désir s'exécute.
Montrant Trissotin.
Henriette et monsieur seront joints de ce pas.
Je l'ai dit, je le veux : ne répliquez pas,
Et, si votre parole à Clitandre est donnée,
Offrez-lui le parti d'épouser son aînée.
CHRYSALE.
Voilà dans cette affaire un accommodement.
A Henriette et à Clitandre.
Voyez ; y donnez-vous votre consentement ?
HENRIETTE.
Eh ! mon père !
CLITANDRE, à Chrysale.
Eh ! monsieur !
BÉLISE.
On pourroit bien lui faire
Des propositions qui pourroient mieux lui plaire ;
Mais nous établissons une espèce d'amour
qui doit être épuré comme l'astre du jour :
La substance qui pense y peut être reçue ;
Mais nous en bannissons la substance étendue.

SCÈNE IV

ARISTE, CHRYSALE, PHILAMINTE, BÉLISE, HENRIETTE, ARMANDE, TRISSOTIN, UN NOTAIRE, CLITANDRE, MARTINE.

ARISTE.
J'ai regret de troubler un mystère joyeux,
Par le chagrin qu'il faut que j'apporte en ces lieux.
Ces deux lettres me font porteur de deux nouvelles
Dont j'ai senti pour vous les atteintes cruelles :
A Philaminte.
L'une, pour vous, me vient de votre procureur ;
A Chrysale.
L'autre, pour vous, me vient de Lyon.

PHILAMINTE.

　　　　　　　　　　　　　Quel malheur,
Digne de nous troubler, pourroit-on nous écrire?
ARISTE.
Cette lettre en contient un que vous pouvez lire.
PHILAMINTE.

« Madame, j'ai prié monsieur votre frère de vous
« rendre cette lettre, qui vous dira ce que je n'ai osé
« vous aller dire. La grande négligence que vous avez
« pour vos affaires a été cause que le clerc de votre
« rapporteur ne m'a point averti, et vous avez perdu
« absolument votre procès, que vous deviez gagner. »
CRRYSALE, à Philaminte.
Votre procès perdu !
PHYLAMINTE, à Chrysale.

　　　　　　　　　　Vous vous troublez beaucoup !
Mon cœur n'est point du tout ébranlé de ce coup.
Faites, faites paroître une âme moins commune
A braver, comme moi, les traits de la fortune.

« Le peu de soins que vous avez vous coûte qua-
« rante mille écus; et c'est à payer cette somme, avec
« les dépens, que vous êtes condamnée par arrêt de
« la cour. »
Condamnée ? Ah ! ce mot est choquant, et n'est fait
Que pour les criminels !
ARISTE.

　　　　　　　　　　Il a tort, en effet;
Et vous vous êtes là justement récriée.
Il devait avoir mis que vous êtes priée,
Par arrêt de la cour, de payer au plus tôt
Quarante mille écus, et les dépens qu'il faut.
PHILAMINTE.
Voyons l'autre.
CHYSALE.

« Monsieur, l'amitié qui me lie à monsieur votre
« frère me fait prendre intérêt à tout ce qui vous tou-
« che. Je sais que vous avez mis votre bien entre les
« mains d'Argante et de Damon, et je vous donne
« avis qu'en même jour ils ont fait tous deux ban-
« queroute. »
O ciel ! tout à la fois perdre ainsi tout mon bien !
PHILAMINTE, à Chrysale.
Ah ! quel honteux transport ! Fi ! tout cela n'est rien :
Il n'est pour le vrai sage aucun revers funeste;
Et, perdant toute chose, à soi-même il se reste.

Achevons notre affaire, et quittez votre ennui.
Montrant Trissotin.
Son bien nous peut suffire et pour nous et pour lui.
TRISSOTIN.
Non, madame, cessez de presser cette affaire.
Je vois qu'à cet hymen tout le monde est contraire;
Et mon dessein n'est point de contraindre les gens.
PHILAMINTE.
Cette réflexion vous vient en peu de temps;
Elle suit de près, monsieur, notre disgrâce.
TRISSOTIN.
De tant de résitance à la fin je me lasse.
J'aime mieux renoncer à tout cet embarras,
Et ne veux point d'un cœur qui ne se donne pas.
PHILAMINTE.
Je vois, je vois de vous, non pas pour votre gloire,
Ce que jusques ici j'ai refusé de croire.
TRISSOTIN.
Vous pouvez voir de moi tout ce que vous voudrez,
Et je regarde peu comment vous le prendrez :
Mais je ne suis pas homme à souffrir l'infamie
Des refus offensants qu'il faut qu'ici j'essuie.
Je vaux bien que de moi l'on fasse plus de cas;
Et je baise les mains à qui ne me veut pas.

SCÈNE I

ARISTE, CHRYSALE, PHILAMINTE, BÉLISE, ARMANDE, HENRIETTE, CLITANDRE, UN NOTAIRE, MARTINE.

PHILAMINTE.
Qu'il a bien découvert son âme mercenaire !
Et que peu philosophe est ce qu'il vient de faire !
CLITANDRE.
Je ne me vante point de l'être; mais enfin
Je m'attache, madame, à tout votre destin;
Et j'ose vous offrir, avecque ma personne,
Ce qu'ont sait que de bien la fortune me donne.
PHILAMINTE.
Vous me charmez, monsieur, par ce trait généreux,
Et je veux couronner vos désirs amoureux.
Oui, j'accorde Henriette à l'ardeur empressée...
HENRIETTE.
Non, ma mère : je change à présent de pensée.
Souffrez que je résiste à votre volonté.

CLITANDRE,
Quoi ! vous vous opposez à ma félicité ?
Et, lorsqu'à mon amour je vois chacun se rendre...
HENRIETTE.
Je sais le peu de bien que vous avez, Clitandre ;
Et je vous ai toujours souhaité pour époux,
Lorsqu'en satisfaisant à mes vœux les plus doux.
J'ai vu que mon hymen ajustoit vos affaires ;
Mais, lorsque nous avons les destins si contraires,
Je vous chéris assez, dans cette extrémité,
Pour ne vous charger point de notre adversité.
CLITANDRE
Tout destin, avec vous, me peut être agréable ;
Tout destin me seroit, sans vous, insupportable.
HENRIETTE.
L'amour, dans son transport, parle toujours ainsi.
Des retours importuns évitons le souci.
Rien n'use tant l'ardeur de ce nœud qui nous lie
Que les fâcheux besoins des choses de la vie ;
Et l'on en vient souvent à s'accuser tous deux
De tous les noirs chagrins qui suivent de tels feux !
ARISTE, à Henriette.
N'est-ce que le motif que nous venons d'entendre
Qui vous fait résister à l'hymen de Clitandre ?
HENRIETTE.
Sans cela vous verriez tout mon cœur y courir ;
Et je ne fuis sa main que pour le trop chérir.
ARISTE.
Laissez-vous donc lier par des chaînes si belles.
Je ne vous ai porté que de fausses nouvelles ;
Et c'est un stragème, un surprenant secours,
Que j'ai voulu tenter pour servir vos amours,
Pour détromper ma sœur, et lui faire connoître
Ce que son philosophe à l'essai pouvoit être.
CHRYSALE.
Le ciel en soit loué !
PHILAMINTE.
J'en ai la joie au cœur,
Par le chagrin qu'aura ce lâche déserteur.
Voilà le châtiment de sa basse avarice,
De voir qu'avec éclat cet hymen s'accomplisse.
CHRYSALE, à Clitandre.
Je le savois bien, moi, que vous l'épouseriez.
ARMANDE à Philaminte.
Ainsi donc à leurs vœux vous me sacrifiez?

PHILAMINTE.
Ce ne sera point vous que je leur sacrifie ;
Et vous avez l'appui de la philosophie,
Pour voir d'un œil content couronner leur ardeur.
BÉLISE
Qu'il prenne garde au moins que je suis dans son cœur :
Par un prompt désespoir souvent on se marie,
Qn'on s'en repent après tout le temps de sa vie.
CHRYSALE au notaire.
Allons, monsieur, suivez l'ordre que j'ai prescrit,
Et faites le contrat ainsi que je l'ait dit 1.

PERSONNAGES DE LA COMÉDIE

ARGAN, malade imaginaire. Il est vêtu en malade. De gros bas, des mules, un haut-de-chausse étroit, une camisole rouge avec quelque galon ou dentelle ; un mouchoir de cou à vieux passements, négligemment attaché, un bonnet de nuit avec la coiffe à dentelle ; BÉLINE, seconde femme d'Argan ; ANGÉLIQUE, fille d'Argan et amante de Cléante ; LOUISON, petite fille d'Argan, et sœur d'Angélique ; BÉRALDE, frère d'Argan. En habit de cavalier modeste ; CLÉANTE, amant d'Angélique. Il est vêtu galamment et en amoureux ; MONSIEUR DIAFORUS, médecin ; THOMAS DIAFOIRUS, son fils, et amant d'Angélique ; MONSIEUR PURGON, médecin d'Argan. Ces trois personnages sont vêtus de noir, et en habit ordinaire de médecin, excepté Thomas Diafoirus, dont l'habit a un long collet uni; ses cheveux sont longs et plats, son manteau passe ses genoux, il porte une mine tout à fait niaise ; MONSIEUR FLEURANT, apothicaire. Il est aussi vêtu de noir ou de gris-brun, avec une courte serviette devant soi et une seringue à la main Il est sans chapeau ; MONSIEUR BONNEFOI, notaire ; TOINETTE servante.

PERSONNAGES DES INTERMÈDES

DANS LE PREMIER ACTE

POLICHINELLE ; UNE VIELLE ; VIOLONS ; ARCHERS chantants et dansants.

DANS LE SECOND ACTE

QUATRE ÉGYPTIENNES chantantes ; ÉGIPTIENS et ÉGIPTIENNES chantants et dansants

DANS LE TROISIÈME ACTE

TAPISSIERS dansants; LE PRÉSIDENT de la Faculté de médecine ; DOCTEURS ; ARGAN, bachelier, APOTHICAIRES avec leurs mortiers et leurs pilons ; PORTE-SERINGUES ; CHIRURGIENS.

La scène est à Paris.

ACTE PREMIER

SCÈNE I

ARGAN, assis, une table devant lui, comptant avec des jetons les parties de son apothicaire.

Trois et deux font cinq, et cinq font dix, et dix font vingt ; trois et deux font cinq. « Plus, du vingt-

« quatrième, un petit clystère insinuatif, préparatif
« et rémollient, pour amollir, humecter et rafraîchir
« les entrailles de monsieur. » Ce qui me plaît de
monsieur Fleurant, mon apothicaire, c'est que ses
parties sont toujours fort civiles. « Les entrailles de
monsieur, trente sols. » Oui ; mais, monsieur Fleurant, ce n'est pas tout que d'être civil; il faut être
aussi raisonnable, et ne pas écorcher les malades.
Trente sols un lavement! Je suis votre serviteur, je
vous l'ai déjà dit ; vous ne me les avez mis dans les
autres parties qu'à vingt sols : et vingt sols en langage
d'apothicaire, c'est-à-dire dix sols : les voilà, dix sols.
« Plus, dudit jour, un bon clystère détersif, composé
« avec catholicon double, rhubarbe, miel rosat, et
« autres, suivant l'ordonnance, pour balayer, laver et
« nettoyer le bas-ventre de monsieur, trente sols. »
Avec votre permission, dix sols. « Plus, dudit jour,
le soir, un « julep hépatique, soporatif et somnifère,
« composé pour faire dormir monsieur, trente-cinq
« sols. » Je ne me plains pas de celui-là; car il me fit
bien dormir. Dix, quinze, seize, et dix-sept sols six
deniers. « Plus, du vingt-cinquième, une bonne mé-
« decine purgative et corroborative, composée de casse
« récente avec séné levantin, et autres, suivant l'or-
« donnance de monsieur Purgon, pour expulser et
« évacuer la bile de monsieur, quatre livres. » Ah!
monsieur, Fleurant, c'est se moquer : il faut vivre
avec les malades. Monsieur Purgon ne vous a pas ordonné de mettre quatre francs. Mettez, mettez trois
livres, s'il vous plaît. Vingt et trente sols. « Plus, dudit
« jour, une potion anodine et astringente, pour faire
« reposer monsieur, trente sols. » Bon, dix et quinze
sols. « Plus, du vingt-sixième, un clystère carmina-
« tif, pour chasser les vents de monsieur, trente sols. »
Dix sol, monsieur Fleurant. « Plus, le clystère de
« monsieur, réitéré le soir, comme dessus, trente
« sols. » Monsieur Fleurant, dix sols. « Plus, du
« vingt-septième, une bonne médecine, composée
« pour hâter d'aller et chasser dehors les mauvaises
« humeurs de monsieur, trois livres. » Bon, vingt et
« trente sols ; je suis bien aise que vous soyez raison-
« nable. « Plus, du vingt-huitième, une prise de
« petit-lait clarifié et dulcoré pour adoucir, lénifier,
« tempérer et rafraîchir le sang de monsieur, vingt
« sols. » Bon, dix sols. « Plus, une potion cordiale et

« préservative, composée avec douze grains de bézoar,
« sirop de limon et grenades, et autres, suivant l'or-
« donnance, cinq livres. » Ah! monsieur Fleurant,
tout doux, s'il vous plaît; si vous en usez comme cela,
on ne voudra plus être malade : contentez-vous de
quatre francs, vingt et quarante sols. Trois et deux
font cinq et cinq font dix, et dix font vingt. Soixante
et trois livres quatre sols six deniers. Si bien donc
que, de ce mois, j'ai pris une, deux, trois, quatre,
cinq, six, sept, huit, neuf, dix, onze et douze lavements; et, l'autre mois, il y avait douze médecines
et vingt lavements. Je ne m'étonne pas si je ne me
porte pas si bien ce mois-ci que l'autre. Je le dirai à
monsieur Purgon, afin qu'il mette ordre à cela. Allons,
qu'on m'ôte tout ceci. (Voyant que personne ne vient, et qu'il n'y a aucun de ses gens dans sa chambre.) Il n'y a personne.
J'ai beau dire : on me laisse toujours seul; il n'y a
pas moyen de les arrêter ici. (Après avoir sonné une sonnette qui est sur une table.) Ils n'entendent point, et ma
sonnette ne fait pas assez de bruit. Drelin, drelin, dre-
lin. Point d'affaire. Drelin, drelin, drelin. Ils sont
sourds... Toinette! Drelin, drelin, drelin. Tout
comme si je ne sonnois point. Chienne! coquine!
Drelin, drelin, drelin. J'enrage! (Il ne sonne plus, mais il crie.) Drelin, drelin, drelin. Carogne, à tous le diables! Est-il possible qu'on laisse comme cela un
pauvre malade tout seul? Drelin, drelin, drelin. Voilà qui est pitoyable! Drelin, drelin, drelin. Ah! mon
Dieu! Ils me laisseront ici mourir. Drelin, drelin,
drelin.

SCÈNE II

ARGAN, TOINETTE.

TOINETTE, en entrant.

On y va.

ARGAN.

Ah! chienne! ah! carogne!

TOINETTE, faisant semblant de s'être cogné la tête.

Diantre soit fait de votre impatience! Vous pressez
si fort les personnes, que je me suis donné un grand
coup de la tête contre la carne d'un valet.

ARGAN, en colère.

Ah! maîtresse!...

TOINETTE, interrompant Argan.

Ah!

ARGAN.

Il y a...

TOINETTE.

Ah !

ARGAN.

Il a une heure...

TOINETTE.

Ah !

ARGAN.

Tu m'as laissé...

TOINETTE.

Ah !

ARGAN.

Tais-tois donc, coquine, que je te querelle !

TOINETTE.

Çamon, ma foi, j'en suis d'avis, après ce que je me suis fait.

ARGAN.

Tu m'as fait égosiller, carogne !

TOINETTE.

Et vous m'avez fait, vous, casser la tête : l'un vaut bien l'autre. Quitte à quitte, si vous voulez.

ARGAN.

Quoi ! coquine...

TOINETTE.

Si vous querellez, je pleurerai.

ARGAN.

Me laisser, traîtresse...

TOINETTE, interrompant encore Argan.

Ah !

ARGAN.

Chienne ! tu veux...

TOINETTE.

Ah !

ARGAN.

Quoi ! il faudra encore que je n'aie pas le plaisir de la quereller ?

TOINETTE.

Querellez tout votre soûl : je le veux bien.

ARGAN.

Tu m'en empêches, chienne, en m'interrompant à tous coups !

TOINETEE.

Si vous avez le plaisir de quereller, il faut bien que,

de mon côté, j'aie le plaisir de pleurer: chacun le sien, ce n'est pas trop. Ah!

ARGAN.

Allons, il faut en passer par là. Ote-moi ceci, coquine, ôte-moi ceci (Après s'être levé.) Mon lavement d'aujourd'hui a-t-il bien opéré?

TOINETTE.

Votre lavement?

ARGAN.

Oui. Ai-je bien fait de la bile?

TOINETTE.

Ma foi! je ne me mêle point de ces affaires-là; c'est à monsieur Fleurant à y mettre le nez, puisqu'à en a le profit.

ARGAN.

Qu'on ait soin de me tenir un bouillon prêt, pour l'autre que je dois tantôt prendre.

TOINETTE.

Ce monsieur Fleurant-là et ce monsieur Purgon s'égayent bien sur votre corps; ils ont en vous une bonne vache à lait, et je voudrois bien leur demander quel mal vous avez, pour faire tant de remèdes.

ARGAN.

Taisez-vous, ignorante! ce n'est pas à vous à contrôler les ordonnances de la médecine. Qu'on me fasse venir ma fille Angélique: j'ai à lui dire quelque chose.

TOINETTE.

La voici qui vient d'elle-même; elle a deviné votre pensée.

SCÈNE III

ARGAN, ANGÉLIQUE, TOINETTE.

ARGAN.

Approchez, Angélique: vous venez à propos; je voulois vous parler.

ANGÉLIQUE.

Me voilà prête à vous ouïr.

ARGAN.

Attendez. (A Toinette) Donnez-moi mon bâton. Je vais revenir tout à l'heure.

TOINETTE.

Allez vite, monsieur, allez. Monsieur Fleurant nous donne des affaires.

SCÈNE IV

ANGÉLIQUE, TOINETTE

ANGÉLIQUE.

Toinette!

TOINETTE.

Quoi?

ANGÉLIQUE.

Regarde-moi un peu.

TOINETTE.

Eh bien, je vous regarde.

ANGÉLIQUE.

Toinette!

TOINETTE.

Eh bien, quoi, Toinette?

ANGÉLIQUE.

Ne devines-tu point de quoi je veux parler?

TOINETTE.

Je m'en doute assez: de notre jeune amant; car c'est sur lui depuis six jours que roulent tous nos entretiens; et vous n'êtes point bien, si vous n'en parlez à toute heure.

ANGÉLIQUE.

Puisque tu connois cela, que n'est-tu donc la première à m'en entretenir? Et que ne m'épargnes-tu la peine de te jeter sur ce discours?

TOINETTE.

Vous ne m'en donnez pas le temps; et vous avez des soins là-dessus qu'il est difficile de prévenir.

ANGÉLIQUE.

Je t'avoue que je ne saurois me lasser de te parler de lui, et que mon cœur profite avec chaleur de tous les moments de s'ouvrir à toi. Mais, dis-moi, condamnes-tu, Toinette, les sentiments que j'ai pour lui?

TOINETTE.

Je n'ai garde.

ANGÉLIQUE.

Ai-je tort de m'abandonner à ces douces impres-
[sions?

TOINETTE

Je ne dis pas cela.

ANGÉLIQUE.

Et voudrois-tu que je fusse insensible aux tendres

protestations de cette passion ardente qu'il témoigne pour moi?

TOINETTE.

A Dieu ne plaise!

ANGÉLIQUE.

Dis-moi un peu : ne trouves-tu pas, comme moi, quelque chose du ciel, quelque effet du destin, dans l'aventure inopinée de notre connoissance?

TOINETTE.

Oui.

ANGÉLIQUE.

Ne trouves-tu pas que cette action d'embrasser ma défense, sans me connoître, est tout à fait d'un honnête homme?

TOINETTE.

Oui.

ANGÉLIQUE.

Que l'on ne peut pas en user plus généreusement?

TOINETTE.

D'accord.

ANGÉLIQUE.

Et qu'il fit tout cela de la meilleure grâce du monde?

TOINETTE.

Oh! oui.

ANGÉLIQUE.

Ne trouves-tu pas, Toinette, qu'il est bien fait de sa personne?

TOINETTE.

Assurément.

ANGÉLIQUE.

Qu'il a l'air le meilleur du monde?

TOINETTE.

Sans doute.

ANGÉLIQUE.

Que ses discours, comme ses actions, ont quelque chose de noble?

TOINETTE.

Cela est sûr.

ANGÉLIQUE.

Qu'on ne peut rien entendre de plus passionné que tout ce qu'il me dit?

TOINETTE.

Il est vrai.

ANGÉLIQUE.

Et qu'il n'est rien de plus fâcheux que la contrainte où l'on me tient, qui bouche tout commerce aux doux empressements de cette mutuelle ardeur que le ciel nous inspire?

TOINETTE.

Vous avez raison.

ANGÉLIQUE.

Mais, ma pauvre Toinette, crois-tu qu'il m'aime autant qu'il me le dit?

TOINETTE.

Eh! eh! ces choses-là parfois sont un peu sujettes à caution. Les grimaces d'amour ressemblent fort à la vérité; et j'ai vu de grands comédiens là-dessus.

ANGÉLIQUE.

Ah! Toinette, que dis-tu là? Hélas! de la façon qu'il parle, seroit-il bien possible qu'il ne me dit pas vrai?

TOINETTE.

En tout cas, vous en serez bientôt éclaircie; et la résolution où il vous écrivit hier qu'il étoit de vous faire demander en mariage est une prompte voie à vous faire connoître s'il vous dit vrai ou non. C'en sera là la bonne preuve.

ANGÉLIQUE.

Ah! Toinette, si celui-là me trompe, je ne croirai de ma vie aucun homme.

TOINETTE.

Voilà votre père qui revient.

SCÈNE V

ARGAN, ANGÉLIQUE, TOINETTE.

ARGAN.

Oh çà, ma fille, je vais vous dire une nouvelle, où peut-être ne vous attendez-vous pas. On vous demande en mariage. Qu'est-ce que cela? Vous riez? Cela est plaisant, oui, ce mot de mariage! Il n'y a rien de plus drôle pour les jeunes filles. Ah! nature, nature! A ce que je puis voir, ma fille, je n'ai que faire de vous demander si vous voulez bien vous marier.

ANGÉLIQUE.

Je dois faire, mon père, tout ce qu'il vous plaira de m'ordonner.

ARGAN.

Je suis bien aise d'avoir une fille si obéissante: la chose est donc conclue, et je vous ai promise.

ANGÉLIQUE.

C'est à moi, mon père, de suivre aveuglément toutes vos volontés.

ARGAN.

Ma femme, votre belle-mère, avoit envie que je vous fisse religieuse, et votre petite sœur Louison aussi, et de tout temps elle a été aheurtée à cela.

TOINETTE, à part.

La bonne bête a ses raisons.

ARGAN.

Elle ne vouloit point consentir à ce mariage; mais je l'ai emporté, et ma parole est donnée.

ANGÉLIQUE.

Ah! mon père, que je vous suis obligée de toutes vos bontés!

TOINETTE, à Argan.

En vérité, je vous sais bon gré de cela; et voilà l'action la plus sage que vous ayez faite de votre vie.

ARGAN.

Je n'ai point encore vu la personne; mais on m'a dit que j'en serois contant, et toi aussi.

ANGÉLIQUE.

Assurément, mon père.

ARGAN.

Comment! l'as-tu vu?

ANGÉLIQUE.

Puisque votre consentement m'autorise à vous pouvoir ouvrir mon cœur, je ne feindrai point de vous dire que le hasard nous a fait connoître il y a six jours, et que la demande qu'on vous a faite est un effet de l'inclination que, dès cette première vue, nous avons prise l'un pour l'autre.

ARGAN.

Ils ne m'ont pas dit cela; mais j'en suis bien aise, et c'est tant mieux que les choses soient de la sorte. Ils disent que c'est un grand garçon bien fait.

ANGÉLIQUE.

Oui, mon père.

ARGAN.

De belle taille.

ANGÉLIQUE.

Sans doute.

ARGAN.

Agréable de sa personne.

ANGÉLIQUE.

Assurément.

ARGAN.

De bonne physionomie.

ANGÉLIQUE.

Très-bonne.

ARGAN.

Sage et bien né.

ANGÉLIQUE.

Tout à fait.

ARGAN.

Fort honnête.

ANGÉLIQUE.

Le plus honnête du monde.

ARGAN.

Qui parle bien latin et grec.

ANGÉLIQUE.

C'est ce que je ne sais pas.

ARGAN.

Et qui sera reçu médecin dans trois jours.

ANGÉLIQUE.

Lui, mon père?

ARGAN.

Oui. Est-ce qu'il ne te l'a pas dit?

ANGÉLIQUE.

Non, vraiment. Qui vous l'a dit, à vous?

ARGAN.

Monsieur Purgon.

ANGÉLIQUE.

Est-ce que monsieur Purgon le connoit?

ARGAN.

La belle demande! Il faut bien qu'il le connoisse, puisque c'est son neveu.

ANGÉLIQUE.

Cléante, neveu de monsieur Purgon?

ARGAN.

Quel Cléante? Nous parlons de celui pour qui l'on t'a demandée en mariage.

ANGÉLIQUE.

Eh! oui.

ARGAN.

Eh bien, c'est le neveu de monsieur Purgon, qui est le fils de son beau-frère le médecin, monsieur Diafoirus; et ce fils s'appelle Thomas Diafoirus, et non pas Cléante; et nous avons conclu ce mariage-là ce matin, monsieur Purgon, monsieur Fleurant, et moi; et demain, ce gendre prétendu doit m'être amené par son père. Qu'est-ce? Vous voilà tout ébaubie!

ANGÉLIQUE.

C'est, mon père, que je connois que vous avez parlé d'une personne, et que j'ai entendu une autre.

TOINETTE.

Quoi! monsieur, vous auriez fait ce dessein burlesque? Et, avec tout le bien que vous avez, vous voudriez marier votre fille avec un médecin?

ARGAN.

Oui. De quoi te mêles-tu, coquine, impudente que tu es?

TOINETTE.

Mon Dieu! tout doux. Vous allez d'abord aux invectives. Est-ce que nous ne pouvons pas raisonner ensemble sans nous emporter? Là, parlons de sang-froid. Quelle est votre raison, s'il vous plaît, pour un tel mariage?

ARGAN.

Ma raison est que, me voyant infirme et malade comme je suis, je veux me faire un gendre et des alliés médecins, afin de m'appuyer de bons secours contre ma maladie, d'avoir dans ma famille les sources des remèdes qui me sont nécessaires, et d'être à même des consultations et des ordonnances.

TOINETTE.

Eh bien, voilà dire une raison, et il y a plaisir à se répondre doucement les uns aux autres. Mais, monsieur, mettez la main à la conscience : est-ce que vous êtes malade!

ARGAN.

Comment, coquine! si je suis malade! Si je suis malade, impudente!

TOINETTE.

Eh bien, oui, monsieur, vous êtes malade; n'ayons point de querelle là-dessus. Oui, vous êtes fort malade, j'en demeure d'acord, et plus malade que vous ne pensez : voilà qui est fait. Mais votre fille doit épouser un mari pour elle; et, n'étant point malade, il n'est pas nécessaire de lui donner un médecin.

ARGAN.

C'est pour moi que je lui donne ce médecin; et une

fille de bon naturel doit être ravie d'épouser ce qui est utile à la santé de son père.

TOINETTE.

Ma foi, monsieur, voulez-vous qu'en amie je vous donne un conseil?

ARGAN.

Quel est-il, ce conseil?

TOINETTE.

De ne point songer à ce mariage-là.

ARGAN.

Et la raison?

TOINETTE.

La raison, c'est que votre fille n'y consentira point.

ARGAN.

Elle n'y consentira point?

TOINETTE.

Non.

ARGAN.

Ma fille?

TOINETTE.

Votre fille. Elle vous dira qu'elle n'a que faire de monsieur Diafoirus, ni de son fils Thomas Diafoirus, ni de tous les Diafoirus du monde.

ARGAN.

J'en ai affaire, moi, outre que le parti est plus avantageux qu'on ne pense. Monsieur Diafoirus n'a que ce fils-là pour tout héritier; et, de plus, monsieur Purgon, qui n'a ni femme ni enfants, lui donne tout son bien en faveur de ce mariage; et monsieur Purgon est un homme qui a huit mille bonnes livres de rente.

TOINETTE.

Il faut qu'il ait tué bien des gens, pour s'être fait si riche.

ARGAN.

Huit mille livres de rente sont quelque chose, sans compter le bien du père.

TOINETTE.

Monsieur, tout cela est bel et bon ; mais j'en reviens toujours là ; je vous conseille, entre nous, de lui choisir un autre mari; et elle n'est point faite pour être madame Diafoirus.

ARGAN.

Et je veux, moi, que cela soit.

TOINETTE.
Eh! fi! ne dites pas cela.
ARGAN.
Comment! que je ne dise pas cela?
TOINETTE.
Eh! non.
ARGAN.
Et pourquoi ne le dirai-je pas?
TOINETTE.
On dira que vous ne songez pas à ce que vous dites.
ARGAN.
On dira ce qu'on voudra; mais je vous dis que je veux qu'elle exécute la parole que j'ai donnée.
TOINETTE.
Non; je suis sûre qu'elle ne le fera pas.
ARGAN.
Je l'y forcerai bien.
TOINETTE.
Elle ne le fera pas, vous dis-je.
ARGAN.
Elle le fera, ou je la mettrai dans un couvent.
TOINETTE.
Vous?
ARGAN.
Moi.
TOINETTE.
Bon!
ARGAN.
Comment bon?
TOINETTE.
Vous ne la mettrez point dans un couvent.
ARGAN.
Je ne la mettrai point dans un couvent?
TOINETTE.
Non.
ARGAN.
Non?
TOINETTE.
Non.
ARGAN.
Ouais! Voici qui est plaisant! Je ne mettrai pas ma fille dans un couvent, si je veux?
TOINETTE.
Non, vous dis-je.

ARGAN.
Qui m'en empêchera ?
TOINETTE.
Vous-même.
ARGAN.
Moi?
TOINETTE.
Oui. Vous n'aurez pas ce cœur-là.
ARGAN.
Je l'aurai.
TOINETTE.
Vous vous moquez.
ARGAN.
Je ne me moque point.
TOINETTE.
La tendresse paternelle vous prendra.
ARGAN.
Elle ne me prendra point.
TOINETTE.
Une petite larme ou deux, des bras jetés au cou, un Mon petit papa mignon, prononcé tendrement, sera assez pour vous toucher.
ARGAN.
Tout cela ne fera rien.
TOINETTE.
Oui, oui.
ARGAN.
Je vous dis que je n'en démordrai point.
TOINETTE.
Bagatelles !
ARGAN.
Il ne faut point dire : Bagatelles !
TOINETTE.
Mon Dieu! je vous connois, vous êtes bon naturellement.
ARGAN, avec emportement.
Je ne suis point bon, et je suis méchant quand je veux !
TOINETTE.
Doucement, monsieur. Vous ne songez pas que vous êtes malade.
ARGAN.
Je lui commande absolument de se préparer à prendre le mari que je dis.

TOINETTE.

Et moi je lui défends absolument d'en faire rien.

ARGAN.

Où est-ce donc que nous sommes? et quelle audace est-ce là, à une coquine de servante, de parler de la sorte devant son maître?

TOINETTE.

Quand un maître ne songe pas à ce qu'il fait, une servante bien sensée est en droit de le redresser.

ARGAN, courant après Toinette.

Ah! insolente! il faut que je t'assomme!

TOINETTE, évitant Argan, et mettant sa chaise entre elle et lui.

Il est de mon devoir de m'opposer aux choses qui vous peuvent déshonorer.

ARGAN, courant après Toinette, autour de la chaise avec son bâton.

Viens, viens, que je t'apprenne à parler!

TOINETTE, se sauvant du côté où n'est point Argan.

Je m'intéresse, comme je dois, à ne vous point laisser faire de folie.

ARGAN, de même.

Chienne!

TOINETTE, de même.

Non, je ne consentirai jamais à ce mariage.

ARGAN, de même.

Pendarde!

TOINETTE, de même.

Je ne veux point qu'elle épouse votre Thomas Diafoirus.

ARGAN, de même.

Carogne!

TOINETTE, de même.

Et elle m'obéira plutôt qu'à vous.

ARGAN, s'arrêtant.

Angélique, tu ne veux pas m'arrêter cette coquine-là?

ANGÉLIQUE.

Eh! mon père ne vous faites point malade.

ARGAN, à Angélique.

Si tu ne me l'arrêtes, je te donnerai ma malédiction.

TOINETTE, en s'en allant.

Et moi, je la deshériterai si elle vous obéit.

ARGAN, se jetant dans sa chaise.

Ah! ah! je n'en puis plus! Voilà pour me faire mourir!

SCÈNE VI

BÉLINE ARGAN.

ARGAN.

Ah! ma femme approchez.

BÉLINE.

Qu'avez-vous, mon pauvre mari?

ARGAN.

Venez-vous-en ici à mon secours.

BÉLINE.

Qu'est-ce que c'est donc qu'il y a, mon petit fils?

ARGAN.

Ma mie!

BÉLINE.

Mon ami!

ARGAN.

On vient de me mettre en colère.

BÉLINE.

Hélas! pauvre petit mari! Comment donc, mon ami?

ARGAN.

Votre petite coquine de Toinette est devenue plus insolente que jamais.

BÉLINE.

Ne vous passionnez donc point.

ARGAN.

Elle m'a fait enrager, ma mie.

BÉLINE.

Doucement, mon fils.

ARGAN.

Elle a contrecarré, une heure durant, les choses que je veux faire.

BÉLINE.

La, la, tout doux!

ARGAN.

Et a eu l'effronterie de me dire que je ne suis point malade.

BÉLINE.

C'est une impertinente.

ARGAN.

Vous savec, mon cœur, ce qui en est.

BÉLINE.

Oui, mon cœur; elle a tort.

ARGAN.

M'amour, cette coquine-là me fera mourir.

BÉLINE.

Eh la! eh la!

ARGAN.

Elle est cause de toute la bile que je fais.

BÉLINE.

Ne vous fâchez point tant.

ARGAN.

Et il y a je ne sais combien que je vous dis de me la chasser.

BÉLINE.

Mon Dieu! mon fils, il n'y a point de serviteurs et de servantes qui n'aient leurs défauts. On est contraint parfois de souffrir leurs mauvaises qualités, à cause des bonnes. Celle-ci est adroite, soigneuse, diligente, et surtout fidèle; et vous savez qu'il faut maintenant de grande précautions pour les gens que l'on prend. Holà! Toinette!

SCÈNE VII

ARGAN, BÉLINE, TOINETTE.

TOINETTE.

Madame?

BÉLINE.

Pourquoi donc est-ce que vous mettez mon mari en colère?

TOINETTE, d'un ton doucereux.

Moi, madame? Hélas! je ne sais pas ce que vous me voulez dire, et je ne songe qu'à complaire à monsieur en toutes choses.

ARGAN.

Ah! la traîtresse!

TOINETTE.

Il nous a dit qu'il vouloit donner sa fille en mariage au fils de monsieur Diafoirus: je lui ai répondu que je trouvois le parti avantageux pour elle, mais que je croyois qu'il feroit mieux de la mettre dans un couvent.

BÉLINE.

Il n'y a pas grand mal à cela, et je trouve qu'elle a raison.

ARGAN.

Ah! m'amour, vous la croyez? C'est une scélérate; elle m'a dit cent insolences.

BÉLINE.

Eh bien, je vous crois, mon ami. La, remettez-vous.

Écoutez, Toinette : si vous fâchez jamais mon mari, je vous mettrai dehors. Ça, donnez-moi son manteau fourré et des oreillers, que je l'accommode dans sa chaise. Vous voilà je ne sais comment. Enfoncez bien votre bonnet jusque sur vos oreilles : il n'y a rien qui enrhume tant que de prendre l'air par les oreilles.

ARGAN.

Ah! ma mie, que je vous suis obligé de tous les soins que vous prenez de moi!

BÉLINE, accommodant les oreillers qu'elle met autour d'Argan.

Levez-vous, que je mette ceci sous vous. Mettons celui-ci pour vous appuyer, et celui-là de l'autre côté. Mettons celui-ci derrière votre dos, et cet autre-là pour soutenir votre tête.

TOINETTE, lui mettant rudement un oreillers sur la tête.

Et celui-ci pour vous gardez du serein.

ARGAN, se levant en colère, et jetant ses oreillers à Toinette, qui s'enfuit.

Ah! coquine! tu veux m'étouffer!

SCÈNE VIII
ARGAN, BÉLINE.

BÉLINE.

Eh la! eh la! Qu'est-ce que c'est donc?

ARGAN, se jetant dans sa chaise.

Ah! ah! ah! je n'en puis plus.

BÉLINE.

Pourquoi vous emporter ainsi? Elle a cru faire bien.

ARGAN.

Vous ne connoissez pas, m'amour, la malice de la pendarde. Ah! elle m'a mis tout hors de moi; et il faudra plus de huit médecines et de douze lavements pour reparer tout ceci.

BÉLINE.

La, la, mon petit ami, apaisez-vous un peu.

ARGAN.

Ma mie, vous êtes toute ma consolation.

BÉLINE.

Pauvre petit fils!

ARGAN.

Pour tâcher de connoître l'amour que vous me portez, je veux, mon cœur, comme je vous ai dit, faire mon testament.

BÉLINE.

Ah! mon ami, ne parlons point de cela, je vous

prie : je ne saurois souffrir cette pensée ; et le seul mot de testament me fait tressaillir de douleur.
ARGAN.
Je vous avois dit de parler pour cela à votre notaire.
BÉLINE.
Le voilà là dedans, que j'ai amené avec moi.
ARGAN.
Faites-le donc entrer, m'amour.
BÉLINE.
Hélas ! mon ami, quand on aime bien un mari, on n'est guère en état de songer à tout cela.

SCÈNE IX
MONSIEUR DE BONNEFOI, BÉLINE, ARGAN.
ARGAN.
Approchez, monsieur de Bonnefoi, approchez. Prenez un siége, s'il vous plaît. Ma femme m'a dit, monsieur, que vous étiez fort honnête homme, et tout à fait de ses amis ; et je l'ai chargée de vous parler pour un testament que je veux faire.
BÉLINE.
Hélas ! je ne suis point capable de parler de ces choses-là.
MONSIEUR DE BONNEFOI.
Elle m'a, monsieur, expliqué vos intentions, et le dessein où vous êtes pour elle ; et j'ai à vous dire là-dessus que vous ne sauriez rien donner à votre femme par votre testament.
ARGAN.
Mais pourquoi ?
MONSIEUR DE BONNEFOI.
La coutume y résiste. Si vous étiez en pays de droit écrit, cela se pourroit faire : mais à Paris et dans les pays coutumiers, au moins dans la plupart, c'est ce qui ne se peut ; et la disposition seroit nulle. Tout l'avantage qu'homme et femme conjoints par mariage se peuvent faire l'un à l'autre, c'est un don mutuel entre-vifs ; encore faut-il qu'il n'y ait enfants, soit des deux conjoints, ou de l'un d'eux, lors du décès du premier mourant.
ARGAN.
Voilà une coutume bien impertinente, qu'un mari ne puisse rien laisser à une femme dont il est aimé tendrement, et qui prend de lui tant de soin ! J'aurois

envie de consulter mon avocat, pour voir comment je pourrois faire.

MONSIEUR DE BONNEFOI.

Ce n'est point à des avocats qu'il faut aller, car ils sont d'ordinaire sévères là-dessus, et s'imaginent que c'est un grand crime que de disposer en fraude de la loi : ce sont gens de difficultés, et qui sont ignorants des détours de la conscience. Il y a d'autres personnes à consulter, qui sont bien plus accommodantes, qui ont des expédients pour passer doucement par-dessus la loi, et rendre juste ce qui n'est pas permis; qui savent aplanir les difficultés d'une affaire, et trouver des moyens d'éluder la coutume par quelque avantage indirect. Sans cela, où en serions-nous tous les jours? Il faut de la facilité dans les choses; autrement nous ne ferions rien, et je ne donnerois pas un sol de notre métier.

ARGAN.

Ma femme m'avoit bien dit, monsieur, que vous étiez fort habile et fort honnête homme. Comment puis-je faire, s'il vous plaît, pour lui donner mon bien et en frustrer mes enfants?

MONSIEUR DE BONNEFOI.

Comment vous pouvez faire? Vous pouvez choisir doucement un ami intime de votre femme, auquel vous donnerez, en bonne forme, par votre testament, tout ce que vous pouvez; et cet ami ensuite lui rendra tout. Vous pouvez encore contracter un grand nombre d'obligations non suspectes au profit de divers créanciers qui prêteront leur nom à votre femme, et entre les mains de laquelle ils mettront leur déclaration que ce qu'ils en ont fait n'a été que pour lui faire plaisir. Vous pouvez aussi, pendant que vous êtes en vie, mettre entre ses mains de l'argent comptant, ou des billets que vous pouvez avoir payables au porteur.

BÉLINE.

Mon Dieu! il ne faut point vous tourmenter de tout cela. S'il vient faute de vous, mon fils, je ne veux plus rester au monde.

ARGAN.

Ma mie!

BÉLINE.

Oui, mon ami, si je suis assez malheureuse pour vous perdre...

ARGAN.

Ma chère femme!

BÉLINE.

La vie ne me sera plus de rien.

ARGAN.

M'amour!

BÉLINE.

Et je suivrai vos pas, pour vous faire connoître la tendresse que j'ai pour vous.

ARGAN.

Ma mie, vous me fendez le cœur! Consolez-vous, je vous en prie.

MONSIEUR DE BONNEFOI, à Béline.

Ces larmes sont hors de saison; et les choses n'en sont point encore là.

BÉLINE.

Ah! monsieur, vous ne savez pas ce que c'est qu'un mari qu'on aime tendrement.

ARGAN.

Tout le regret que j'aurai, si je meurs, ma mie, c'est de n'avoir point un enfant de vous. Monsieur Purgon m'avoit dit qu'il m'en feroit faire un.

MONSIEUR DE BONNEFOI.

Cela pourra venir encore.

ARGAN.

Il faut faire mon testament, m'amour, de la façon que monsieur dit; mais, par précaution, je veux vous mettre entre les mains vingt mille francs en or que j'ai dans le lambris de mon alcôve, et deux billets payables au porteur, qui me sont dus, l'un par monsieur Damon, et l'autre par monsieur Gérante.

BÉLINE.

Non, non, je ne veux point de tout cela. Ah!... Combien dites-vous qu'il y a dans votre alcôve?

ARGAN.

Vingt mille francs, m'amour.

BÉLINE.

Ne me parlez point de bien, je vous prie, Ah!... De combien sont les deux billets?

ARGAN.

Ils sont, ma mie, l'un de quatre mille francs, et l'autre de six.

BÉLINE.

Tous les biens du monde, mon ami, ne me sont rien au prix de vous.

MONSIEUR DE BONNEFOI, à Argan.

Voulez-vous que nous procédions au testament?

ARGAN.

Oui, monsieur; mais nous serons mieux dans mon petit cabinet. M'amour, conduisez-moi, je vous prie.

BÉLINE.

Allons, mon pauvre petit fils.

SCÈNE X

ANGÉLIQUE TOINETTE.

TOINETTE.

Les voilà avec un notaire, et j'ai ouï parler de testament. Votre belle-mère ne s'endort point : et c'est sans doute quelque conspiration contre vos intérêts, où elle pousse votre père.

ANGÉLIQUE.

Qu'il dispose de son bien à sa fantaisie, pourvu qu'il ne dispose point de mon cœur. Tu vois, Toinette, les desseins violents que l'on fait sur lui. Ne m'abandonne point, je te prie, dans l'extrémité où je suis.

TOINETTE.

Moi, vous abandonner! J'aimerois mieux mourir. Votre belle-mère a beau me faire sa confidence et me vouloir jeter dans ses intérêts, je n'ai jamais pu avoir d'inclination pour elle; et j'ai toujours été de votre parti. Laissez-moi faire; j'emploierai toute chose pour vous servir; mais, pour vous servir avec plus d'effet, je veux changer de batterie, couvrir le zèle que j'ai pour vous, et feindre d'entrer dans les sentiments de votre père et de votre belle-mère.

ANGÉLIQUE.

Tâche, je t'en conjure, de faire donner avis à Cléante du mariage qu'on a conclu.

TOINETTE.

Je n'ai personne à employer à cet office, que le vieux usurier Polichinelle, mon amant; et il m'en coûtera pour cela quelques paroles de douceur, que je veux bien dépenser pour vous. Pour aujourd'hui il est trop tard; mais demain, de grand matin, je l'envoierai quérir, et il sera ravi de...

SCÈNE XI

BÉLINE, dans la maison; ANGÉLIQUE, TOINETTE.

BÉLINE.

Toinette !

TOINETTE, à Angélique.

Voilà qu'on m'appelle. Bonsoir. Reposez-vous sur moi.

PREMIER INTERMÈDE

Le théâtre change et représente une ville.

Polichinelle, dans la nuit, pour donner une sérénade à sa maîtresse. Il est interrompu d'abord par des violons contre lesquels il se met en colère, et ensuite par le guet, composé de musiciens et de danseurs.

SCÈNE I

POLICHINELLE, seul.

O amour, amour, amour, amour ! Pauvre Polichinelle, quelle diable de fantaisie t'es-tu allé mettre dans la cervelle ? A quoi t'amuses-tu, misérable insensé que tu es ? Tu quittes le soin de ton négoce, et tu laisses aller tes affaires à l'abandon ; tu ne manges plus, tu ne bois presque plus, tu perds le repos de la nuit ; et tout cela, pour qui ? Pour une dragonne, franche dragonne ; une diablesse qui te rembarre et se moque de tout ce que tu peut dire. Mais il n'y a point à raisonner là-dessus. Tu le veux, amour : il faut être fou comme beaucoup d'autres. Cela n'est pas le mieux du monde à un homme de mon âge, mais qu'y faire ? On n'est pas sage quand on veut ; et les vieilles cervelles se démontent comme les jeunes. Je viens voir si je ne pourrai point adoucir ma tigresse par une sérénade. Il n'y a rien parfois qui soit si touchant qu'un amant qui vient chanter ses doléances aux gonds et aux verrous de la porte de sa maîtresse. (Après avoir pris son luth) Voici de quoi accompagner ma voix. O nuit ! ô chère nuit ! porte mes plaintes amoureuses jusque dans le lit de mon inflexible.

Notte e di v'amo e v'adoro :
Cerco un si per mio ristoro ;
Ma se voi dite di no,
Bella ingrata, io moriro.
    Frà la speranza

Ma se voi dite di no,
Bella ingrata, io moriro.
Se non dormite,
Almen pensate
Alle ferire

S'afflige il cuore,
In lontananza
Consuma l'hore;
Si dolce inganno
Che mi figura
Breve l' affanno,
Ahi! troppo dura!
Cosi per tropo amar languisco e
[muoro.
Notte e di v'amo e v'adoro :
Cerco un si per mio ristoro;

Ch'al cuor mi tate.
Deh! almen fingete,
Per mio conforto,
Se m'uccidete,
D'haver il torto
Vostra pietà mi scemarà il martoro.
Notte e di v'amo v'adoro :
Cerco un si per mio ristoro;
Ma se voi dite di no,
Bella ingrata, io moriro,

SCÈNE II

POLICHINELLE; UNE VIEILLE, se présentant à la fenêtre,
et répondant à Polichinelle pour se moquer de lui.

LA VIEILLE chante.

Zerbinetti, ch'ogn' hor con finiti
[sguardi,
Mentiti desiri,
Fallaci sospiri,
Accenti buggiardi,
Di fede vi-pregiate,
Ah! che non m'ingannate.
Che già so per prova,
Ch'in voi non si trova
Costanza nè fede.
Oh! quanto è passa colei che vi
[crede.
Quei sguardi languidi
Non m'innamorano,

Quei sospir servidi
Più non m'infiammano,
Vel giuro a fe.
Zerbino misero,
Del vostro piangere
Il mio cuor libero
Vuol sempre ridere ;
Credete a me
Che già so per prova,
Ch'in voi non si trova
Costanza nè fede.
Oh! quanto è pazza colei che vi
[crede!

SCÈNE III

POLICHINELLE; VIOLONS, derrière le théâtre.
LES VIOLONS commencent un air.

POLICHINELLE.

Quelle impertinente harmonie vient interrompre ici ma voix!

LES VIOLONS continuent à jouer.

POLICHINELLE.

Paix là! taisez-vous! Laissez-moi me plaindre à mon aise des cruautés de mon inexorable.

LES VIOLONS, de même.

POLICHINELLE.

Taisez-vous, vous dis-je! c'est moi qui veux chanter.

LES VIOLONS.

POLICHINELLE.

Paix donc!

LES VIOLONS.

POLICHINELLE.

Ouais!

LES VIOLONS.
POLICHINELLE.

Ahi!

LES VIOLONS.
POLICHINELLE.

Est-ce pour rire?

LES VIOLONS.
POLICHINELLE.

Ah! que de bruit!

LES VIOLONS.
POLICHINELLE.

Le diable vous emporte!

LES VIOLONS.
POLICHINELLE.

J'enrage!

LES VIOLONS.
POLICHINELLE.

Vous ne vous tairez pas? Ah! Dieu soit loué!

LES VIOLONS.
POLICHINELLE.

Encore!

LES VIOLONS.
POLICHINELLE.

Peste des violons!

LES VIOLONS.
POLICHINELLE.

La sotte musique que voilà!

LES VIOLONS.
POLICHINELLE, chantant pour se moquer des violons.

La, la, la, la, la, la.

LES VIOLONS.
POLICHINELLE, de même.

La, la, la, la, la, la.

LES VIOLONS.
POLICHINELLE, de même.

La, la, la, la, la, la.

LES VIOLONS.
POLICHINELLE, de même

La, la, la, la, la, la.

LES VIOLONS.
POLICHINELLE, de même.

La, la, la, la, la, la.

LES VIOLONS.
POLICHINELLE.

Par ma foi, cela me divertit. Poursuivez, messieurs les violons ; vous me ferez plaisir (N'entendant plus rien.) Allons donc, continuez, je vous en prie.

SCÈNE IV.
POLICHINELLE, seul.

Voilà le moyen de les faire taire. La musique est accoutumée à ne point faire ce qu'on veut. Oh! sus, à nous. Avant que de chanter, il faut que je prélude un peu, et joue quelque pièce, afin de mieux prendre mon ton. (Il prend son luth, dont il fait semblant de jouer, en imitant avec les lèvres et la langue le son de cet instrument.) Plan, plan, plan, plin, plin, plin. Voilà un temps fâcheux pour mettre un luth d'accord. Plin, plin, plin. Plin, tan, plan. Plin, plan. Les cordes ne tiennent point par ce temps-là. Plin, plin. J'entends du bruit. Mettons mon luth contre la porte.

SCÈNE V.
POLICHINELLE; ARCHERS, passant dans la rue, et accourant au bruit qu'ils entendent.

UN ARCHER, chantant.

Qui va là ? qui va là ?

POLICHINELLE, bas.

Qui diable est-ce là ? Est-ce que c'est la mode de parler en musique ?

L'ARCHER.

Qui va là ? qui va là ? qui va là ?

POLICHINELLE, épouvanté.

Moi, moi, moi.

L'ARCHER.

Qui va là ? qui va là ? vous dis-je.

POLICHINELLE.

Moi, moi, vous dis-je.

L'ARCHER.

Et qui toi ? et qui toi ?

POLICHINELLE.

Moi, moi, moi, moi, moi, moi.

L'ARCHER.

Dis ton nom, dis ton nom, sans davantage attendre.

POLICHINELLE, feignant d'être bien hardi.

Mon nom est Va te faire pendre !

L'ARCHER.

Ici, camarades, ici.

Saisissons l'insolent qui nous répond ainsi.

PREMIÈRE ENTRÉE DE BALLET.

Tout le guet vient, qui cherche Polichinelle dans la nuit.

VIOLONS ET DANSEURS.
POLICHINELLE.

Qui va là ?

VIOLONS ET DANSEURS.
POLICHINELLE.

Qui sont les coquins que j'entends?

VIOLONS ET DANSEURS.
POLICHINELLE.

Euh!

VIOLONS ET DANSEURS.
POLICHINELLE.

Holà! mes laquais, mes gens!

VIOLONS ET DANSEURS.
POLICHINELLE.

Par la mort!

VIOLONS ET DANSEURS.
POLICHINELLE.

Par le sang!

VIOLONS ET DANSEURS.
POLICHINELLE.

J'en jetterai par terre.

VIOLONS ET DANSEURS.
POLICHINELLE.

Champagne! Poitevin! Picard! Basque! Breton!

VIOLONS ET DANSEURS.
POLICHINELLE.

Donnez-moi mon mousqueton....

VIOLONS ET DANSEURS.

POLICHINELLE, faisant semblant de tirer un coup de pistolet.

Poue! (Ils tombent tous, et s'enfuient.)

SCÈNE VI

POLICHINELLE, seul.

Ah! ah! ah! ah! comme je leur ai donné l'épouvante! Voilà de sottes gens, d'avoir peur de moi, qui ai peur des autres. Ma foi, il n'est que de jouer d'adresse en ce monde. Si je n'avois tranché du grand seigneur et n'avois fait le brave, ils n'auroient pas manqué de me happer. Ah! ah! ah! (Les archers se rapprochent, et, ayant entendu ce qu'il disoit, ils le saisissent au collet.)

SCÈNE VII

POLICHINELLE; ARCHERS chantants.
LES ARCHERS, saisissant Polichinelle.
Nous le tenons. A nous, camarades, à nous!
Depêchez : de la lumière.

Tout le guet vient avec des lanternes.

SCÈNE VIII

POLICHINELLE; ARCHERS chantant et dansants.
ARCHERS.
Ah! traitre! ah! fripon! c'est donc vous?
Faquin, maraud, pendard, impudent, téméraire,
Insolent, effronté, coquin, filou, voleur,
Vous osez nous faire peur!
POLICHINELLE.
Messieurs, c'est que j'étois ivre.
ARCHERS.
Non, non, non, point de raison;
Il faut vous apprendre à vivre,
En prison, vite en prison!
POLICHINELLE.
Messieurs, je ne suis point voleur.
ARCHERS.
En prison!
POLICHINELLE.
Je suis un bourgeois de la ville.
ARCHERS.
En prison!
POLICHINELLE.
Qu'ai-je fait?
ARCHERS.
En prison, vite, en prison!
POLICHINELLE.
Messieurs, laissez-moi aller.
ARCHERS.
Non.
POLICHINELLE.
Je vous prie!
ARCHERS.
Non.
POLICHINELLE.
Eh!

ARCHERS.

Non.

POLICHINELLE.

De grâce!

ARCHERS.

Non, non.

POLICHINELLE.

Messieurs!

ARCHERS.

Non, non, non.

POLICHINELLE.

S'il vous plaît.

ARCHERS.

Non, non.

POLICHINELLE.

Par charité!

ARCHERS.

Non, non.

POLICHINELLE.

Au nom du ciel!

ARCHERS.

Non, non.

POLICHINELLE.

Miséricorde!

ARCHERS.

Non, non, non, point de raison;
Il faut vous apprendre à vivre.
En prison, vite en prison.

POLICHINELLE.

Eh! n'est-il rien, messieurs, qui soit capable d'attendrir vos âmes?

ARCHERS.

Il est aisé de nous toucher;
Et nous sommes humains, plus qu'on ne sauroit croire.
Donnez-nous seulement six pistoles pour boire,
Nous allons vous lâcher.

POLICHINELLE.

Hélas! messieurs, je vous assure que je n'ai pas un sol sur moi.

ARCHERS.

Au défaut de six pistoles,
Choisissez donc, sans façon,
D'avoir trente croquignoles,
Ou douze coups de bâton.

POLICHINELLE.

Si c'est une nécessité, et qu'il faille en passer par là, je choisis les croquignoles.

ARCHERS.

Allons, préparez-vous,
Et comptez bien les coups.

SECONDE ENTRÉE DE BALLET.

Les archers danseurs lui donnent des croquignoles en cadence.

POLICHINELLE, pendant qu'on lui donne des croquigoles.

Un et deux, trois et quatre, cinq et six, sept et huit, neuf et dix, onze et douze, et treize, et quatorze, et quinze.

ARCHERS.

Ah! ah! vous en voulez passer!
Allons, c'est à recommencer.

POLICHINELLE.

Ah! messieurs, ma pauvre tête n'en peut plus; et vous venez de me la rendre comme une pomme cuite, J'aime mieux encore les coups de bâton que de recommencer.

ARCHERS.

Soit, puisque le bâton est pour vous plus charmant,
Vous aurez contentement.

TROISIÈME ENTRÉE DE BALLET.

Les archers danseurs lui donnent des coups de bâton en cadence.

POLICHINELLE, comptant les coups de bâton.

Un, deux, trois, quatre, cinq, six. Ah! ah! ah! je n'y saurois plus résister. Tenez, messieurs, voilà six pistoles que je vous donne.

ARCHERS.

Ah! l'honnête homme! Ah! l'âme noble et belle. Adieu, seigneur; adieu seigneur Polichinelle.

POLICHINELLE.

Messieurs, je vous donne le bonsoir.

ARCHERS.

Adieu, seigneur; adieu, seigneur Polichinelle.

POLICHINELLE.

Votre serviteur.

ARCHERS.

Adieu, seigneur; adieu, seigneur Polichinelle.

POLICHINELLE.

Très-humble valet.

ARCHERS.

Adieu, seigneur ; adieu, seigneur Polichinelle.

POLICHINELLE.

Jusqu'au revoir.

QUATRIÈME ENTRÉE DE BALLET.

Ils dansent tous, en réjouissance de l'argent qu'ils ont reçu.

ACTE SECOND

Le théâtre représente la chambre d'Argan.

SCÈNE I

CLÉANTE, TOINETTE.

TOINETTE, ne reconnoissant pas Cléante.

Que demandez-vous?

CLÉANTE.

Ce que je demande?

TOINETTE.

Ah! ah! c'est vous! Quelle surprise! Que venez-vous faire céans?

CLÉANTE.

Savoir ma destinée, parler à l'aimable Angélique, consulter les sentiments de son cœur, et lui demander ses résolutions sur ce mariage fatal dont on m'a averti.

TOINETTE.

Oui; mais on ne parle pas comme cela de but en blanc à Angélique : il faut des mystères, et l'on vous a dit l'étroite garde où elle est retenue; qu'on ne la laisse ni sortir, ni parler à personne; et que ce ne fut que la curiosité d'une vieille tante qui nous fit accorder la liberté d'aller à cette comédie qui donna lieu à la naissance de votre passion; et nous nous sommes bien gardées de parler de cette aventure.

CLÉANTE.

Aussi ne viens-je pas ici comme Cléante et sous l'apparence de son amant, mais comme ami de son maître de musique, dont j'ai obtenu le pouvoir de dire qu'il m'envoie à sa place.

TOINETTE.

Voici son père. Retirez-vous un peu, et me laissez lui dire que vous êtes là.

SCÈNE II

ARGAN, TOINETTE.

ARGAN, se croyant seul, et sans voir Toinette.

Monsieur Purgon m'a dit de me promener le matin, dans ma chambre, douze allées et douze venues; mais j'ai oublié à lui demander si c'est en long ou en large.

TOINETTE.

Monsieur, voilà un...

ARGAN.

Parle bas, pendarde! tu viens m'ébranler tout le cerveau; et tu ne songes pas qu'il ne faut point parler si haut à des malades.

TOINETTE.

Je voulois vous dire, monsieur...

ARGAN.

Parle bas, te dis-je.

TOINETTE.

Monsieur... (Elle fait semblant de parler.)

ARGAN.

Eh?

TOINETTE.

Je vous dis que... (Elle fait encore semblant de parler.)

ARGAN.

Qu'est-ce que tu dis?

TOINETTE, haut.

Je dis que voilà un homme qui veut parler à vous.

ARGAN.

Qu'il vienne. (Toinette fait signe à Cléante d'avancer).

SCÈNE III

ARGAN, CLÉANTE, TOINETTE.

CLÉANTE.

Monsieur...

TOINETTE, à Cléante.

Ne parlez pas si haut, de peur d'ébranler le cerveau de monsieur.

CLÉANTE.

Monsieur, je suis ravi de vous trouver debout, et de voir que vous vous portez mieux.

TOINETTE, feignant d'être en colère.

Comment! qu'il se porte mieux! cela est faux. Monsieur se porte toujours mal.

CLÉANTE.

J'ai ouï dire que monsieur étoit mieux ; et je lui trouve bon visage.

TOINETTE.

Que voulez-vous dire avec votre bon visage ? Monsieur l'a fort mauvais ; et ce sont des impertinents qui vous ont dit qu'il étoit mieux. Il ne s'est jamais si mal porté.

ARGAN.

Elle a raison.

TOINETTE.

Il marche, dort, mange et boit tout comme les autres ; mais cela n'empêche pas qu'il ne soit fort malade.

ARGAN.

Cela est vrai

CLÉANTE.

Monsieur, j'en suis au désespoir. Je viens de la part du maître à chanter de mademoiselle votre fille ; il s'est vu obligé d'aller à la campagne pour quelques jours ; et, comme son ami intime, il m'envoie à sa place pour lui continuer ses leçons, de peur qu'en les interrompant elle ne vînt à oublier ce qu'elle sait déjà.

ARGAN.

Fort bien. (A Toinette.) Appelez Angélique.

TOINETTE.

Je crois, monsieur, qu'il sera mieux de mener monsieur à sa chambre.

ARGAN.

Non. Faites-la venir.

TOINETTE.

Il ne pourra lui donner leçon comme il faut, s'ils ne sont en particulier.

ARGAN.

Si fait, si fait.

TOINETTE.

Monsieur, cela ne fera que vous étourdir ; il ne faut rien pour vous émouvoir en l'état où vous êtes, et vous ébranler le cerveau.

ARGAN.

Point, point : j'aime la musique : et je serai bien aise de... Ah ! la voici. (A Toinette). Allez-vous-en voir, vous, si ma femme est habillée.

SCÈNE IV.

ARGAN, ANGÉLIQUE, CLÉANTE.

ARGAN.

Venez, ma fille. Votre maître de musique est allé aux champs; et voilà une personne qu'il envoie à sa place pour vous montrer.

ANGÉLIQUE, reconnoissant Cléante.

Ah! ciel!

ARGAN.

Qu'est-ce donc? D'où vient cette surprise?

ANGÉLIQUE.

C'est...

ARGAN.

Quoi! qui vous émeut de la sorte?

ANGÉLIQUE.

C'est, mon père, une aventure surprenante qui se rencontre ici.

ARGAN.

Comment?

ANGÉLIQUE.

J'ai songé cette nuit que j'étois dans le plus grand embarras du monde, et qu'une personne, faite tout comme monsieur, s'est présentée à moi, à qui j'ai demandé secours, et qui m'est venue tirer de la peine où j'étois; et ma surprise a été grande de voir inopinément, en arrivant ici, ce que j'ai eu dans l'idée toute la nuit.

CLÉANTE.

Ce n'est pas être malheureux que d'occuper votre pensée, soit en dormant, soit en veillant; et mon bonheur seroit grand sans doute, si vous étiez dans quelque peine dont vous me jugeassiez digne de vous tirer; et il n'y a rien que je ne fisse pour...

SCÈNE V

ARGAN, ANGÉLIQUE, CLÉANTE, TOINETTE.

TOINETTE, à Argan.

Ma foi, monsieur, je suis pour vous maintenant; et je me dédis de tout ce que je disois hier. Voici monsieur Diafoirus le père et monsieur Diafoirus le fils, qui viennent vous rendre visite. Que vous serez bien engendré! Vous allez voir le garçon le mieux fait du monde et le plus spirituel. Il n'a dit que deux mots, qui m'ont ravie ; et votre fille va être charmée de lui.

ARGAN, à Cléante, qui feint de vouloir s'en aller.

Ne vous en allez point, monsieur. C'est que je marie ma fille ; et voilà qu'on lui amène son prétendu mari, qu'elle n'a point encore vu.

CLÉANTE.

C'est m'honorer beaucoup, monsieur, de vouloir que je sois témoin d'une entrevue si agréable.

ARGAN.

C'est le fils d'un habile médecin ; et le mariage se fera dans quatre jours.

CLÉANTE.

Fort bien.

ARGAN.

Mandez-le un peu à son maître de musique, afin qu'il se trouve à la noce.

CLÉANTE.

Je n'y manquerai pas.

ARGAN.

Je vous y prie aussi.

CLÉANTE.

Vous me faites beaucoup d'honneur.

TOINETTE.

Allons, qu'on se range : les voici.

SCÈNE VI

MONRIEUR DIAFOIRUS, THOMAS DIAFOIRUS, ARGAN, ANGÉLIQUE, CLÉANTE, TOINETTE, LAQUAIS.

ARGAN, mettant la main à son bonnet, sans l'ôter.

Monsieur Purgon, monsieur, m'a défendu de découvrir ma tête. Vous êtes du métier : vous savez les conséquences.

MONSIEUR DIAFOIRUS.

Nous sommes dans toutes nos visites pour porter secours aux malades, et non pour leur porter de l'incommodité. (Argan et monsieur Diafoirus parlent en même temps.)

ARGAN.

Je reçois, monsieur...

MONSIEUR DIAFOIRUS.

Nous venons ici, monsieur...

ARGAN.

Avec beaucoup de joie...

MONSIEUR DIAFOIRUS.
Mon fils Thomas, et moi...
ARGAN.
L'honneur que vous me faites...
MONSIEUR DIAFOIRUS.
Vous témoigner, monsieur...
ARGAN.
Et j'aurois souhaité...
MONSIEUR DIAFOIRUS.
Le ravissement où nous sommes...
ARGAN.
De pouvoir aller chez vous...
MONSIEUR DIAFOIRUS.
De la grâce que vous nous faites...
ARGAN.
Pour vous en assurer.
MONSIEUR DIAFOIRUS.
De vouloir bien nous recevoir...
ARGAN.
Mais vous savez, monsieur...
MONSIEUR DIAFOIRUS.
Dans l'honneur, monsieur...
ARGAN.
Ce que c'est qu'un pauvre malade...
MONSIEUR DIAFOIRUS.
De votre alliance...
ARGAN.
Qui ne peut faire autre chose..
MONSIEUR DIAFOIRUS.
Et vous assurer.
ARGAN.
Que de vous dire ici...
MONSIEUR DIAFOIRUS.
Que, dans les choses qui dépendront de notre métier...
ARGAN.
Qu'il cherchera toutes les occasions...
MONSIEUR DIAFOIRUS.
De même qu'en toute autre...
ARGAN.
De vous faire connoître, monsieur...
MONSIEUR DIAFOIRUS.
Nous serons toujours prêts, monsieur...
ARGAN.
Qu'il est tout à votre service.

MONSIEUR DIAFOIRUS.

A vous témoigner notre zèle. (A son fils.) Allons, Thomas, avancez. Faites vos compliments.

THOMAS DIAFOIRUS, à monsieur Diafoirus.

N'est-ce pas par le père qu'il convient commencer?

MONSIEUR DIAFOIRUS.

Oui.

THOMAS DIAFOIRUS, à Argan.

Monsieur, je viens saluer, reconnoître, chérir et révérer en vous un second père, mais un second père auquel j'ose dire que je me trouve plus redevable qu'au premier. Le premier m'a engendré; mais vous m'avez choisi. Il m'a reçu par nécessité; mais vous m'avez accepté par grâce. Ce que je tiens de lui est un ouvrage de son corps; mais ce que je tiens de vous est un ouvrage de votre volonté; et d'autant plus que les facultés spirituelles sont au-dessus des corporelles, d'autant plus je vous dois, et d'autant plus je tiens précieuse cette future filiation, dont je viens aujourd'hui vous rendre, par avance, les très-humbles et très-respectueux hommages.

TOINETTE.

Vivent les collèges d'où l'on sort si habile homme!

THOMAS DIAFOIRUS, à monsieur Diafoirus.

Cela a-t-il bien été, mon père?

MONSIEUR DIAFORUS.

Optime.

ARGAN, à Angélique.

Allons, saluez monsieur.

THOMAS DIAFOIRUS, à monsieur Diafoirus.

Baiserai-je?

MONSIEUR DIAFOIRUS.

Oui, oui.

THOMAS DIAFOIRUS, à Angélique.

Madame, c'est avec justice que le ciel vous a concédé le nom de belle-mère, puisque l'on...

ARGAN, à Thomas Diafoirus.

Ce n'est pas ma femme, c'est ma fille à qui vous parlez.

THOMAS DIAFOIRUS.

Où donc est-elle?

ARGAN.

Elle va venir.

THOMAS DIAFOIRUS.

Attendrai-je, mon père, qu'elle soit venue?

MONSIEUR DIAFOIRUS.
Faites toujours le compliment de mademoiselle.
THOMAS DIAFOIRUS.
Mademoiselle, ne plus ne moins que la statue de Memnon rendoit un son harmonieux lorsqu'elle venoit à être éclairée des rayons du soleil, tout de même me sens-je animé d'un doux transport à l'apparition du soleil de vos beautés, et, comme les naturalistes remarquent que la fleur nommée héliotrope tourne sans cesse vers cet astre du jour, aussi mon cœur dores-en-avant tournera-t-il toujours vers les astres resplendissants de vos yeux adorables, ainsi que vers son pôle unique. Souffrez donc, mademoiselle, que j'appende aujourd'hui à l'autel de vos charmes l'offrande de ce cœur qui ne respire et n'ambitionne autre gloire que d'être toute sa vie, mademoiselle, votre très-humble, très-obéissant, et très-fidèle serviteur et mari.

TOINETTE.
Voilà ce que c'est que d'étudier! on apprend à dire de belles choses.

ARGAN, à Cléante.
Eh! que dites-vous de cela?

CLÉANTE.
Que monsieur fait merveilles, et que, s'il est aussi bon médecin qu'il est bon orateur, il y aura plaisir à être de ses malades.

TOINETTE.
Assurément. Ce sera quelque chose d'admirable, s'il fait d'aussi belles cures qu'il fait de beaux discours.

ARGAN.
Allons, vite, ma chaise, et des siéges à tout le monde. (Des laquais donnent des siéges.) Mettez-vous là, ma fille. (A monsieur Diafoirus.) Vous voyez, monsieur, que tout le monde admire monsieur votre fils; et je vous trouve bien heureux de vous voir un garçon comme cela.

MONSIEUR DIAFOIRUS.
Monsieur, ce n'est pas parce que je suis son père; mais je puis dire que j'ai sujet d'être content de lui, et que tous ceux qui le voient en parlent comme d'un garçon qui n'a point de méchanceté. Il n'a jamais eu l'imagination bien vive, ni ce feu d'esprit qu'on remarque dans quelques-uns: mais c'est par là que j'ai toujours bien auguré de sa judiciaire, qualité requise pour l'exercice de notre art. Lorsqu'il étoit petit, il

n'a jamais été ce qu'on appelle mièvre et éveillé. On le voyoit toujours doux, paisible et taciturne, ne disant jamais mot, et ne jouant jamais à tous ces petits jeux que l'on nomme enfantins. On eut toutes les peine du monde à lui apprendre à lire ; et il avoit neuf ans, qu'il ne connoissoit pas encore ses lettres. Bon, disois-je en moi-même : les arbres tardifs sont ceux qui portent les meilleurs fruits. On grave sur le marbre bien plus malaisément que sur le sable ; mais les choses y sont conservées bien plus longtemps ; et cette lenteur à comprendre, cette pesanteur d'imagination, est la marque d'un bon jugement à venir. Lorsque je l'envoyai au collége, il trouva de la peine ; mais il se roidissoit contre les difficultés ; et ses régents se louoient toujours à moi de son assiduité et de son travail. Enfin, à force de battre le fer, il en est venu glorieusement à avoir ses licences ; et je puis dire, sans vanité, que, depuis deux ans qu'il est sur les bancs, il n'y a point de candidat qui ait fait plus de bruit que lui dans toutes les disputes de notre école. Il s'y est rendu redoutable ; et il ne s'y passe point d'acte où il n'aille argumenter à outrance pour la proposition contraire. Il est ferme dans la dispute, fort comme un Turc sur ses principes, ne démord jamais de son opinion, et poursuit un raisonnement jusque dans les derniers recoins de la logique. Mais, sur toute chose, ce qui me plaît en lui, et en quoi il suit mon exemple, c'est qu'il s'attache aveuglément aux opinions de nos anciens, et que jamais il n'a voulu comprendre ni écouter les raisons et les expériences des prétendues découvertes de notre siècle, touchant la circulation du sang, et autres opinions de même farine.

THOMAS DIAFOIRUS, tirant de sa poche une grande thèse roulée, qu'il présente à Angélique.

J'ai contre les circulateurs, soutenu une thèse, qu'avec la permission (Saluant Argan.) de monsieur, j'ose présenter à mademoiselle, comme un hommage que je lui dois des prémices de mon esprit.

ANGÉLIQUE.

Monsieur, c'est pour moi un meuble inutile, et je ne me connois pas à ces choses-là.

TOINETTE, prenant la thèse.

Donnez, donnez. Elle est toujours bonne à prendre pour l'image : cela servira à parer notre chambre.

THOMAS DIAFOIRUS, saluant encore Argan

Avec la permission aussi de monsieur, je vous invite à venir voir, l'un de ces jours, pour vous divertir, la dissection d'une femme, sur quoi je dois raisonner.

TOINETTE.

Le divertissement sera agréable. Il y en a qui donnent la comédie à leurs maîtresses; mais donner une dissection est quelque chose de plus galant.

MONSIEUR DIAFOIRUS.

Au reste, pour ce qui est des qualités requises pour le mariage et la propagation, je vous assure que, selon les règles de nos docteurs, il est tel qu'on le peut souhaiter; possède en un degré louable la vertu prolifique, et qu'il est du tempérament qu'il faut pour engendrer et procréer des enfants bien conditionnés.

ARGAN.

N'est-ce pas votre intention, monsieur, de le pousser à la cour, et d'y ménager pour lui une charge de médecin ?

MONSIEUR DIAFOIRUS.

A vous en parler franchement, notre métier auprès des grands ne m'a jamais paru agréable; et j'ai toujours trouvé qu'il valoit mieux pour nous autres demeurer au public. Le public est commode. Vous n'avez à répondre de vos actions à personne; et, pourvu que l'on suive le courant des règles de l'art, on ne se met point en peine de tout ce qui peut arriver. Mais ce qu'il y a de fâcheux auprès des grands, c'est que, quand ils viennent à être malades, ils veulent absolument que leurs médecins les guérissent.

TOINETTE.

Cela est plaisant ! et ils sont bien impertinents de vouloir que, vous autres messieurs, vous les guérissiez ! Vous n'êtes point auprès d'eux pour cela; vous n'y êtes que pour recevoir vos pensions et leur ordonner des remèdes; c'est à eux à guérir s'ils peuvent.

MONSIEUR DIAFOIRUS.

Cela est vrai. On n'est obligé qu'à traiter les gens dans les formes.

ARGAN, à Cléante.

Monsieur, faites un peu chanter ma fille devant la compagnie.

CLÉANTE.

J'attendois vos ordres, monsieur; et il m'est venu en pensée, pour divertir la compagnie, de chanter avec mademoiselle une scène d'un petit opéra qu'on a fait depuis peu. (A Angélique, lui donnant un papier.) Tenez, voilà votre partie.

ANGÉLIQUE.

Moi?

CLÉANTE, bas, à Angélique.

Ne vous défendez point, s'il vous plaît, et me laissez vous faire comprendre ce que c'est que la scène que nous devons chanter. (Haut.) Je n'ai pas une voix à chanter; mais ici il suffit que je me fasse entendre; et l'on aura la bonté de m'excuser, par la nécessité où je me trouve de faire chanter mademoiselle.

ARGAN.

Les vers en sont-ils beaux?

CLÉANTE.

C'est proprement ici un petit opéra impromptu; et vous n'allez entendre chanter que de la prose cadencée, ou des manières de vers libres, tels que la passion et la nécessié peuvent faire trouver à deux personnes qui disent les choses d'eux-mêmes, et parlent sur-le-champ.

ARGAN.

Fort bien. Écoutons.

CLÉANTE.

Voici le sujet de la scène. Un berger étoit attentif aux beautés d'un spectacle qui ne faisoit que commencer, lorsqu'il fut tiré de son attention par un bruit qu'il entendit à ses côtés. Il se retourne, et voit un brutal qui, de paroles insolentes, maltraitoit une bergère. D'abord il prend les intérêts d'un sexe à qui tous les hommes doivent hommage; et, après avoir donné au brutal le châtiment de son insolence, il vient à la bergère, et voit une jeune personne qui, des deux plus beaux yeux qu'il eût jamais vus, versoit des larmes qu'il trouva les plus belles du monde. Hélas! dit-il en lui-même, est-on capable d'outrager une personne si aimable! Et quel inhumain, quel barbare ne seroit pas touché par de telles larmes? Il prend soin de les arrêter, ces larmes qu'il trouve si belles; et l'aimable bergère prend soin en même temps de le remercier de son léger service, mais d'une manière si charmante, si tendre et si passionnée, que le berger n'y peut résister ; et chaque mot, chaque regard, est un trait plein de flamme dont son cœur se sent pénétré. Est-il, disoit-il, quelque chose qui puisse mériter les aimables paroles d'un tel remerciment ? Et que ne voudroit-on pas faire, à quel dangers ne seroit-on pas ravi de courir, pour s'attirer un seul moment des touchantes douceurs d'une âme si reconnoissante ? Tout le spectacle passe sans qu'il y donne aucune attention ; mais il se plaint qu'il est trop court, parce qu'en finissant il le sépare de son adorable bergère ; et, de cette premier moment, il emporte chez lui tout ce qu'un amour de plusieurs années peut avoir de plus violent. Le voilà aussitôt à sentir tous les maux de l'absence, et il est tourmenté de ne plus voir ce qu'il a si peu vu. Il fait tout ce qu'il peut se redonner cette vue, dont il conserve nuit et jour une si chère idée ; mais la grande contrainte où l'on tient sa bergère lui en ôte tous les moyens. La violence de sa passion le fait résoudre à demander en mariage l'adorable beauté sans laquelle il ne peut vivre ; et il en obtient d'elle la permission, par un billet qu'il a l'adresse de lui faire tenir. Mais, dans le même temps, on l'avertit que le père de cette belle a conclu son mariage avec un autre, et que tout se dispose pour en célébrer la cérémonie. Jugez quelle atteinte cruelle au cœur de ce triste berger ! Le voilà accablé d'une mortelle douleur ; il ne peut souffrir l'effroyable idée de voir tout ce qu'il aime entre les bras d'un autre ; et son amour, au désespoir, lui fait trouver moyen de s'introduire dans la maison de sa bergère pour apprendre ses sentiments et savoir d'elle la destinée à laquelle il doit se résoudre. Il y rencontre les apprêts de tout ce qu'il craint ; il y voit venir l'indigne rival que le caprice d'un père oppose aux tendresses de son amour ; il le voit triomphant, ce rival ridicule, auprès de l'aimable bergère, ainsi qu'auprès d'une conquête qui lui est assurée ; et cette vue le remplit d'une colère dont il a peine à se rendre le maître. Il jette de douloureux regards sur celle qu'il adore ; et son respect et la présence de son père l'empêchent de lui rien dire que des yeux. Mais enfin il force toute contrainte, et le transport de son amour l'oblige à lui parler ainsi : (Il chante)

Belle Philis, c'est trop, c'est trop souffrir ;

Rompous ce dur silence, et m'ouvrez vos pensées.
Apprenez-moi ma destinée :
Faut-il vivre ? Faut-il mourir ?

ANGÉLIQUE, en chantant.

Vous me voyez, Tircis, triste et mélancolique,
Aux apprêts de l'hymen dont vous vous alarmez :
Je lève au ciel les yeux, je vous regarde, je soupire :
C'est vous en dire assez.

ARGAN.

Ouais ! je ne croyois pas que ma fille fût si habile,
que de chanter ainsi à livre ouvert, sans hésiter.

CLÉANTE.

Hélas ! belle Philis,
Se pourroit-il que l'amoureux Tircis
Eût assez de bonheur
Pour avoir quelque place dans votre cœur?

ANGÉLIQUE.

Je ne m'en défends point dans cette peine extrême ;
Oui, Turcis, je vous aime.

CLÉANTE.

O parole pleine d'appas !
Ai-je bien entendu ? Hélas !
Redites-la Philis; que je n'en doute pas.

ANGÉLIQUE.

Oui, Tircis, je vous aime.

CLÉANTE.

De grâce, encor, Philis !

ANGÉLIQUE.

Je vous aime.

CLÉANTE.

Recommencez cent fois; ne vous en lassez pas.

ANGÉLIQUE.

Je vous aime, je vous aime;
Oui, Tircis, je vous aime.

CLÉANTE.

Dieux, rois, qui sous vos pieds regardez tout le monde,
Pouvez-vous comparer votre bonheur au mien?
Mais, Philis, une pensée
Vient troubler ce doux transport.
Un rival, un rival...

ANGÉLIQUE.

Ah ! je le hais plus que la mort;
Et sa présence, ainsi qu'à vous,
M'est un cruel supplice.

CLÉANTE.
Mais un père à ses vœux vous veux assujettir.
ANGÉLIQUE.
Plutôt, plutôt mourir,
Que de jamais y consentir ;
Plutôt, plutôt mourir, plutôt mourir !
ARGAN.
Et que dit le père à tout cela ?
CLÉANTE.
Il ne dit rien.
ARGAN.
Voilà un sot père que ce père-là, de souffrir toutes ces sottises-là sans rien dire !
CLÉANTE, voulant continuer à chanter.
Ah ! mon amour...
ARGAN.
Non, non ; en voilà assez. Cette comédie-là est de fort mauvais exemple. Le berger Tircis est un impertinent, et la bergère Philis une impudente de parler de la sorte devant son père. (A Angélique.) Montrez-moi ce papier. Ah ! ah ! où sont donc les paroles que vous avez dites ? Il n'y a là que de la musique écrite.
CLÉANTE.
Est-ce que vous ne savez pas, monsieur, qu'on a trouvé, depuis peu, l'invention d'écrire les paroles avec les notes mêmes ?
ARGAN.
Fort bien. Je suis votre serviteur, monsieur ; jusqu'au revoir. Nous nous serions bien passé de votre impertinent opéra.
CLÉANTE.
J'ai cru vous divertir.
ARGAN.
Les sottises ne divertissent point. Ah ! voici ma femme.

SCÈNE VII
BÉLINE, ARGAN, ANGÉLIQUE, MONSIEUR DIAFOIRUS,
THOMAS DIAFOIRUS, TOINETTE.

ARGAN.
M'amour, voilà le fils de monsieur Diafoirus.
THOMAS DIAFOIRUS.
Madame, c'est avec justice que le ciel vous a con-

cédé le nom de belle-mère, puisque l'on voit sur votre visage...

BÉLINE.

Monsieur, je suis ravie d'être venue ici à propos, pour avoir l'honneur de vous voir.

THOMAS DIAFOIRUS.

Puisque l'on voit sur votre visage... puisque l'on voit sur votre visage... Madame, vous m'avez interrompu dans le milieu de ma période, et cela m'a troublé la mémoire.

MONSIEUR DIAFOIRUS.

Thomas, réservez cela pour une autre fois.

ARGAN.

Je voudrois, ma mie, que vous eussiez été ici tantôt.

TOINETTE.

Ah! madame, vous avez bien perdu de n'avoir point été au second père, à la statue de Memnon, et à la fleur nommée héliotrope.

ARGAN.

Allons, ma fille, touchez dans la main de monsieur, et lui donnez votre foi, comme à votre mari.

ANGÉLIQUE.

Mon père!

ARGAN.

Eh bien, mon père! Qu'est-ce que cela veut dire?

ANGÉLIQUE.

De grâce, ne précipitez pas les choses. Donnez-nous au moins le temps de nous connoître, et de voir naître en nous, l'un pour l'autre, cette inclination si nécessaire à composer une union parfaite.

THOMAS DIAFOIRUS.

Quant à moi, mademoiselle, elle est déjà toute née en moi; et je n'ai pas besoin d'attendre davantage.

ANGÉLIQUE.

Si vous êtes si prompt, monsieur, il n'en est pas de même de moi; et je vous avoue que votre mérite n'a pas encore assez fait d'impression dans mon âme.

ARGAN.

Oh! bien, bien; cela aura tout le loisir de se faire quand vous serez mariés ensemble.

ANGÉLIQUE.

Eh! mon père, donnez-moi du temps, je vous prie.

Le mariage est une chaîne où l'on ne doit jamais soumettre un cœur par force; et, si monsieur est honnête homme, il ne doit point vouloir accepter une personne qui seroit à lui par contrainte.

THOMAS DIAFOIRUS.

Nego consequentiam, mademoiselle; et je puis être honnête homme, et vouloir bien vous accepter des mains de monsieur votre père.

ANGÉLIQUE.

C'est un méchant moyen de se faire aimer de quelqu'un, que de lui faire violence.

THOMAS DIAFOIRUS.

Nous lisons des anciens, mademoiselle, que leur coutume étoit d'enlever par force, de la maison des pères, les filles qu'on menoit marier, afin qu'il ne semblât pas que ce fût de leur consentement qu'elles convoloient dans les bras d'un homme.

ANGÉLIQUE.

Les anciens, monsieur, sont les anciens; et nous sommes les gens de maintenant. Les grimaces ne sont point nécessaires dans notre siècle; et, quand un mariage nous plaît, nous savons fort bien y aller, sans qu'on nous y traîne. Donnez-vous patience; si vous m'aimez, monsieur, vous devez vouloir tout ce que je veux.

THOMAS DIAFOIRUS.

Oui, mademoiselle, jusqu'aux intérêts de mon amour exclusivement.

ANGÉLIQUE.

Mais la grande marque d'amour, c'est d'être soumis aux volontés de celle qu'on aime.

THOMAS DIAFOIRUS.

Distingo, mademoiselle. Dans ce qui ne regarde point sa possession, *concedo*; mais, dans ce qui la regarde, *nego*.

TOINETTE, à Angélique.

Vous avez beau raisonner. Monsieur est frais émoulu du collége: et il vous donnera toujours votre reste. Pourquoi tant résister, et refuser la gloire d'être attachée au corps de la Faculté?

BÉLINE.

Elle a peut-être quelque inclination en tête.

ANGÉLIQUE.

Si j'en avois, madame, elle seroit telle que la raison et l'honnêteté pourroient me la permettre.

ARGAN.

Ouais! je joue ici un plaisant personnage!

BÉLINE.

Si j'étois que de vous, mon fils, je ne la forcerois point à se marier; et je sais bien ce que je ferois.

ANGÉLIQUE.

Je sais, madame, ce que vous voulez dire, et les bontés que vous avez pour moi; mais peut-être que vos conseils ne seront pas assez heureux pour être exécutés.

BÉLINE.

C'est que les filles bien sages et bien honnêtes, comme vous, se moquent d'être obéissantes et soumises aux volontés de leurs pères. Cela étoit bon autrefois.

ANGÉLIQUE.

Le devoir d'une fille a des bornes, madame; et la raison et les lois ne l'étendent point à toutes sortes de choses.

BÉLINE.

C'est-à-dire que vos pensées ne sont que pour le mariage; mais vous voulez choisir un époux à votre fantaisie.

ANGÉLIQUE.

Si mon père ne veut pas me donner un mari qui me plaise, je le conjurerai, au moins, de ne me point forcer à en épouser un que je ne puisse pas aimer.

ARGAN.

Messieurs, je vous demande pardon de tout ceci.

ANGÉLIQUE.

Chacun a son but en se mariant. Pour moi, qui ne veux un mari que pour l'aimer véritablement, et qui prétends en faire tout l'attachement de ma vie, je vous avoue que j'y cherche quelque précaution. Il y en a d'aucunes qui prennent des maris seulement pour se tirer de la contrainte de leurs parents et se mettre en état de faire tout ce qu'elles voudront. Il y en a d'autres, madame, qui font du mariage un commerce de pur intérêt; qui ne se marient que pour gagner des douaires, que pour s'enrichir par la mort de ceux qu'elles épousent, et courent sans scrupules de mari en mari, pour s'approprier leurs dépouilles. Ces personnes-là, à la vérité, n'y cherchent pas tant de façons, et regardent peu la personne.

BÉLINE.

Je vous trouve aujourd'hui bien raisonnante, et je voudrois bien savoir ce que vous voulez dire par là.

ANGÉLIQUE.

Moi, madame ? Que voudrois-je dire que ce que je dis ?

BÉLINE.

Vous êtes si sotte, ma mie, qu'on ne sauroit plus vous souffrir.

ANGÉLIQUE.

Vous voudriez bien, madame, m'obliger à vous répondre quelque impertinence; mais je vous avertis que vous n'aurez pas cet avantage.

BÉLINE.

Il n'est rien d'égal à votre insolence.

ANGÉLIQUE.

Non, madame, vous avez beau dire.

BÉLINE.

Et vous avez un ridicule orgueil, une impertinente présomption, qui fait hausser les épaules à tout le monde.

ANGÉLIQUE.

Tout cela, madame, ne servira de rien. Je serai sage en dépit de vous ; et, pour vous ôter l'espérance de pouvoir réussir dans ce que vous voulez, je vais m'ôter de votre vue.

SCÈNE VIII

ARGAN, BÉLINE, MONSIEUR DIAFOIRUS, THOMAS DIAFOIRUS, TOINETTE.

ARGAN, à Angélique qui sort.

Écoute. Il n'y a point de milieu à cela : choisis d'épouser dans quatre jours ou monsieur ou un couvent. (A Béline.) Ne vous mettez pas en peine : je la rangerai bien.

BÉLINE.

Je suis fâchée de vous quitter, mon fils ; mais j'ai une affaire en ville, dont je ne puis me dispenser. Je reviendrai bientôt.

ARGAN.

Allez, m'amour ; et passez chez votre notaire, afin qu'il expédie ce que vous savez.

BÉLINE.

Adieu, mon petit ami.

ARGAN.

Adieu, ma mie.

SCÈNE IX

ARGAN, MONSIEUR DIAFOIRUS, THOMAS DIAFOIRUS, TOINETTE.

ARGAN.

Voilà une femme qui m'aime... cela n'est pas croyable.

MONSIEUR DIAFOIRUS.

Nous allons, monsieur, prendre congé de vous.

ARGAN.

Je vous prie, monsieur, de me dire un peu comment je suis.

MONSIEUR DIAFOIRUS, *tâtant le pouls d'Argan.*

Allons, Thomas, prenez l'autre bras de monsieur, pour voir si vous saurez porter un bon jugement de son pouls. *Quid dicis?*

THOMAS DIAFOIRUS.

Dico que le pouls de monsieur est le pouls d'un homme qui ne se porte point bien.

MONSIEUR DIAFOIRUS.

Bon.

THOMAS DIAFOIRUS.

Qu'il est duriuscule, pour ne pas dire dur.

MONSIEUR DIAFOIRUS.

Fort bien.

THOMAS DIAFOIRUS.

Repoussant.

MONSIEUR DIAFOIRUS.

Bene.

THOMAS DIAFOIRUS.

Et même un peu capricant.

MONSIEUR DIAFOIRUS.

Optime.

THOMAS DIAFOIRUS.

Ce qui marque une intempérie dans le *parenchyme splénique,* c'est-à-dire la rate.

MONSIEUR DIAFOIRUS.

Fort bien.

ARGAN.

Non : monsieur Purgon dit que c'est mon foie qui est malade.

MONSIEUR DIAFOIRUS.

Eh oui : qui dit *parenchyme* dit l'un et l'autre, à

cause de l'étroite sypathie qu'ils ont ensemble par le moyen de *vas breve,* du *pylore,* et souvent des *méats cholédoques.* Il vous ordonne sans doute de manger force rôti?

ARGAN.

Non; rien que du bouilli.

MONSIEUR DIAFOIRUS.

Eh oui : rôti, bouilli, même chose. Il vous ordonne fort prudemment, et vous ne pouvez être entre de meilleures mains.

ARGAN.

Monsieur, combien est-ce qu'il faut mettre de grains de sel dans un œuf?

MONSIEUR DIAFOIRUS.

Six, huit, dix, par les nombres pairs, comme dans les médicaments par les nombres impairs.

ARGAN.

Jusqu'au revoir, monsieur.

SCÈNE X

BÉLINE, ARGAN.

BÉLINE.

Je viens, mon fils, avant que de sortir, vous donner avis d'une chose à laquelle il faut que vous preniez garde. En passant par-devant la chambre d'Angélique, j'ai vu un jeune homme avec elle, qui s'est sauvé d'abord qu'il m'a vue.

ARGAN.

Un jeune homme avec ma fille !

BÉLINE.

Oui. Votre petite fille Louison étoit avec eux, qui pourra vous en dire des nouvelles.

ARGAN.

Envoyez-la ici, m'amour, envoyez-la ici. Ah ! l'effrontée ! (Seul.) Je ne m'étonne plus de sa résistance.

SCÈNE XI

ARGAN, LOUISON.

LOUISON.

Qu'est-ce que vous voulez, mon papa ? ma belle-maman m'a dit que vous me demandez.

ARGAN.

Oui. Venez çà. Avancez là. Tournez-vous. Levez les yeux. Regardez-moi. Hé ?

LOUISON.

Quoi, mon papa?

ARGAN.

Là.

LOUISON.

Quoi ?

ARGAN.

N'avez-vous rien à me dire?

LOUISON.

Je vous dirai, si vous voulez, pour vous désennuyer, le comte de *Peau d'Ane*, ou bien la fable du *Corbeau et du Renard*, qu'on m'a apprise depuis peu.

ARGAN.

Ce n'est pas là ce que je demande.

LOUISON.

Quoi donc?

ARGAN.

Ah! rusée, vous savez bien ce que je veux dire?

LOUISON.

Pardonnez-moi, mon papa.

ARGAN.

Est-ce là comme vous m'obéissez?

LOUISON.

Quoi ?

ARGAN.

Ne vous ai-je pas recommandé de me venir dire d'abord tout ce que vous voyez?

LOUISON.

Oui, mon papa.

ARGAN.

L'avez-vous fait?

LOUISON.

Oui, mon papa. Je vous suis venue dire tout ce que j'ai vu.

ARGAN.

Et n'avez-vous rien vu aujourd'hui?

LOUISON.

Non, mon papa.

ARGAN.

Non ?

LOUISON.

Non, mon papa.

ARGAN.

Assurément?

LOUISON.

Assurément.

ARGAN.

Oh çà, je m'en vais vous faire voir quelque chose, moi.

LOUISON, voyant une poignée de verges qu'Argan a été prendre.

Ah! mon papa!

ARGAN.

Ah! ah! petite masque, vous ne me dites pas que vous avez vu un homme dans la chambre de votre sœur!

LOUISON, pleurant.

Mon papa!

ARGAN, prenant Louison par le bras.

Voici qui vous apprendra à mentir.

LOUISON, se jetant à genoux.

Ah! mon papa, je vous demande pardon. C'est que ma sœur m'avoit dit de ne pas vous le dire; mais je m'en vais vous dire tout.

ARGAN.

Il faut premièrement que vous ayez le fouet pour avoir menti. Puis après nous verrons au reste.

LOUISON.

Pardon, mon papa.

ARGAN.

Non, non.

LOUISON.

Mon pauvre papa, ne me donnez pas le fouet.

ARGAN.

Vous l'aurez.

LOUISON.

Au nom de Dieu, mon papa, que je ne l'aie pas!

ARGAN, voulant la fouetter.

Allons, allons.

LOUISON.

Ah! mon papa, vous m'avez blessée. Attendez : je suis morte. (Elle contrefait la morte.)

ARGAN.

Holà! Qu'est-ce là? Louison, Louison! Ah! mon Dieu! Louison! Ah! ma fille! Ah! malheureux! ma pauvre fille est morte! Qu'ai-je fait, misérable! Ah! chiennes de verges! La peste soit des verges! Ah! ma pauvre fille, ma pauvre petite Louison!

LOUISON.

La, la, mon papa, ne pleurez point tant : je ne suis pas morte tout à fait.

ARGAN.

Voyez-vous la petite rusée ? Oh çà, ça, je vous pardonne pour cette fois-ci, pourvu que vous me disiez bien tout.

LOUISON.

Oh! oui, mon papa.

ARGAN.

Prenez-y bien garde, au moins ; car voilà un petit doigt qui sait tout, et qui me dira si vous mentez.

LOUISON.

Mais, mon papa, ne dites pas à ma sœur que je vous l'ai dit.

ARGAN.

Non, non.

LOUISON, après avoir écouté si personne n'écoute.

C'est, mon papa, qu'il est venu un homme dans la chambre de ma sœur, comme j'y étois.

ARGAN.

Eh bien?

LOUISON.

Je lui ai demandé ce qu'il demandoit, et il m'a dit qu'il étoit son maître à chanter.

ARGAN, à part.

Hom! hom! voilà l'affaire. (A Louison.) Eh bien?

LOUISON.

Ma sœur est venue après.

ARGAN.

Eh bien?

LOUISON.

Elle lui a dit : Sortez, sortez, sortez. Mon Dieu, sortez ; vous me mettez au désespoir !

ARGAN.

Eh bien?

LOUISON.

Et lui, il ne vouloit pas sortir.

ARGAN.

Qu'est-ce qu'il lui disoit ?

LOUISON.

Il lui disoit je ne sais combien de choses.

ARGAN.

Et quoi encore?

LOUISON.

Il lui disoit tout-ci, tout-ça, qu'il l'amoit bien, et qu'elle étoit la plus belle du monde.

ARGAN.

Et puis après?

LOUISON.

Et puis après, il se mettoit à genoux devant elle.

ARGAN.

Et puis après?

LOUISON.

Et puis après, il lui baisoit les mains.

ARGAN.

Et puis après?

LOUISON.

Et puis après, ma belle-maman est venue à la porte, et il s'est enfui.

ARGAN.

Il n'y a point autre chose?

LOUISON.

Non, mon papa.

ARGAN.

Voilà mon petit doigt pourtant qui gronde quelque chose. (Mettant son doigt à son oreille.) Attendez. Eh ! Ah ! ah ! Oui ? Oh, oh ! Voilà mon petit doigt qui me dit quelque chose que vous avez vu, et que vous ne m'avez pas dit.

LOUISON.

Ah! mon papa, votre petit doigt est un menteur.

ARGAN.

Prenez garde.

LOUISON.

Non, mon papa; ne le croyez pas; il ment, je vous assure.

ARGAN.

Oh bien, bien, nous verrons cela. Allez-vous-en, et prenez bien garde à tout : allez. (Seul). Ah! il n'y a plus d'enfants ! Ah ! que d'affaires ! Je n'ai pas seulement le loisir de songer à ma maladie. En vérité, je n'en puis plus. (Il se laisse tomber dans une chaise.)

SCÈNE XII

BÉRALDE, ARGAN.

BÉRALDE.

Et bien, mon frère, qu'est-ce? Comment vous portez-vous?

ARGAN.

Ah! mon frère, fort mal.

BÉRALDE.

Comment! fort mal?

ARGAN.

Oui, je suis dans une foiblesse si grande, que cela n'est pas croyable.

BÉRALDE.

Voilà qui est fâcheux.

ARGAN.

Je n'ai pas seulement la force de pouvoir parler.

BÉRALDE.

J'étois venu ici, mon frère, vous proposer un parti pour ma nièce Angélique.

ARGAN, parlant avec emportement et se levant de sa chaise.

Mon frère, ne me parlez point de cette coquine-là. C'est une friponne, une impertinente, une effrontée, que je mettrai dans un couvent avant qu'il soit deux jours!

BÉRALDE.

Ah! voilà qui est bien! Je suis bien aise que la force vous revienne un peu, et que ma visite vous fasse du bien. Oh çà, nous parlerons d'affaires tantôt. Je vous amène ici un divertissement que j'ai rencontré, qui dissipera votre chagrin, et vous rendra l'âme mieux disposée aux choses que nous avons à dire. Ce sont des Égyptiens vêtus en Mores, qui font des danses mêlées de chansons, où je suis sûr que vous prendrez plaisir; et cela vaudra bien une ordonnance de monsieur Purgon. Allons.

SECOND INTERMÈDE.

Le frère du Malade imaginaire lui amène, pour le divertir, plusieurs Égyptiens et Égyptiennes, vêtus en Mores, qui font des danses entremêlées de chansons.

PREMIÈRE FEMME MORE.
 Profitez du printemps
 De vos beaux ans,
 Aimable jeunesse;
 Profitez du printemps
 De vos beaux ans;
Donnez-vous à la tendresse.
Les plaisirs les plus charmants,
 Sans l'amoureuse flamme,
 Pour contenter une âme
N'ont point d'attraits assez puis-
       [sants.
De vos beaux ans;
Donnez-vous à la tendresse;
Ne perdez point ces précieux mo-
       [ments.
 La beauté passe,
 Le temps l'efface;
 L'âge de glace
 Vient à sa place,
Qui nous ôte le goût de ces doux
      [passe-temps.
 Profitez du printemps
 De vos beaux ans,

Profitez du printemps
De vos beaux ans,
Aimable jeunesse ;
Profitez du printemps

Aimable jeunesse ;
Profitez du printemps
De vos beaux ans ;
Donnez-vous à la tendresse.

PREMIÈRE ENTRÉE DE BALLET.

Danse des Égyptiens et des Égyptiennes.

SECONDE FEMME MORE.
Quand d'aimer on nous presse,
À quoi songez-vous ?
Nos cœurs, dans la jeunesse,
N'ont vers la tendresse
Qu'un penchant trop doux.
L'amour a, pour nous prendre,
De si doux attraits,
Que, de soi, sans attendre,
On voudroit se rendre
A ses premiers traits ;
Mais tout ce qu'on écoute
Des vives douleurs
Et des pleurs qu'il nous coûte,
Fait qu'on en redoute
Toutes les douceurs.
TROISIÈME FEMME MORE
Il est doux, à notre âge,
D'aimer tendrement.
Un amant
Qui s'engage ;
Mais, s'il est volage,

Hélas ! quel tourment !
QUATRIÈME FEMME MORE.
L'amant qui se dégage
N'est pas le malheur ;
La douleur
Et la rage,
C'est que le volage
Garde notre cœur.
SECONDE FEMME MORE.
Quel parti faut-il prendre
Pour nos jeunes cœurs ?
QUATRIÈME FEMME MORE.
Devons-nous nous y rendre,
Malgré ses rigueurs ?
ENSEMBLE.
Oui, suivons ses ardeurs,
Ses transports, ses caprices,
Ses douces langueurs,
S'il a quelques supplices,
Il a cent délices
Qui charment les cœurs.

SECONDE ENTRÉE DE BALLET.

Tous les Mores dansent ensemble, et font sauter des singes qu'ils ont amenés avec eux.

ACTE TROISIÈME

SCÈNE I

BÉRALDE, ARGAN, TOINETTE.

BÉRALDE.
Eh bien, mon frère, qu'en dites-vous ? Cela ne vaut-il pas bien une prise de casse ?

TOINETTE.
Hom ! de bonne casse est bonne.

BÉRALDE.
Oh çà ! voulez-vous que nous parlions un peu ensemble ?

ARGAN.
Un peu de patience, mon frère : je vais revenir.

TOINETTE.

Tenez, monsieur, vous ne songez pas que vous ne sauriez marcher sans bâton.

ARGAN.

Tu as raison.

SCÈNE II
BÉRALDE, TOINETTE.

TOINETTE.

N'abandonnez pas, s'il vous plaît, les intérêts de votre nièce.

BÉRALDE.

J'emploierai toutes choses pour lui obtenir ce qu'elle souhaite.

TOINETTE.

Il faut absolument empêcher ce mariage extravagant qu'il s'est mis dans la fantaisie; et j'avois songé en moi-même que ç'auroit été une bonne affaire de pouvoir introduire ici un médecin à notre poste pour le dégoûter de son monsieur Purgon et lui décrire sa conduite. Mais, comme nous n'avons personne en main pour cela, j'ai résolu de jouer un tour de ma tête.

BÉRALDE.

Comment?

TOINETTE.

C'est une imagination burlesque. Cela sera peut-être plus heureux que sage. Laissez-moi faire. Agissez de votre côté. Voici notre homme.

SCÈNE III
ARGAN, BÉRALDE.

BÉRALDE.

Vous voulez bien, mon frère, que je vous demande, avant toute chose, de ne vous point échauffer l'esprit dans notre conversation?

ARGAN.

Voilà qui est fait.

BÉRALDE.

De répondre sans nulle aigreur aux choses que je pourrai vous dire?

ARGAN.

Oui.

BÉRALDE.

Et de raisonner ensemble sur les affaires dont nous

avons à parler, avec un esprit détaché de toute passion ?

ARGAN.

Mon Dieu ! oui. Voilà bien du préambule !

BÉRALDE.

D'où vient, mon frère, qu'ayant le bien que vous avez, et n'ayant d'enfants qu'une fille, car je ne compte pas la petite; d'où vient, dis-je, que vous parlez de la mettre dans un couvent?

ARGAN.

D'où vient, mon frère, que je suis maître dans ma famille, pour faire ce que bon me semble?

BÉRALDE.

Votre femme ne manque pas de vous conseiller de vous défaire ainsi de vos deux filles; et je ne doute point que, par un esprit de charité, elle ne fût ravie de les voir toutes deux bonnes religieuses.

ARGAN.

Oh çà ! nous y voici. Voilà tout d'abord la pauvre femme en jeu. C'est elle qui fait tout le mal, et tout le monde lui en veut.

BÉRALDE.

Non, mon frère ; laissons-la là : c'est une femme qui a les meilleures intentions du monde pour votre famille, et qui est détachée de toute sorte d'intérêt ; qui a pour vous une tendresse merveilleuse, et qui montre pour vos enfants une affection et une bonté qui n'est pas concevable : cela est certain. N'en parlons point, et revenons à votre fille. Sur qu'elle pensée, mon frère, la voulez-vous donner en mariage au fils d'un médecin ?

ARGAN.

Sur la pensée, mon frère, de me donner un gendre tel qu'il me faut.

BÉRALDE.

Ce n'est point là, mon frère, le fait de votre fille; et il se présente un parti plus sortable pour elle.

ARGAN.

Oui; mais celui-ci, mon frère, est plus sortable pour moi.

BÉRALDE.

Mais le mari qu'elle doit prendre doit-il être, mon frère, ou pour elle, ou pour vous?

ARGAN.

Il doit être, mon frère, et pour elle et pour moi;

et je veux mettre dans ma famile les gens dont j'ai besoin.

BÉRALDE.

Par cette raison-là, si votre petite étoit grande, vous lui donneriez en mariage un apothicaire?

ARGAN.

Pourquoi non?

BÉRALDE.

Est-il possible que vous serez toujours embéguiné de vos apothicaires et de vos médecins, et que vous vouliez être malade en dépit des gens de la nature !

ARGAN.

Comment l'entendez-vous, mon frère?

BÉRALDE.

J'entends, mon frère, que je ne vois point d'homme qui soit moins malade que vous, et que je ne demanderois point une meilleure constitution que la vôtre. Une grande marque que vous vous portez bien et que vous avez un corps parfaitement bien composé, c'est qu'avec tous les soins que vous avez pris, vous n'avez pu parvenir encore à gâter la bonté de votre tempérament, et que vous n'êtes point crevé de toutes les médecines qu'on vous a fait prendre.

ARGAN.

Mais savez-vous, mon frère, que c'est cela qui me conserve ; et que monsieur Purgon dit que je succomberois s'il étoit seulement trois jours sans prendre soin de moi?

BÉRALDE

Si vous n'y prenez garde, il prendra tant de soin de vous, qu'il vous envoiera en l'autre monde.

ARGAN.

Mais raisonnons un peu, mon frère, Vous ne croyez donc point à la médecine?

BÉRALDE.

Non, mon frère; et je ne vois pas que, pour son salut, il soit nécessaire d'y croire.

ARGAN.

Quoi ! vous ne tenez pas vérirable une chose établie par tout le monde et que tous les siècles ont révérée?

BÉRALDE.

Bien loin de la tenir véritable, je la trouve, entre nous, une des plus grandes folies qui soient parmi les hommes; et, à regarder les choses en philosophe, je ne vois point une plus plaisante momerie, je ne vois rien de plus ridicule, qu'un homme qui se veut mêler d'en guérir un autre.

ARGAN.

Pourquoi ne voulez-vous pas, mon frère, qu'un homme en puisse guérir un autre?

BÉRALDE.

Par la raison, mon frère, que les ressorts de notre machine sont des mystères, jusques ici, où les hommes ne voient goutte; et que la nature nous a mis au-devant des yeux des voiles trop épais pour y connoître quelque chose.

ARGAN.

Les médecins ne savent donc rien, à votre compte?

BÉRALDE.

Si fait, mon frère. Ils savent la plupart de fort belles humanités, savent parler en beau latin, savent nommer en grec toutes les maladies, les définir et les diviser; mais, pour ce qui est de les guérir, c'est ce qu'ils ne savent pas du tout.

ARGAN.

Mais toujours faut-il demeurer d'accord que, sur cette matière, les médecins en savent plus que les autres.

BÉRALDE.

Ils savent, mon frère, ce que je vous ai dit, qui ne guérit pas de grand'chose : et toute l'excellence de leur art consiste en un pompeux galimatias, en un spécieux habil, qui vous donne des mots pour des raisons, et des promesses pour des effets.

ARGAN.

Mais enfin, mon frère, il y a des gens aussi sages et aussi habiles que vous; et nous voyons que, dans la maladie, tout le monde a recours au médecius.

BÉRALDE.

C'est une marque de la foiblesse humaine, et non pas de la vérité de leur art.

ARGAN.

Mais il faut bien que les médecines croient leur art véritable, puisqu'ils s'en servent pour eux-mêmes.

BÉRALDE.

C'est qu'il y en a parmi eux qui sont eux-mêmes dans l'erreur populaire, dont ils profitent; et d'autres qui en profitent sans y être. Votre monsieur Purgon, par exemple, n'y sait point de finesse; c'est un homme tout médecin, depuis la tête jusqu'aux pieds; un homme qui croit à ses règles plus qu'à toutes les démonstrations des mathématiques, et qui croiroit du crime à les vouloir examiner ; qui ne voit rien d'obscur dans la médecine, rien de douteux, rien de difficile ; et qui, avec une impétuosité de prévention, une roideur de confiance, une brutalité de sens commun et de raison, donne au travers des purgations et des saignées, et ne balance aucune chose. Il ne lui faut point vouloir mal de tout ce qu'il pourra vous faire : c'est de la meilleure foi du monde qu'il vous expédiera ; et il ne fera, en vous tuant, que ce qu'il a fait à sa femme et à ses enfants, et ce qu'en un besoin il feroit à lui-même.

ARGAN.

C'est que vous avez, mon frère, une dent de lait contre lui. Mais, enfin, venons au fait. Que faire donc quand on est malade ?

BÉRALDE.

Rien, mon frère.

ARGAN.

Rien ?

BÉRALDE.

Rien. Il ne faut que demeurer en repos. La nature, d'elle-même, quand nous la laissons faire, se tire doucement du désordre où elle est tombée. C'est notre inquiétude, c'est notre impatience qui gâte tout ; et presque tous les hommes meurent de leurs remèdes, et non pas de leurs maladies.

ARGAN.

Mais il faut demeurer d'accord, mon frère, qu'on peut aider cette nature par de certaines choses.

BÉRALDE.

Mon Dieu, mon frère, ce sont de pures idées dont nous aimons à nous repaître ; et de tout temps il s'est glissé parmi les hommes de belles imaginations que nous venons à croire, parce qu'elles nous flattent et qu'il seroit à souhaiter qu'elles fussent véritables. Lorsqu'un médecin vous parle d'aider, de secourir de soulager la nature, de lui ôter ce qui lui nuit et lui donner ce qui lui manque, de la rétablir et de la remettre dans une pleine facilité de ses fonctions ; lorsqu'il vous parle d'aider, de secourir, de soulager la nature, de lui ôter ce qui la nuit et lui donner ce qui lui manque, de la rétablir et de la remettre dans une pleine facilité de ses fonctions ; lorsqu'il vous parle de rectifier le le sang, de tempérer les entrailles et le cerveau, de dégonfler la rate, de raccommoder la poitrine, de réparer le foie, de fortifier le cœur, de rétablir et conver la chaleur naturelle, et d'avoir des secrets pour étendre la vie à de longues années, il vous dit justement le roman de la médecine. Mais, quand vous en venez à la vérité et à l'expérience, vous ne trouvez rien de tout cela; et il en est comme de ces beaux songes, qui ne vous laissent au réveil que le déplaisir de les avoir crus.

ARGAN.

C'est-à-dire que toute la science du monde est renfermée dans votre tête : et vous voulez en savoir plus que tous les grands médecins de notre siècle.

BÉRALDE.

Dans les discours et dans les choses, ce sont deux sortes de personnes que vos grands médecins. Entendez-les parler, les plus habiles gens du monde; voyez-les faire, les plus ignorants de tous les hommes.

ARGAN.

Ouais ! vous êtes un grand docteur, à ce que je vois, et je voudrois bien qu'il y eût ici quelqu'un de ces messieurs, pour rembarrer vos raisonnements et rabaisser votre caquet.

BÉRALDE.

Moi, mon frère, je ne prends point à tâche de combattre la médecine; et chacun, à ses périls et fortune, peut croire tout ce qu'il lui plait. Ce que j'en dis n'est qu'entre nous ; et j'aurois souhaité de pouvoir un peu vous tirer de l'erreur où vous êtes, et, pour vous divertir, vous mener voir, sur ce chapitre, quelqu'une des comédies de Molière.

ARGAN.

C'est un bon impertinent que votre Molière, avec ses comédies ! et je le trouve bien plaisant, d'aller jouer d'honnêtes gens comme les médecins !

BÉRALDE.

Ce ne sont point les médecins qu'il joue, mais le ridicule de la médecine.

ARGAN.

C'est bien à lui à faire, de se mêler de contrôler la médecine ! Voilà un beau nigaud, un bon impertinent, de se moquer des consulations et des ordonnances, de s'attaquer au corps des médecins, et d'aller mettre sur son théâtre des personnes vénérables comme ces messieurs-là !

BÉRALDE.

Que voulez-vous qu'il mette, que les diverses professions des hommes? On y met bien tous les jours les princes et les rois, qui sont d'aussi bonne maison que les médecins.

ARGAN.

Par la mort non de diable! si j'étois que des médecins, je me vengerois de son impertinence ; et, quand il sera malade, je le laisserois mourir sans secours. Il auroit beau faire et beau dire, je ne lui ordonnerois pas la moindre petite saignée, le moindre petit lavement; et je lui dirois : Crève, crève ; cela t'apprendra une autre fois à te jouer à la Faculté.

BÉRALDE.

Vous voilà bien en colère contre lui.

ARGAN.

Oui. C'est un malavisé ; et, si les médecins sont sages, ils feront ce que je dis.

BÉRALDE.

Il sera encore plus sage que vos médecins, car il ne leur demandera point de secours.

ARGAN.

Tant pis pour lui, s'il n'a point recours aux remèdes.

BÉRALDE.

Il a ses raisons pour n'en point vouloir, et il soutient que cela n'est permis qu'aux gens vigoureux et robustes, et qui ont des forces de reste pour porter les remèdes avec la maladie ; mais que, pour lui, il n'a justement de la force que pour porter son mal.

ARGAN.

Les sottes raisons que voilà ! Tenez, mon frère, ne parlons point de cet homme-là davantage ; car cela m'échauffe la bile, et vous me donneriez mon mal.

BÉRALDE.

Je le veux bien, mon frère ; et, pour changer de discours, je vous dirai que, sur une petite répugnance que vous témoigne votre fille, vous ne devez point prendre les résolutions violentes de la mettre dans un couvent ; que, pour le choix d'un gendre, il ne faut pas suivre aveuglément la passion qui vous emporte : et qu'on doit, sur cette matière, s'accommoder un peu à l'inclination d'une fille, puisque c'est pour toute la vie, et que de là dépend tout le bonheur d'un mariage.

SCÈNE IV

MONSIEUR FLEURANT, une seringue a la main ; ARGAN
BÉRALDE.

ARGAN.

Eh ! mon frère, avec votre permission...

BÉRALDE.

Comment ? Que voulez-vous faire ?

ARGAN.

Prendre ce petit lavement-là : ce sera bientôt fait.

BÉRALDE.

Vous vous moquez. Est-ce que vous ne sauriez être un moment sans lavement ou sans médecine ? Remettez cela à une autre fois, et demeurez un peu en repos.

ARGAN.

Monsieur Fleurant, à ce soir, ou à demain au matin.

MONSIEUR FLEURANT, Bérade

De quoi vous mêlez-vous, de vous opposer aux ordonnances de la médecine, et d'empêcher monsieur de prendre mon clystère ? Vous êtes bien plaisant d'avoir cette hardiesse-là !

BÉRALDE.

Allez, monsieur ; on voit bien que vous n'avez pas accoutumé de parler à des visages.

MONSIEUR FLEURANT.

On ne doit point ainsi se jouer des remèdes et me faire perdre mon temps. Je ne suis venu ici que sur une bonne ordonnance ; et je vais dire à monsieur Purgon comme on m'a empêché d'exécuter ses ordres et de faire ma fonction. Vous verrez, vous verrez...

SCÈNE V

ARGAN BÉRALDE.

ARGAN.

Mon frère, vous serez cause ici de quelque malheur.

BÉRALDE.

Le grand malheur de ne pas prendre un lavement que monsieur Purgon a ordonné ! Encore un coup, mon frère, est-il possible qu'il n'y ait pas moyen de vous guérir de la maladie des médecins, et que vous vouliez être toute votre vie enseveli dans leurs remèdes ?

ARGAN.

Mon Dieu ! mon frère; vous en parlez comme un homme qui se porte bien ; mais, si vous étiez à ma place, vous changeriez bien de langage. Il est aisé de parler contre la médecine, quand on est en pleine santé.

BÉRALDE.

Mais quel mal avez-vous ?

ARGAN.

Vous me feriez enrager ! Je voudrois que vous l'eussiez, mon mal, pour voir si vous jaseriez tant. Ah ! voici monsieur Purgon.

SCÈNE VI

MONSIEUR PURGON, ARGAN, BÉRALDE, TOINETTE

MONSIEUR PURGON

Je viens d'apprendre là-bas, à la porte, de jolies nouvelles ; qu'on se moque ici de mes ordonnances, et qu'on a fait refus de prendre le remède que j'avois prescrit.

ARGAN.

Monsieur, ce n'est pas...

MONSIEUR PURGON.

Voilà une hardiesse bien grande, une étrange rébellion d'un malade contre son médecin !

TOINETTE.

Cela est épouvantable !

MONSIEUR PURGON.

Un clystère que j'avois pris plaisir à composer moi-même.

ARGAN.

Ce n'est pas moi...

MONSIEUR PURGON.

Inventé et formé dans toutes les règles de l'art.

TOINETTE.

Il a tort.

MONSIEUR PURGON.

Et qui devoit faire dans les entrailles un effet merveilleux.

ARGAN.

Mon frère...

MONSIEUR PURGON.

Le renvoyer avec mépris !

ARGAN, *montrant Béralde*

C'est lui...

MONSIEUR PURGON.

C'est une action exorbitante !

TOINETTE.

Cela est vrai.

MONSIEUR PURGON.

Un attentat énorme contre la médecine !

ARGAN, *montrant Béralde*

Il est cause...

MONSIEUR PURGON.

Un crime de lèse-Faculté, qui ne se peut assez punir !

TOINETTE.

Vous avez raison.

MONSIEUR PURGON.

Je vous déclare que je romps commerce avec vous.

ARGAN.

C'est mon frère...

MONSIEUR PURGON.

Que je ne veux plus d'alliance avec vous.

TOINETTE.

Vous ferez bien.

MONSIEUR PURGON.

Et que, pour finir toute liaison avec vous, voilà la donation que je faisois à mon neveu, en faveur du mariage.

(Il déchire la donation, et en jette les morceaux avec fureur.)

ARGAN.

C'est mon frère qui a fait tout le mal.

MONSIEUR PURGON.

Mépriser mon clystère !

ARGAN.

Faites-le venir, je m'en vais le prendre.

MONSIEUR PURGON.

Je vous aurois tiré d'affaire avant qu'il fût peu.

TOINETTE.

Il ne le mérite pas.

MONSIEUR PURGON.

J'allois nettoyer votre corps et en évacuer entièrement les mauvaises humeurs.

ARGAN.

Ah ! mon frère !

MONSIEUR PURGON.

Et je ne voulois plus qu'une douzaine de médecines pour vider le fond du sac.

TOINETTE.
Il est indigne de vos soins.
MONSIEUR PURGON.
Mais, puisque vous n'avez pas voulu guérir par mes mains...
ARGAN.
Ce n'est pas ma faute.
MONSIEUR PURGON.
Puisque vous vous êtes soustrait de l'obéissance que l'on doit à son médecin...
TOINETTE.
Cela crie vengeance.
MONSIEUR PURGON.
Puisque vous vous êtes déclaré rebelle aux remèdes que je vous ordonnois...
ARGAN.
Eh ! point du tout
MONSIEUR PURGON.
J'ai à vous dire que je vous abandonne à votre mauvaise constitution, à l'intempérie de vos entrailles, à la corruption de votre sang, à l'âcreté de votre bile, et à la féculence de vos humeurs.
TOINETTE.
C'est fort bien fait.
ARGAN,
Mon Dieu !
MONSIEUR PURGON.
Et je veux qu'avant qu'il soit quatre jours vous deveniez dans un état incurable.
ARGAN.
Ah ! miséricorde !
MONSIEUR PURGON.
Que vous tombiez dans la bradypepsie
ARGAN.
Monsieur Purgon !
MONSIEUR PURGON.
De la bradypepsie, dans la dyspepsie.
ARGAN.
Monsieur Purgon !
MONSIEUR PURGON.
De la dyspepsie dans l'apepsie.
ARGAN.
Monsieur Purgon !
MONSIEUR PURGON.
De l'apepsie dans la lienterie.

ARGAN.

Monsieur Purgon !

MONSIEUR PURGON.

De la lienterie dans la dyssenterie.

ARGAN.

Monsieur Purgon.

MONSIEUR PURGON.

De la dyssenterie dans l'hydropisie.

ARGAN.

Monsieur Purgon !

MONSIEUR PURGON.

Et de l'hydropisie dans la privation de la vie, où vous aura conduit votre folie.

SCÈNE VII.
ARGAN, BÉRALDE.

ARGAN.

Ah ! mon Dieu ! je suis mort... Mon frère, vous m'avez perdu.

BÉRALDE.

Quoi ! qu'y a-t-il ?

ARGAN.

Je n'en puis plus. Je sens déjà que la médecine se venge.

BÉRALDE.

Ma foi, mon frère, vous êtes fou ; et je ne voudrois pas, pour beaucoup de choses, qu'on vous vît faire ce que vous faites. Tâtez-vous un peu, je vous prie ; revenez à vous-même, et ne donnez point tant à votre imagination.

ARGAN.

Vous voyez, mon frère, les étranges maladies dont il m'a menacé.

BÉRALDE.

Le simple homme que vous êtes !

ARGAN.

Il dit que je deviendrai incurable avant qu'il soit quatre jours.

BÉRALDE

Et ce qu'il dit, que fait-il à la chose ? Est-ce un oracle qui a parlé ? Il semble, à vous entendre, que monsieur Purgon tienne dans ses mains le filet de vos jours, et que, d'autorité suprême, il vous l'allonge et vous le raccourcisse comme il lui plaît. Songez que les principes de votre vie sont en vous-même, et que le courroux de monsieur Purgon est aussi peu capable de vous faire mourir que ses remèdes de vous faire vivre. Voici une aventure, si vous voulez, à vous défaire des médecins; ou, si vous êtes né à ne pouvoir vous en passer, il est aisé d'en avoir un autre, avec lequel, mon frère, vous puissiez courir un peu moins de risque.

ARGAN.

Ah! mon frère, il sait tout mon tempérament et la manière dont il faut me gouverner.

BÉRALDE.

Il faut vous avouer que vous êtes un homme d'une grande prévention, et que vous voyez les choses avec d'étranges yeux.

SCÈNE VIII
ARGAN, BÉRALDE, TOINETTE.

TOINETTE, à Argan.

Monsieur, voilà un médecin qui demande à vous voir.

ARGAN.

Et quel médecin?

TOINETTE.

Un médecin de la médecine.

ARGAN.

Je te demande qui il est.

TOINETTE.

Je ne le connois pas, mais il me ressemble comme deux gouttes d'eau; et, si je n'étois sûre que ma mère étoit honnêtes femme, je dirois que ce seroit quelque petit frère qu'elle m'auroit donné depuis le trépas de mon père.

ARGAN.

Fais-le venir.

SCÈNE IX.
ARGAN, BÉRALDE.

BÉRALDE.

Vous êtes servi à souhait. Un médecin vous quitte; un autre se présente.

ARGAN.

J'ai bien peur que vous ne soyez cause de quelque malheur.

BÉRALDE.

Encore! Vous en revenez toujours-là.

ARGAN.

Voyez-vous, j'ai sur le cœur toutes ces maladies-là que je ne connois point, ces...

SCÈNE X

ARGAN, BÉRALDE; TOINETTE, en médecin.

TOINETTE.

Monsieur, agréez que je vienne vous rendre visite, et vous offrir mes petits services pour toutes les saignées et les purgations dont vous aurez besoin.

ARGAN.

Monsieur je vous suis fort obligé. (A Béralde). Par ma foi, voilà Toinette elle-même.

TOINETTE.

Monsieur, je vous prie de m'excuser: j'ai oublié de donner une commission à mon valet; je reviens tout à l'heure.

SCÈNE XI

ARGAN, BÉRALDE.

ARGAN.

Eh! ne diriez-vous pas que c'est effectivement Toinette?

BÉRALDE.

Il est vrai que la ressemblance est tout à fait grande : mais ce n'est pas la première fois qu'on a vu de ces sortes de choses, et les histoires ne sont pleines que de ces jeux de la nature.

ARGAN.

Pour moi, j'en suis surpris, et...

SCÈNE XII

ARGAN, BÉRALDE, TOINETTE.

TOINETTE.

Que voulez-vous, monsieur?

ARGAN.

Comment ?

TOINETTE.

Ne m'avez-vous pas appelée?

ARGAN.

Moi? non.

TOINETTE.

Il faut donc que les oreilles m'aient corné.

ARGAN.

Demeure un peu ici pour voir comme ce médecin te resesmble.

TOINETTE.

Oui, vraiment! J'ai affaire là-bas; et je l'ai assez vu.

SCÈNE XIII

ARGAN, BÉRALDE.

ARGAN.

Si je ne les voyois tous deux, je croirois que ce n'est qu'un.

BÉRALDE.

J'ai lu des choses surprenantes de ces sortes de ressemblances; et nous en avons vu, de notre temps, où tout le monde s'est trompé.

ARGAN.

Pour moi, j'aurois été trompé à celle-là ; et j'aurois juré que c'est la même personne.

SCÈNE XIV

ARGAN, BÉRALDE ; TOINETTE, en médecin.

TOINETTE.

Monsieur, je vous demande pardon de tout mon cœur.

ARGAN, bas, à Béralde.

Cela est admirable.

TOINETTE.

Vous ne trouverez pas mauvais, s'il vous plaît, la curiosité que j'ai eue de voir un illustre malade comme vous êtes; et votre réputation, qui s'étend partout, peut excuser la liberté que j'ai prise.

ARGAN.

Monsieur, je suis votre serviteur.

TOINETTE.

Je vois, monsieur, que vous me regardez fixement. Quel âge croyez-vous que j'aie?

ARGAN.

Je crois que tout au plus vous pouvez avoir vingt-six ou vingt-sept ans.

TOINETTE.

Ah! ah! ah! ah ! ah ! j'en ai quatre vingt-dix.

ARGAN.

Quatre-vingt-dix!

TOINETTE.

Oui. Vous voyez un effet des secrets de mon art, de me conserver ainsi frais et vigoureux.

ARGAN.

Par ma foi, voilà un beau veillard pour quatre-vingt-dix ans!

TOINETTE.

Je suis médecin passager, qui vais de ville en ville, de province en province, de royaume en royaume, pour chercher d'illustres matières à ma capacité, pour trouver des malades dignes de m'occuper, capables d'exercer les grands et beaux secrets que j'ai trouvés dans la médecine. Je dédaigne de m'amuser à ce menus fatras de maladies ordinaires, à ces bagatelles de rhumatismes et de fluxions, à ces fiévrotes, à ces vapeurs et à ces migraines. Je veux des maladies d'importance, de bonnes fièvres pourprées, de bonnes pestes, de bonnes hydropisies formées, de bonnes pleurésies avec des inflammations de poitrine : c'est là que je me plais, c'est là que je triomphe ; et je voudrois, monsieur que vous eussiez toutes les maladies que je viens de dire, que vous fussiez abandonné de tous les médecins, désespéré, à l'agonie, pour vous montrer l'excellence de mes remèdes et l'envie que j'aurois de vous rendre service.

ARGAN.

Je vous suis obligé, monsieur, des bontés que vous avez pour moi.

TOINETTE.

Donnez-moi votre pouls. Allons donc, que l'on batte comme il faut. Ah ! je vous ferai aller comme vous devez. Ouais ! ce pouls-là fait l'impertinent ; je vois bien que vous ne me connoissez pas encore. Qui est votre médecin ?

ARGAN.

Monsieur Purgon.

TOINETTE.

Cet homme-là n'est point écrit sur mes tablettes entre les grands médecins. De quoi dit-il que vous êtes malade ?

ARGAN.

Il dit que c'est du foie, et d'autres disent que c'est de la rate.

TOINETTE.

Ce sont tous des ignorants. C'est du poumon que vous êtes malade.

ARGAN.

Du poumon ?

TOINETTE.

Oui. Que sentez-vous ?

ARGAN.

Je sens de temps en temps des douleurs de tête.

TOINETTE.

Justement, le poumon.

ARGAN.

Il me semble parfois que j'ai un voile devant les yeux.

TOINETTE.

Le poumon.

ARGAN.

J'ai quelquefois des maux de cœur.

TOINETTE.

Le poumon.

ARGAN.

Je sens parfois des lassitudes par tous les membres.

TOINETTE.

Le poumon.

ARGAN.

Et quelquefois il me prend des douleurs dans le ventre, comme si c'étoient des coliques.

TOINETTE.

Le poumon. Vous avez appétit à ce que vous mangez?

ARGAN.

Oui, monsieur.

TOINETTE.

Le poumon. Vous aimez à boire un peu de vin?

ARGAN.

Oui, monsieur.

TOINETTE.

Le poumon. Il vous prend un petit sommeil après le repas, et vous êtes bien aise de dormir?

ARGAN.

Oui, monsieur.

TOINETTE.

Le poumon, le poumon, vous dis-je. Que vous ordonne votre médecin pour votre nourriture?

ARGAN.

Il m'ordonne du potage.

TOINETTE.

Ignorant!

ARGAN.

De la volaille.

TOINETTE.

Ignorant!

ARGAN.

Du veau.

TOINETTE.

Ignorant!

ARGAN.

Des bouillons.

TOINETTE.

Ignorant!

ARGAN.

Des œufs frais.

TOINETTE.

Ignorant!

ARGAN.

Et, le soir, de petits pruneaux pour lâcher le ventre.

TOINETTE.

Ignorant!

ARGAN.

Et surtout de boire mon vin fort trempé.

TOINETTE.

Ignorantus, ignoranta, ignorantum. Il faut boire votre vin pur; et, pour épaissir votre sang, qui est trop subtil, il faut manger de bon gros bœuf, de bon gros porc, de bon fromage de Hollande; du gruau et du riz, et des marrons et des oublies, pour coller et conglutiner. Votre médecin est une bête. Je veux vous en envoyer un de ma main; et je viendrai vous voir de temps en temps, tandis que je serai en cette ville.

ARGAN.

Vous m'obligerez beaucoup.

TOINETTE.

Que diantre faites-vous de ce bras-là?

ARGAN.

Comment?

TOINETTE.

Voilà un bras que je ferois couper tout à l'heure, si j'étois que de vous.

ARGAN.

Et pourquoi?

TOINETTE.

Ne voyez-vous pas qu'il tire à soi toute la nourriture, et qu'il empêche ce côté-là de profiter?

ARGAN.

Oui; mais j'ai besoin de mon bras.

TOINETTE.

Vous avez là aussi un œil droit que je me ferois crever, si j'étois en votre place.

ARGAN.

Crever un œil ?

TOINETTE.

Ne voyez-vous pas qu'il incommode l'autre, et lui dérobe sa nourriture ? Croyez-moi, faites-vous-le crever au plus tôt : vous en verrez plus clair de l'œil gauche.

ARGAN.

Cela n'est pas pressé.

TOINETTE.

Adieu. Je suis fâché de vous quitter sitôt ; mais il faut que je me trouve à une grande consultation qui doit se faire pour un homme qui mourut hier.

ARGAN.

Pour un homme qui mourut hier?

TOINETTE.

Oui : pour aviser et voir ce qu'il auroit fallu lui faire pour le guérir. Jusqu'au revoir.

ARGAN.

Vous savez que les malades ne reconduisent point.

SCÈNE XV

ARGAN, BÉRALDE.

BÉRALDE.

Voilà un médecin, vraiment, qui paroît fort habile !

ARGAN.

Oui ; mais il va un peu bien vite.

BÉRALDE.

Tous les grands médecins sont comme cela.

ARGAN.

Me couper un bras et me crever un œil, afin que l'autre se porte mieux ! J'aime bien mieux qu'il ne se porte pas si bien. La belle opération, de me rendre borgne et manchot !

SCÈNE XVI

ARGAN, BÉRALDE, TOINETTE.

TOINETTE, feignant de parler à quelqu'un.

Allons, allons, je suis votre servante. Je n'ai pas envie de rire.

ARGAN.

Qu'est-ce que c'est ?

TOINETTE.

Votre médecin, ma foi, qui me vouloit tâter le pouls.

ARGAN.

Voyez un peu, à l'âge de quatre-vingt-dix ans!

BÉRALDE.

Oh çà! mon frère, puisque voilà votre monsieur Purgon brouillé avec vous, ne voulez-vous pas bien que je vous parle du parti qui s'offre pour ma nièce?

ARGAN.

Non mon frère : je veux la mettre dans un couvent, puisqu'elle s'est opposée à mes volontés. Je vois bien qu'il y a quelque amourette là-dessous, et j'ai découvert certaine entrevue secrète qu'on ne sait pas que j'ai découverte.

BÉRALDE.

Eh bien, mon frère, quand il y auroit quelque petite inclination, cela seroit-il si criminel? et rien peut-il vous offenser, quand tout ne va qu'à des choses honnêtes, comme le mariage?

ARGAN.

Quoi qu'il en soit, mon frère, elle sera religieuse; c'est une chose résolue.

BÉRALDE.

Vous voulez faire plaisir à quelqu'un.

ARGAN.

Je vous entends. Vous en revenez toujours là, et ma femme vous tient au cœur.

BÉRALDE.

Eh bien, oui, mon frère; puisqu'il faut parler à cœur ouvert, c'est votre femme que je veux dire; et, non plus que l'entêtement de la médecine, je ne puis vous souffrir l'entêtement où vous êtes pour elle, et voir que vous donniez, tête baissée, dans tous les piéges qu'elle vous tend.

TOINETTE.

Ah! monsieur, ne parlez point de madame; c'est une femme sur laquelle il n'y a rien à dire, une femme sans artifice, et qui aime monsieur, qui l'aime. On ne peut pas dire cela.

ARGAN.

Demandez-lui un peu les caresses qu'elle me fait.

TOINETTE.

Cela est vrai.

ARGAN.
L'inquiétude que lui donne ma maladie.
TOINETTE.
Assurément.
ARGAN.
Et les soins et les peines qu'elle prend autour de moi.
TOINETTE.
Il est certain. (A Béralde.) Voulez-vous que je vous convainque et vous fasse voir tout à l'heure comme madame aime monsieur? (A Argan.) Monsieur, souffrez que je lui montre son bec jaune et le tire d'erreur.
ARGAN.
Comment?
TOINETTE.
Madame s'en va revenir. Mettez-vous tout étendu dans cette chaise, et contrefaites le mort. Vous verrez la douleur où elle sera quand je lui dirai la nouvelle.
ARGAN.
Je le veux bien.
TOINETTE.
Oui; mais ne la laissez pas longtemps dans le désespoir, car elle en pourroit bien mourir.
ARGAN.
Laisse-moi faire.
TOINETTE, à Béralde.
Cachez-vous, vous, dans ce coin-là.

SCÈNE XVII
ARGAN, TOINETTE.
ARGAN.
N'y a-t-il point quelque danger à contrefaire le mort?
TOINETTE.
Non, non. Quel danger y auroit-il? Étendez-vous là seulement. (Bas.) Il y aura plaisir à confondre votre frère. Voici madame. Tenez-vous bien.

SCÈNE XVIII
BÉLINE, ARGAN, étendu dans sa chaise; TOINETTE.
TOINETTE, feignant de ne pas voir Béline.
Ah! mon Dieu! Ah! malheur! Quel étrange accident!
BÉLINE.
Qu'est-ce Toinette?

TOINETTE.

Ah! madame!

BÉLINE.

Qu'y a-t-il?

TOINETTE.

Votre mari est mort!

BÉLINE.

Mon mari est mort?

TOINETTE.

Hélas! oui; le pauvre défunt est trépassé.

BÉLINE.

Assurément?

TOINETTE.

Assurément; personne ne sait encore cet accident-là; et je me suis trouvée ici toute seule. Il vient de passer entre mes bras. Tenez, le voilà tout de son long dans cette chaise.

BÉLINE.

Le ciel en soit loué! Me voilà délivrée d'un grand fardeau. Que tu es sotte, Toinette, de t'affliger de cette mort!

TOINETTE.

Je pensois, madame, qu'il fallût pleurer.

BÉLINE.

Va, va, cela n'en vaut pas la peine. Quelle perte est-ce que la sienne? et de quoi servoit-il sur la terre? Un homme incommode à tout le monde, malpropre, dégoûtant, sans cesse un lavement ou une médecine dans le ventre, mouchant, toussant, crachant toujours; sans esprit, ennuyeux, de mauvaise humeur, fatiguant sans cesse les gens, et grondant jour et nuit servantes et valets.

TOINETTE.

Voilà une belle oraison funèbre!

BÉLINE.

Il faut, Toinette, que tu m'aides à exécuter mon dessein; et tu peux croire qu'en me servant ta récompense est sûre. Puisque, par un bonheur, personne n'est encore averti de la chose, portons-le dans son lit, et tenons cette mort cachée, jusqu'à ce que j'aie fait mon affaire. Il y a des papiers, il y a de l'argent, dont je me veux saisir; et il n'est pas juste que j'aie passé sans fruit auprès de lui mes plus belles années. Viens, Toinette; prenons auparavant toute ses clefs.

ARGAN, se levant brusquement.

Doucement !

BÉLINE.

Ahi !

ARGAN.

Oui, madame ma femme, c'est ainsi que vous m'aimez !

TOINETTE.

Ah ! ah ! le défunt n'est pas mort !

ARGAN, à Béline, qui sort.

Je suis bien aise de voir votre amitié et d'avoir entendu le beau panégyrique que vous avez fait de moi. Voilà un avis au lecteur qui me rendra sage à l'avenir, et qui m'empêchera de faire bien des choses.

SCÈNE XIX

BÉRALDE, sortant de l'endroit où il s'étoit caché.

ARGAN, TOINETTE.

BÉRALDE.

Eh bien, mon frère, vous le voyez.

TOINETTE.

Par ma foi, je n'aurois jamais cru cela. Mais j'entends votre fille. Remettez-vous comme vous étiez, et voyons de quelle manière elle recevra votre mort. C'est une chose qu'il n'est pas mauvais d'éprouver ; et, puisque vous êtes en train, vous connoîtrez par là les sentiments que votre famille a pour vous. (Béralde va se cacher).

SCÈNE XX

ARGAN, ANGÉLIQUE, TOINETTE.

TOINETTE, feignant de ne pas voir Angélique.

O ciel ! ah ! fâcheuse aventure ! Malheureuse journée !

ANGÉLIQUE.

Qu'as-tu, Toinette ? et de quoi pleures-tu ?

TOINETTE.

Hélas ! j'ai de tristes nouvelles à vous donner.

ANGÉLIQUE.

Eh ! quoi ?

TOINETTE.

Votre père est mort.

ANGÉLIQUE.

Mon père est mort, Toinette ?

TOINETTE.

Oui. Vous le voyez là, il vient de mourir tout à l'heure d'une faiblesse qui lui a pris.

ANGÉLIQUE.

O ciel! quelle infortune! quelle atteinte cruelle! Hélas! faut-il que je perde mon père, la seule chose qui me restoit au monde; et qu'encore, pour un surcroît de désespoir, je le perde dans un moment où il étoit irrité contre moi! Que deviendrai-je, malheureuse? et quelle consolation trouver après une si grande perte?

SCÈNE XXI

ARGAN, ANGÉLIQUE, CLÉANTE, TOINETTE.

CLÉANTE.

Qu'avez-vous donc, belle Angélique? et quel malheur pleurez-vous?

ANGÉLIQUE.

Hélas! je pleure tout ce que dans la vie je pouvois perdre de plus cher et de plus précieux : je pleure la mort de mon père.

CLÉANTE.

O ciel! quel accident! quel coup inopiné! Hélas! après la demande que j'avois conjuré votre oncle de lui faire pour moi, je venois me présenter à lui, et tâcher, par mes respects et par mes prières, de disposer son cœur à vous accorder à mes vœux.

ANGÉLIQUE.

Ah! Cléante, ne parlons plus de rien. Laissons là toutes les pensées du mariage. Après la perte de mon père, je ne veux plus être du monde, et j'y renonce pour jamais. Oui, mon père, si j'ai résisté tantôt à vos volontés, je veux suivre du moins une de vos intentions, et réparer par là le chagrin que je m'accuse de vous avoir donné. (Se jetant à ses genoux.) Souffrez, mon père, que je vous embrasse pour vous témoigner mon ressentiment.

ARGAN, embrassant Angélique.

Ah! ma fille!

ANGÉLIQUE.

Ahi!

ARGAN.

Viens. N'aie point de peur, je ne suis pas mort. Va, tu es mon vrai sang, ma véritable fille; et je suis ravi d'avoir vu ton bon naturel.

SCÈNE XXII

ARGAN, BÉRALDE, ANGÉLIQUE, CLÉANTE, TOINETTE.

ANGÉLIQUE.

Ah! quelle surprise agréable! Mon père, puisque, par un bonheur extrême, le ciel vous redonne à mes vœux, souffrez qu'ici je me jette à vos pieds pour vous supplier d'une chose. Si vous n'êtes pas favorable au penchant de mon cœur, si vous me refusez Cléante pour époux, je vous conjure au moins de ne point forcer d'en épouser un autre. C'est toute la grâce que je vous demande.

CLÉANTE, se jetant aux genoux d'Argan.

Eh! monsieur, laissez-vous toucher à ses prières et aux miennes, et ne vous montrez point contraire aux mutuels empressements d'une si belle inclination.

BÉRALDE.

Mon frère, pouvez-vous tenir là contre?

TOINETTE.

Monsieur, serez-vous insensible à tant d'amour?

ARGAN.

Qu'il se fasse médecin, je consens au mariage. (A Cléante.) Oui, faites-vous médecin, je vous donne ma fille.

CLÉANTE.

Très-volontiers, monsieur. S'il ne tient qu'à cela pour être votre gendre, je me ferai médecin, apothicaire même, si vous voulez. Ce n'est pas une affaire que cela, et je ferois bien d'autres choses pour obtenir la belle Angélique.

BÉRALDE.

Mais, mon frère, il me vient une pensée. Faites-vous médecin vous-même. La commodité sera encore plus grande, d'avoir en vous tout ce qu'il vous faut.

TOINETTE.

Cela est vrai. Voilà le vrai moyen de vous guérir bientôt; et il n'y a point de maladie si osée que de se jouer à la personne d'un médecin.

ARGAN.

Je pense, mon frère, que vous vous moquez de moi. Est-ce que je suis en âge d'étudier?

BÉRALDE.

Bon, étudier! Vous êtes assez savant; et il y en a beaucoup parmi eux qui ne sont pas plus habiles que vous.

ARGAN.

Mais il faut savoir bien parler latin, connoître les maladies et les remèdes qu'il y faut faire.

BÉRALDE.

En recevant la robe et le bonnet de médecin, vous apprendrez tout cela; et vous serez après plus habile que vous ne voudrez.

ARGAN.

Quoi! l'on sait discourir sur les maladies quand on a cet habit-là?

BÉRALDE.

Oui. L'on n'a qu'à parler avec une robe et un bonnet, tout galimatias devient savant, et toute sottise devient raison.

TOINETTE.

Tenez, monsieur, quand il n'y aurait que votre barbe, c'est déjà beaucoup; et la barbe fait plus de la moitié d'un médecin.

CLÉANTE.

En tous cas, je suis prêt à tout.

BÉRALDE, à Argan.

Voulez-vous que l'affaire se fasse tout à l'heure?

ARGAN.

Comment, tout à l'heure?

BÉRALDE.

Oui, et dans votre maison.

ARGAN.

Dans ma maison?

BÉRALDE.

Oui. Je connois une Faculté de mes amies, qui viendra tout à l'heure en faire la cérémonie dans votre salle. Cela ne vous coûtera rien.

ARGAN.

Mais moi, que dire? que répondre?

BÉRALDE.

On vous instruira en deux mots et l'on vous donnera par écrit ce que vous devez dire. Allez-vous-en vous mettre en habit décent. Je vais les envoyer querir.

ARGAN.

Allons, voyons cela.

SCÈNE XXIII

BÉRALDE, ANGÉLIQUE, CLÉANTE, TOINETTE.

CLÉANTE.

Que voulez-vous dire? et qu'entendez-vous avec cette Faculté de vos amies?

TOINETTE.

Quel est donc votre dessein?

BÉRALDE.

De vous divertir un peu ce soir. Les comédiens ont faire un petit intermède de la réception d'un médecin, avec les danses et de la musique; je veux que nous en prenions ensemble le divertissement, et que mon frère y fasse le premier personnage.

ANGÉLIQUE.

Mais, mon oncle, il me semble que vous vous jouez un peu beaucoup de mon père.

BÉRALDE.

Mais, ma nièce, ce n'est pas tant le jouer que s'accommoder à ses fantaisies. Tout ceci n'est qu'entre nous. Nous y pouvons aussi prendre chacun un personnage, et nous donner ainsi la comédie les uns aux autres. Le carnaval autorise cela. Allons vite préparer toutes choses.

CLÉANTE, à Angélique.

Y consentez-vous?

ANGÉLIQUE.

Oui, puisque mon oncle nous conduit.

TROISIÈME INTERMÈDE

C'est une cérémonie burlesque d'un homme qu'on fait médecin, en récit, chant et danse.

PREMIÈRE ENTRÉE DE BALLET.

PRÆSES.

Savantissimi doctores,
Medecinæ professores,
Qui hic assemblati estis ;
Et vos, altri messiores.
Sententiarum Facultatis
Fideles executores,
Chirurgiani et apothicari
Atque tota compania aussi,
Salus, honor et argentum,
Atque bonum appetitum.

Non possum, docti confreri,
En moi satis admirari
Qualis bona inventio
Est medici professio ;
Quam bella chosa est et bene tro-
[vata,
Medicina illa benedicta,
Quæ, suo nomine solo,
Surprenanti miraculo,
Depuis si longo tempore,
Facit à gogo vivere

Tant de gens omni genere.
Per totam terram videmus
Grandam vogam ubi sumus;
Et quod grandes et petiti
Sunt de nobis infatuti.
Totus mundus currens ad nostros
                 [remedios,
Nos regardat sicut deos ;
Et nostris ordonnanciis
Principes et reges soumissos vide-
                 [tis.
Doncque il est nostræ sapientiæ,
Boni sensus atque prudentiæ,
De fortement travaillare
A nos bene conservare
In tali credito, voga, et honore;
Et prendere gardam a non rece-
                 [vere,
In nostro docto corpore,
Quam personas capabiles,
Et totas dignas remplire
Has plaças honorabiles.
C'est pour cela que nunc convocati
                 [estis,
Et credo quod trovabitis
Dignam matieram medici
In savanti homine que voici ;
Lequel, in choisis omnibus,
Dono ad interrogandum,
Et à fond examinandum
Vostris capacitatibus.
    PRIMUS DOCTOR.
Si mihi licentiam dat dominus
                 [præses,
Et tanti docti doctores,
Et assistantes illustres,
Très savanti bacheliero,
Quem estimo et honoro,
Demandabo causam et rationem
                 [quare
Opium facit dormire
    BACHELIERUS.
Mihi a docto doctore
Demandatur causam et rationem
                 [quare
Opium facit dormire
A quoi respondeo,
Quia est in eo
Vertus dormitiva,
Cujus est natura
Sensus assoupire.
    CHORUS.
Bene, bene, bene, bene respondere,
Dignus, dignus est intrare
In nostro docto corpore.
Bene, bene respondere
    SECUNDUS DOCTOR.
Cum permissione domini præsidis,
Doctissimæ Facultatis,
Et totius his nostris actis

Companiæ acsistantis,
Demandabo tibi, docte bacheliere,
Quæ sunt remedia
(Tam in homine quam in muliere)
Quæ, in maladia
Dite hydropisia,
(In malo caduco, apoplexia, con-
                 [vulsione et paralysia)
Convenit facere
    BACHELIERUS.
Clysterium donare,
Postea seignare,
Ensuita purgare.
    CHORUS.
Bene, bene, bene, bene, respondere.
Dignus, dignus est intrare
In nostro docto corpore.
    TERTIUS DOCTOR.
Si bonum semblatur domino præ-
                 [sidi.
Doctissimæ Facultati,
Et companiæ ecoutanti,
Demandabo tibi, docte bacheliere,
Quæ remedia eticis,
Pulmonicis atque asthmaticis,
Trovas à propos facere.
    BACHELIERUS.
Clysterium donare,
Postea seignare,
Ensuita purgare.
    CHORUS.
Bene, bene, bene, bene respondere.
Dignus, dignus est intrare
In nostro docto corpore.
    QUARTUS DOCTOR.
Super illas maladias
Dominus bachelierus dixit mara-
                 [villas ;
Mais, si non ennuyo doctissimam
                 [facultatem
Et totam companiam honorabilem,
Tam corporaliter quam mentaliter
                 [hic præsentem,
Faciam illi unam quæstionem :
De hiero maladus unus
Tombavit in meas manus,
Homo qualitatis dives comme un
                 [Crésus.
Habet grandam fievram cum redou-
                 [blamentis,
Grandam dolorem capitis,
Cum troublatione spirii et laxa-
                 [mento ventris ;
Grandum insuper malum au côté,
Cum granda difficultate
Et pena a respirare :
Veuillas mihi dire,
Docte bacheliere,
Quid illi facere.

BACHELIERUS.
Clysterium donare,
Postea seignare,
Ensuita purgare.
CHORUS.
Bene, bene, bene, bene respondere,
Dignus, dignus est intrare
In nostro docto corpore.
IDEM DOCTOR.
Mais, si maladia
Opiniatra
Non vult se guarire,
Quid illi facere ?
BACHELIERUS.
Clysterium donare,
Postea seignare,
Ensuita purgare,
Reseignare, repurgare, et reclyste-
[rizare.
CHORUS.
Bene, bene, bene, bene respondere.
Dignus, dignus est intrare
In nostro docto corpore.
PRÆSES.
Juras gardare statuta
Per Facultatem præscripta,
Cum sensu et jugeamento ?
BACHELIERUS.
Juro
PRÆSES.
Essere in omnibus
Consultationibus
Ancieni aviso,
Aut bono,
Aux mauvaiso !
BACHELIERUS.
Juro
PRÆSES.
De non jamais te servire
De remediis aucunis,
Quam de ceux seulement almæ
[Facultatis,
Maladus dut-il crevare,
Et mori de suo malo ?
BACHELIERUS.
Juro
PRÆSES.
Ego, cum isto boneto
Venerabili et docto,
Dono tibi et concedo
Virtutem et puissanciam
Medicandi,
Purgandi,
Saignandi,
Perçandi,
Taillandi,
Coupandi,
Et occidendi
Impune per totam terram.

SECONDE ENTRÉE DE BALLET.

Tous les chirurgiens et apothicaires viennent lui faire la révérence en cadence.

BACHELIERUS.
Grandes doctores doctrinæ
De la rhubarbe et du sené,
Ce seroit sans douta à moi chosa
[folla,
Inepta et ridicula,
Si j'alloibam m'engageare
Vobis louangeas donare,
Et entreprenoibam ajoutare
Des lumieras au soleillo,
Des etoilas au cielo,
Des flammas à l'interno,
Des ondas à l'oceano,
Et des rosas au printano.
Agreate qu'avec uno moto,
Pro toto remercimento,
Rendam gratias corpori tam docto.
Vobis, vobis debeo
Bie plus qu'a nature et qu'à patri
[meo :
Natura et pater meus
Hominem me habent factum ;
Mais vos me (ce qui est bien plus)
Avetis factum medicum :
Honor, favor et gratia,
Qui, in hoc corde que voilà,
Imprimant ressentimenta
Qui dureront in secula.
CHORUS.
Vivat, vivat, vivat, vivat, cent fois
[vivat,
Novus doctor, qui tam bene parlat !
Mille, mille annis, et manget et
[bibat,
Et seignet et tuat !

TROISIÈME ENTRÉE DE BALLET.

Tous les chirurgiens et les apothicaires dansent au

son des instruments et des voix, et des battements de mains, et des mortiers d'apothicaires.

CHIRURGUS.	
Puisse-t-il voir doctas	Puissent toti anni
Suas ordonnancias,	Lui essere boni
Omnium chirurgorum	Et favorabiles,
Et apothicarum	Et n'habere jamais
Remplire boutiquas!	Quam pestas, verolas,
CHORUS.	Fievras, pluresias,
	Fluxus de sang, et dyssenterias !
Vivat, vivat, vivat, vivat, cent fois [vivat,	Vivat, vivat, vivat, vivat, cent fois [vivat,
Novus doctor, qui tam bene parlat!	Novus doctor, qui tam bene parlat!
Mille, mille annis, et manget et [bibat,	Mille, mille annis, et manget et [bibat,
Et seignet et tuat !	Et seignet et tuat !

QUATRIÈME ENTRÉE DE BALLET.

Les médecins, les chirurgiens et les apothicaires sortent tous, selon leur rang, en cérémonie, comme ils sont entrés.

FIN DES COMÉDIES

TABLE DES MATIÈRES

CONTENUES

DANS LE QUATRIÈME VOLUME

Les Amants magnifiques.................. 5
Le Bourgeois gentilhomme............... 40
Psyché................................. 123
Les Fourberies de Scapin................ 171
La Comtesse d'Escarbagnas.............. 232
Les Femmes savantes.................... 255
Le Malade imaginaire................... 320

FIN DE LA TABLE.

FIN DU QUATRIÈME ET DERNIER VOLUME

Poitiers, typ. J. Ressayre. — Paris, 3, rue d'Aboukir.

LIBRAIRIE GÉNÉRALE DE L'OUEST

3, rue d'Aboukir, 3

PARIS

BIBLIOTHÈQUE A BON MARCHÉ

Collection Elzévirienne sur papier teinté,

à 1 fr. 50 le volume.

EN VENTE :

1° LA FONTAINE, *Contes*, 1 vol.
2° MOLIÈRE, *Œuvres*, 4 vol.
3° ANACRÉON, *traduction,* } 1 vol.
4° DAPHNIS & CHLOÉ, *traduction,*

EN PRÉPARATION :

BOCCACE, *Œuvres*, 2 vol.
LA FONTAINE, *Fables*.
RABELAIS, *Œuvres complètes*.
XAVIER DE MAISTRE, *Œuvres*.
L'ARÉTIN, *Poésies diverses*.

Poitiers, typ. J. Ressayre. — Paris, 3, rue d'Aboukir.

www.ingramcontent.com/pod-product-compliance
Lightning Source LLC
Chambersburg PA
CBHW052133230426
43671CB00009B/1228